Prospectiva y política pública para el cambio estructural en América Latina y el Caribe

Javier Medina Vásquez
Steven Becerra
Paola Castaño

NACIONES UNIDAS

Comisión Económica para América Latina y el Caribe (CEPAL)
Santiago de Chile, septiembre de 2014

Libros de la CEPAL

129

Alicia Bárcena
Secretaria Ejecutiva

Antonio Prado
Secretario Ejecutivo Adjunto

Jorge Máttar
Director del Instituto Latinoamericano y del Caribe
de Planificación Económica y Social (ILPES)

Ricardo Pérez
Director de la División de Publicaciones y Servicios Web

La presente obra fue elaborada por Javier Medina, Steven Becerra y Paola Castaño, investigadores de la Universidad del Valle (Colombia), en el marco de una colaboración con el Instituto Latinoamericano y del Caribe de Planificación Económica y Social (ILPES). Funcionarios del ILPES orientaron los trabajos, con la coordinación de su Director, Jorge Máttar, y Mauricio Cuervo, funcionario del Instituto. Las opiniones expresadas son de exclusiva responsabilidad de los autores y no reflejan necesariamente los puntos de vista de la CEPAL.

Los límites y los nombres que figuran en los mapas de esta publicación no implican su apoyo o aceptación oficial por las Naciones Unidas.

Publicación de las Naciones Unidas
ISBN: 978-92-1-121863-3
eISBN: 978-92-1-056935-4
N° de venta: S.14.II.G.18
LC/G.2622-P
Copyright © Naciones Unidas, 2014
Todos los derechos reservados
Impreso en Naciones Unidas, Santiago de Chile

Esta publicación debe citarse como: Javier Medina Vásquez, Steven Becerra y Paola Castaño, *Prospectiva y política pública para el cambio estructural en América Latina y el Caribe*, Libros de la CEPAL, N° 129 (LC/G.2622-P), Santiago de Chile, Comisión Económica para América Latina y el Caribe (CEPAL), 2014.

Índice

Cuadros

Gráficos

Recuadros

Diagramas

Mapas.

Agradecimientos

Este libro no hubiese sido posible sin el apoyo de varias instituciones que aportaron recursos y oportunidades para reunir el material que aquí se presenta. Entre ellas merecen destacarse las siguientes: el Instituto Latinoamericano y del Caribe de Planificación Económica y Social (ILPES) y la Comisión Económica para América Latina y el Caribe (CEPAL), el Departamento Administrativo de Ciencia, Tecnología e Innovación de Colombia (COLCIENCIAS), el Instituto de Prospectiva, Innovación y Gestión del Conocimiento de la Universidad del Valle, el Instituto de Investigaciones sobre la Innovación de la Universidad de Manchester (MIOIR) y el Instituto de Prospectiva Tecnológica (IPTS) de la Comisión Europea.

En forma muy especial, se agradecen al equipo de trabajo del ILPES todos los comentarios críticos y sugerencias que permitieron mejorar las versiones previas. En especial a su Director Jorge Máttar, a Luis Mauricio Cuervo, René Hernández, Daniel Perroti y Juan Francisco Pacheco. Igualmente, se destacan los aportes de reconocidos profesores del ILPES/CEPAL como Edgar Ortegón, Sergio Boisier, Alfredo Costa Filho, Luisa Fernanda Martínez, Juan Carlos Ramírez y Guillermo Campero. El ILPES y la CEPAL financiaron una pasantía de investigación en Santiago de Chile de mayo a agosto de 2012, que permitió sentar las bases de este trabajo. Además, varios capítulos han sido el producto de la reflexión e investigación de los autores a raíz de las invitaciones recibidas para participar como profesores en los siguientes cursos o seminarios internacionales: i) "Planificación y Gestión Estratégica de las Políticas Públicas", en Santa Cruz de La Sierra (Bolivia (Est. Plur. de)), 2009; ii) "Planificación, Formulación y Evaluación de Políticas y Proyectos Públicos", en San José, 2010; iii) "Curso Integrado de Planificación y Políticas Públicas para el Desarrollo. Módulo. Escenarios y Estrategias de Desarrollo", del Centro Nacional de Planeamiento Estratégico (CEPLAN), en Lima, 2010; iv) "Panel Internacional sobre los Escenarios de América Latina y el Caribe, Visión sobre futuros posibles al 2030", en Santiago de Chile, 2011; v) Curso Internacional de "Planificación, Gobierno y Desarrollo", en Montevideo, 2011, Cartagena de Indias (Colombia), 2012, y La Antigua (Guatemala), 2013; vi) Curso de Prospectiva "Educación Superior, Desarrollo, Ciencia y Tecnología en Paraguay", Asunción, 2012, y vii) Curso de "Prospectiva y Desarrollo", Santiago de Chile, 2013.

También merece mención la oportunidad de debatir sobre fragmentos del texto en la Facultad Latinoamericana de Ciencias Sociales (FLACSO), en México, en 2008 y 2009, con el patrocinio de la Red Alfa-EULAKS de la Comisión Europea; en el Centro de Estudios de Prospectiva del Instituto de Administración Pública del Estado de México, Toluca, 2010; en el Seminario de Sensibilización a la Prospectiva, en el marco del Proyecto "Los territorios del futuro", de la Subsecretaría de Planificación Territorial de la Inversión Pública, Buenos Aires, 2012; en el evento "Prospecta América Latina", realizado en Mendoza (Argentina), en noviembre de 2012, así como en el seminario de la Red de América Latina y el Caribe de Planificación para el Desarrollo (REDEPLAN), celebrado en Punta Cana (República Dominicana), 2013.

Por otra parte, los autores expresan su agradecimiento a COLCIENCIAS por haber creado el Programa de Prospectiva Tecnológica e Industrial (2003-2007) y haber apoyado su transformación en el Instituto de Prospectiva, Innovación y Gestión del Conocimiento de la Universidad del Valle (en 2008), lo que les permitió obtener una invaluable experiencia de intercambio de conocimiento y aprendizaje. Se destaca en especial el apoyo de los exdirectores de COLCIENCIAS, Carlos Fonseca y Juan Francisco Miranda, y de la Subdirectora, Claudia Cuervo. También se agradece el apoyo del Rector de la Universidad del Valle, Iván Ramos Calderón, así como de la exvicerrectora de Investigaciones, Carolina Isaza de Lourido, y de la Facultad de Ciencias de la Administración y su actual Decano, Carlos Cobo. Se recuerdan con especial gratitud los excelentes aportes de Carolina Aranzazú, Felipe Ortiz e Isabel Velasco, investigadores del Instituto de Prospectiva, Innovación y Gestión del Conocimiento.

A su vez, el Instituto de Investigaciones sobre la Innovación de la Universidad de Manchester (MIOIR) facilitó una pasantía de investigación en Manchester de marzo a abril de 2007, además del contacto directo con la Red Alfa-SELF-RULE (2005-2007) y el proyecto iKnow de la Comisión Europea. Por su parte, el Instituto de Prospectiva Tecnológica (IPTS) de la Comisión Europea creó el vínculo con la Plataforma Europea de Prospectiva (EFP) y la presencia en las conferencias internacionales de Sevilla sobre análisis tecnológico orientado al Futuro en 2006 y 2011. Se agradece en especial a Rafael Popper, Ian Miles, Luke Georghiou, Fabiana Scapolo y Cristiano Cagnin.

Se expresa un especial agradecimiento al Dr. Antonio Alonso Concheiro, Presidente Ejecutivo de la Fundación Javier Barros Sierra de México, por los aportes realizados en la descripción de experiencias prospectivas de la región en las últimas seis décadas, presentadas en su documento "Prospectiva en Iberoamérica" de 2007, que sirvió de referente clave para el presente trabajo. Igualmente, se expresa especial gratitud a la Red de Prospectiva y Vigilancia Tecnológica del Programa Iberoamericano de Ciencia y Tecnología para el Desarrollo (CYTED), y en particular a Lelio Fellows y Dalci dos Santos, por la sistematización de esfuerzos en su texto sobre la evolución de la prospectiva en América Latina (Dos Santos y Fellows, 2009), y a Rafael Popper, con quien uno de los autores compartió la publicación del análisis de 13 países en prospectiva tecnológica (Popper y Medina, 2008). Asimismo, se expresa un reconocimiento especial a la Dra. Guillermina Baena por sus aportes en la identificación de programas de formación, autores y publicaciones prospectivas, presentados en sus *Working Papers* de prospectiva política. También merecen mención Lucio Henao de Prospectiva Estratégica (PROSERES), y Fernando Ortega San Martín del Consejo Nacional de Ciencia, Tecnología e Innovación Tecnológica (CONCYTEC) del Perú, por su eficaz labor organizadora de los eventos Prospecta Perú y Prospecta América Latina, que han sido punto de encuentro para la prospectiva latinoamericana.

Se agradece a todos los autores y pioneros que han sembrado la semilla de la prospectiva en América Latina, cuyos nombres se mencionan en distintas partes del texto y, en especial, a la profesora Eleonora Masini. De antemano se presentan excusas a quienes, por error u omisión, no fueron mencionados. Se espera que futuros trabajos mejoren esta contribución y se pueda aprovechar algún día todo el legado de tantas personas para construir una América Latina mejor y más próspera.

Prólogo

Actualmente se constata, a nivel global, un crecimiento acelerado de la bibliografía sobre prospectiva, al tiempo que se evidencia un renovado interés por el desarrollo de largo plazo en el ámbito académico, el sector privado y crecientemente en los gobiernos. Se llevan a cabo múltiples estudios en China, los Estados Unidos, Francia, la India, la República de Corea y en organismos internacionales como la Comisión Europea y el Banco Mundial.

Por su parte, las Naciones Unidas debaten la agenda para el desarrollo después de 2015, apuntando a la definición de los nuevos objetivos de desarrollo sostenible hacia el año 2030.

En la gran mayoría de estos estudios América Latina y el Caribe figura de manera marginal. El continente no parece pesar en los grandes temas del futuro del mundo. Así pues, pensamos poco en nuestro futuro, menos en el del resto del mundo, y casi nada en el impacto que tendrán estas tendencias sobre nuestros hijos y nietos.

La vigencia del horizonte temporal de corto plazo como referente principal de los gobiernos ha sido una impronta indeleble en la mente de los decisores latinoamericanos. Nuestra tradición indica que gobernar es administrar crisis y recursos escasos, atender necesidades básicas insatisfechas y resolver problemas urgentes. No obstante, estamos frente a una oportunidad histórica para transformar este estado de cosas. La transición de modelos de desarrollo y las tendencias globales que marcan el siglo XXI indican que gobernar ha de significar, primordialmente, preparar al Estado para el desarrollo.

Se trata de ampliar los horizontes temporales y los marcos cognitivos de los gobernantes y funcionarios para pensar las decisiones estratégicas que conllevan altos costos, altos impactos y efectos irreversibles para la sociedad.

El cambio estructural para el desarrollo con igualdad que plantea la CEPAL a los países de América Latina y el Caribe en la trilogía de la igualdad, es decir, en las propuestas de sus tres últimos períodos de sesiones (2010, 2012 y 2014), implica un cambio en el sentido común y en la cultura política de nuestro continente. Exige pactos sociales para cerrar las brechas y enfrentar deudas históricas y recientes, y entraña rupturas en las formas habituales de hacer gobierno. Requiere adoptar una visión integrada del desarrollo, que articule políticas macro, industriales, sociales y ambientales, pasar de un enfoque de gobierno a un enfoque de Estado y transitar del pensamiento de corto plazo a la construcción del futuro.

La agenda del cambio estructural entraña tanto una ruptura del modelo de desarrollo como la formación de nuevas capacidades prospectivas para promover un Estado activo. Es así como, en la última década y media, en América Latina la planificación del desarrollo vuelve a ocupar espacios de la política pública cedidos antes al mercado. Los países modernizan, adaptan, acomodan o derechamente reconstruyen sus sistemas de planificación. El largo plazo empieza a importar, lo que se refleja en que al menos 14 países de la región han realizado ejercicios de visión de futuro.

En este contexto, en noviembre de 2013 el ILPES recibió un nuevo mandato para los próximos años de parte del Consejo Regional de Planificación , que incluye, como una de sus cinco líneas temáticas de trabajo, la integración de la prospectiva en el ejercicio de la política pública, a través del fortalecimiento de la investigación, la asistencia técnica y la capacitación en la prospectiva para el desarrollo.

En los últimos años el ILPES ha promovido asistencia técnica a países como Costa Rica, el Ecuador, El Salvador, el Paraguay y el Perú. Ha llevado a cabo investigación sobre la situación mundial de la prospectiva para articular propuestas de la CEPAL con una visión de largo plazo y ha impulsado la difusión de la prospectiva mediante asesorías, redes, seminarios, talleres y publicaciones. En este marco de trabajo, realizó en 2013 el primer curso internacional sobre prospectiva y desarrollo y en 2014 implementó nuevos cursos internacionales sobre la prospectiva latinoamericana.

El libro que aquí presentamos se inscribe en este proceso. Tiene su origen en la pasantía de investigación de Javier Medina en el ILPES durante 2012, que hizo posible el contacto con funcionarios y expertos institucionales y culminó en la realización de esta obra. Aspiramos, con esta publicación, a brindar un panorama histórico sobre los fundamentos de la prospectiva, su avance en la región y los factores que inciden en su relación con la gestión pública.

En el texto se propone a los países latinoamericanos y caribeños reforzar sus capacidades prospectivas, para prepararse adecuadamente frente a las transformaciones globales en curso y avanzar hacia el desarrollo con igualdad, al menos en dos sentidos.

En la dimensión macro, al nivel del Estado y las políticas públicas, sostiene que la transición de modelos de desarrollo solo puede abordarse a través de un Estado proactivo y no mediante un Estado pasivo, meramente observador del entorno global. Este imperativo exige revalorizar y renovar la planificación, y articular las instituciones de planificación mediante sistemas que agencien un pensamiento estratégico, sistémico y de largo plazo, de la mano de una visión amplia y holística sobre el desarrollo en varias escalas: multiespacial, pluridimensional, pluriinstitucional, multisectorial, multidisciplinaria e intertemporal.

En la dimensión micro, al nivel de las personas e instituciones, se propone construir organizaciones prospectivas que permitan articular ejercicios de alcance regional, redes, centros o institutos y programas nacionales e internacionales de prospectiva. En particular se subraya la necesidad de construir o fortalecer centros o institutos que se sitúen en la frontera del conocimiento prospectivo, capaces de dominar todo el amplio repertorio de métodos y procesos que existen en el mundo actualmente. La continuidad y excelencia de sus reflexiones debe orientarse hacia evolucionar los modelos mentales actuales en el sistema político-institucional tradicional.

La apuesta es hacer presente la necesidad de reemplazar las visiones unilaterales y cortoplacistas, de bajo alcance y responsabilidad, por visiones compartidas de futuro de alta calidad, que articulen el continente con las dinámicas globales y generen procesos permanentes de análisis del estado del arte, comparación internacional de las brechas para el desarrollo, escenarios y producción de alertas sobre asuntos emergentes.

La convergencia de los organismos internacionales y los gobiernos puede estimular redes de cooperación y ejercicios conjuntos para formar nuevas capacidades al nivel de la alta dirección del Estado, la gerencia media, los académicos de la planificación del desarrollo y los operadores de políticas públicas.

La prospectiva emerge como una herramienta de la planificación que entraña enormes posibilidades de contribuir al cambio estructural en América Latina y el Caribe. Pero su implementación requiere transformaciones importantes en la gestión estratégica del Estado, nuevos liderazgos capaces de interpretar las transformaciones globales en curso y el cambio de la cultura política cortoplacista que ha imperado en nuestro continente.

Alicia Bárcena
Secretaria Ejecutiva
Comisión Económica para
América Latina y el Caribe (CEPAL)

Introducción

El texto que se presenta a continuación busca ante todo poner de relieve la importancia que ha adquirido en todo el mundo la complementariedad entre la prospectiva y la política pública, en el contexto de la planificación del siglo XXI. En efecto, las posibilidades crecientes de integración regional de América Latina, así como las necesidades de afrontar el cambio estructural para el logro de la igualdad, exigen a los encargados de la adopción de decisiones un pensamiento estratégico creativo y capaz de articular las demandas ciudadanas a corto, mediano y largo plazo.

Por esa razón, el Instituto Latinoamericano y del Caribe de Planificación Económica y Social (ILPES) (2013a y 2013b) considera que la prospectiva es una herramienta eficaz de planificación para el desarrollo. De este modo, se constituye en uno de los pilares de la acción institucional del ILPES para los próximos años, junto con la generación de información inteligente, el gobierno digital, la coordinación de políticas nacionales y locales, y los métodos de diálogo social para canalizar mejor la participación ciudadana y el poder social en el territorio.

El concepto de prospectiva se conoce como *foresight* en inglés, *prospective* en francés y *prospeção* en portugués. Su pertinencia en la planificación para el desarrollo radica en varios argumentos que se abordan a la largo del texto. En primer lugar, la prospectiva facilita construir una visión de futuro compartida, dinámica y a largo plazo, e identificar las decisiones estratégicas necesarias para traducir la visión en acción institucional, mediante planes, programas y proyectos. En segundo lugar, desempeña un papel indispensable en el mundo contemporáneo en lo que respecta a enriquecer las políticas públicas para el desarrollo, al dar profundidad e integralidad al análisis de las transformaciones de la sociedad. En tercer lugar, es necesaria para reflexionar sobre la interdependencia entre todas las dimensiones del desarrollo. En cuarto lugar, es un instrumento idóneo para mantener un diálogo permanente a nivel político y social, y hacer que el Estado analice conjuntamente con la empresa, la academia y la sociedad civil las alternativas futuras y las prioridades esenciales de los países, territorios, sectores e instituciones. Por último, la producción de visiones compartidas de futuro promueve y mejora la coordinación de políticas públicas a nivel estratégico, programático y operativo.

El libro tiene por objeto contribuir al conocimiento de los principales adelantos en materia de prospectiva en América Latina y el Caribe. Su principal valor agregado consiste en brindar una visión panorámica e integral de los factores clave que inciden en la implementación de la prospectiva al nivel gubernamental. Se trata de elaborar un mapa cognitivo acerca de los puntos de referencia, escuelas y autores más destacados en el último medio siglo, sin aspirar a ser completamente exhaustivos, sino a identificar experiencias significativas y valiosas para los distintos países que componen la región.

El presente texto se desarrolla en ocho capítulos, a saber:

El capítulo I, "La prospectiva y la capacidad de gobernar en el siglo XXI", es una síntesis que presenta las principales ideas fuerza, ejes temáticos y tendencias identificados en el texto. En especial, se presentan brevemente los principales factores que inciden en el avance de la prospectiva y la gestión pública en América Latina y el Caribe.

En el capítulo II, "Conocimiento básico de la prospectiva", se presenta el contexto y origen de la prospectiva, con una descripción de las principales escuelas de los estudios del futuro o prospectivos. Seguidamente se desarrollan los conceptos básicos de la prospectiva, destacando en particular su esencia, sus sentidos básicos y su definición como campo multi-, inter- y transdisciplinario del conocimiento. Luego se especifica la propuesta de valor de la prospectiva, haciendo hincapié en los métodos, procesos y sistemas prospectivos que sustentan la construcción de futuros. Se describen también las dimensiones (epistemológica, praxeológica, ontológica y axiológica) que constituyen los pilares de esta disciplina. Por último, se ilustran los niveles de intervención de la prospectiva por medio de experiencias contemporáneas significativas a nivel global y regional.

En el capítulo III, "Los cambios en la necesidad de prospectiva en la gestión pública en América Latina: 1950-2030", se presenta una visión panorámica de las relaciones entre planificación y prospectiva en América Latina en las seis últimas décadas y del actual contexto. Se definen claramente cuatro períodos: i) los años de 1950 a 1980; ii) el período 1980-1999; iii) la primera década del siglo XXI, y iv) el período que va de la actualidad hasta el año 2030. Este último se caracteriza por un aumento de la necesidad y pertinencia de la prospectiva, en un contexto mundial determinado por el cambio estructural hacia un modelo de desarrollo sostenible que exige nuevas capacidades, organizaciones y modelos mentales.

En el capítulo IV, "Fundamentos de la prospectiva y la política pública", se describen las interacciones entre la prospectiva y la política pública, sus antecedentes y evolución, y se destaca su utilidad para la toma de decisiones estratégicas de Estado. Se hace énfasis en el papel de la prospectiva como una de las funciones básicas de la planificación y la visión de futuro como su aporte principal a la gestión pública. Además, se profundiza en el rol que desempeña en la coordinación de políticas públicas, así como los campos de acción y funciones de la prospectiva aplicada a la gestión pública. Por último, se muestra la importancia del diálogo estratégico sobre el futuro para ampliar las posibilidades sobre opciones estratégicas futuras de la sociedad.

En el capítulo V, "Panorama internacional del desarrollo de las organizaciones y los sistemas prospectivos", se presentan las coordenadas básicas de la acción prospectiva. Luego se muestra una descripción de las organizaciones prospectivas internacionales, se definen sus tipos y concentración geográfica, y se detalla su trayectoria y nivel de complejidad. Al final se describen los principales sistemas prospectivos, en cuyo marco se presenta el caso de la Unión Europea y de un conjunto de países pioneros.

En el capítulo VI, "Desarrollo de capacidades prospectivas en América Latina", se muestran antecedentes y experiencias significativas de la prospectiva en América Latina, divididos en tres grandes etapas desde los años sesenta hasta la actualidad. En segundo lugar, se hace un examen de las tendencias sobre las visiones de futuro de los países en la región, ejercicio que surge de la sistematización de la información disponible de las visiones bajo la mayoría de los indicadores propuestos en el Mapeo Europeo[1]. En tercer lugar, se muestra un análisis comparativo de 13 países de la región para dar una idea general del avance de la prospectiva tecnológica. En cuarto lugar, se describen las novedades institucionales de la región y se presenta un análisis de las tendencias de las instituciones referentes de América Latina y el Caribe, producto del levantamiento elaborado sobre los esfuerzos realizados por dichas instituciones en temas relacionados con la prospectiva desde el año 2000 hasta la actualidad[2]. En quinto lugar, se destaca la cooperación

---

[1] La representación o mapeo (*mapping*) es una metodología de sistematización de las experiencias prospectivas creada por la Comisión Europea por conducto de la Red Europa de Monitoreo de Prospectiva (EFMN). Se relaciona con el tema de la evaluación de la prospectiva, pero no constituye una evaluación propiamente dicha.

[2] El mapeo realizado tuvo como objetivo brindar un panorama de las principales prácticas realizadas por los puntos de referencia, teniendo como fuentes de información los contenidos existentes dentro de los sitios web oficiales de cada institución, la documentación disponible

y el trabajo en red a nivel internacional, que han permitido describir las experiencias significativas de intercambios en materia de prospectiva entre los líderes internacionales y los puntos de referencia de la región. En sexto lugar, se muestra el desarrollo académico y la difusión de esta disciplina, con una descripción de los programas y cursos de formación existentes, así como los autores y las publicaciones reconocidas, y se exponen los resultados de un ejercicio de vigilancia científica de la prospectiva en América Latina.

En el capítulo VII, "Desarrollo de las capacidades prospectivas, el aprendizaje colectivo y la respuesta institucional", se destaca la relación entre el cambio y el aprendizaje, las actitudes que asume el Estado frente al cambio (Estado árbitro, Estado observador, Estado preactivo y Estado proactivo), el aprendizaje organizacional o institucional para avanzar hacia un Estado preactivo y proactivo, el aprendizaje social para el desarrollo de la capacidad en prospectiva y políticas públicas y el papel del gobierno como uno de los factores de avance o retroceso en el desarrollo de dicha capacidad. Posteriormente, se presentan los desafíos en lo que respecta a mejorar la capacidad de respuesta institucional y la articulación entre oferta y demanda de prospectiva en la región. Se hace referencia a las fronteras del conocimiento y los nuevos caminos en el entorno internacional de la prospectiva, se plantean unas coordenadas básicas de reflexión y se describen las tendencias principales, que hacen que la prospectiva sea más afín a la producción de innovación. Por último, se exponen las bases para acelerar el desarrollo de las capacidades prospectivas y las opciones para mejorar la capacidad de respuesta institucional en América Latina y el Caribe.

En el capítulo VIII, "Conclusiones y recomendaciones generales para el desarrollo de capacidades en prospectiva y gestión pública en América Latina", se presenta la síntesis de todo el trabajo desarrollado a lo largo del libro en tres componentes: i) las características que configuran la transición hacia una prospectiva de cuarta generación; ii) el papel de la prospectiva en un diálogo social permanente, y iii) la preparación prospectiva y estratégica para la gestión de futuras crisis mundiales.

De ninguna manera este texto se considera una última palabra sobre la materia. Por el contrario, es una aproximación inicial para motivar a la comunidad académica e institucional a interesarse por el desarrollo de la capacidad en materia de prospectiva en la región. Constituye una invitación a profundizar en los avances más recientes y a mejorar el conocimiento básico de los logros y desafíos de la prospectiva en América Latina y el Caribe.

(física y digital) y las bases de datos. Sin restar mérito al trabajo realizado, conviene precisar que, si bien no se dispone de toda la información acerca de los esfuerzos realizados por las instituciones, en términos generales se da una idea adecuada del desarrollo y el avance de la prospectiva en la región.

Capítulo I

La prospectiva y la capacidad de gobernar en el siglo XXI

A. El rol estratégico de la prospectiva dentro de la propuesta de cambio estructural de la CEPAL

El propósito del presente libro es presentar los últimos avances en materia de prospectiva aplicada a la gestión pública en América Latina, con el fin de abrir paso a nuevas posibilidades y campos de acción para el desarrollo de la capacidad de prospectiva de los países y los organismos internacionales, mediante actividades relacionadas con capacitación, asistencia técnica, investigación y difusión a los gobiernos de la región.

Esta propuesta sostiene que en el actual contexto histórico existen condiciones y capacidades que han hecho propicio el surgimiento de una nueva demanda y oferta de prospectiva en América Latina y el Caribe. El argumento principal es que existe una necesidad importante e imperativa de orientación y entrenamiento en pensamiento a largo plazo para enfrentar el cambio estructural de la región y el futuro cambio estructural del entorno internacional hacia 2030 y 2050.

Desde 2008, la CEPAL ha producido tres importantes documentos institucionales donde se plantean los principales desafíos para cerrar las brechas que colocan a América Latina y el Caribe como la región más desigual del planeta[1]. Estos desafíos plantean claramente una agenda de temas a largo plazo para la región. En la medida en que se produzca un cambio estructural en América Latina, se requiere un papel más activo del Estado en la creación de condiciones para el cierre de las brechas. En consecuencia, la planificación para el desarrollo vuelve a jugar un papel fundamental en el diseño e implementación de políticas públicas. Sin embargo, los expertos perciben que con la inercia actual, las brechas del desarrollo no podrán cerrarse con la velocidad y la pertinencia deseadas en la presente década[2]. Acelerar el cierre de las brechas implica promover a su vez el desarrollo institucional para generar nuevas capacidades, visiones y valores prospectivos en las oficinas y sistemas de planificación, que permitan abordar con solvencia entornos cambiantes, más complejos, inciertos y conflictivos.

B. La prospectiva juega un papel importante en el mundo contemporáneo para enriquecer las políticas de desarrollo

Ahora bien, fuera del ámbito de la CEPAL, algunos factores impulsores de esta necesidad de orientación estratégica de largo plazo son los siguientes:

- La prospectiva se aplica regularmente en los países desarrollados, y en América Latina y el Caribe se encuentra en un interesante proceso de reflexión y madurez. Si bien no existe una solución única y generalizada para organizar la prospectiva a nivel mundial (Comisión Europea, 2009a y 2009b), se registra una rica variedad de prácticas y formas institucionales que se diferencian por la tradición nacional, así como por la concepción histórica, teórica y metodológica vigente en cada contexto cultural. Según la Comisión Europea (2011a y 2011b), en general, la prospectiva debe contribuir a tres grandes propósitos de la gestión pública[3]:

  - mejorar la planificación con sistemas complejos;

  - contribuir a la preparación y la formulación de políticas, inspirar nuevas políticas, proporcionar nuevas ideas e identificar los principales retos de la sociedad futura, y

  - brindar insumos calificados de información y conocimiento para el desarrollo futuro y la planificación de largo plazo,

---

[1] Véanse los textos *La transformación productiva 20 años después. Viejos problemas, nuevas oportunidades* (CEPAL, 2008), *La hora de la igualdad: brechas por cerrar, caminos por abrir* (CEPAL, 2010) y *Cambio estructural para la igualdad: Una visión integrada de desarrollo* (CEPAL, 2012).

[2] Véase el ejercicio prospectivo denominado "El clima de la igualdad", realizado por el ILPES, con el propósito de visualizar la probable evolución de las brechas del desarrollo hasta el año 2020 (Cuervo, 2012).

[3] En Europa, las actividades de prospectiva (*foresight*) incluyen los enfoques conocidos como "anticipación" (*forward looking activities*) y "análisis de horizontes" (*horizon scanning*).

a fin de dar respuesta a los grandes desafíos globales y la creación de capacidades para abordar y gestionar las transformaciones sistémicas.

- Esta aceptación internacional supone una necesidad común: dar una respuesta positiva a los grandes desafíos y los cambios estructurales de la sociedad. Según Cagnin, Amanatidou y Keenan (2011), los grandes desafíos presentan las características que se enumeran en el recuadro I.1.

Recuadro I.1
Grandes desafíos

- No son enteramente entendidos. Sus causas y consecuencias implican múltiples variables interrelacionadas que dificultan su comprensión desde un punto de vista completo y global. Por tanto, las acciones de gestión pública para solucionarlos no suelen producir los efectos esperados.

- Tienen un elevado potencial de ruptura y, por ende, generan riesgos económicos, sociales y ambientales en el entorno global.

- Conllevan horizontes temporales de largo plazo, que trascienden los marcos de referencia habituales para concebir la sociedad.

- Implican una amplia ambigüedad. Sus límites son opacos y su análisis requiere puntos de vista diferentes y multidisciplinarios.

- Su solución requiere una gran capacidad de anticipación e integración de perspectivas en las políticas públicas y de acción colectiva y coordinada de gran escala.

- Constituyen al mismo tiempo problemas y oportunidades para la innovación social.

Fuente: C. Cagnin, E. Amanatidou y M. Keenan, "Orienting innovation systems towards grand challenges and the roles that FTA can play", documento presentado en la Cuarta Conferencia Internacional de Sevilla en Análisis de Tecnología Orientada al Futuro (FTA), Sevilla, 12 y 13 de mayo de 2011.

- Los trabajos de prospectiva están adquiriendo creciente importancia en los países avanzados. Según Bitar (2014 y 2012), su volumen ha aumentado sostenidamente y se han multiplicado los estudios realizados por gobiernos, organismos internacionales, universidades o centros independientes. Entre ellos conviene mencionar: i) "Citizens in an Interconnected and Polycentric World. Global Trends 2030", publicado por el Instituto de Estudios de Seguridad (2012); ii) "Global Trends 2030. Alternative Worlds", del Consejo Nacional de Inteligencia de los Estados Unidos de América; iii) "China 2030, Building a Modern, Harmonious, and Creative Society", elaborado por el gobierno chino con el Banco Mundial (Banco Mundial/Development Research Center of the State Council, 2012); iv) "India 2039: An Affluent Society in

One Generation" (Centennial Group, 2010); v) "Asia 2050. Realizing the Asian Century" (BASD, 2011), vi) "Brasil 2022", elaborado por la Secretaría de Asuntos Estratégicos de la Presidencia de la República (2010); vii) "Mexico 2042: A New Vision for Mexico 2042: Achieving Prosperity for All" (Centennial Group y otros, 2012); viii) "Escenarios de Latinoamérica 2030" (Proyecto del Milenio, 2011), y ix) "Visión para América Latina 2040", publicado recientemente por la Corporación Andina de Fomento (CAF, 2010). Además, hoy en día existen miles de documentos sobre temas específicos (energía, agua, comercio, migraciones, alimentos, cambio climático, gobernabilidad y empoderamiento ciudadano). En países como Singapur y Finlandia, los gobiernos, equipos de trabajo y expertos son los que realizan y promueven estos informes (Bitar, 2012 y 2014).

• Los gobiernos y las empresas multinacionales actualmente buscan prepararse para el "efecto dominó" de las "cartas salvajes" (conocidos en inglés como *wild cards* o eventos que, si bien son poco probables, llegan a ser de alto impacto cuando ocurren), con el fin de limitar sus consecuencias negativas a largo plazo. El Programa Internacional de Futuros de la Organización de Cooperación y Desarrollo Económicos (OCDE) ha completado recientemente un estudio de 18 meses sobre las posibles crisis mundiales del futuro, en el que se hizo un balance de los desafíos en la evaluación, prevención y respuesta ante diversos riesgos globales potenciales (OCDE, 2011)[4]. Igualmente, en la última reunión anual del Foro Económico Mundial se presentó el informe *Global Risks 2014* (Foro Económico Mundial, 2014), en que se destacan los efectos sistémicos e interconectados de los riesgos globales. Además, se hace un llamamiento a mejorar las opciones institucionales

---

[4]   Recuérdese, por ejemplo, el desastre que afectó al Japón en marzo de 2011, cuando se produjeron simultáneamente un terremoto, un tsunami y una crisis nuclear. Las futuras crisis mundiales pueden derivarse de riesgos hasta ahora desconocidos sobre los que no existen datos ni modelos de probabilidad e impactos. Se han denominado eventos desconocidos (Casti, 2010) y son extremadamente perturbadores, como los terremotos, erupciones volcánicas, crisis financieras y revoluciones políticas que podrían desestabilizar los sistemas críticos de abastecimiento, con lo que se producirían externalidades económicas que irían mucho más allá de su punto de origen geográfico. Aunque tales eventos extremos han sido relativamente raros en el pasado, todo parece indicar que ocurrirán con mayor frecuencia en el futuro. Las interconexiones globales que acompañan la integración económica hacen posible que algunos riesgos se propaguen rápidamente por todo el mundo. La gestión de los fenómenos ampliamente desconocidos puede trabajarse a partir de los conceptos estratégicos disponibles para ayudar a los gestores de riesgos. Por lo general, esto implica una combinación de dos técnicas: i) diseñar o fortalecer los sistemas complejos para que sean más robustos, redundantes o diversos, según el caso, y ii) la contribución al aumento de la resiliencia social ante eventos desconocidos, basándose en las experiencias con eventos extremos que comparten cierta similitud en cuanto a naturaleza o escala. (Para aprender a detectar las señales débiles (*weak signals*) y las "cartas salvajes" (*wild cards*), véase el proyecto iKnow (2010) de la Comisión Europea).

a fin de comprender, medir y anticipar la evolución de las interdependencias entre los riesgos, de forma que complementa los instrumentos tradicionales de gestión de riesgos con nuevos conceptos diseñados para entornos de incertidumbre[5].

- Diferentes iniciativas, como el Proyecto del Milenio (*Millenium Project*2009a), vienen promoviendo el concepto de inteligencia colectiva a escala global para integrar recursos y capacidades y crear nuevos mecanismos de gobernanza que permitan enfrentar macroproblemas de gran complejidad. Por otra parte, algunos gobiernos, como el de Francia, buscan reestructurar sus principales organismos de planificación para incorporar al más alto nivel los servicios de prospectiva y estrategia[6].

- En América Latina y el Caribe se describen los logros en la construcción de visiones nacionales de desarrollo por los gobiernos de varios países. Según Cuervo (2012b), entre ellos figuran los ejercicios siguientes: Plan Estratégico Industrial 2020 de la Argentina; Brasil 2022; Agenda Chile país desarrollado: Más oportunidades y mejores empleos 2018; Visión Colombia 2019; Costa Rica: Visión a Largo Plazo 2021; Plan Nacional de Unidad de Guatemala; Estrategia Nacional 2010-2025 del Ecuador; Unidad Nacional de la Esperanza 2032, de Guatemala; Visión de País 2010-2038, de Honduras; Visión Jamaica 2030: Plan Nacional de Desarrollo; Visión Nacional 2030, de México; Paraguay 2015; Plan Perú 2021; Estrategia Nacional de Desarrollo 2030 de la República Dominicana, y Uruguay 2030.

- Han surgido nuevas capacidades y puntos de referencia prospectivos en proceso de consolidación en la región. Existe una gran variedad de enfoques, métodos y arreglos institucionales en materia de prospectiva que hacen su aporte a la construcción de visiones de futuro, la construcción de pensamiento a largo plazo y la creación de nuevos ejes temáticos sobre el desarrollo en América Latina y el Caribe.

---

[5]　El Foro Económico Mundial (2014) señala que el carácter sistémico de nuestros riesgos más significativos exige procedimientos e instituciones que estén coordinados a nivel mundial, pero con gran flexibilidad de respuesta local. Dado que los sistemas internacionales de finanzas, las cadenas de suministro, la salud, la energía e Internet presentan mayores niveles de complejidad e interdependencia en el entorno global, su nivel de resiliencia depende de si se convierten en baluartes de la estabilidad o en amplificadores de choques en cascada a nivel global. También se plantea que el fortalecimiento de la capacidad de recuperación requiere la superación de los retos de la acción colectiva mediante la cooperación internacional entre las empresas, el gobierno y la sociedad civil.

[6]　Véase el informe preparado para el Primer Ministro por Yannick Moreau, Philipe Aghion, Marion Guillou, Pierre Rosanvallon, Henri Rouilleault y Louis Schweitzer, de diciembre de 2012, titulado "Pour un Commissariat Général à la Stratégie et à la Prospective".

C. La prospectiva es necesaria prácticamente en todas las dimensiones del desarrollo

Por todo lo anterior, en el mundo contemporáneo existe un amplio consenso acerca de la necesidad de que los gobiernos cuenten con sistemas de anticipación que permitan desarrollar la capacidad de hacer frente a los cambios globales presentes y futuros, esperados e inesperados. Fundamentalmente, se busca elevar la calidad de la imaginación de las instituciones para responder ante los desafíos estructurales y ante situaciones que, si bien son poco probables, serían de alto impacto para la sociedad si llegaran a ocurrir (Comisión Europea, 2011a y 2012b; Cortés y otros, 2012).

La necesidad de la prospectiva es consecuencia de la actual transformación del modelo de desarrollo que exige una visión integrada e integral del cambio estructural, que muestre las interdependencias entre las dimensiones política, económica, social, cultural, ambiental, científica y tecnológica del desarrollo. Esto significa que es un campo multi-, inter- y transdisciplinario que permite poner en común las reflexiones que desde diferentes ángulos se hacen acerca de América Latina y el Caribe. Se necesita una reflexión estructurada y sistemática a largo plazo para:

- emprender la transformación productiva de la región;

- promover un rol más activo del Estado, así como el desarrollo institucional y de los organismos nacionales de planificación, a fin de crear las capacidades idóneas para dar respuesta efectiva a un entorno global más desafiante, con estándares más elevados;

- promover un nuevo patrón productivo basado en la innovación, que responda a la acelerada convergencia de la nanotecnología, la biotecnología, las tecnologías de la información y las ciencias cognitivas, entre otras;

- cerrar las brechas sociales;

- afrontar las transformaciones del medio ambiente y las consecuencias del cambio climático;

- comprender las dinámicas culturales propias de un mundo multipolar, y

- reflexionar sobre las nuevas necesidades en las infraestructuras educativas y sociales a medida que se transforma la población y cambian sus formas de pensar y de vivir.

D. La prospectiva es un instrumento idóneo para construir un diálogo político y social permanente

Un valor fundamental que aporta la prospectiva es su visión integrada del desarrollo y de las interdependencias entre sus diferentes ámbitos. Los gobiernos deben plantear visiones de futuro bien estructuradas y horizontes de largo plazo que sirvan de orientación a los planes nacionales de desarrollo y contribuyan a la coordinación estratégica de las políticas públicas. Esas visiones y horizontes podrían dar sentido al desarrollo institucional, dentro de un marco de referencia de amplio alcance, que ayude a sustentar la planificación plurianual y la integración intertemporal de la acción pública.

La prospectiva es un conocimiento útil para estructurar un diálogo social permanente que propicie la integración de Estado, mercado y sociedad, tal como lo propone la visión integral del desarrollo que anuncia la CEPAL en su más reciente texto de *Cambio estructural para la igualdad: Una visión integrada del desarrollo*. El diálogo social implica procesos estructurados para pensar, debatir, modelar el futuro y mantener una vigilancia estratégica de los hechos portadores de futuro , que tienen implicaciones o consecuencias sobre las decisiones estratégicas de la sociedad. Si bien el diálogo social no es una garantía de eficacia en la toma de decisiones, sí es una condición previa que facilita y abre espacios de interlocución e intercambio de conocimientos, que integra perspectivas y da viabilidad a los procesos de desarrollo. Aunque en última instancia la responsabilidad de la adopción de decisiones recae sobre los dirigentes y los sistemas políticos, la prospectiva puede ser un puente intelectual y comunicacional que favorezca las conversaciones estratégicas con la ciudadanía y contribuya a disminuir la polarización de los países a nivel político e ideológico.

Si América Latina no cuenta con una visión de futuro acerca de la integración regional y su rol en el mundo, corre el riesgo de que ese papel se lo definan desde afuera. Existe una oportunidad política invaluable de proponer políticas de largo plazo que faciliten la tarea de afrontar el cambio global de la región. Este es el momento histórico ideal para incorporar la prospectiva al ámbito político-institucional, a fin de reestructurar el Estado para que convierta las posibilidades de desarrollo en oportunidades concretas de mejoramiento de la calidad de vida de la población.

E. Hoy en día existen condiciones y factores propicios para el avance de la prospectiva y la gestión pública en América Latina y el Caribe

Así pues, este tema no es nuevo en absoluto, sino que está presente en la literatura de la gestión pública desde hace varias décadas. Por ejemplo, Yehekzel Dror, en su Informe para el Club de Roma (Dror, 1994), señalaba desde entonces algunas pautas sobre cómo y por qué deben cambiar las instituciones y las formas de gobierno para hacer frente a las transformaciones globales. En particular, observa que todo intento de crear capacidades prospectivas debe contribuir a renovar la forma de pensar de los dirigentes y las prácticas de planificación y gestión de las organizaciones del Estado, así como la forma en que se adaptan y adoptan las políticas públicas que, en el marco del ILPES y la CEPAL, se denominan políticas para el desarrollo. Dicho en otras palabras, el impulso a la prospectiva en la gestión pública solo tiene sentido en la medida en que contribuya a iluminar mejores prácticas para optimizar la capacidad de gobernar y en que el aprendizaje colectivo se vuelva un factor estratégico que marca la diferencia en el desempeño de los gobiernos[7].

No obstante los avances realizados, también está claro que las instituciones latinoamericanas no han cambiado con la capacidad de dirección y eficacia que se espera de ellas para enfrentar los desafíos estructurales de largo plazo. Cabe entonces preguntarse, si en América Latina y el Caribe se requiere la prospectiva, ¿por qué no han prosperado los esfuerzos históricos por implementarla con alto impacto, como era de esperarse? Para responder a este interrogante, en el presente texto se intenta realizar una breve síntesis histórica que trata de mostrar cómo han evolucionado los factores clave para comprender el avance de la prospectiva en la región, conforme a dos grandes perspectivas:

- En primer lugar, a un nivel macro o externo, se plantea que existen al menos cuatro factores determinantes del avance de la prospectiva: i) el modelo de desarrollo; ii) el rol del Estado; iii) el valor otorgado a la planificación para el desarrollo, y iv) el desarrollo institucional de los organismos nacionales de planificación.

- En segundo lugar, a un nivel micro o interno de la prospectiva, se encuentran: i) el estado del conocimiento en prospectiva; ii) la existencia de comunidades y redes de prospectiva; iii) el establecimiento de puntos de referencia institucionales, y iv) la existencia de actores sociales y cultura política adecuados (véase el diagrama I.1).

Se argumenta que los factores del primer nivel configuran las necesidades o la demanda de prospectiva en la región, mientras que los

---

[7]   Según Carlos Matus (1993), gobernar es conducir el curso de los acontecimientos en la dirección deseada. Planificar es el cálculo que precede y preside la acción. La planificación es el cálculo sistemático que relaciona el presente con el futuro y el conocimiento con la acción… es lo contrario a la improvisación. No se debe gobernar sin planificar y es inútil planificar sin el propósito de gobernar, es decir sin el objeto de conducir.

de segundo nivel establecen las capacidades o la oferta de servicios de prospectiva. Para que exista un avance significativo, deben encontrarse sincrónicamente la oferta con la demanda, pero esto es precisamente lo que no ha sucedido en el pasado. En el recorrido histórico por ambos niveles, puede verse cómo la demanda y la oferta han evolucionado a lo largo de tres grandes etapas, fases o períodos. Igualmente, puede observarse cómo la demanda surge en los años cincuenta y tiene altibajos con el paso del tiempo. Entretanto, los ciclos de la prospectiva comienzan una década después y han seguido un ritmo propio.

Diagrama I.1
Factores clave en el avance de la prospectiva en América Latina y el Caribe

Fuente: Elaboración propia.

Sin embargo, al inicio de la presente década coincide la demanda de prospectiva por parte de los gobiernos y la sociedad con la oferta de servicios prospectivos por parte de una comunidad cada vez más amplia de personas e instituciones que poseen la capacidad pertinente, fruto del proceso de acumulación de esfuerzos pioneros, éxitos relativos y enormes frustraciones de las etapas precedentes. Al final del recorrido, la evidencia demuestra que la sintonía entre demanda y oferta de prospectiva ha comenzado a producir frutos de gran importancia en el desarrollo a nivel nacional, regional e institucional de los países latinoamericanos. Está claro que ha llegado el momento de propiciar un diálogo constructivo entre la oferta y la demanda de prospectiva, con miras a aumentar el impacto y el desarrollo institucional de estos servicios, así como su eficacia para contribuir a la construcción de mejores alternativas de futuro para América Latina y el Caribe.

F.   Conclusiones

Las conclusiones principales se enumeran a continuación.

Tendencias identificadas en el avance de la prospectiva en América Latina y el Caribe

Primera

Históricamente este es el primer momento en que la oferta y la demanda de prospectiva coinciden en América Latina. Los períodos anteriores se caracterizaron por un desfase: cuando había necesidades, no había capacidad, y viceversa. Pero desde la década pasada se manifiesta claramente una demanda o necesidad de prospectiva. Por otro lado, ha comenzado a surgir una comunidad que está en condiciones de ofrecer respuestas efectivas y que evoluciona de los efectos demostrativos hacia la generación de impactos reales, que demuestran mayor grado de madurez.

Segunda

Hay un marcado aumento del interés de los ministerios que han propiciado una cualificación de la demanda de servicios prospectivos.

Tercera

Se constata un aumento del interés de los organismos internacionales por invertir en ejercicios prospectivos y por patrocinar iniciativas. Han aumentado los intercambios sobre todo entre Europa y América Latina. Distintas organizaciones han colaborado a través de redes con programas y proyectos puntuales. Ello ha acelerado el desarrollo de las capacidades prospectivas en América Latina.

Cuarta

Es visible un aumento de los ejercicios prospectivos en toda América Latina, evidenciado por los ejercicios de carácter sobre todo nacional, sectorial y territorial. No obstante, se registran muy pocas visiones que abarquen todo el conjunto de la región.

Quinta

Se registra una baja producción de ejercicios de integración regional, con visiones integrales sobre el conjunto de América Latina y el Caribe que transciendan los enfoques políticos unilaterales y los ámbitos geográficos específicos. Es necesario que el proceso de integración regional se acompañe de ejercicios prospectivos que permitan entender la transición de modelos de desarrollo a largo plazo.

Sexta

Hay un aumento lento pero progresivo de las capacidades, medido en términos del incremento de las redes, centros, institutos, laboratorios e instituciones universitarias.

Séptima

Las capacidades prospectivas se concentran en la generación de visiones de país, en la consolidación de los puntos de referencia y en el seguimiento y monitoreo de las experiencias significativas a nivel internacional.

Octava

Es evidente una alta dispersión de las temáticas objeto de estudio; no se perciben grandes puntos fuertes ni áreas de gran concentración en todos los países. Sobresalen la prospectiva científica y tecnológica y las aplicaciones al desarrollo agroindustrial.

Novena

Hay dos grandes corrientes que prestan servicios de prospectiva en América Latina:

- una corriente conformada por consultores, directores de proyectos, funcionarios públicos y gente de empresa, enfocada en el desarrollo de metodologías y la prestación de servicios a organizaciones para la toma de decisiones, y

- una segunda corriente, más teórica y académica, que se centra en el desarrollo de conceptos e investigaciones que no necesariamente conducen a la adopción de decisiones.

Estas dos corrientes buscan su inserción institucional, pero los ministerios y organismos de planificación tienen altas y crecientes exigencias de calidad con relación a los servicios que presta esa comunidad.

Décima

En materia de publicaciones, fundamentalmente se publican proyectos y resultados de investigación y hay una escasa producción de artículos para revistas indexadas de alcance internacional.

La prospectiva está llamada a desempeñar un papel decisivo en el futuro del continente, como se evidenció en el seminario de los 50 años del ILPES. En la medida en que está en juego un cambio de paradigmas en planificación, se requiere avanzar hacia enfoques prospectivos dinámicos, con una gran capacidad de complementar e integrar instrumentos y perspectivas de análisis, combinar metodologías cuantitativas y cualitativas, encontrar evidencias y proveer retroalimentación en tiempo real, consultar a expertos e interactuar con la ciudadanía en formas cada vez más democráticas, además de canalizar la creatividad para generar opciones estratégicas innovadoras y viables. Esto significa colocar la prospectiva al mismo nivel que la coordinación, la evaluación y la concertación como funciones básicas de la planificación, pero dentro de una visión más holística e integrada. Sería conveniente realizar ejercicios compartidos por diferentes organismos internacionales y gobiernos de la región, que permitan llevar la reflexión a horizontes temporales de muy largo plazo y deliberar sobre las interdependencias entre las distintas subregiones que componen América Latina y el Caribe.

El elemento fundamental para armonizar la oferta con la demanda tiene que ver con la responsabilidad de cada parte en el desarrollo de los servicios prospectivos. De un lado, quien los requiere debe conocer mejor qué es la prospectiva para no hacerse falsas expectativas acerca de los resultados que se pueden esperar. Por otro lado, la oferta, tanto desde la vertiente práctica como desde la teórica, tiene que elevar sus niveles de calidad para sincronizarse con las necesidades reales de las instituciones.

Tanto los organismos internacionales como los gobiernos nacionales y subnacionales pueden emprender acciones conjuntas que eleven el nivel de aprendizaje en materia de prospectiva aplicada a las políticas públicas para el desarrollo. Estas acciones tienden al intercambio de conocimiento, el reconocimiento y mapeo de mejores prácticas, el desarrollo de habilidades en equipos de niveles superiores de gobierno, el diseño de ejercicios entre varios países y la creación de módulos especializados en sectores que requieren pensamiento de largo plazo (infraestructura, medio ambiente, energía, educación, ciencia y tecnología, competitividad regional, entre otros).

Los organismos internacionales, en especial, tienen así un campo de acción adecuado para ofrecer cursos y servicios a distintos niveles, acompañar el diseño de las visiones de país, las estrategias de desarrollo territorial y la articulación de redes de políticas públicas, pensamiento estratégico y prospectiva. El desarrollo de capacidades prospectivas requiere un intenso trabajo colaborativo y de sinergia con los centros de pensamiento externos que vienen adelantando experiencias significativas en la región.

Capítulo II

Conocimiento básico de la prospectiva

A.   Contexto y origen de la prospectiva

1.   Definición y evolución de los estudios del futuro

Los estudios del futuro se definen inicialmente como un campo de conocimiento para la interrogación sistemática y organizada del devenir (Hodara, 1984)[1]. Otra definición muy importante es la provista por la Sociedad Finlandesa de Estudios del Futuro: "Los estudios del futuro examinan el presente con una especial comprensión del futuro, integran resultados de investigación de diferentes campos de conocimiento y ayudan a los encargados de la adopción de decisiones

---

[1]   El devenir supone un proceso histórico donde el futuro es consecuencia del pasado y del presente. Según Del Olmo (1984) y Miklos y Tello (1991), los estudios del futuro son por excelencia un producto moderno, un fenómeno concomitante con la diferenciación de las esferas institucionales, la creencia en la idea de progreso, la fe en la ciencia y el poder tecnológico, la secularización, el nuevo papel del individuo, la actitud positiva respecto al futuro, la aceptación entusiasta del cambio y la transformación de las concepciones de autoridad. Por ende, esta concepción dista mucho de las perspectivas premodernas que entienden el futuro como un destino, fundamentadas en actitudes místicas, mágicas, fanáticas, rígidas o conservadoras, donde priman el temor, el azar y la fatalidad. Pero también dista de la concepción del futuro entendido como porvenir, donde el futuro se puede imaginar libremente, sin restricciones, derivadas de productos literarios o filosóficos tales como la utopía o la ciencia-ficción, sin compromiso con la acción institucional ni la toma de decisiones estratégicas de los países. En consecuencia, la visión del futuro como devenir es muy diferente al futuro como porvenir o el futuro como destino.

estratégicas a hacer mejores elecciones para un futuro común". Esto significa que reciben aportes de todas las ciencias, y se caracterizan porque ven el futuro como un espacio de realización del potencial humano, donde caben múltiples alternativas que permiten pensar y gestionar, bajo una óptica del bien común, la incertidumbre asociada a las decisiones estratégicas que marcan la trayectoria de la sociedad en su conjunto.

Según Miklos y Tello (1991), si bien sus primeros esbozos datan propiamente de principios del siglo XX, los estudios del futuro se van consolidando alrededor de la Segunda Guerra Mundial y trascienden finalmente a la opinión pública en los años sesenta. Por ende, su desarrollo institucional y profesional se ha gestado en paralelo en los últimos 70 años en Europa, los Estados Unidos y el resto del mundo[2].

Hoy en día esos estudios pueden considerarse como una disciplina emergente de las ciencias sociales, que agrupa una gran variedad de situaciones, temas y proyectos que caracterizan a los diferentes países, escuelas y enfoques, y que ofrecen una amplia pluralidad de puntos de vista y de divergencias entre los paradigmas e instrumentos que se emplean (Caraça, 1990, pág. 169)[3]. Sin embargo, en lugar de reducirse a una metodología única, constituyen un conjunto de teorías, métodos, instituciones, autores y centros internacionales que generan conocimientos acerca de la reducción y la gestión de la incertidumbre frente a los cambios sociales así como de la preparación para la toma de decisiones estratégicas[4].

En la década de 1940 surgen los primeros aportes de esta disciplina, pero en los años sesenta es cuando comienza a consolidarse el proceso de desarrollo institucional y la conformación de una comunidad académica, empresarial, gubernamental y no gubernamental interesada en conformar una actividad profesional dedicada y orientada al futuro[5].

---

[2]   En inglés se utiliza la denominación *"futures studies"*. En español debería decirse también estudios de futuro. No obstante, debido a su difícil asimilación, algunos autores prefieren utilizar el término estudios prospectivos. En sentido similar también se utiliza en inglés el término *foresight studies*.

[3]   Por decisiones estratégicas se entienden aquellas que son irreversibles, y tienen altos costos y altos impactos para la sociedad (Ghemawat, 2005).

[4]   Según Vecchiato y Roveda (2010), la gestión de la incertidumbre en el campo empresarial tiene que ver con tres asuntos básicos: i) analizar el "estado" de la incertidumbre acerca del camino probable que ha de tomar la evolución de los factores emergentes de cambio; ii) analizar el "efecto" de la incertidumbre sobre los factores impulsores del cambio en la posición competitiva de una firma (o de un país), y iii) crear una "respuesta" ante la incertidumbre relacionada con la creación de una ventaja alrededor de dichos factores de cambio.

[5]   Hacia 1900, el novelista H.G. Wells hizo en Anticipations uno de los primeros llamados sobre la necesidad de prever sistemáticamente, a partir de razonamientos lógicos, el futuro de los distintos modos de transporte. Pero hubo que esperar a la crisis de 1929 para que aparecieran las primeras iniciativas institucionales y científicas al respecto. La más famosa de ellas fue la comisión de profesores universitarios que el Presidente Hoover designó para estudiar la sociedad estadounidense, como

Esta comunidad proviene de diferentes vertientes. La corriente principal de opinión surge del Estado, las instituciones supranacionales y el sector de la ciencia y la tecnología. A estos se añaden los periodistas, consultores, empresarios, líderes gremiales y redes de expertos. Posteriormente los grandes conglomerados impulsan la prospectiva corporativa o la prospectiva desarrollada en empresas (véase el diagrama II.1).

Diagrama II.1
Corrientes fundamentales de los estudios del futuro

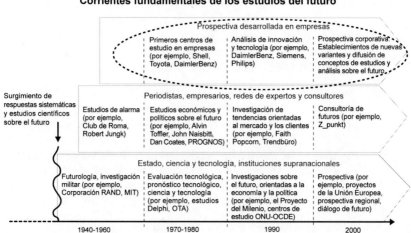

Fuente: Frank Ruff, *Current and Future Applications of Foresight in Industrial Enterprises: Implications for UNIDO*, Viena, DaimlerChrysler AG, Research, Development Society and Technology Research Group, 2007.

De esta manera, los estudios del futuro o estudios prospectivos han avanzado a la par de las transformaciones de la planificación y del entorno mundial, en un proceso continuo que exige a su vez nuevos enfoques, con un avance sinuoso, pleno de auges y declives. Después de siete décadas de acumulación de conocimiento, han pasado varias generaciones con enfoques distintos pero complementarios, que han marcado intereses diferentes a lo largo del tiempo[6]:

---

un análisis necesario para la puesta en marcha de sus reformas. "Tendencias sociales recientes", publicado en 1933, fue el título de este informe dirigido por William Ogburn, cofundador de las ciencias políticas (Hatem, 1993). Por otra parte, es sorprendente encontrar en el contexto soviético un importante pionero, un tanto desconocido, llamado V. A. Bazarov, quien ya en 1928 proponía que la prospectiva se desligara de la predicción y se enfocara al mejoramiento de la eficacia de las decisiones (Bestuzhev-Lada, 1994). La fecha clave que se considera el hito fundacional de los estudios del futuro en este texto fue cuando se publicó en 1943 el libro *Historia y futurología*, de Ossip Flechtheim.

[6] En este caso, el concepto de cuatro generaciones se aplica a la prospectiva en general, a diferencia de la descripción de Georghiou (2008), que lo aplica a la prospectiva tecnológica. Esta idea se inspira en la observación de la prospectiva francesa por parte de Goux-Baudiment (2001). Kuosa (2009) aporta una interesante perspectiva, diferente pero complementaria, para analizar la evolución de los estudios del futuro.

- A finales de la década de 1940 y durante la década de 1950 la exploración del futuro estuvo vinculada con la carrera armamentista y el desarrollo del denominado complejo militar-industrial, tanto en los Estados Unidos como en la Unión Soviética. Por consiguiente, tenía un sello fundamental que consistía en identificar la trayectoria del cambio tecnológico, cuya aplicación al desarrollo de la industria aeroespacial y nuclear tenía importantes consecuencias respecto de la seguridad del planeta. Luego, a medida que fueron surgiendo otras necesidades sociales, como la reconstrucción europea, los procesos de descolonización en África, la urbanización y el crecimiento económico en todo el mundo, la prospectiva fue dando lugar a una segunda generación.

- A mediados y finales de los años sesenta aparece una reflexión mucho más crítica e interpretativa sobre el progreso comparado de los países. En el caso de América Latina, este proceso estuvo bajo la influencia de las teorías del desarrollo y la dependencia, el desarrollo industrial, entre otras. Luego surgieron nuevas consideraciones acerca de los cambios globales y la influencia del progreso tecnológico sobre el cambio social en los distintos continentes y territorios.

- A finales de los años ochenta y principios de los noventa surge una tercera generación que cambia el enfoque hacia la construcción del futuro. De esa manera, en América Latina se pone el acento en el desarrollo de las instituciones, las capacidades y los territorios. El centro del interés de la prospectiva pasa de la observación de los cambios a la creación de respuestas y la solución de problemas globales.

- Si bien todavía la mayoría de las prácticas internacionales pueden concebirse dentro de la tercera generación, está apareciendo a nivel mundial una cuarta generación de la prospectiva. Aún incipiente, comienza a marcar la pauta en la presente década y se caracteriza por estrechar la relación entre prospectiva e innovación. El énfasis en la innovación entendida en sentido amplio se explica por la necesidad creciente de la humanidad de establecer una nueva agenda global de políticas públicas que conceda prioridad al desarrollo humano y sostenible del planeta. Todo esto implica una nueva mentalidad y la promoción del comportamiento colectivo para evitar daños irreversibles al medio ambiente y contribuir a la perdurabilidad de la especie humana[7].

---

[7]   Este hecho fue reconocido tempranamente en el debate organizado por la ONUDI en 2007 sobre el futuro de su Programa de Prospectiva Tecnológica, así como por las conferencias del

Actualmente la prospectiva se encuentra en la confluencia de la tercera y la cuarta generación, cuyas prácticas se enriquecen mutuamente. La prospectiva se convierte en un proceso desencadenante de la innovación y contribuye a hallar nuevas respuestas, no solo desde el punto de vista tecnológico en la búsqueda de nuevos productos que lleguen a los mercados, sino desde el punto de vista de la innovación cognitiva, social e institucional, que se relaciona con nuevas ideas, comportamientos, estructuras y organizaciones. Todo lo anterior está dando lugar a una fertilización cruzada de la prospectiva con otras disciplinas. Esta evolución ha marcado un énfasis diferente en la transformación de la disciplina y su correspondiente desarrollo institucional, como puede observarse en el cuadro II.1.

Cuadro II.1
Evolución de los estudios del futuro o estudios prospectivos

	Primera generación	Segunda generación	Tercera generación	Cuarta generación
Período	Décadas de 1950 y 1960	Décadas de 1970 y 1980	Décadas de 1990 y 2000	Década de 2010
Conceptos principales	Predicción y pronóstico del cambio tecnológico	Comprensión, interpretación y crítica de los cambios sociales	Construcción social, creación de alternativas y solución de problemas	Innovación, convergencia tecnológica, sostenibilidad del planeta
Énfasis en el desarrollo de la disciplina	Bases filosóficas y metodológicas	Desarrollo de instrumentos y caja de herramientas	Desarrollo de procesos y sistemas de aprendizaje y respuesta al cambio	Desarrollo de capacidades de gestión del cambio
Desarrollo institucional de la prospectiva	Pioneros	Asociaciones Internacionales; programas de formación	Consolidación de redes, centros e institutos	Profesionalización; mayor conexión con la toma de decisiones

Fuente: Elaboración propia.

2.   Principales escuelas de los estudios del futuro

Masini refiere que, según McHale (1975), en el marco de la evolución conceptual de la disciplina, a inicios de los años setenta se aceptaban tres enfoques principales sobre la forma de investigar los futuros, a saber: los estudios del futuro (*futures studies*), la planificación a largo plazo (*long-range planning*) y el pronóstico (*forecasting*). Tras un intenso debate conceptual, la comunidad académica concluyó que el término *futures studies* era el más adecuado para designar el campo de los futuros, por su elasticidad para

---

Instituto de Prospectiva Tecnológica de la Unión Europea celebradas en 2008 y 2011. En cuando a la bibliografía original en español sobre este particular, destaca la importante obra colectiva coordinada de Bas y Guilló (2012). Entre los organismos internacionales, son vitales las alertas de la OCDE (2011) y el Foro Económico Mundial (2014).

incorporar diversos enfoques. Según Masini (1993a), ese término incluye todas las vías de pensamiento acerca del futuro[8].

Cuadro II.2

Síntesis de las principales escuelas y enfoques de los estudios prospectivos

Contexto	Décadas de 1940, 1950 y 1960	Décadas de 1970 y 1980	Décadas de 1990 y 2000
América del Norte	Planificación a largo plazo (*Long Range Planning*) Investigación de futuros (*futures research*)	Pronóstico tecnológico (*technological forecasting*) Planificación por escenarios (*scenario planning*)	Futurización (*futuring*) Prospectiva estratégica (*strategic foresight*)
Europa	Prospectiva *prospective*) Futurología (*futurology*)	Prospectiva estratégica (*prospective strategique*) Previsión humana y social (*previsione umana e sociale*)	Prospectiva (*foresight*) Actividades prospectivas (*forward-looking activities*)
Entorno Internacional	Análisis de sistemas (*systems analysis*)	Dinámica de sistemas (*systems dynamics*) Elaboración de perspectivas (*visioning*) Vigilancia tecnológica (*technological watch, competitive technical intelligence, veille technologique*)	Pensamiento sistémico (*systems thinking*) Análisis sobre los futuros de la tecnología (*technology futures analysis*) Análisis tecnológico orientado al futuro (*future-oriented technology analysis*) Análisis de horizontes (*horizon scanning*)

Fuente: J. Medina Vásquez, *La prospectiva y la necesidad de un nuevo paradigma de planificación en América Latina*, documento presentado en el curso "Planificación, gobierno y desarrollo", Cartagena de Indias, Instituto Latinoamericano de Planificación Económica y Social (ILPES)/ Agencia Española de Cooperación para el Desarrollo (AECID), 2012, sobre la base de E. Cornish, *Futuring: The Exploration of the Future*, Bethesda, World Futures Society, 2004; M. Godet y P. Durance, *Prospectiva estratégica para las empresas y los territorios*, París, Organización de las Naciones Unidas para la Educación, la Ciencia y la Cultura (UNESCO)/Dunod, 2011; R. Johnston, "Historical review of the development of future-oriented technology analysis", *Future-Oriented Technology Analysis. Strategic Intelligence for an Innovative Economy*. C. Cagnin y otros (eds.), Berlín, Springer, 2008; E. Masini, "Prospective et action", *Les clés du XXIe siècle*, Jerome Bindé, París, Seuil Editions, 2000; B. R. Martin, "The origins of the concept of foresight in science and technology: an insider's perspective", *Technological Forecasting & Social Change*, vol. 77, N° 9, Amsterdam, Elsevier, 2010; Javier Medina, *Visión compartida de futuro*, Cali, Universidad del Valle, 2003; J. Medina Vásquez y E. Ortegón, "Manual de prospectiva y decisión estratégica: Bases teóricas e instrumentos para América Latina y el Caribe", serie *Manuales*, N° 51 (LC/ L.2503-P), Santiago de Chile, Comisión Económica para América Latina y el Caribe (CEPAL), 2006. Publicación de las Naciones Unidas, N° de venta: S.06.II.G.37; I. Miles, "The development of technology foresight: a review", *Technological Forecasting & Social Change*, vol. 77, N° 9, Amsterdam, Elsevier, 2010; A. Porter, "Technology foresight: types and methods", *International Journal of Foresight and Innovation Policy*, vol. 6, N° 1/2/3, Inderscience Publishers, 2010; y *Future-oriented Technology Analyses: Established Methods, Georgia Tech & Search Technology*, Curso de alto nivel sobre tecnologías de análisis de futuro, inteligencia competitiva y evaluación de políticas en ciencia, tecnología e innovación, Bogotá, Departamento Administrativo de Ciencia, Tecnología e Innovación (COLCIENCIAS), Programa Nacional de Prospectiva Tecnológica e Industrial, 2006; M. Rader y A. Porter, *Fitting Future-oriented Technology Analysis Methods to Study Types, Future-Oriented Technology Analysis-Strategic Intelligence for an Innovative Economy*, C. Cagnin y otros (eds.), Berlín, Springer, 2008.

---

[8]   Según Masini (2000), el concepto de *futures studies* se consideraba más abierto y flexible que los de *long-range planning y forecasting*. Es importante utilizar los términos originales en inglés porque a veces la traducción simple al español induce a error, al hacer que todos los enfoques se denominen de una misma manera, pasando por alto las importantes diferencias que existen dentro de ese campo. Por ejemplo, muchas veces se confunde la prospectiva (*foresight*) con el pronóstico (*forecasting*).

Actualmente los estudios del futuro incluyen una serie de escuelas, tales como la investigación de futuro, el pronóstico tecnológico, la prospectiva, la planificación por escenarios, la previsión humana y social, los estudios globales, los estudios de visión, el análisis de sistemas, entre otras. Su evolución puede apreciarse con mayor detalle en el recuadro II.1.

Recuadro II.1
Familia de escuelas de los estudios del futuro

Hacia los años cuarenta y cincuenta surgen los estudios del futuro propiamente dichos, curiosamente relacionados con la experiencia de la Segunda Guerra Mundial. En aquella época se planteaban dos preocupaciones fundamentales. Del lado europeo, las preguntas básicas eran cómo construir un futuro colectivo en que no se repitiera el Holocausto y cómo educar a las futuras generaciones de modo que no se impusiera una minoría, como lo hicieron el nazismo o el fascismo, restringiendo la libertad y las alternativas de futuro de la población. Desde el punto de vista político-institucional, se buscaba definir el concepto de un bien común europeo y evitar nuevas guerras fratricidas, idea que con el tiempo dio lugar a la creación de la Unión Europea. Por otra parte, desde una perspectiva muy diferente, en los Estados Unidos, los estudios del futuro surgieron a partir de la búsqueda de soluciones a un problema muy concreto: dominar la tecnología básica para ganar la Guerra Fría. Por esta razón, los primeros métodos y grandes aplicaciones fueron impulsadas por el Gobierno y estuvieron al servicio del complejo militar-industrial.

De estas dos grandes preocupaciones se fueron derivando los principales enfoques contemporáneos. En los Estados Unidos fue determinante la aparición de la planificación a largo plazo (*long-range planning*). Esta surgió de la investigación de operaciones, caracterizándose por ser muy formal, por su base matemática y la utilización de métodos cuantitativos. Su interés central radicaba en el desarrollo de la tecnología, las aplicaciones militares, los mercados y los procesos de innovación. Posteriormente apareció la investigación sobre el futuro (*futures research*), que heredó esa misma tradición y pasó a considerarse un enfoque más serio y científico. Por esa razón, por ejemplo, la Asociación Internacional de Sociología fundó en 1974 el Comité de Investigación sobre los Futuros. En los años sesenta esas dos grandes corrientes se fueron desdoblando en otras dos vertientes: el pronóstico tecnológico *(technological forecasting)* y la planificación por escenarios *(scenarios planning)*, que marcaron sus propias sendas de desarrollo y son bastante utilizadas hoy en día.

Ahora bien, en Europa, alrededor de 1943 apareció la futurología, que aspiraba a convertirse en una ciencia del futuro. Esta voz, propuesta por el alemán Ossip Flechtheim, no tuvo mayor fortuna y fue bastante criticada y debatida en los años sesenta. Por su parte, en un contexto independiente, el francés Gastón Berger (1957) inventó el concepto de prospectiva. Este ser singular, filósofo y hombre de empresa a la vez, oponía este término a la retrospectiva y con él pretendía fundamentar una forma filosófica de ver la realidad, caracterizada por su orientación hacia el futuro. Planteaba que el futuro debía ser diferente al presente y el pasado, que no debía ser una simple extrapolación de la experiencia conocida, y sustentaba su reflexión a partir de la fenomenología. Posteriormente, su compatriota Bertrand de Jouvenel (1967) entendió la prospectiva como el arte de la conjetura por antonomasia y polemizó arduamente con Flechtheim. Proponía la necesidad de investigar los diferentes futuros posibles o futuribles, en vez de centrar la atención en la predicción de un futuro único.

Recuadro II.1 (continuación)

La corriente de la prospectiva fue alcanzando difusión y notoriedad, y con el tiempo se transformó en dos grandes vertientes. La primera y más conocida es la de la prospectiva estratégica, liderada por Michel Godet y otros autores, y la segunda es la previsión humana y social. La primera está directamente relacionada con la estrategia empresarial y su principal fortaleza ha sido el desarrollo de una caja de herramientas. Por su parte, la previsión humana y social recupera la tradición humanista de la primera generación de la prospectiva y desarrolla esferas y temáticas de carácter ético-cultural, liderada por Eleonora Masini y un grupo de futuristas provenientes de diversos países en desarrollo, fuera del contexto eminentemente francés de la prospectiva estratégica.

Por otra parte, hacia los años setenta surgen otras corrientes independientes, una relacionada con la elaboración de visiones (*visioning*) y otra centrada en los estudios de la problemática global (*global studies*), fuertemente impulsados por el Club de Roma, fundado por Aurelio Peccei. Esta institución, compuesta por industriales, gobernantes y académicos de distintos países, patrocina periódicamente investigaciones e informes que estimulan el debate público alrededor de los futuros posibles de la humanidad. Producto de sus estudios se han generado interesantes debates, por ejemplo, acerca de los límites del crecimiento económico, el crecimiento demográfico indefinido y sus impactos sobre la seguridad alimentaria y el desarrollo de los pueblos, la sociedad del conocimiento, entre otros. Ese tipo de estudios globales se ha desarrollado posteriormente en varias direcciones, entre ellas, la de los estudios sobre la paz, los conflictos y la seguridad mundial y los modelos económicos globales (Cole, 1998).

A mediados de los años ochenta se propone el término foresight, ligado a la identificación de nuevas tecnologías, una práctica utilizada por las corporaciones y los sistemas nacionales de innovación (Martin e Irvine, 1984). Ha tenido gran auge desde mediados de los años noventa debido al impulso de los programas nacionales de prospectiva, tanto en Europa occidental, como en Europa central y oriental, América Latina y los países anglosajones. Dicho auge está relacionado con el establecimiento de redes de comunicación y procesos de cooperación entre los diversos actores que participan en el proceso de concepción y desarrollo, comercialización y utilización de tecnologías, que buscan definir la demanda futura (Martin y Johnston, 1999). El concepto de *foresight* entendido como actitud humana también se utiliza en Australia y los Estados Unidos en el contexto educativo (Slaughter, 1996).

Por su parte, en la bibliografía especializada francesa de los años sesenta y setenta surgen los conceptos de inteligencia económica (*intelligence economique*) o vigilancia estratégica (*veille stratégique*). Cuando se ciñen estrictamente al campo científico-tecnológico, se conocen en inglés como "*technological watch*" o "*competitive technical intelligence*" y en francés como "*veille technologique*". Actualmente la vigilancia tecnológica y la inteligencia competitiva constituyen un proceso sistemático en que se capta, analiza y difunde información de diversa índole (económica, tecnológica, política, social, cultural y legislativa), mediante métodos legales, con el ánimo de identificar y anticipar oportunidades o riesgos, para mejorar la formulación y ejecución de la estrategia de las organizaciones (Sánchez y Palop, 2002). En las ciencias de la administración, la inteligencia empresarial suele denominarse en inglés *competitor intelligence*, *competitive intelligence* o *business intelligence*. La diferencia entre ellas radica en que la primera se centra únicamente en el estudio de los competidores; la segunda incluye el estudio del mercado, los clientes y los proveedores, y la tercera incluye los factores políticos, económicos, sociales, tecnológicos, ecológicos y legales y cualquier factor externo que pueda afectar los objetivos de la organización. La inteligencia empresarial también se conoce en inglés con otras acepciones como *monitoring, environmental scanning*

Recuadro II.1 (conclusión)

o *competitive early warning* (Medina y Sánchez, 2009). En la primera década del siglo XXI se ha difundido el concepto de análisis de horizontes (*horizon scanning*) como una actividad estructurada y continua para monitorear y analizar cuestiones de la frontera del conocimiento que son pertinentes a la política, la investigación y los programas estratégicos.

En la década de 2000 una concepción sustantiva consistió en agrupar en un cuadro referencial único las familias de análisis sobre los futuros de la tecnología (*technology futures analysis*, TFA). Estas reúnen los enfoques conocidos como pronóstico tecnológico (*technology forecasting*), prospectiva tecnológica (*technology foresight*) y evaluación tecnológica (*technology assessment*), así como sus métodos y procesos más utilizados. Según Porter y otros (2005), el concepto de TFA se refiere a cualquier proceso sistemático para producir juicios sobre las características de las tecnologías emergentes, los cambios y los impactos potenciales de una tecnología en el futuro, los cambios de las sociedades, las evaluaciones del sector público, los pronósticos tecnológicos, los estudios de inteligencia en la industria privada, entre otras cosas. Entre los distintos tipos de TFA se cuenta la prospectiva tecnológica, un proceso sistémico con el que se busca identificar la evolución de tecnologías futuras y sus interacciones con la sociedad y el ambiente, con el propósito de guiar acciones conducentes a un futuro deseable. El concepto de TFA abarca un amplio rango de métodos e instrumentos usados en variedad de contextos, con múltiples contenidos y procesos. Posteriormente, en el seno de distintos eventos globales convocados por el Instituto de Prospectiva Tecnológica (IPTS) de la Unión Europea, se evolucionó hacia el concepto de análisis de la tecnología orientada al futuro (*future-oriented technology analysis*, con la misma consideración de servir como enfoque común o sombrilla que abarque el conjunto de comunidades epistémicas que se dedican a la anticipación, exploración y análisis de las tecnologías futuras (Cagnin y Keenan, 2008).

Fuente: Elaboración propia sobre la base de J. Medina Vásquez y E. Ortegón, "Manual de prospectiva y decisión estratégica: Bases teóricas e instrumentos para América Latina y el Caribe", serie *Manuales*, N° 51 (LC/L.2503-P), Santiago de Chile, Comisión Económica para América Latina y el Caribe (CEPAL), 2006. Publicación de las Naciones Unidas, N° de venta: S.06.II.G.37; J. Medina Vásquez y J. M. Sánchez (eds.), *Sinergia entre la prospectiva tecnológica y la vigilancia tecnológica e inteligencia competitiva*, Bogotá, Colciencias (Departamento Administrativo de Ciencia, Tecnología e Innovación), 2009; y J. Medina Vásquez, *Visión compartida de futuro*, Cali, Universidad del Valle, 2003.

Ahora bien, dentro de esa multiplicidad de escuelas que coexisten, las más sólidas actualmente al nivel conceptual y metodológico son, por una parte, el *foresight* de corte anglosajón, nacido de la evaluación de las posibilidades tecnológicas y, por otra, la prospectiva francesa y latina, más impregnada por la filosofía de la acción (Miles, 2008 y 2010; Godet y Durance, 2011). Según Nalerio (2007 y 2014), desde finales de los años noventa, sobre todo gracias al impulso de la Dirección General de Investigación e Innovación de la Comisión Europea, se ha desarrollado una verdadera dinámica de convergencia entre ambas[9].

---

[9]   Entre los enfoques de reciente aparición conviene señalar que los conceptos de *futuring* y *forward-looking activities* son incipientes y aún no se consideran propiamente escuelas, como sucede con la mayoría de los conceptos incluidos en el cuadro II.2. Por otra parte, los enfoques del análisis tecnológico orientado al futuro se utilizan preferentemente en el campo tecnológico.

En consecuencia, hoy en día, tanto el *foresight* como la prospectiva se ven, más que ayer, como una forma de pensar y actuar orientada hacia el futuro, no únicamente como un método de investigación[10].

B.   Conceptos básicos de la prospectiva

1.   ¿Qué no es prospectiva?

La prospectiva aplicada a la gestión pública no es adivinación, profecía, ciencia-ficción ni utopía. No es charlatanería ni la simple especulación de un autor que plantea imágenes de futuro sin posibilidades de realización. En realidad, la prospectiva supone una reflexión estructurada y sistemática acerca de las alternativas futuras de un país, territorio, sector o institución, mediante la interacción organizada con expertos, redes y comunidades, basada en un diálogo fundamentado en hechos y datos. Implica la construcción de visiones de futuro estructuradas, verosímiles, innovadoras, transformadoras y con posibilidades de realización.

La prospectiva tampoco es cuestión de utilizar medios informáticos para hacer cálculos exactos acerca de un futuro único, ni surge de la mera inspiración ni del trabajo aislado de una sola persona. Por el contrario, se elabora a partir del trabajo en equipo, con la capacidad de articular la opinión experta de diferentes grupos de personas y comunidades que necesitan ponerse de acuerdo en torno a una visión compartida del futuro, con miras a formular políticas públicas y tomar decisiones adecuadas para el desarrollo de un sistema social.

2.   La esencia de la prospectiva: anticipación y construcción de futuros

La prospectiva involucra dos términos clave: la anticipación, que alude al concepto clásico, y la construcción del futuro, que representa un concepto más contemporáneo[11]. Etimológicamente, prospectiva es afín a los vocablos latinos *prospicere* o *prospectare*, que expresan la idea de mirar mejor y más lejos aquello que está por venir. Esta es la esencia de la anticipación,

---

[10]   Por lo que se refiere al *foresight* anglosajón, esta convergencia ha surgido a partir de la consideración cada vez mayor de los aspectos sociales en las políticas de innovación. Desde la prospectiva francesa, es relevante la obra reciente de Godet y Durance (2011), que aporta un interesante estudio terminológico que rastrea las equivalencias conceptuales y metodológicas.

[11]   La anticipación se entiende como una disposición natural del ser humano para evocar en la mente la representación de eventos que pueden ocurrir en el futuro. Es un proceso que consiste en traer el futuro al presente por medio de representaciones mentales. Desde un punto de vista dinámico, la anticipación se refiere a la prevención de problemas, la identificación de oportunidades, la resolución creativa de problemas al ritmo que se presentan los hechos (Gabillet, 1999 y 2008). Ahora bien, técnicamente, la anticipación implica la descripción de un futuro, la creación, el desarrollo y la utilización de métodos de producción; la obtención, procesamiento, formulación, análisis y documentación de la información sobre el futuro (SELF-RULE, 2006).

disciplina que no ha perdido vigencia, pero que se ha visto enriquecida por el nuevo concepto (Medina, 2011a). A continuación se describen sus diferencias y complementariedades.

Ante todo, según Gastón Berger (1957 y 1964), la prospectiva es una actitud[12]. En ella prima la metáfora de la visión, se trata de generar una visión de futuro con cinco características básicas: i) mirar mejor (una visión de futuro de alta calidad); ii) mirar más lejos (una visión a largo plazo, es decir, más allá de diez años); iii) mirar de manera amplia, o sea, de forma sistémica; iv) ver con profundidad, de modo que se pueda trabajar con investigación y fundamentos sólidos, con sustentación y rigor en la información y el conocimiento de que se alimenta la toma de decisiones, y v) también ver distinto, con nuevas ideas y con los riesgos inherentes a lo nuevo, a la ruptura de los hábitos, así como proponer nuevas formas de pensar o nuevos conceptos en que la sociedad no había pensado antes.

En la actualidad esos riesgos están presentes en decisiones tales como el desarrollo de nuevos sectores económicos, el diseño de nuevas infraestructuras, el cambio del patrón de especialización de un territorio, o la creación de nuevas ramas de la ciencia y la tecnología. O bien, riesgos propios de la reorganización de situaciones conocidas, por ejemplo, la modernización del Estado, las reformas institucionales, el desarrollo de plataformas o infraestructuras existentes, entre otros.

Por otra parte, para Bertrand de Jouvenel (1967), la anticipación es la exploración de los futuros posibles, probables y deseables. Desde este punto de vista, la prospectiva puede entenderse como un proceso intelectual por el que se representa lo que puede suceder, o sea, los futuros posibles. Pero también permite identificar los futuros que tienen mayores probabilidades de acontecer, o sea, los futuros probables, e incluso los que se desea que ocurran, es decir, los futuros deseables. Los futuros posibles y probables se determinan al percibir la realidad de manera objetiva e intersubjetiva. Los futuros deseables responden a la proyección subjetiva de los anhelos, temores, deseos e intereses de los actores sociales. Por consiguiente, la prospectiva no se limita a una actividad de pronóstico que busca visualizar principalmente los hechos más probables; se trata de una acción abierta que diseña múltiples caminos hacia el futuro (Gomes de Castro y otros, 2005)[13].

---

[12] Según Gaston Berger (1959, págs. 270 a 275), la actitud prospectiva se basa en cinco necesidades principales: i) mirar lejos; ii) mirar con amplitud; iii) ver y analizar en profundidad; iv) arriesgarse, y v) pensar en el ser humano. Posteriormente, Michel Godet (1997) añadió tres componentes a la actitud prospectiva: i) mirar de otra manera (desconfiar de las ideas recibidas, pero también innovar); ii) mirar juntos (apropiación), y iii) utilizar métodos lo más rigurosos y participativos posible para reducir las inevitables incoherencias colectivas.

[13] La actitud prospectiva es de vocación universal y se busca que esté al alcance de muchas personas. Entretanto, la actividad prospectiva agrupa un conjunto de métodos y herramientas específicas y es propia de especialistas tales como los investigadores, los agentes de la actividad pública y los consultores (CEPT/DATAR, 2007). La actividad prospectiva (*futures thinking*) se expresa en estudios, investigaciones y reflexiones colectivas organizadas y está sometida a evaluación, al control de calidad, a la deontología y a la ética profesional.

La anticipación implica horizontes de pensamiento de largo plazo, lo que por lo general se entiende como diez años hacia adelante. Un decenio sería un horizonte temporal normal en las decisiones públicas en temas como energía, medio ambiente, educación, infraestructura, seguridad social y otros. En ese lapso de tiempo se expresan en forma tangible las consecuencias e impactos de las decisiones que se toman hoy.

Cuadro II.3
Futuros posibles, probables y deseables

Los futuros posibles	Exploran alternativas mutables, sujetas a incertidumbres y rupturas o discontinuidades.
Los futuros probables o esperados	Son resultado del análisis de tendencias y de extrapolaciones de "datos" del presente.
Los futuros deseables o preferidos	Reflejan la expectativa de atención de las demandas actuales de la sociedad, de políticas de gobierno, de estrategias empresariales, entre otras, que se expresan por medio de las metas o valores de los actores sociales.

Fuente: A. M. Gomes de Castro y otros, *La dimensión de futuro en la construcción de la sostenibilidad institucional*, San José, Proyecto ISNAR "Nuevo Paradigma", 2001; Antunes, A. y otros, "Prospección tecnológica - gestión del conocimiento e inteligencia competitiva: Modelos de gestión para la toma de decisiones y construcción de futuro", *Sinergia entre la prospectiva tecnológica y la vigilancia tecnológica e inteligencia competitiva*, J. Medina y J. Sánchez (eds.), Bogotá, COLCIENCIAS, 2009.

En el sentido clásico, la anticipación se concentra en la percepción y análisis de las transformaciones sociales presentes y futuras. Según Alonso (2012), en este caso la prospectiva se limita a explorar y hacer explícitos los futuros posibles, las opciones abiertas en un ejercicio de análisis condicional (si pasa "X" podría ocurrir "Y"), procurando no hacer juicios de valor (en la medida en que sea posible) y señalando explícitamente los criterios que se emplean para seleccionar los futuros probables, y el futuro deseado o preferido, según valores y criterios explícitos, incluidos los medios para conseguirlo. Sin embargo, en el sentido contemporáneo, según Godet y Durance (2011) la anticipación sirve para aclarar las decisiones y acciones presentes. La exploración de futuros tiene un nexo claro con la acción. Se busca tomar decisiones en el momento actual y analizar las consecuencias de esas decisiones. Por tanto, la anticipación es un proceso proactivo, que da origen a la prospectiva estratégica[14][15].

---

[14]   Para Michel Godet (1997) y la red del Colegio Europeo de Prospectiva Regional (2004), la anticipación implica una combinación adecuada de actitudes activas acerca del futuro, que toman la forma de preactividad (prepararse frente al cambio esperado) y proactividad (dar forma al cambio propuesto). Ahora bien, Antonio Alonso (2012) se pregunta: ¿qué distinguiría a quien conduce el ejercicio de prospectiva de un "activista"? En primer lugar, su formación en la tradición y el conocimiento básico de la prospectiva, en tanto disciplina. En segundo lugar, su ética y responsabilidad. En tercer lugar, su identidad profesional y, por último, la gestión de métodos, procesos y sistemas prospectivos, que le permiten actuar en diferentes contextos, con pertinencia y efectividad. Por esa razón, se han desarrollado en el próximo apartado las dimensiones epistemológicas, axiológicas, ontológicas y praxeológicas de la prospectiva.

[15]   Según Nalerio (2007, 2014), en el contexto francés, Hughes de Jouvenel y Michel Godet mantienen un debate recurrente que conviene destacar. Para De Jouvenel, la prospectiva no

Cuadro II.4
Tipos de prospectiva

Concepto	Descripción	Utilidad
Prospectiva exploratoria, sistémica o cognitiva	Consiste en un ejercicio que explora los futuros posibles a partir del análisis del pasado (retrospectiva), la identificación de las tendencias pasadas de evolución y de un análisis del presente en la determinación de los factores de cambio y los hechos portadores de futuro.	Permite detectar las tendencias y contratendencias de evolución, identificar las continuidades, las rupturas y las bifurcaciones de las variables del entorno (actores y factores), así como determinar el abanico de los futuros posibles. Facilita el reconocimiento de los desafíos en juego.
Prospectiva estratégica, normativa o programática	El ejercicio de prospectiva pretende definir el recorrido que permite alcanzar el objetivo deseado, ya sea a partir del presente hacia el futuro, o del futuro hacia el presente. La estrategia se concibe en su sentido "militar", como el ejercicio de determinar los recursos disponibles y elegir los medios que se deben emplear en función del objetivo de que se trate.	Se orienta principalmente a la preparación de la toma de decisiones. Permite construir visiones de futuros deseables, elaborar estrategias colectivas y lógicas de intervención posibles y, a partir de esto, mejorar la calidad de las decisiones.

Fuente: Colegio Europeo de Prospectiva Territorial-Datar, *Palabras clave de la prospectiva territorial*, Diputación Foral de Gipuzkoa, Oficina Estratégica, junio de 2010; y J. de Courson, *L'appétit du futur. Voyage au cœur de la prospective*, París, Éditions Charles Léopold Mayer, 2005.

Dentro de la escuela francesa, Michel Godet (1994 y 1997) ha sido el autor más representativo que ha planteado la necesidad de ir más allá de la anticipación, en tanto observación del futuro. Para Godet, la esencia del proceso prospectivo radica en un conjunto de tres elementos que denomina el "triángulo griego", conformado por la anticipación, la apropiación y la acción. La anticipación equivale en la práctica a la producción de imágenes de futuro, por lo general mediante el método de los escenarios; la apropiación es el proceso de interlocución con los actores sociales, para compartir las imágenes de futuro por parte de un grupo social, usualmente con métodos que estimulan las conversaciones estratégicas entre actores sociales, la participación y la comunicación pública. Entretanto, la acción tiene que ver con la puesta en marcha de un plan o programa que traduzca las imágenes de futuro en hechos reales.

---

puede ser más que estratégica, ya que solo tiene sentido si prepara para la acción. Por lo tanto, considera redundante la expresión "prospectiva estratégica". Godet coincide con esa valoración, pero insiste en que el término "estratégico" aporta un énfasis necesario, pues en ocasiones la anticipación solo se utiliza como un medio para pensar en el futuro, sin compromiso con la acción. Desde los años ochenta, Godet se ha posicionado como un referente fundamental tanto en América Latina como en el mundo. La prospectiva y la estrategia son indisociables, ya que la anticipación solo tiene sentido si esclarece la acción presente. No obstante, este planteamiento es fundamental en la obra original de Gastón Berger, que se ha revalorizado recientemente en el contexto francés (véanse Berger, 2010; Goux-Baudiment, 2001, y Durance y Cordobes, 2007).

Sin embargo, aunque el argumento principal de Godet se basa en ese "triángulo", su obra se ha centrado primordialmente en la anticipación y la acción, dejando un tanto de lado la apropiación y los aspectos socioculturales y sociopolíticos concomitantes. De ahí que la práctica de la prospectiva en América Latina haya puesto de relieve la necesidad de completar el planteamiento de Godet con el concepto de aprendizaje. De este modo, el triángulo griego se convierte en un ciclo de trabajo permanente[16].

Ahora bien, el sentido contemporáneo de la prospectiva, basado en la idea de la construcción de futuros, agrega a lo anterior algunos factores clave[17]. En primer lugar, es importante tener en cuenta la impronta humanista fundamental de la disciplina, que consiste en pensar en la supervivencia y la trascendencia de la especie. Además de generar una visión de futuro, se busca desplegar la capacidad de la sociedad de convertirla en un proyecto viable. Una visión de futuro identifica a dónde se pretende llegar pero también señala cómo recorrer el camino. Al elaborar una visión de futuro, una sociedad establece la cuota inicial de un proceso de cambio, pero el sendero a transitar depende de sus capacidades sociales, técnicas y políticas a ese efecto. Por tanto, la construcción de futuros añade la necesidad de abordar el desarrollo del potencial humano para convertirlo en capacidad, un aspecto fundamental para América Latina[18].

---

[16]   La experiencia clave del Programa Ciudadano "Cali Que Queremos", en Colombia, indujo a proponer este ciclo compuesto por los conceptos de anticipación, apropiación, acción y aprendizaje (Medina, 1997; 1999; 2000; 2003). Desde un punto de vista complementario, también el equipo de la Red Nuevo Paradigma (2002) ha contribuido de forma sustantiva a fundamentar este enfoque. Desde luego, el ciclo se nutre del concepto original de Godet del triángulo griego. Sin embargo, busca equilibrar la dimensión estratégica que implica la anticipación y la acción, con la dimensión sociocultural que implica la apropiación y el aprendizaje. Este complemento nace de la exigencia latinoamericana de abordar explícitamente los elementos de transformación cultural indispensables para promover o acelerar la transición de la región hacia una sociedad y una economía de conocimiento. Por otra parte, según el Colegio Europeo de Prospectiva Territorial (CEPT) (2007), en Francia se distingue la prospectiva participativa o de animación, que se orienta hacia estimular el debate público. En este caso, el proceso es más importante que el resultado. La convocatoria a los actores sensibles al cambio posible permite la construcción de una conciencia compartida sobre la capacidad de actuar colectivamente. La sinergia se basa en la formulación de las ventajas y las limitaciones del territorio en cuestión. Según Nalerio (2007), cabe señalar que en la definición de prospectiva del CEPT se distinguen exclusivamente las prospectivas exploratoria y estratégica, e incorpora la prospectiva participativa como un elemento de definición de la práctica de la disciplina.

[17]   El concepto de construcción de futuros tiene una larga tradición. En el contexto europeo, ya lo habían descrito Ferraro (1974) y Masini (1977, 1989) desde los años setenta. A partir de los años ochenta, diversos autores latinoamericanos por distintos caminos han venido insistiendo en la necesidad de un enfoque de los estudios del futuro específico para América Latina, que se fundamente en la idea de la construcción social del futuro. Véanse, por ejemplo, Montañana (1987), Costa Filho (1988), Moura (1994), Medina y Ortegón (1997), Medina (2002) y Mojica (2005).

[18]   Este concepto es fundamental en una prospectiva con sentido humano y social, como propone Eleonora Masini (2013). Véanse Alonso y Medina (2013).

En segundo lugar, está la diferencia entre colonización y construcción de futuros. La colonización del futuro implica valerse de la anticipación para llegar primero, y con ventaja sobre los demás[19]. En cambio, según Masini (2000 y 2013), construir socialmente el futuro significa crear consensos y considerar la interdependencia que tienen todos los habitantes en un territorio, valorar los bienes públicos y pensar en términos de una ética común sobre el futuro. De este modo, la visión puede ser compartida y facilitar acuerdos vitales para la sociedad. Se trata de gestar acuerdos sobre lo fundamental, centrados en un mínimo común que sea inteligible para todos los sectores de la sociedad (Angulo y otros, 2000).

En tercer lugar, desde el punto de vista de la construcción del futuro, se evoca la capacidad de autotransformación para ampliar las opciones de la sociedad. Una sociedad que siempre hace lo mismo no puede generar alternativas. Repite su pasado sin agregar nada nuevo y se queda estática, viendo cómo se amplían las brechas del desarrollo frente a las corrientes de transformación internacional. Mediante la construcción de futuros se pretende sintonizar la historia y la tradición con las nuevas realidades. Asimismo, si una sociedad no se transforma, sufre las consecuencias de los cambios externos y las determinaciones que se toman en algún centro de poder e interés del mundo. Al ampliar sus opciones, la sociedad es más libre y recupera su margen de maniobra para decidir acerca de su propio futuro.

Como bien señala Eleonora Masini (1994), "construir el futuro" implica dar un paso adelante respecto a la anticipación. Esto se debe a que, además "de la voluntad de actuar, añade la necesidad de tomar conciencia y crear habilidades para definir y proyectar el futuro en la dirección de los objetivos deseados", éticamente compatibles con un desarrollo humano y sostenible de la humanidad. Construir el futuro implica llevar a cabo procesos educativos y de transformación cultural, a la vez que se realizan ejercicios de anticipación. Según Masini (1994), en el siglo XXI es de vital importancia mirar hacia adelante. Prever es un deber moral, dado por la responsabilidad que tiene cada persona con relación al mundo. Educarse a sí mismo y a los otros para el futuro significa ir más allá de las ganancias personales y considerar las consecuencias que los eventos y acciones presentes tendrán a mediano y largo plazo para los seres humanos que no han nacido, quienes tienen derecho a vivir con salud y justicia (Masini, 2013).

---

[19]   Los futuros posibles son varios. Según Nalerio (2014, 2007), pretender que solo existe una posibilidad de futuro es una forma de "colonizarlo" (Masini, 2000). Ninguna sociedad está condenada a "sufrirlo", el futuro se construye (Loinger, 2004) porque, en gran medida, lo determinan nuestra voluntad, nuestro poder y nuestra libertad (Hughes de Jouvenel, 2004).

3. Sentidos básicos de la prospectiva: pensar, debatir y modelar el futuro a partir de una vigilancia estratégica del presente

Ahora bien, desde el punto de vista de la relación entre prospectiva y política pública, según la Comisión Europea (2011a y 2011b) hay varias formas de entender la prospectiva; a saber: pensar el futuro, debatir sobre el futuro y modelar el futuro[20].

Los estudios más clásicos en materia de anticipación son los que tienen que ver con pensar el futuro. Esto significa, entre otras cosas, plantear imágenes del futuro, diseñar escenarios, anunciar alertas tempranas e identificar tendencias. No obstante, pensar el futuro no genera necesariamente un compromiso con la acción pública ni una responsabilidad de los gobiernos con el producto de la anticipación. En esencia, la prospectiva busca definir los insumos necesarios para la toma de decisiones, con soporte técnico y político. Pero los decisores usan su poder, discrecionalidad y margen de maniobra política para elegir lo que crean conveniente.

Debatir sobre el futuro implica dar un paso más adelante y plantear nuevas ideas que enriquezcan un diálogo con toda la sociedad, teniendo en cuenta los resultados del estudio de escenarios futuros. En este caso se trata de incluir nuevos temas en la agenda pública, lo que pone de relieve el vínculo entre prospectiva e innovación. Estos nuevos temas tienen que ver con múltiples dimensiones de la realidad, bien sea al nivel político, económico, social, ambiental, de ciencia y tecnología, de participación ciudadana o de seguridad. Debatir sobre el futuro evoca también la actitud y la cultura de involucrar a la ciudadanía en el proceso de adopción de decisiones. Por esa razón, desde los años noventa se ha procurado abrir los espacios y mecanismos de participación ciudadana, lo que implica abrir debates en Internet y demás medios de comunicación, e incorporar los insumos de información y conocimiento que preparan los ciudadanos y la sociedad civil desde su punto de vista para la adopción de decisiones.

Por último, modelar o dar forma al futuro tiene que ver sobre todo con preparar procesos de decisión sistemáticos y organizados, que entrañan acumulaciones de conocimiento, resultados progresivos, generación de capacidades que preparan a la sociedad para la toma de decisiones acerca de su futuro, de una manera coherente y durante largos períodos de tiempo.

---

[20] Según la Comisión Europea, "modelar el futuro" significa moldearlo o darle forma mediante planes, programas y proyectos. No debe confundirse con la idea de modelar el futuro desde el punto de vista del análisis dinámico de sistemas, en el sentido de crear parámetros cuantitativos para calcularlo mediante modelos econométricos o similares.

Ahora bien, pensar y debatir sobre el futuro y modelarlo requiere a su vez una vigilancia estratégica del presente[21].

Diagrama II.2
Sentidos básicos de la prospectiva

Fuente: C. Daheim, "Corporate foresight. How to organize, run and manage a corporate foresight exercise. Examples and experiences", Technology Foresight Training Programme 2008/9, Bratislava, octubre de 2009; y "Corporate foresight in Europe - Experiences, examples, evidence", Z_punkt The Foresight Company, 2007.

La vigilancia estratégica del presente está íntimamente relacionada con metodologías afines con el análisis de riesgo y el análisis de horizontes o análisis del entorno[22]. Gestiona sistemas participativos y basados en datos conceptuales, innovaciones metodológicas, tecnológicas y de comunicación, capaces de apoyar la identificación, evaluación y explotación de conocimientos relacionados con cuestiones complejas y altamente inciertas, como las sorpresas, las "cartas salvajes" (*wild cards*) y las señales débiles, así como los asuntos emergentes que se derivan

---

[21]   Esto significa que distintas personas dentro de las organizaciones deben utilizar metodologías flexibles para catalizar el aprendizaje organizacional, y para reunir y difundir información y opinión experta sobre el futuro. De esta manera se generan combinaciones nuevas de conocimiento tácito y se contribuye a fomentar un ambiente creativo que proporciona una mejor información para la toma de decisiones (Mendonça y otros, 2004).

[22]   El análisis de horizontes es una actividad estructurada y continua para monitorear y analizar cuestiones de la frontera del conocimiento que son relevantes para la política, la investigación y los programas estratégicos. Los tipos de temas asignados por este método incluyen fenómenos nuevos y emergentes tales como las tendencias, políticas, productos, servicios, actores interesados, tecnologías, prácticas, comportamientos, actitudes, sorpresas ("cartas salvajes" o *wild cards*) y "semillas del cambio" (señales débiles). Por su parte, el análisis de riesgos es un proceso sistemático y estructurado de identificación, evaluación y gestión de asuntos inciertos que podrían convertirse en amenazas u oportunidades, en función de las probabilidades de que se produzca determinado evento, el tipo de impactos y los niveles de preparación del sistema de interés (Popper, 2011).

de la interconexión de conocimientos provenientes de comunidades de exploración e investigación al nivel mundial (Popper, 2011).

De esta manera, la prospectiva pretende pensar y debatir sobre el futuro, y modelarlo, sobre la base de información muy estructurada y de alta calidad. Así, al gestionar la incertidumbre se pretende "tener los ojos en la carretera, pero con las manos sobre el volante" (Cunha y otros, 2004).

4. Definición de prospectiva como campo multi-, inter- y transdisciplinario

La prospectiva puede concebirse como una disciplina para el análisis de sistemas sociales que permite conocer mejor la situación presente, identificar tendencias futuras, visualizar escenarios futuros y analizar el impacto del cambio tecnológico y no tecnológico en la sociedad (Medina, 2011a). La prospectiva moviliza a los distintos actores y redes sociales para generar visiones compartidas de futuro, orientar políticas de largo plazo y tomar decisiones estratégicas en el presente, dadas las condiciones y posibilidades locales, nacionales y globales (Georghiou y otros, 2008)[23].

En sentido amplio, la prospectiva es una disciplina emergente de las ciencias sociales, apoyada en una comunidad integrada por personas e instituciones del sector público, privado, académico y social, que comparten una serie de metodologías, prácticas, valores, derechos y responsabilidades para la observación de las transformaciones sociales, la reducción de la incertidumbre en la toma de decisiones estratégicas y la generación de respuestas sociales e institucionales frente a sus grandes desafíos. Esta comunidad proviene de diferentes contextos y tradiciones de pensamiento, pero busca un enfoque transversal y multidisciplinario para la solución de problemas complejos.

La prospectiva se concibe como una multidisciplina del conocimiento para pensar, debatir y modelar el futuro que utiliza variados métodos y técnicas de análisis y monitoreo de los cambios presentes. No debe confundirse con solo una herramienta o instrumento de trabajo, porque de este modo se pierde de vista su influencia para educar a los dirigentes, funcionarios y a la ciudadanía sobre su capacidad y responsabilidad para tomar decisiones que implican consecuencias importantes para la sociedad.

---

[23] Los fundamentos de la prospectiva como disciplina se encuentran en Masini (2000), Medina (2003), De Jouvenel (2004), Miles (2008, 2010), Martin (2010), y Georghiou, Cassingena Harper, Keenan, Miles y Popper (2008). Por su parte, Godet (2004) aporta una descripción de la prospectiva como disciplina de apoyo a la gerencia estratégica. Entretanto, Medina y Ortegón (2006) valoran la prospectiva como una función básica de la planificación, al mismo nivel de la coordinación de políticas públicas y la concertación y evaluación de planes, programas y proyectos. Véanse sus aplicaciones a la gobernabilidad y riesgo político en Miklos y otros (2008) y Baena (2008).

La prospectiva como campo multi-, inter- y transdisciplinario cuenta con una práctica ampliamente difundida en las organizaciones internacionales, las corporaciones multinacionales, los países desarrollados y los países en desarrollo[24]. Tiene rasgos distintivos en cuanto a su historia, identidad, comunidad, instituciones, protagonistas, métodos y aplicaciones. Hoy en día la prospectiva es un campo en plena evolución, de intersección entre los estudios del futuro, el análisis de las políticas públicas y la planificación estratégica, y se nutre de estas disciplinas, que a su vez se encuentran en pleno desarrollo. Esto significa que nació en el contexto de los estudios del futuro pero progresivamente se ha orientado hacia una posición de confluencia con la planificación estratégica y el análisis de las políticas públicas.

Diagrama II.3
La prospectiva como campo multi-, inter- y transdisciplinario

Fuente: J. Gavigan, K. Ducatel y F. Scapolo, *The Role of Foresight in the Selection of Research Policy Priorities. Conference Proceedings*, Sevilla, Comisión Europea, 2002.

Esta postura como enfoque multi-, inter- y transdisciplinario surgió a partir del análisis comparado de experiencias contemporáneas de prospectiva en distintos contextos nacionales (desde finales de los años noventa) y ha permitido distinguir la prospectiva de las tradicionales prácticas centradas exclusivamente en la provisión de

---

[24] La multidisciplinariedad se refiere al estudio de un objeto perteneciente a determinada disciplina, pero desde el punto de vista de varias otras disciplinas. Presupone la aplicación de un método común sin definir nexos entre disciplinas. La interdisciplinariedad genera estudios complementarios entre diversos especialistas. Implica la cooperación entre varias disciplinas y da lugar a intercambios reales y a la reciprocidad. Se inscribe así claramente en el espacio definido por las esferas de las disciplinas mismas. La transdisciplinariedad conlleva una relación entre disciplinas que trasciende a cada una en particular. Hace desaparecer los límites y promueve la creación de un sistema macrodisciplinar. Es una etapa superior de integración, donde se configura un sistema de integración total sin fronteras sólidas entre las disciplinas.

imágenes de futuro, sin asumir responsabilidad en el resto del ciclo de política pública y. por ende, frente a una rendición de cuentas de cara a la ciudadanía[25]. Desde la pasada década este planteamiento ha servido para orientar lineamientos de producción de ejercicios y formación en prospectiva de la Comisión Europea y sus instituciones asociadas, en especial el Centro Común de Investigación (CCI-JRC) y el Instituto de Prospectiva Tecnológica (IPTS) de la Comisión Europea, con sede en Sevilla (España)[26].

En este empeño, un grupo de destacados líderes del campo de la prospectiva, el pronóstico y la inteligencia competitiva propuso el concepto de análisis sobre los futuros de la tecnología en el Seminario Conjunto entre Especialistas de la Unión Europea y los Estados Unidos celebrado en 2004, coordinado por el Instituto de Estudios Prospectivos de la Unión Europea.

Desde el lado de la confluencia relacionado con la política pública, y según el proyecto For-Learn de la Comisión Europea (2006), hoy en día existen seis funciones principales de la prospectiva en su apoyo a la elaboración de políticas:

- brindar información calificada para sustentar las políticas, generar perspectivas con relación a las dinámicas de cambio, desafíos y opciones futuras, proveyendo nuevas ideas para transmitirlas a los encargados de la formulación de políticas como un insumo a la conceptualización y el diseño de la política;

---

[25] La posición de considerar la prospectiva como conjunción de estas tres vertientes fue planteada por primera vez por James Gavigan en 2001, exdirector de la Red de Prospectiva para el Desarrollo Regional (FOREN) y funcionario del Instituto de Prospectiva Tecnológica de la Comisión Europea en Sevilla. En 2002, Gavigan publicó un artículo conjuntamente con Fabiana Scapolo, quien ha sido líder de las iniciativas de prospectiva en el Centro Común de Investigación de la Comisión Europea. Esa visión amplía el alcance de la prospectiva. Esto es importante porque el criterio tradicional de la anticipación ha sido superado por la realidad. La implicación estratégica de esta concepción amplia no es que la prospectiva se pueda considerar una panacea o la solución a todos los problemas (Keanan, 2006), sino que es una multidisciplina, que se potencia en la medida en que entra en conjunción con otros enfoques. En otras palabras, la prospectiva entendida como confluencia es un enfoque muy adecuado para entender lo que hoy se hace en el mundo. Ahora bien, la pregunta es dónde están los límites y los vasos comunicantes entre los tres campos, pero esa es una cuestión dinámica que cambia a medida que surgen nuevas aplicaciones.

[26] Este enfoque amplio de la prospectiva surgió a raíz del debate entre académicos y profesionales de Europa, América del Norte y el resto del mundo, alrededor de los seminarios organizados por IPTS en 2004, 2006, 2008 y 2011, lo que ha conducido paulatinamente a entender y configurar la confluencia de los enfoques que en inglés se conocen como *technology intelligence, technology foresight, technology forecasting, technology roadmapping y technology assessment* (Cagnin y otros, 2008). Esta posición fue impulsada en un número especial de la revista *Technological Forecasting and Social Change* publicado en 2004, donde indicaron su apoyo a esta denominación personalidades de la talla de Harold Linstone, Alan Porter, Joseph Coates y Theodore Gordon, de los Estados Unidos, así como Ian Miles, Luke Georghiou, Guenter Clar, Ken Ducatel, Fabiana Scapolo, y otros autores relevantes de la Unión Europea. Ello también incluye los enfoques basados en la dinámica de sistemas y las ciencias del pronóstico, los líderes visionarios y los analistas y detectores de tendencias, y las instituciones democráticas que construyen programas de investigación y desarrollo, innovación y políticas públicas (Porter y Rader, 2008).

- facilitar la implementación de la política, fomentando la capacidad para enfrentar el cambio en determinados ámbitos, mediante la creación de una conciencia común sobre la situación actual y los retos futuros, así como el establecimiento de nuevas redes y visiones entre los actores sociales concernientes;

- promover la participación de la sociedad civil en el proceso de formulación de políticas, mejorando así su transparencia y legitimidad;

- apoyar la definición de políticas, generar los resultados en forma conjunta, traduciendo el proceso colectivo en opciones específicas para la definición e implementación de políticas;

- reconfigurar el sistema político para aumentar su capacidad de hacer frente a los desafíos de largo plazo, y

- promover la función simbólica e indicar al público que la política se basa en información racional.

Según Weber (2006), durante los años cincuenta, sesenta y setenta, brindar información para mejorar las políticas solía ser la función principal y más tangible de la prospectiva. En aquellos tiempos prevalecía, por un lado, un enfoque formal y, por otro, una comprensión bastante lineal del desarrollo tecnológico y la política de decisiones. El aporte principal radicaba en la fase de conceptualización de la política de ciencia, tecnología e innovación, por medio de directrices y recomendaciones concretas, tales como prioridades de investigación y planes de acción. El resto de las funciones no se consideraba ni se pensaba desde el punto de vista de su aporte al proceso de implementación de la política.

Desde comienzos de los años noventa, la prospectiva en muchos países comenzó a utilizarse cada vez más como instrumento de política sistémica y apoyo de políticas, especialmente en los ámbitos de la investigación, la ciencia, la tecnología y la innovación, y luego en otros campos socioeconómicos. Desde entonces, la prospectiva ha experimentado una serie de cambios conceptuales. En la actualidad, los trabajos académicos en esa materia reconocen la complejidad de los procesos de innovación y conceptualizan la formulación de políticas como un proceso continuo de aprendizaje reflexivo y desarrollo de la inteligencia social o colectiva (Weber, 2006)[27].

---

[27] Según Gavigan (2001), "el papel de la prospectiva en los procesos de creación de políticas consiste fundamentalmente en la promoción del aprendizaje colectivo y el intercambio de conocimiento sobre la ciencia, la tecnología y la innovación entre los agentes industriales, académicos, gubernamentales y sociales. Se utilizan procesos interactivos para investigar abierta y colectivamente los posibles futuros, con el fin de incrementar y distribuir la inteligencia estratégica en la sociedad. Tienen también como objetivo establecer conexiones en red híbridas, que superen límites establecidos —ya sean geográficos, institucionales o disciplinarios— y crear solidaridad y programas compartidos".

Desde el otro lado de la confluencia, la planificación estratégica proveniente del sector privado hace gran énfasis en una orientación basada en la interacción de la organización con el entorno o ambiente de negocios, pensado de afuera hacia adentro. De este modo se facilita la detección temprana de tendencias a mediano y largo plazo; la incorporación de nuevas perspectivas, centrándose en temas que no son parte del "sentido común" de la empresa; la integración de la visión de futuro en la innovación y los procesos estratégicos; el análisis de las implicaciones estratégicas de los movimientos que se derivan del cambio del entorno, y la comprensión de las continuidades y discontinuidades (Ruff, 2007)[28].

Según Daheim (2009), la planificación estratégica converge con la prospectiva en la necesidad de superar una perspectiva centrada en la tecnología. De esta manera, busca:

- reducir la incertidumbre mediante la identificación de señales débiles, tendencias emergentes y tendencias pesadas;

- preparar las decisiones estratégicas;

- apoyar los procesos de innovación;

- desarrollar nuevas áreas de negocio y los mercados futuros;

- crear la orientación sobre los adelantos científicos y tecnológicos futuros, y

- construir una base de conocimientos[29].

Para Georghiou y Keenan (2008), en el sector empresarial ha habido una tendencia a "abrir la prospectiva" en términos de ampliar la participación y el alcance, así como en la aceptación de un contexto de innovación abierta. La prospectiva se considera un instrumento de política utilizado, por ejemplo, para promover la creación de redes, pero también para informar y desarrollar la política pública en diversos campos. Este enfoque abierto es particularmente útil en el apoyo a la nueva ola de políticas determinadas por la demanda, que requieren

---

[28]   Para Gavigan (2001), la planificación es un proceso racional de toma de decisiones y control, centrado en la asignación de recursos con respecto a los objetivos determinados. Por otra parte, considera la planificación estratégica como un proceso de gestión del cambio organizacional centrado en el desarrollo de una organización y de sus recursos humanos, estructuras y sistemas, teniendo en cuenta la combinación de arriba hacia abajo y de abajo hacia arriba.

[29]   En cuanto al horizonte temporal, según Vecchiato y Roveda (2010), desde la planificación estratégica en particular se hace énfasis a nivel micro a corto y mediano plazo, atendiendo cuestiones muy urgentes y concretas que se van a tratar (por ejemplo, los volúmenes de venta de diferentes productos). Al nivel meso y macro se tiende a una orientación de largo plazo. De todos modos, vale la pena señalar que el concepto de "largo plazo" depende en gran medida de la actividad de que trate: en la industria de la energía, el horizonte temporal suele ser de más de 20 años, en el sector de las TIC, por lo general es de entre cinco y diez años. Esto se debe a la velocidad de los cambios y la dificultad de hacer suposiciones razonables respecto del período de amortización de las inversiones en gastos de capital.

visiones compartidas entre usuarios y proveedores. Para los países en desarrollo, las principales ventajas de la prospectiva unida a la planificación estratégica radican en la creación de un espacio neutral para el debate acerca del futuro y de oportunidades para reducir la exclusión social por medio del pensamiento en red sobre el futuro.

Así pues, la prospectiva, la planificación estratégica y las políticas públicas comparten metodologías y procesos de análisis. Los métodos prospectivos enriquecen el proceso de pensamiento estratégico y ayudan a salir del marco habitual de pensamiento, que suele extrapolar los modelos de negocio conforme a las circunstancias presentes. De este modo contribuyen a abrir nuevas perspectivas acerca de las opciones estratégicas que podrían ocurrir. Según Conway (2004), los métodos prospectivos amplían el marco de referencia para realizar el análisis del entorno y facilitan la creación de sentido en medio de la complejidad y la incertidumbre. El ejemplo que se presenta en el diagrama II.4 ilustra la coexistencia de distintas perspectivas que analizan el entorno bajo horizontes temporales diversos[30].

Diagrama II.4
Marco de análisis del entorno

Fuente: Elaboración propia, sobre la base de M. Conway, *An Overview of Foresight Methodologies*, Melbourne, Thinking Futures, Australian Foresight Institute, 2004.

---

[30] Por otra parte, numerosos autores de todo el mundo vuelcan sus esfuerzos en un campo inmenso de trabajo, donde confluyen la prospectiva, la vigilancia tecnológica y la inteligencia competitiva, la gestión tecnológica y la gestión del conocimiento. Esta convergencia se aplica en la modelación y estructuración de informaciones, el uso de métodos, técnicas y software, y el desarrollo de nuevos paradigmas respecto del monitoreo y alerta de los actores económicos y sociales en relación con los cambios de las tecnologías, los mercados y el entorno y la creación de valor en negocios (Tarapanoff, 2006). Esta sinergia de disciplinas del conocimiento puede ayudar en forma significativa a facilitar y acelerar la transformación productiva y social que requieren los países de América Latina (Medina y Sánchez, 2009).

C.   La propuesta de valor de la prospectiva

1.   Métodos, procesos y sistemas prospectivos

Por lo general, el proceso de adopción de decisiones no es transparente y opera como una caja negra que no permite apreciar los fundamentos y mecanismos que condicionan la elección de alternativas y la asignación de los recursos públicos. En cambio, la prospectiva requiere el uso especializado de métodos, procesos y sistemas que aportan rigor y reflexión estructurada acerca del futuro, permiten trascender las intervenciones ocasionales y facilitan la realización de iteraciones o rondas sucesivas de exploración y análisis de entorno[31].

Estos métodos, procesos y sistemas provienen de un largo proceso de acumulación de conocimiento de los estudios del futuro, disciplina que apenas está llegando a su madurez o mayoría de edad (Bell, 1996), así como de su interrelación con la planificación estratégica y el análisis de las políticas públicas. Actualmente en todo el mundo existen múltiples comunidades y redes de conocimiento, instituciones, autores y trabajos que fundamentan estas aplicaciones. Ahora bien, es pertinente observar qué elementos ofrecen y cómo funcionan en los países.

Diagrama II.5
Métodos, procesos y sistemas prospectivos

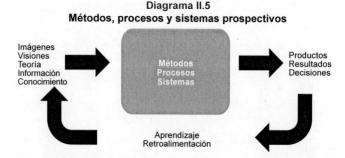

Fuente: J. Medina Vásquez y E. Ortegón, "Manual de prospectiva y decisión estratégica: Bases teóricas e instrumentos para América Latina y el Caribe", *serie Manuales*, N° 51 (LC/L.2503-P), Santiago de Chile, Comisión Económica para América Latina y el Caribe (CEPAL), 2006. Publicación de las Naciones Unidas, N° de venta: S.06.II.G.37.

La prospectiva se pone en práctica mediante ejercicios de generación de diferentes futuros posibles o posibilidades futuras y de búsqueda de estrategias para realizarlos. No pretende predecir un futuro único ni se limita a una actividad de pronóstico de los hechos más probables, sino

---

[31]   Fundamentalmente se trata de brindar información valorativa y oportuna de apoyo para la adopción de decisiones,explorar las opiniones de expertos, generar interacción e intercambio de conocimiento entre los actores sociales y estimular la creatividad para pensar y construir alternativas futuras. La prospectiva opera bajo lo que se conoce como imaginación disciplinada, porque se realiza en forma sistemática y organizada. Se busca evitar la fantasía y las reflexiones especulativas, porque suelen discurrir sin control y no están comprometidas con el logro de un objetivo de interés público (Medina, 2003).

que se trata de una reflexión abierta mediante la que se exploran múltiples escenarios o caminos diferentes[32].

Los métodos, procesos y sistemas prospectivos buscan reducir y gestionar la incertidumbre inherente a los futuros posibles, probables y deseables, procesando de manera sistemática y organizada una serie de insumos, tales como teorías, informaciones, conocimientos, imágenes y visiones de futuro, que suelen tenerse en cuenta en forma desordenada cuando se toman decisiones de forma intuitiva. De manera rigurosa producen determinadas decisiones, productos o resultados, y generan una retroalimentación permanente, que permite considerar la planificación como un ciclo continuo, que capta información 24 horas al día para observar los cambios y actualizar sus impactos[33].

2.   Productos e impactos de la prospectiva

En un documento prospectivo generalmente se identifican tendencias, factores de cambio, escenarios, pronósticos, listados de tecnologías críticas, recomendaciones de formación de talento humano o recomendaciones de política. Con ello se obtienen resultados específicos. Por ejemplo, indicar los productos y mercados promisorios para un sector, organización o territorio, comparar la plataforma tecnológica propia contra la plataforma de los competidores, establecer los perfiles y las brechas tecnológicas de los países y definir elementos de juicio para elaborar políticas públicas y regulaciones, así como visualizar las necesidades de formación del talento humano.

Con esos productos se busca obtener diversos impactos, relacionados con la necesidad de generar nuevos resultados en materia de políticas, estrategias, diseños, posicionamientos, alianzas estratégicas, programas, paradigmas, protagonistas, redes y elementos que amplíen la visión estratégica del país. El denominador común de todos estos impactos siempre gira en torno a la innovación. Esto no es producto del capricho o el azar, sino una forma estructurada de sintonizar la historia y la tradición con las nuevas dinámicas globales. Se busca en general inducir nuevas y mejores respuestas a las soluciones habituales o inerciales.

---

[32]   Según Eleonora Masini (2000), la prospectiva concibe que el futuro (a diferencia del pasado y del presente) surge de múltiples bifurcaciones o puntos de transformación y no contiene una sola proyección del pasado. Esto distingue la prospectiva del enfoque del pronóstico, centrado en la determinación de la probabilidad de ocurrencia de eventos futuros.

[33]   La prospectiva busca la comprensión de los factores de cambio del entorno (políticos, socioeconómicos, tecnológicos, culturales y ambientales) y su grado de influencia sobre las organizaciones y los sistemas sociales. Como resultado, se identifican demandas futuras y potenciales, además de vislumbrarse cambios en los modelos mentales que guían a tales redes de actores para construir los futuros deseados. La prospectiva pretende identificar las prioridades sobre la base de las características políticas, económicas, sociales, culturales, ambientales y científico-tecnológicas de los países. En los ejercicios prospectivos se consideran los actores sociales concernientes, sus alianzas, conflictos y metas. A partir de la exploración de un abanico de oportunidades, se diseñan múltiples estrategias de respuesta. Esas estrategias se obtienen mediante el establecimiento de redes de comunicación y procesos de cooperación entre los diversos actores vinculados en la decisión que se prevé adoptar (Martin y Johnston, 1999).

Cuadro II.5
Productos e impactos usuales de la prospectiva

Producto	Descripción
Análisis de tendencias y factores de cambio	Lecturas del entorno internacional que indican los factores de cambio y los impulsores principales de los temas bajo estudio.
Escenarios	Análisis de situaciones futuras posibles, probables y deseables.
Pronósticos	Determinación de probables tamaños de mercado o de años de aparición o maduración de una tecnología emergente.
Listados de tecnologías críticas	Identificación de tecnologías medulares, facilitadoras, promisorias y de punta en un campo dado.
Mapas de caminos tecnológicos	Construcción de hojas de ruta y anticipación de trayectorias tecnológicas.
Prioridades de investigación y recomendaciones de política	Elaboración de lineamientos estratégicos de respuesta ante las situaciones futuras visualizadas.
Impactos	
Nuevas políticas y estrategias	
Nuevos productos (bienes y servicios)	
Nuevos posicionamientos	
Nuevas alianzas estratégicas	
Nuevos procesos (prácticas de trabajo, hábitos, entre otras cosas)	
Nuevos paradigmas (visiones, retos, desafíos)	
Nuevos programas (fondos, líneas de financiamiento)	
Nuevos protagonistas (centros, redes fundaciones, entre otros)	

Fuente: Elaboración propia sobre la base de L. Georghiou y otros, *The Handbook of Technology Foresight. Concepts and Practice*, Cheltenham, Edward Elgar Publisher, 2008.

3.   La dinámica de la construcción de futuros

La unidad fundamental de trabajo para hacer prospectiva son los ejercicios o proyectos y los procesos. Un ejercicio prospectivo es una actividad puntual u ocasional que produce un estudio o análisis de una determinada realidad. Por su parte, un proceso prospectivo puede poner en marcha varios ejercicios simultáneos o recurrentes. El proceso implica una actividad cíclica en que se repiten periódicamente los ejercicios a lo largo de varios años.

Diagrama II.6
Construcción social de futuros

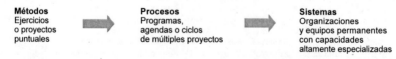

Métodos	Procesos	Sistemas
Ejercicios o proyectos puntuales	Programas, agendas o ciclos de múltiples proyectos	Organizaciones y equipos permanentes con capacidades altamente especializadas

Fuente: J. Medina Vásquez y E. Ortegón, "Manual de prospectiva y decisión estratégica: Bases teóricas e instrumentos para América Latina y el Caribe", *serie Manuales*, N° 51 (LC/L.2503-P), Santiago de Chile, Comisión Económica para América Latina y el Caribe (CEPAL), 2006. Publicación de las Naciones Unidas, N° de venta: S.06.II.G.37; y J. Coates, "The need for new and improved forecasting tools", documento presentado en el EU-US Seminar: New Technology Foresight, Forecasting & Assessment Methods, Sevilla, 2004.

Los métodos tienen que ver con las técnicas o instrumentos que permiten realizar ejercicios puntuales. En un ejercicio prospectivo se conjuga una serie de métodos cualitativos, cuantitativos o semicuantitativos. Los procesos buscan la acumulación de conocimientos a lo largo de ciclos sostenidos de actividad, en los que se utiliza esa serie de instrumentos intelectuales y participativos para mejorar el diálogo social acerca de los futuros de los países. Esos procesos implican la conformación sistemática de programas, agendas o ciclos de actividad y la acumulación progresiva de capacidades, tal y como proceden los países líderes en prospectiva.

Por último, los sistemas prospectivos requieren organizaciones especializadas con equipos permanentes, el desarrollo de curvas de aprendizaje y profesionalización y la posibilidad de hacer ciclos recurrentes de trabajo a lo largo de varios años. Por tanto, implican un grado importante de desarrollo organizacional para contribuir a un mayor alcance y grado de estructuración del conocimiento prospectivo. La frontera del conocimiento en prospectiva radica en la construcción de sistemas prospectivos, que dependen de la capacidad de los países de generar ciclos permanentes de actividad, de manera que puedan conformar equipos y organizaciones altamente especializadas. La especialización se alcanza en función de ámbitos temáticos y campos de acción que conducen a combinaciones únicas de métodos y procesos, como se describe en los cuadros II.6, relacionado con la experiencia europea, y II.7, sobre la base de tres casos de prestigiosas instituciones brasileñas.

Cuadro II.6
Tipos de prospectiva, procesos y métodos

Tipos de prospectiva	Problemática	Orientación	Compromiso de los actores	Métodos
Orientación científico-tecnológica (Tipo A)	Áreas tecnológicas	Agenda de prioridades de investigación	Baja implicación directa de los actores	Análisis de tendencias; hojas de ruta y mapas tecnológicos; lluvia de ideas (brainstorming); método Delphi orientado a expertos
Orientación técnico-económica (Tipo B)	Sectores estratégicos de actividad socioeconómica (servicios de conocimiento, farmacéutico, informático)	Eficiencia de los sistemas de innovación y de los sectores estratégicos	Implicación limitada ad hoc de los actores sociales y las instituciones representativas	Análisis de fortalezas, oportunidades, debilidades y amenazas (FODA); lluvia de ideas; Delphi de mediana escala; escenarios; consultas participativas
Orientación social-tecnológica (Tipo C)	Funciones públicas de amplio alcance (educación, seguridad), asuntos estratégicos y macrosistémicos	Conciencia compartida de las oportunidades tecnológicas y estrategias futuras	Implicación de actores sociales e instituciones representativas	Análisis de horizontes; Delphi de amplia escala; escenarios; consultas abiertas; foros ciudadanos, talleres de futuro

Fuente: A. Havas, "Terminology and methodology for benchmarking foresight programmes", documento preparado para el proyecto ForSociety, 2005.

Cuadro II.7
Ejemplos de procesos prospectivos

	Servicio nacional de aprendizaje industrial del Brasil (SENAI)	Empresa brasileña de investigación agropecuaria (EMBRAPA)	Conglomerado aeroespacial brasileño (EMBRAER)
Misión o descripción	Promover la educación profesional y tecnológica, la innovación y la transferencia de tecnologías industriales para aumentar la competitividad de la industria.	Facilitar soluciones en materia de investigación, desarrollo e innovación para la agricultura sostenible en beneficio de la sociedad brasileña.	Creación de valor para los accionistas por medio de la plena satisfacción de los clientes de su mercado de aviación global. La compañía se centra en tres áreas de negocio y mercados: aviación comercial, aviación ejecutiva y de defensa.
Modelo	Observatorio tecnológico: • Prospección tecnológica: realizar prospección de tecnologías emergentes específicas para sectores industriales en un período de cinco a diez años. • Prospección organizacional: realizar la prospección de formas específicas de organización del trabajo para sectores industriales en un período de diez años. Observatorio ocupacional: • Análisis de ocupaciones emergentes: definir las ocupaciones y funciones que van surgiendo en otros países. • Análisis de tendencias ocupacionales: determinar la tasa de crecimiento de ocupaciones seleccionadas en el Brasil, en sectores industriales específicos. • Cuestiones ocupacionales: realizar estudios sobre temas ocupacionales que definan los impactos para la educación profesional y genere contenidos de información ocupacional. Observatorio educacional: • Educación profesional comparada: identificar cambios en la oferta de educación profesional en países seleccionados, respecto de sectores industriales específicos. Consolidación de impactos: • Antena temática: analizar impactos en la educación y los servicios técnicos y tecnológicos).	El sistema de gestión de Embrapa está organizado en tres niveles distintos: i) Gestión estratégica: procedimientos sistemáticos de prospectiva, definición del plan maestro y su interpretación de acuerdo a la agenda institucional. Para la preparación de su planificación y dirección estratégica, Embrapa utiliza la metodología basada en escenarios. El ciclo de planificación estratégico de Embrapa está compuesto por el plan maestro de Embrapa y los planes de las unidades. ii) Gestión táctica: procedimientos de organización del portafolio de proyectos y procesos, siguiendo las directrices que emanan del plan estratégico y de la agenda de prioridades para la organización. El proceso táctico busca construir las alineaciones y las sinergias entre las funciones principales de la organización, a saber: investigación y desarrollo, transferencia de tecnología, comunicación y desarrollo institucional. iii) Gestión operacional: abarca procedimientos y estrategias de organización y gestión de las unidades operativas de Embrapa, incluido el apoyo y la facilitación de la interacción con asociados nacionales e internacionales.	Método de prospectiva tecnológica para mercados altamente regulados: Busca integrar los conocimientos en campos como la ciencia y la tecnología de análisis de las políticas públicas, la filosofía y la sociología de la ciencia y la tecnología, y la teoría de la decisión.

Cuadro II.7 (conclusión)

	Servicio nacional de aprendizaje industrial del Brasil (SENAI)	Empresa brasileña de investigación agropecuaria (EMBRAPA)	Conglomerado aeroespacial brasileño (EMBRAER)
Información, productos o servicios	• Tecnologías emergentes con altas probabilidades de difusión entre los próximos cinco y diez años en sectores o segmentos industriales brasileños. • Tendencias organizativas con altas probabilidades de ocurrir entre los próximos cinco y diez años en sectores o segmentos industriales brasileños. • Tendencias educacionales de la evolución de las competencias básicas de los alumnos que podrán cursar estudios en el SENAI y determinación de sus brechas educacionales, conforme la posibilidad de difusión de las tecnologías emergentes. • Tendencias ocupacionales de empleo para el sector o segmento en un período de cinco años, conforme la posibilidad de difusión de las tecnologías emergentes. • Impactos ocupacionales que podrán ser generados por las tendencias tecnológicas y organizativas. • Recomendaciones sectoriales generadas por la interacción y contextualización de todos los aspectos mencionados.	Utilización del enfoque sistémico en cadenas productivas: Estudios de prospectiva tecnológica para las cadenas productivas del sector agrícola. Este enfoque sistémico y sus instrumentos analíticos permiten descomponer en jerarquías la complejidad del sistema estudiado, con límites bien definidos, utilizando las técnicas de modelación de sistemas. Estos instrumentos ayudan a la determinación y descripción de las relaciones, los factores críticos y sus fuerzas propulsoras y restrictivas en la construcción de una red de relaciones de causa y efecto que tendrá un impacto en el desempeño del sistema.	El método propone las cuatro etapas que se enumeran a continuación, partiendo de la premisa de que el futuro es probabilístico, es decir, que será el resultado de la convergencia entre las fuerzas y deseos de los actores presentes, con determinado margen de error. • Análisis de actores: análisis de las políticas públicas. • Determinación de metas (anhelos): definición del escenario normativo. • Encuesta de posibles tecnologías: análisis bibliométrico, identificación desde el punto de vista de las publicaciones científicas, los campos de investigación más importantes. • Selección de las tecnologías a partir de las metas: – definición de criterios y definición de la estructura del problema; – priorización de criterios de una estructura jerárquica; – priorización de criterios de una estructura no jerárquica, y – priorización de tecnologías.

Fuente: L. A. Cruz Caruso y P. Bastos Tigre (coords.), "Modelo SENAI de prospecção: Documento metodológico", *Papeles de la Oficina Técnica*, N° 14, Montevideo, Organización Internacional del Trabajo (OIT)/Centro Interamericano para el Desarrollo del Conocimiento en la Formación Profesional (CINTERFOR), 2004; J. Medina Vásquez y E. Ortegón, "Manual de prospectiva y decisión estratégica: Bases teóricas e instrumentos para América Latina y el Caribe", *serie Manuales*, N° 51 (LC/L.2503-P), Santiago de Chile, Comisión Económica para América Latina y el Caribe (CEPAL), 2006. Publicación de las Naciones Unidas, N° de venta: S.06.II.G.37; N. Schmidt y otros, *La utilización de estudios prospectivos en la elaboración del plan estratégico en una institución científica tecnológica brasileña*, Brasilia, Empresa Brasileña de Investigación Agropecuaria (EMBRAPA), 2010; Departamento Administrativo de Ciencia, Tecnología e Innovación/Corporación Andina de Fomento (COLCIENCIAS/CAF), *Prospectiva tecnológica e industrial: Contexto, fundamentos y aplicaciones*, Bogotá, 2006; R. Carlana da Silva y D. Balaguer, "Hacia un método para prospectiva tecnológica en mercados altamente regulados: Algunos aportes conceptuales de los estudios de ciencia y tecnología y la teoría de decisión", Segundo Seminario Internacional FTA, Sevilla, Instituto de Prospectiva Tecnológica (IPTS), 2006.

Es importante tener en cuenta que los tipos de prospectiva también se pueden combinar en procesos característicos, que implican diferentes orientaciones estratégicas, compromiso de los actores y métodos. Como ilustración, según Havas (2005) y el Programa ForSociety ERA-Net, hay tres casos representativos de esas posibilidades, conforme a su orientación científico-tecnológica, técnico-económica o social-tecnológica.

D.   Las dimensiones básicas de la prospectiva

Siguiendo el modelo de Bedard (1998), se presentan cuatro dimensiones que constituyen los pilares que sostienen los fundamentos de la prospectiva, a saber: i) la dimensión epistemológica, que se refiere a la teoría del conocimiento empleada; ii) la dimensión praxeológica, que se relaciona con los instrumentos para operar en el contexto; iii) la dimensión axiológica, que tiene que ver con los valores esenciales en juego, y iv) la dimensión ontológica, que se refiere a los modos de ser de las personas que utilizan la prospectiva.

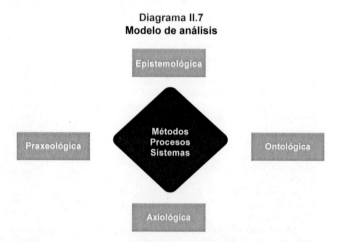

Diagrama II.7
Modelo de análisis

Fuente: "La administración municipal vuelta a ver a partir de cuatro modos de pensar y de la trifuncionalidad", *Competitividad y desarrollo social: Retos y perspectivas*, J. Medina Vásquez (comp.), Santiago de Cali, Facultad de Ciencias de la Administración, Universidad del Valle, 1998.
Nota: En este caso se sigue la concepción filosófica de Renée Bedard (1998). Como curiosidad histórica, debe anotarse que casi todos estos elementos fueron analizados en el célebre Coloquio Internacional sobre Nuevas Orientaciones para la Planificación en Economías de Mercado, organizado por el ILPES y publicado en la revista de la CEPAL en 1987.

1.   La dimensión epistemológica y la teoría del conocimiento

Como bien plantea el filósofo Mario Bunge (2004), es necesario distinguir las distintas calidades de los tipos de enunciados que pueden hacerse acerca del futuro. Ante todo, es fundamental distinguir la prospectiva de la predicción[34].

En sentido estricto, una predicción es un enunciado único, exacto y no sujeto a controversia acerca de un determinado evento, que se basa en leyes naturales y exactas (Masini, 1994). El concepto de prospectiva, en cambio, plantea la declaración de diferentes futuros posibles, probables y deseables y, por consiguiente, abiertos en forma permanente a la controversia. La prospectiva no pretende hacer predicciones ni enunciados no probabilísticos, con un enfoque determinista como lo hace la predicción (Masini, 2000b)[35]. La prospectiva no es una ciencia exacta, pues pretende construir hipótesis sobre el futuro y no produce verdades absolutas ni certezas totales. En lugar de un futuro único, busca construir un abanico de alternativas para escoger un futuro deseado dentro de este conjunto de opciones[36].

De Jouvenel (2004) plantea que la diferencia entre lo posible y lo probable es vital para comprender el espíritu de la prospectiva y diferenciarla del pronóstico (*forecasting*, en inglés). Según Mojica (2005), posible es todo lo que puede acaecer, sea probable o no. Pero lo probable es lo que puede realizarse dentro de un rango de alternativas, cuya cuantificación se establece mediante la asignación de un grado de probabilidad, siendo 0,1 altamente improbable y 0,9 altamente probable. En forma general se podría decir que el concepto de lo probable está ligado al pronóstico y que el espíritu de lo posible es parte de la filosofía de la prospectiva. Para el pronóstico existe un futuro probable que puede

---

[34]	Bunge (2004) refiere los conceptos de expectativa, anticipación, conjetura, profecía, prognosis y predicción o retrodicción. Sin embargo, en el presente texto no se ha estimado conveniente aceptar el concepto laxo y popular de predicción expresado en los diccionarios, como sinónimo de la declaración de cualquier enunciado acerca del futuro. Tampoco se acepta que el concepto de predicción sea sinónimo de prospectiva. La predicción persigue lo que se denomina el futuro único, mientras que la prospectiva busca identificar futuros alternativos o múltiples. La utilización del concepto de predicción como sinónimo de prospectiva induce a la confusión del gran público. De ahí que la prospectiva haya buscado diferenciarse históricamente de la predicción, en sus bases filosóficas, metodológicas y operativas.

[35]	De acuerdo con Mojica (2005), en español, los términos posible y probable tienden a confundirse semánticamente. El Diccionario de la Real Academia, define lo posible como lo que "puede ser o suceder", y lo probable como aquello sobre lo que hay "buenas razones para creer que se verificará o sucederá". En matemáticas, la medición numérica precisa lo "probable" en una escala porcentual ubicada entre los intervalos 0 y 1, o 0 y 100.

[36]	Un ejemplo sirve para ilustrar la diferencia. Ken Olsen, fundador de *Digital Equipment Corporation*, gran competidor de IBM en los años cincuenta, sesenta y setenta, hizo esta predicción en 1977: "No existe ninguna razón para que alguien quiera tener una computadora en casa". Para Olson esto era una verdad, basada en una premisa clara debido a las grandes dimensiones de las computadoras en aquella época. Sin embargo, no percibió que al mismo tiempo la industria estaba creando nuevos dispositivos de silicio y sistemas operativos, que replanteaban su premisa e hicieron realizable pocos años después las computadoras de mesa y portátiles. La prospectiva no puede escribir en piedra sus argumentos y hacer afirmaciones determinísticas. Por el contrario, construye hipótesis acerca del desarrollo de los futuros posibles, probables y deseables para un sistema social. El ejemplo es de Sandoval (2009).

detectarse mediante los estudios realizados por expertos y la extrapolación de las tendencias. El futuro se ve como una realidad lineal que proviene del pasado. En cambio, la prospectiva acepta la posibilidad de que en el futuro ocurran múltiples situaciones, bien sea como evolución del presente, o como una ruptura con este.

Cuadro II.8
Conceptos básicos de los estudios del futuro

Nivel	Definición	Pertinencia
1. Predicción	Una declaración no probabilística, con un nivel de confianza absoluto acerca del futuro. Por "no probabilística" se entiende que es un enunciado que tiene la pretensión de ser único, exacto y no sujeto a controversia; es decir, aspira a efectuar afirmaciones determinísticas.	Pertinente en las ciencias exactas, donde existen leyes, verificación experimental y control de variables.
2. Pronóstico	Pretende determinar la probabilidad de que ocurran ciertos eventos futuros, con un nivel de confianza relativamente alto. Se centra en la calidad de los enunciados y las interpretaciones realizadas. El pronóstico se refiere a un enunciado condicionado, donde hay premisas que fundamentan juicios razonados sobre algún estado particular en el futuro.	En materia de ciencias sociales, ciencias de la administración y estudios del futuro, es más pertinente hablar de pronósticos que de predicciones.
3. Prospectiva	Se exploran diferentes tipos de incertidumbre: • la incertidumbre suave se presenta cuando la dinámica del fenómeno sigue alguna forma ordenada, aun si es compleja, como las cadenas estocásticas o las oscilaciones de largo plazo, y • la incertidumbre dura es inherente a la estructura interna de la dinámica del fenómeno, que se comporta, al menos parcialmente, de un modo caótico, indeterminado y casual desde la perspectiva actual del pensamiento humano. Esto impone un límite absoluto a los métodos y a la capacidad de predicción. En esas circunstancias, la confianza excesiva en las probabilidades subjetivas es una ilusión peligrosa.	La incertidumbre se origina en la deficiencia de los métodos o en la inadecuada comprensión del proceso y no en la estructura misma del fenómeno. La incertidumbre dura incluye las denominadas situaciones explosivas, las tendencias declinantes y las situaciones propensas a sorpresas.
4. Pensamiento complejo	Aborda la complejidad que surge cuando el entorno se torna opaco y menos descifrable, debido a que el contexto se modifica constantemente por el efecto de las acciones de los actores internos y externos.	Explora la ambigüedad que afecta la capacidad de operar de las organizaciones.

Fuente: Elaborado por los autores, sobre la base de J. Medina Vásquez y E. Ortegón, "Manual de prospectiva y decisión estratégica: Bases teóricas e instrumentos para América Latina y el Caribe", *serie Manuales*, N° 51 (LC/L.2503-P), Santiago de Chile, Comisión Económica para América Latina y el Caribe (CEPAL), 2006. Publicación de las Naciones Unidas, N° de venta: S.06.II.G.37.

De acuerdo con Mojica (2005), los futuros posibles y probables se definen al percibir la realidad de manera objetiva. Entretanto, los futuros deseables son parte de la proyección subjetiva de los anhelos, temores, deseos e intereses de los actores sociales.

Ahora bien, según Zander y Stone Zander (2004), para comprender el universo de los futuros posibles es necesario entender el proceso de construcción social de la realidad. Según esta lectura, la sociedad es una invención humana donde continuamente se crean nuevas posibilidades. La prospectiva, al plantear el concepto de construcción de futuros, contribuye a crear marcos con ese mismo fin. Inventar y crear posibilidades implica reestructurar significados, crear visiones y establecer ambientes donde las posibilidades superan las realidades establecidas.

Abordar el universo de los futuros posibles o de las posibilidades implica combinar los procesos cerebrales del hemisferio izquierdo y el hemisferio derecho, o sea, utilizar el análisis racional y la creatividad[37]. Ello exige una reflexión sobre los supuestos filosófico-matemáticos de tipo racionalista, usualmente aplicados a la economía, a la concepción del riesgo y a la gestión de la incertidumbre, con miras a evitar errores en los procesos de razonamiento para enfrentar las situaciones de alta complejidad y aleatoriedad.

En efecto, según Vélez (2003, pág. 2), la teoría de la decisión racional supone que, para analizar situaciones, es necesario simplificar la realidad, es decir, visualizarla y representarla por medio de un modelo. No obstante, un problema real tiene muchas variables, restricciones, actores o afectados y los comportamientos de todos esos factores son impredecibles y, muchas veces, imposibles de modelar o medir (ibíd., pág. 34). Es así como las consecuencias futuras de una decisión rara vez son deterministas, es decir, predecibles con certeza total (ibíd., pág. 86). Por esta razón, frente al planteamiento de la teoría de la decisión racional que simplifica las cosas en una dualidad entre certeza e incertidumbre, (Afuah, 1999) argumenta que existe un "espectro" sobre el "estado del conocimiento" que comprende los conceptos de certeza, riesgo, incertidumbre y ambigüedad[38].

Esos estados pueden representarse en un plano configurado por dos ejes, uno que expresa la relación entre el determinismo y la indeterminación, y otro que representa la relación entre la baja y la alta complejidad (véase el diagrama II.8).

---

[37] Por otra parte, la extraordinaria serie de libros de Daniel Boorstin sobre los descubridores y los creadores enseña, con ejemplos prácticos surgidos de la historia, cómo la humanidad avanza mediante acontecimientos inesperados que rompen con las creencias establecidas. Para Boorstin (1996), la historia de la ciencia occidental confirma el aforismo de que la principal amenaza contra el progreso no es la ignorancia, sino la ilusión de saber. Según Boorstin, a la gente no le gusta que le vacíen la imaginación de sus viejas creencias. Pero el arte de expandir las fronteras de lo posible es la razón de ser de los creadores, los inventores y los innovadores.

[38] Según Afuah (1997), existe certeza si se conocen las variables y sus relaciones. Existe riesgo si se conocen las variables pero solo se pueden estimar las relaciones entre ellas, o sea, las probabilidades. Existe incertidumbre si se conocen las variables pero algunas no se pueden medir y se desconocen las relaciones entre todas. Existe ambigüedad si no se conocen todas las variables pertinentes y deben identificarse.

Diagrama II.8

Relaciones entre complejidad e indeterminación

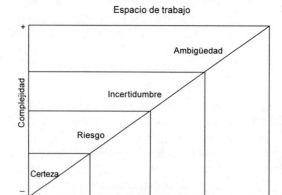

Espacio de trabajo

Fuente: J. Medina Vásquez y E. Ortegón, "Manual de prospectiva y decisión estratégica: Bases teóricas e instrumentos para América Latina y el Caribe", *serie Manuales*, N° 51 (LC/L.2503-P), Santiago de Chile, Comisión Económica para América Latina y el Caribe (CEPAL), 2006. Publicación de las Naciones Unidas, N° de venta: S.06.II.G.37.

Nota: Este planteamiento fue desarrollado por Medina y Ortegón (2006), pero proviene de la lectura comparada de diversos autores que habían realizado esfuerzos similares en diversos campos, como la economía (Fernández, 2000); la planificación y la epistemología (Costa Filho, 1997; Matus, 1993), y la consultoría en prospectiva y estrategia (Courtney, Kirkland y Viguerie, 2000; Stafford y otros, 2000).

El espacio de trabajo del decisor puede concebirse como un todo indisoluble, de modo que la incertidumbre y la ambigüedad son categorías conceptuales necesarias para interpretar el comportamiento de las organizaciones en contextos diferentes de los que supone la teoría racional, de carácter aparentemente transparente, unívoco, simple y ordenado (Ferrando, 1997). En un entorno global y complejo, las decisiones estratégicas se trazan en un contexto decisional dominado por la incertidumbre y la ambigüedad. En tales circunstancias, el decisor debe actuar con información incompleta y ambigua y formular juicios sobre resultados relativos a los posibles cursos de acción, aunque no esté en condiciones de calcular de antemano la exactitud de las consecuencias de las acciones que se deberán emprender. En suma, debe enfrentar entornos inestables, inciertos y plenos de conflictos y contradicciones.

Desde esa perspectiva es fundamental distinguir los conceptos de predicción, pronóstico, prospectiva y pensamiento complejo. Cada nivel implica un paradigma distinto para leer la realidad, donde se encuentra un estado de las cosas que tipifica distintas clases de eventos y supuestos, tal como se muestra en el cuadro II.9.

Cuadro II.9
Conceptos básicos, por nivel de indeterminación y complejidad

Nivel	Orientación hacia el futuro	Predictibilidad de los eventos	Situaciones futuras	Tipo de futuro y estrategia	Métodos
1. Certeza	Predicción	Eventos que ciertamente ocurrirán.	Deterministas.	Futuro suficientemente claro. Es viable cierto nivel de predicción.	Análisis y monitoreo del entorno.
2. Riesgo	Pronóstico	Eventos que probablemente ocurrirán.	Aproximables por hipótesis convencionales de regularidad estocástica. Se establecen probabilidades de que ocurran ciertos eventos, de acuerdo a unos argumentos determinados.	Futuros alternativos. Se sabe cuáles son los actores, las variables y las interrelaciones que se manejan y se pueden plantear sus probables futuros.	Análisis de tendencias y escenarios cuantitativos.
3. Incertidumbre	Prospectiva	Universo conocido de los estados posibles. Eventos que podrían ocurrir dentro de un espectro de situaciones conocidas, sin que se sepa la secuencia en que se producirían.	Preidentificadas, aunque se desconozca la cadena de eventos que las pueda producir. Es difícil conocer todos los actores, las variables y las interrelaciones que se manejan.	Se plantean futuros posibles. Una gama de posibles resultados, pero sin escenario natural alguno. No se conoce la probabilidad de ocurrencia de un evento.	Consulta de expertos, escenarios cualitativos.
4. Ambigüedad	Pensamiento complejo	Eventos francamente indeterminados. Incertidumbre no estructurada.	Acciones y reacciones caracterizadas por la creatividad, la innovación y la sorpresa.	Auténtica ambigüedad. Sin base alguna para predecir el futuro, ya que no se pueden identificar, y menos prever, las variables pertinentes para configurar el futuro. Ni siquiera sería posible elaborar escenarios para el diseño de una estrategia.	Simulación y modelación no lineal. Creatividad.

Fuente: J. Medina Vásquez, "Map of the complexity levels and indetermination for the foresight studies", documento presentado en el Segundo Seminario Internacional sobre Análisis de Tecnologías Orientadas al Futuro, Sevilla, Instituto de Prospectiva Tecnológica (ITPS), 2006; A. Costa Filho, "Inflexiones recientes en el análisis prospectivo", *Prospectiva: Construcción social del futuro,* J. Medina Vásquez y E. Ortegón (eds.), Santiago de Cali, Universidad del Valle; H. Courtney, J. Kirkland y P. Vigüerie, "Estrategia en tiempos de incertidumbre", *Harvard Business Review,* Bilbao, Ediciones Deusto, 2000; J. Stafford y B. Sarrasin, *La prévision-prospective en gestion: tourisme, loisir, culture,* Quebec, Presses de l'Université du Québec, 2000.

De este modo, la planificación puede entenderse como un proceso permanente de conocimiento y gestión de la incertidumbre, que busca que las organizaciones pasen de utilizar un pensamiento simple a un pensamiento complejo (Morin, 1999)[39].

El concepto de pensamiento complejo fue desarrollado por el filósofo francés Edgar Morin y se relaciona con la capacidad de interconectar distintas dimensiones de lo real, con el propósito de producir nuevos esquemas mentales para entender el mundo de lo vivo y comprender al mismo ser humano. Este concepto se opone a la división disciplinaria y promueve un enfoque transdisciplinario y holístico, sustentado en la cibernética, la física cuántica, la biología, las teorías del caos y de la interconectividad, la sistémica y las teorías de la información.

Morin señala la necesidad de educar a las nuevas generaciones con nuevos paradigmas, lo que implica nuevas estructuras para mirar la realidad, de carácter mental, cultural e inconsciente. A ese fin elaboró el documento "Los siete saberes necesarios para la educación del futuro", por encargo de la Comisión de las Naciones Unidas sobre el Desarrollo Sostenible, la Organización de las Naciones Unidas para la Educación, la Ciencia y la Cultura (UNESCO) y el "Programa Internacional sobre educación, la sensibilización del público y la formación para la viabilidad", centrado en la construcción de un futuro viable para la humanidad. Según Morin (1999), concebir la educación para un desarrollo duradero o sostenible implica fijar prioridades en los ámbitos político y económico, así como emprender una auténtica reforma del pensamiento y de la formación en las ciencias y humanidades, que debe comenzar en el presente.

2.   La dimensión praxeológica y los métodos prospectivos

De acuerdo con Masini y Medina (2000), los métodos prospectivos buscan dar respuestas a varios interrogantes fundamentales: ¿Qué cosa está cambiando? ¿Qué cosa puede cambiar? ¿Qué cosa debe cambiar? ¿Quién puede hacer los cambios? ¿Cuáles son las posibles implicaciones de los cambios? Las cinco preguntas conllevan elementos metodológicos diversos, como se indica en el cuadro II.10.

---

[39]   Según Morin, es necesario superar el pensamiento simplificador, unidimensional y simplista, es decir, aquel que se vincula ciegamente a un sistema de conocimiento para comprender al mundo sin ser capaz de ir más allá de los límites que impone dicho sistema. En cambio, el pensamiento complejo plantea la concepción de una realidad dinámica, que aborda la heterogeneidad, la interacción, el azar. Para Morin, ningún objeto del conocimiento se puede estudiar en sí mismo, sino en relación con su entorno. Afirma que la realidad no es simple, sino que consta de muchos elementos interconectados, aunque sus límites sean borrosos. Si la realidad no es simple, el conocimiento tampoco puede serlo, pues verlo de esa manera induciría a error.

Cuadro II.10
Preguntas fundamentales de un proceso prospectivo

Interrogación	Expresión metodológica
¿Qué cosa está cambiando?	Es una constatación de hechos y datos. Identifica las tendencias en juego.
¿Qué cosa puede cambiar?	Es una inferencia acerca de qué factores de cambio o impulsores pueden influir sobre las tendencias en juego. Entraña la determinación de los puntos de inflexión de las tendencias.
¿Qué cosa debe cambiar?	Es la expresión de futuros deseables. Trae a colación valores, creencias y preferencias.
¿Quién puede hacer los cambios?	Es un análisis político del equilibrio del poder entre los actores sociales. Requiere comprender cuáles son los actores innovadores, conservadores e indiferentes, así como sus motivos de alianza o conflicto.
¿Cuáles son las posibles implicaciones de esos cambios?	Es una inferencia de carácter sistémico sobre las relaciones entre las variables que componen un sistema y sobre la influencia que sobre este ejercen algunos actores clave.

Fuente: P. Henrici, *La futurología: perché e come*, *Pensare il futuro*, P. Beltrao (ed.), Roma, Editorial Paoline, 1977.

Los métodos prospectivos facilitan la observación de los cambios sociales pertinentes a los factores decisorios clave. La anticipación permite realizar un rastreo de las tendencias, los eventos y los propósitos de los actores sociales durante un lapso de tiempo determinado. El futuro se considera el producto de la constante interacción entre los factores de la inercia que reproducen el pasado y los factores impulsores o de cambio que producen la variabilidad en el desempeño de las tendencias, por ejemplo, mediante movimientos sociales, descubrimientos, innovaciones, conflictos, nuevas políticas, decisiones, eventos disruptivos, entre otros. Las fuerzas impulsoras o motores del cambio y las fuerzas restrictivas o frenos del cambio pueden conducir hacia la continuidad o discontinuidad de las tendencias.

De esta suerte, los métodos identifican los conceptos que se enuncian en el cuadro II.11.

Actualmente la prospectiva se encuentra en una etapa de síntesis del conocimiento, en la que se espera integrar el conjunto de métodos provistos por los distintos enfoques que se desarrollaron en paralelo en los últimos 70 años, como se indica en el cuadro II.12.

Cuadro II.11
Principales tendencias y factores de cambio por identificar

Factores invariantes o de cambio nulo	La invariante, o cambio nulo, es un fenómeno extremadamente lento, que presenta un alto grado de continuidad y corresponde a lo que Bertrand de Jouvenel llamaría "certezas estructurales", que están relacionadas con caracteres inherentes a un orden en el que se tiene un alto grado de confianza. Es un hecho supuestamente inmutable o estable, que depende generalmente de condiciones naturales (clima, geografía, entre otras), de la naturaleza biológica y psicológica del hombre y de la evolución histórica de un sistema supuestamente inamovible, como sucede con algunas características de la economía capitalista.
Tendencias pesadas	La tendencia pesada designa un proceso de cambio acumulativo que se juzga lo suficientemente estable como para asumir el riesgo de extrapolarse a mediano y largo plazo. Se llama tendencia pesada o fuerte por sus enormes consecuencias si se modificasen sus causas o sus comportamientos generadores (Cazes, 1997). Es de larga o mediana duración y concentra una importante corriente de cambio, que marca la trayectoria colectiva de una sociedad. Por ejemplo, los lentos cambios demográficos que determinan el envejecimiento de la población.
Tendencias emergentes	La principal característica de la tendencia emergente es que representa una corriente de cambio en proceso de formación o consolidación que todavía es susceptible de ser transformada, es decir, aún se encuentra en proceso de definición porque existe una lucha de fuerzas económicas, sociales o tecnológicas e intereses políticos que interactúan unos sobre otros con el ánimo de prevalecer. Las tendencias emergentes todavía no tienen un patrón completamente definido, como sucede con las tendencias pesadas, pues todavía están en proceso de formación. Sin embargo, pueden cuantificarse y conceptualizarse a partir del reconocimiento de hechos y pautas de acción que avanzan en la misma dirección, marcando trayectorias colectivas. Por ejemplo, la convergencia tecnológica que surge de la fertilización cruzada entre la biotecnología, la nanotecnología, las ciencias cognitivas y las tecnologías de la información y las comunicaciones.
Hechos portadores de futuro	Los hechos portadores de futuro son eventos que anuncian las nuevas tendencias que van a comenzar a tomar fuerza. Indican fenómenos en estado naciente, que no cuentan todavía con un peso estadístico confiable, pero que permitirían a un observador perspicaz descubrir una tendencia nueva o declinante. Surgen de situaciones que están ocurriendo en el presente y que pueden alterar contundentemente el curso de una variable, en forma positiva o negativa. Un ejemplo sería el auge del automóvil y la decadencia del dirigible como medios de transporte a comienzos del siglo XX.
Señales débiles	Son los eventos pasados o actuales, que representan interpretaciones ambiguas de su origen, significado o implicaciones. Son fenómenos observables, pero poco claros que anuncian o advierten sobre la probabilidad de que ocurran ciertos eventos futuros. Por ejemplo, los cambios de las actitudes del público hacia una cosa u otra o un patrón emergente de comportamiento social (el uso de redes sociales). Encontrar señales débiles pertinentes es una de las tareas más arduas en la investigación de futuros y su análisis a menudo conduce a la identificación de "cartas salvajes" (wild cards). Las señales débiles dependen de la subjetividad y del criterio del observador. Por ejemplo, el aumento de la automedicación, la creciente frecuencia de las inundaciones en Europa y el mundo, la creciente privatización de las guerras.
Rupturas	Son hechos trascendentes o de gran impacto que provocan el cambio o la discontinuidad de las tendencias existentes, modifican el orden actual de las cosas y generan nuevos paradigmas. Constituyen sorpresas que surgen sin previo aviso y no pueden deducirse a partir de evoluciones anteriores. Esto significa, en términos formales, que de un evento x no puede deducirse un evento y. En consecuencia, no pueden ser objeto del pronóstico científico tradicional. Entre otros ejemplos claros se encuentran la revolución microelectrónica y el ascenso del Japón en la década de los setenta. Las rupturas se consideran hechos reestructuradores o reorganizadores del presente, que producen discontinuidad en la historia de una variable o situación, con lo que afectan las tendencias que se venían registrando.

Cuadro II.11 (conclusión)

"Cartas salvajes" (*wild cards*)	Son eventos sorprendentes e inesperados que, aunque muy poco probables, son de alto impacto cuando llegan a ocurrir.Por ejemplo, el ataque al Centro Mundial del Comercio el 11 de septiembre de 2001, los grandes desastres en los sistemas ambientales o tecnológicos, entre otros. Incluyen tres grupos de eventos: i) relacionados con sorpresas de la naturaleza; ii) sorpresas no intencionales como resultado de acciones humanas, o iii) sorpresas intencionales como resultado de acciones humanas. La serendipia, o facultad de hacer descubrimientos científicos por accidente, es otra fuente importante de sorpresas producto de las acciones humanas. Algunos ejemplos típicos son el descubrimiento de la penicilina (Fleming), del LSD (Hofmann), la dinamita (Nobel), y el Viagra (Osterloh).
Cisne negro	Taleb lo define como un hecho fortuito que presenta tres propiedades: gran repercusión, probabilidades imposibles de calcular y efecto sorpresa. En primer lugar, su incidencia produce un efecto desproporcionadamente grande. En segundo lugar, tienen escasas probabilidades, pero estas son imposibles de determinar a partir de la información disponible antes que se perciba el hecho. En tercer lugar, una propiedad nociva del "cisne negro" es su efecto sorpresa: en un momento dado de la observación no hay ningún elemento convincente que indique que el evento vaya a ser más probable.

Fuente: B. Cazes, "Sur les origines du mot prospective", *Futuribles,* N° 226, diciembre de 1997; J. Medina Vásquez y E. Ortegón, "Manual de prospectiva y decisión estratégica: Bases teóricas e instrumentos para América Latina y el Caribe", *serie Manuales,* N° 51 (LC/L.2503-P), Santiago de Chile, Comisión Económica para América Latina y el Caribe (CEPAL), 2006. Publicación de las Naciones Unidas, N° de venta: S.06.II.G.37; R. Popper, "New horizon scanning concepts, practices and systems supporting science, technology and innovation policy making", Shrivenham, Reino Unido, 2011.

Nota: Existe un importante debate contemporáneo sobre la diferencia entre el concepto de evento emergente (*wild card*) y el de cisne negro. Antonio Alonso (2014) explica que, según Nassim Nicholas Taleb, un "cisne negro" es un evento que presenta tres atributos. En primer lugar, es un caso atípico, ya que se encuentra fuera del ámbito de las expectativas regulares, porque no hay nada en el pasado que pueda apuntar de manera convincente a su posibilidad. En segundo lugar, produce un impacto extremo. En tercer lugar, a pesar de su rareza, la naturaleza humana nos hace buscarle explicaciones, por lo que, a posteriori, los volvemos explicables y predecibles. En resumen, se trata de tres factores clave: rareza, impacto extremo y previsibilidad retrospectiva (aunque no prospectiva). Por otra parte, los eventos emergentes suelen definirse como eventos poco probables (por lo tanto, raros) y de alto impacto. Cumplen pues, al pie de la letra, los dos primeros atributos que señala Taleb respecto de los cisnes negros. Así, la única polémica posible es si cumplen o no el tercero. Aunque en la definición de evento emergente no se incluye ese atributo de los cisnes negros, también lo cumplen. Cuando ocurren, resultan explicables y pueden asociarse con ciertas "causas" (por ejemplo, las señales débiles) que no se detectaron a tiempo o no fueron interpretadas correctamente. Si se busca, siempre parece posible encontrar una interpretación de por qué ocurrieron (por ejemplo, resultado del comportamiento de un sistema complejo con capacidad de autoadaptación); es decir, se racionalizan en retrospectiva (a posteriori), como si se pudieran haber anticipado. Por otra parte, podría argumentarse que, si hay alguna diferencia entre cisnes negros y eventos emergentes, podría tener que ver con el efecto "sorpresa" de los primeros. Podría alegarse que los cisnes negros se refieren aeventos totalmente inesperados (es decir, no contemplados siquiera con escasas probabilidades), mientras que los eventos emergentes se refieren a eventos que a priori se reconoce que sí podrían acontecer, aunque se les atribuyan probabilidades mínimas de ocurrir. Sin embargo, argumentar que ello los hace pertenecer a clases diferentes es hilar muy fino cuando en el campo de la prospectiva existen asuntos por dilucidar que son mucho más relevantes, en muchos otros sentidos.

Cuadro II.12
Evolución del conjunto de instrumentos de la prospectiva

Cronología aproximada	Campo o dominio	Disciplina dominante	Temas de interés
Década de 1940	Estudio de sistemas	Ingeniería	Material fuerte y complejo (telefonía, sistemas de armas), particularmente la estructura y el comando de los sistemas.
Principios de la década de 1950	Investigación de operaciones	Física	Problemas operacionales concernientes al personal y al material y la utilización eficaz de recursos escasos.
Principios de la década de 1950	Análisis funcional	Economía	Grandes sistemas materiales y sociales que utilizan la metodología de la relación costo-beneficio, la rentabilidad y su relación de programación, planificación y presupuesto, haciendo énfasis en las consecuencias de las elecciones de los sistemas.
Fines de la década de 1950	Análisis decisional	Gestión negocios	Procesos de adopción de decisiones con la ayuda de conceptos matemáticos y estadísticos.
Principios de la década de 1960	Análisis político	Ciencias políticas	Sistemas políticos, gubernamentales o militares, haciendo énfasis en la política a adoptar en el sector público.
Fines de la década de 1960	Investigación de futuros	Ciencias sociales	Cambios estructurales de carácter global, interrelación de cambios sociales.
Fines de la década de 1960	Planificación estratégica	Ciencias de la administración	Análisis de decisiones estratégicas según los estados de turbulencia del entorno, combinando el análisis interno con el externo.
Década de 1970	Análisis y negociación de conflictos	Sociología, ciencias políticas	Revaloración de la participación social en la elección de los objetivos de la sociedad. Importancia del rol de los actores sociales.
Décadas de 1970 y 1980	Pensamiento complejo	Matemáticas, física, biología	Complejidad social, nuevas interpretaciones del determinismo y el positivismo, papel del azar, el caos, descubrimiento de teoría de catástrofes, fractales, entre otras.
Décadas de 1970 y 1980	Planificación territorial y ambiental	Geografía, ciencias políticas	Gestión de ecosistemas estratégicos y urbanos, límites del crecimiento industrial, riesgo construido por el ser humano.
Fines de la década de 1980 y principios de la década de 1990	Gestión tecnológica	Ingenierías, gestión	Interrelación entre el cambio tecnológico y el cambio social, evolución tecnológica, impactos globales del cambio del nuevo patrón productivo.
Década de 1990	Macrohistoria, teoría del desarrollo humano	Ciencias sociales y económicas	Evolución, comparación e interrelación de civilizaciones y culturas en un largo plazo, medición del nivel de vida.

Cuadro II.12 (conclusión)

Cronología aproximada	Campo o dominio	Disciplina dominante	Temas de interés
Década de 2000	Análisis tecnológico orientado al futuro (*Future-Oriented Technology Analysis-FTA*)	Pronóstico tecnológico, prospectiva tecnológica, evaluación tecnológica	Procesos sistemáticos para producir juicios sobre las características de las tecnologías emergentes, la evolución y los impactos potenciales de una tecnología en el futuro y los cambios de las sociedades, evaluaciones del sector público, pronósticos tecnológicos, estudios de inteligencia en la industria privada.
	Dinámica de sistemas de última generación: Modelo "Threshold 21"	Ingeniería de sistemas, econometría, ciencias informáticas	Análisis de los problemas de desarrollo con visión de largo plazo a nivel regional y nacional mediante la integración de los aspectos económicos, sociales y ambientales de la planificación y proyección de diferentes opciones de política, y simulación de escenarios alternativos.

Fuente: Elaborado por los autores, sobre la base de R. Amara, "The futures field: searching for definitions and boundaries", *The Futurist*, World Futures Society, febrero de 1981; J. Medina Vásquez, "Los estudios del futuro y la prospectiva: Claves para la construcción social de las regiones", Santiago de Chile, Santiago de Chile, Instituto Latinoamericano y del Caribe de Planificación Económica y Social (ILPES), 1996; J. Medina Vásquez y E. Ortegón, "Manual de prospectiva y decisión estratégica: Bases teóricas e instrumentos para América Latina y el Caribe", *serie Manuales*, N° 51 (LC/L.2503-P), Santiago de Chile, Comisión Económica para América Latina y el Caribe (CEPAL), 2006. Publicación de las Naciones Unidas, N° de venta: S.06.II.G.37.

Nota: El enfoque contemporáneo denominado "análisis tecnológico orientado al futuro" incluye un amplio rango de métodos y herramientas: i) creatividad; ii) métodos descriptivos y matrices; iii) métodos estadísticos; iv) opinión de especialistas; v) monitoreo y sistemas de inteligencia; vi) modelamiento y simulación; vii) escenarios; viii) análisis de tendencias; ix) evaluación y decisión o acción, y x) análisis de actores concernientes o partes interesadas.

Una clasificación contemporánea útil distingue los métodos según el tipo de fuentes de conocimiento o información necesaria para su uso. Así, según Popper (2008a y 2008b), los métodos se pueden organizar alrededor de cuatro grandes polos o puntos de referencia (2008), como se explica a continuación[40].

Los métodos basados en la evidencia recogen las tendencias y la información cuantitativa. Los métodos basados en la experticia y en los conocimientos especializados consisten en consultar a personas con conocimiento directo y suficiente sobre asuntos relativos a las decisiones que se deben adoptar. Los métodos basados en la interacción facilitan la consulta participativa y extienden la amplitud de la conversación estratégica con los ciudadanos. Los métodos basados en la creatividad permiten explorar alternativas y enriquecer el pensamiento estratégico con nuevas perspectivas, de forma no convencional.

---

[40] Este apartado se basa en el capítulo sobre metodología prospectiva del *Handbook of Technology Foresight*, según Popper (2008).

La evidencia brinda un piso firme a la reflexión, aporta un punto de partida cierto, basado en la indagación sobre las tendencias y la información estructurada, disponible en bases de datos. La consulta a expertos aumenta la capacidad de interpretación de esta evidencia, gracias a la contribución de personas reconocidas por su experiencia, sus logros y su contacto con la realidad de la adopción de decisiones. Por su parte, la interacción permite el diálogo social y la movilización colectiva de personas informadas que proveen elementos, planteamientos y visiones para enriquecer este proceso. Por último, los métodos creativos aportan formas estructuradas de pensar en opciones futuras. En el diagrama II.9 se presenta el diamante de los métodos prospectivos.

Diagrama II.9
El diamante de los métodos de la prospectiva

Fuente: R. Popper, "Foresight methodology", *The Handbook of Technology Foresight. Concepts and Practice*, L. Georghiou y otros, Cheltenham, Edward Elgar Publisher, 2008; y "¿How are foresight methods selected?", *Foresight*, vol. 10, N° 6, Emerald, 2008.

Ahora bien, a lo largo del tiempo han cambiado las lógicas dominantes que marcan el uso de los métodos prospectivos. Hoy en día, a diferencia del pasado, donde se buscaba un método ideal y óptimo para todas las situaciones, se prefiere diseñar los ejercicios a partir de combinaciones de métodos acordes con necesidades específicas de cada contexto particular. Para Godet y Durance (2011), el uso de instrumentos depende del problema planteado, las presiones de tiempo y el acceso a información pertinente. Por tanto, se recomienda optar por enfoques modulares y contingentes, que no requieren una aplicación completa de todos los instrumentos disponibles, con una misma y única secuencia. Un ejercicio completo ha de abarcar la utilización de los cuatro puntos de referencia del diamante de los métodos y, según la necesidad del contexto, se puede elaborar una secuencia diferente a partir de uno u otro polo, es decir: evidencia, conocimientos especializados, interacción y creatividad (Keanan, Popper y otros, 2007).

Cuadro II.13
Métodos prospectivos según las fuentes de conocimiento e información

Métodos basados en:	Descripción
Evidencia	Intentan explicar un fenómeno, sobre todo con el apoyo de documentación confiable y medios de análisis. Estas actividades son particularmente útiles para comprender el verdadero nivel de desarrollo del asunto de investigación. Por ese motivo, los métodos cuantitativos *benchmarking* o análisis comparado , bibliometría, minería de datos y trabajo de indicadores) han ganado popularidad, pues están respaldados por datos estadísticos u otros tipos de indicadores. Son instrumentos fundamentales para la evaluación de tecnología e impacto y para actividades de análisis del entorno. Estos métodos también pueden emplearse para estimular la creatividad, animar la interacción y obtener retroalimentación de los participantes.
Experticia	Dependen de las habilidades y conocimientos de los individuos en un área o tema en particular. Estos métodos se utilizan frecuentemente para: • apoyar decisiones de arriba hacia abajo (*top-down*), es decir, decisiones que se toman desde lo más alto (por ejemplo, la alta dirección de una organización) y que luego llegan a los niveles inferiores de la pirámide organizacional, y • proveer consejos y hacer recomendaciones. Entre otros ejemplos comunes están los paneles de expertos y los cuestionarios Delphi, los mapas tecnológicos, los árboles de relevancia, los diagramas lógicos, los análisis morfológicos, las tecnologías clave y el sistema de matrices de impacto cruzado (SMIC).
Interacción	Se utilizan en la prospectiva al menos por dos razones: i) La experticia a menudo se enriquece considerablemente cuando se juntan y se articulan con otros conocimientos técnicos (y de hecho con los puntos de vista de los grupos focales), y ii) las actividades de la prospectiva se realizan en sociedades donde los ideales democráticos están ampliamente difundidos y la legitimidad entraña actividades de participación e inclusión desde abajo hacia arriba (*bottom-up*), no solo la dependencia de la evidencia y de los expertos (que a veces se utilizan selectivamente). Además, involucra los talleres de escenarios, las votaciones, las encuestas, los paneles de ciudadanos y los análisis de los grupos focales.
Creatividad	Normalmente requieren una mezcla de pensamiento imaginativo y original, a menudo suministrado por maestros o grandes personalidades, por medio de ensayos u otros escritos. Dependen en gran medida de: • la inventiva y la ingeniosidad de individuos sumamente capacitados, tales como escritores de ciencia ficción, o • la inspiración que emerge de grupos de personas involucradas en intercambios de ideas o sesiones de eventos emergentes.

Fuente: Elaboración propia sobre la base de R. Popper, "Foresight methodology", *The Handbook of Technology Foresight. Concepts and Practice*, L. Georghiou y otros, Cheltenham, Edward Elgar Publisher, 2008; y "¿How are foresight methods selected?", *Foresight*, vol. 10, N° 6, Emerald, 2008.

Diagrama II.10
Lógicas dominantes en la evolución de los métodos prospectivos

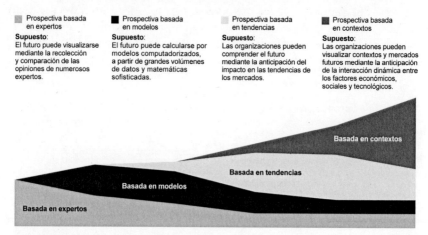

■ Prospectiva basada
en expertos
Supuesto:
El futuro puede visualizarse
mediante la recolección
y comparación de las
opiniones de numerosos
expertos.

■ Prospectiva basada
en modelos
Supuesto:
El futuro puede calcularse por
modelos computadorizados,
a partir de grandes volúmenes
de datos y matemáticas
sofisticadas.

■ Prospectiva basada
en tendencias
Supuesto:
Las organizaciones pueden
comprender el futuro
mediante la anticipación del
impacto en las tendencias de
los mercados.

■ Prospectiva basada
en contextos
Supuesto:
Las organizaciones pueden
visualizar contextos y mercados
futuros mediante la anticipación
de la interacción dinámica entre
los factores económicos,
sociales y tecnológicos.

Fuente: C. Daheim, "Corporate foresight in Europe - Experiences, examples, evidence", Z_punkt The Foresight Company, 2007.

3.   La dimensión ontológica y la formación del prospectivista

La prospectiva desempeña un papel fundamental en la construcción social de la realidad de una sociedad. Fundamentalmente critica el cortoplacismo y la perspectiva "ingenua", según la que el futuro no tiene importancia y el presente no tiene "espesor ni trascendencia"; aquella que "vive el presente" sin conexión con el pasado ni el futuro (Berger, 1957). Según Moura (1994), construir el futuro conlleva replantear varias creencias populares que, de tanto repetirse, acaban por asumirse como verdades. La primera es que podemos descubrir "el futuro" y surge de la imaginación popular, que cree en la existencia de técnicas capaces de adivinar el futuro. En tanto, la segunda presupone que el futuro es algo imprevisible, aleatorio, indescifrable, que se instala independientemente de la voluntad, por lo que solo resta esperar a que ocurra y contemplar lo que traiga. Implica una actitud pasiva o de acomodación, simplemente de aguardar el "destino"[41].

---

[41]   Según Moura (1994), en el fondo el azar y el fatalismo implican una misma actitud hacia el futuro. Ambos parten de la idea de que el futuro es i indescifrable, que simplemente acontece. Por tanto, para la predeterminación no existe libertad ni responsabilidad. Se trata de una resignación que supone que el hombre no tiene escape frente a una suerte de "destino social". Sin embargo, el futuro no es producto de fuerzas ocultas cuya existencia ignoramos. Implica un espacio de imprevisibilidad, pero no es independiente de las acciones y la voluntad humana.

Cuadro II.14
Principios y características básicas de la prospectiva

Principio	Descripción
Apertura al futuro	Se orienta a explorar los futuros posibles pero no en un sentido predictivo. Supone que el futuro no está predeterminado y toma diferentes direcciones, en función de las decisiones que adoptan los actores sociales en el momento presente.
Libertad y elección de un futuro deseable	Contar con alternativas futuras supone tener la posibilidad de escoger futuros deseables. En ese caso, la sociedad debe tener en cuenta la influencia y la presencia de los valores y las visiones de futuro.
Globalidad	Se busca establecer las relaciones entre lo interno y lo externo de un sistema, cómo se dan sus interacciones e interdependencias. Los modelos sirven para comprender los nexos y vínculos entre sistemas, suprasistemas y subsistemas involucrados.
Dinamicidad	Conlleva un aprendizaje continuo, adaptación y renovación frente al cambio social. Constituye un inmenso reto poder ponerse al día con los nuevos acontecimientos. Implica una gran capacidad de aprendizaje.
Cientificidad y soporte en evidencia	El futuro no es un objeto experimental en el sentido estricto, porque no es repetible ni predecible, y por tanto no tiene carácter de ley universal. La cientificidad de la prospectiva radica en el método, en el rigor empleado en la investigación, el acopio de información, la formulación de las hipótesis, la organización de procesos de simulación y la validación a posteriori de sus resultados.
Complejidad	Se pretende reconstruir una visión integral de la realidad, lo que implica integrar múltiples enfoques que van más allá de las disciplinas tradicionales, como sucede, por ejemplo, con las ciencias de la administración, los estudios del desarrollo, el medio ambiente y el género.
Multi-, inter- y transdisciplinariedad	Implica el conocimiento de un saber de base y un saber aplicado. Por ejemplo, el uso del método Delphi conlleva el uso de las matemáticas y la sociología.
Democracia y participación	En un ejercicio se debe conocer el tipo de actores involucrados y los procesos de preparación, animación, comunicación y diálogo social con cada uno.
Coordinación técnico-política	Se involucran múltiples actores que participan en la arena política donde se producen y debaten hipótesis y conjeturas. Con el apoyo de hechos y datos se elaboran programas de acción que coordinan la movilización de personas y recursos.
Orientación a resultados	Se pone en práctica en contextos específicos que suponen el logro de resultados concretos. La observación de los cambios sociales debe ser parte del proceso de adopción de decisiones de los actores e instituciones que buscan dar forma al futuro.

Fuente: Elaboración propia, sobre la base de E. Masini, *La previsión humana y social: Estudios sobre los futuros*, México, D. F., Fondo de Cultura Económica, 1993, págs. 20-28; R. Popper y otros, *Global Foresight Outlook 2007: Mapping Foresight in Europe and the Rest of the World*, Manchester, European Foresight Monitoring Network (EFMN), 2007, pág. 6.

La prospectiva desempeña un papel educativo muy importante en la formación de las personas y los dirigentes de una sociedad. Para Masini (1994), la prospectiva reconoce que el futuro es un proceso en mutación[42]. Construir

---

[42] Aunque parezca natural, la conexión del futuro con el pasado o con el presente no es algo que compartan todos los enfoques acerca del futuro. Por ejemplo, para algunas corrientes norteamericanas basadas en el determinismo tecnológico, las nuevas tecnologías permiten reinventar el pasado y reorganizar el presente en función del futuro, no de la tradición ni de las ataduras existentes. El futuro tiende a ser cada vez más artificial y virtual y la fragmentación del mundo posmoderno permite la coexistencia de mundos paralelos cada vez más desconectados entre sí y más disociados de la historia. Al respecto, véanse las posiciones de Jim Dator, expresidente de la Federación Mundial de Estudios del Futuro y líder de la escuela de estudios del futuro de Hawaii (Dator, 1998).

el futuro implica concebirlo como una necesidad, una elección y una manera de vivir. Ante todo, pensar en el futuro es un acto de autonomía y voluntad que se contrapone a la aceptación pasiva de un porvenir determinado por otros a cualquier nivel (familia, ciudad, país o mundo). Significa asumir una responsabilidad en cuanto a la elección de un futuro deseado y su realización mediante hechos concretos. Al incorporarse la prospectiva en la vida cotidiana, se crea una perspectiva sobre lo que se vive en cada momento y las consecuencias ulteriores de las decisiones actuales. Representa una forma continua de mantenerse alerta sobre el futuro, de pensar en la sociedad actual y las nuevas generaciones.

Construir el futuro constituye un proceso histórico y participativo a todos los niveles: de familia, ciudad, organización y país. De lo contrario, entrañaría la manipulación de los futuros de otros. Además, es un proceso histórico dinámico, que crea continuamente nuevas formas de incertidumbre y oportunidades que pueden ser validadas por los interesados en el futuro, en términos de principios. De ahí la importancia de los aspectos éticos en los estudios del futuro: es fundamental que el interés de algunos no se satisfaga a expensas de otros.

4.   La dimensión axiológica y la ética de la construcción de futuros

Para Moura (1994, pág. 99), valorar el futuro como una construcción humana implica asumir una nueva actitud, o sea, una nueva forma de pensar, sentir y actuar. Crear el futuro entraña la necesidad de influir sobre la percepción de la realidad presente y las decisiones y acciones con que se responde a las percepciones. Cuanto más "depurada" sea la percepción, existe más y mejor conciencia sobre las necesidades y alternativas de acción. Las acciones decididas y puestas en práctica en el presente son las que forman el contexto del futuro[43].

Sobre la base de su experiencia de varias décadas en la compañía petrolera Royal Dutch Shell, Schwartz y Van der Heijden (1996) plantean que el uso de la prospectiva implica una relación de coevolución entre las prácticas de planificación, los valores y la cultura organizacional. La conciencia organizacional se despliega en la medida en que se desarrollan las herramientas y metodologías utilizadas. Pero no coevolucionan a partir de una relación causa-efecto, sino como complemento mutuo.

Según los autores citados, el uso de instrumentos prospectivos prepara a la gente para formular su visión compartida del mundo. A medida

---

[43]   "El mañana es hoy", reza el lema de la Sociedad Mundial del Futuro, principal organización de futuristas de los Estados Unidos. Las decisiones de hoy crean el futuro. Peter Drucker afirma, con razón, que la planificación no se refiere a las decisiones del futuro, sino más bien a las decisiones de hoy que crean el futuro.

que los instrumentos destinados a mejorar la conciencia y la comunicación se vuelven más sofisticados (escenarios, modelos estratégicos, entre otros) se refuerzan la conciencia, la sensibilidad y la voluntad de actuar de quienes los utilizan. Mientras más complejo sea el entorno, más preparada debe estar la organización para afrontar los cambios sociales, pues de ella dependen la amplitud y velocidad del aprendizaje institucional. La coevolución trae un grado mayor de integración de la organización, tanto hacia adentro como hacia fuera, y una capacidad de respuesta más oportuna. Exige una mayor capacidad de conocimiento de la realidad e imaginación para el análisis del entorno y el desarrollo de alternativas de respuesta. Así, la planificación se entiende como un proceso permanente de aprendizaje.

La labor de la "escuela de la Shell" es un modelo en el entorno empresarial por el trabajo realizado sobre la cultura organizacional y la psicología básica de la adopción de decisiones. No obstante, Schwartz y Van der Heijden (1996) mencionan que esa empresa necesitó más de dos décadas de práctica para que se desarrollara una conciencia colectiva en todos los niveles de la organización sobre las exigencias de ese tipo de aprendizaje.

De acuerdo con Wack (1985a y 1985b), el simple empleo de técnicas complejas de análisis de decisiones no conduce automáticamente a escoger las mejores opciones. Se requiere esencialmente trabajar sobre los modelos mentales de los gerentes y la transformación de la cultura organizacional. Todo lo anterior requiere sensibilidad y valor, así como voluntad de experimentar e invertir en la investigación y desarrollo de los instrumentos[44].

Según Wack (1985a y 1985b), el contraste entre los escenarios hipotéticos desarrollados por la Shell y los ejercicios que realizan usualmente otras empresas no hace referencia tanto a su naturaleza técnica ni a los pasos que componen la metodología, como a la filosofía subyacente acerca del aprendizaje en las organizaciones. Esta supone trabajar sobre las capacidades humanas de exploración, descubrimiento y experimentación a fin de reconocer incertidumbres específicas, y diseñar y aplicar sistemas que permitan reconocer y corregir los errores de adaptación al entorno tan pronto ocurran[45].

---

[44] La continua adaptación al cambio requiere del decisor aptitudes para las relaciones humanas, como la admisión y la gestión emocional de la ambigüedad, la tolerancia del conflicto ideológico y conceptual, la comunicación interpersonal, la escucha y la comprensión del otro.

[45] Los procesos de aprendizaje basados en los escenarios representan ciclos continuos de actividad orientados a cumplir tres funciones esenciales definidas por Wack (1985): i) la función cautelativa, para prever los riesgos y comprender su naturaleza; ii) la función emprendedora, para descubrir alternativas estratégicas precedentemente ignoradas, y iii) la función cognitiva, para organizar y entender de forma eficaz un conjunto aparentemente incoherente de datos de naturaleza económica, técnica, política, social y competitiva, y traducirlos en esquemas útiles para sustentar y perfeccionar el juicio de los decisores.

Diagrama II.11
La planificación como proceso de aprendizaje

Fuente: J. Medina Vásquez y E. Ortegón, "Manual de prospectiva y decisión estratégica: Bases teóricas e instrumentos para América Latina y el Caribe", *serie Manuales*, N° 51 (LC/L.2503-P), Santiago de Chile, Comisión Económica para América Latina y el Caribe (CEPAL), 2006. Publicación de las Naciones Unidas, N° de venta: S.06.II.G.37.

E.   Campos de acción, niveles de intervención y experiencias contemporáneas significativas

Existe una gran riqueza en la puesta en práctica de la prospectiva al nivel internacional. En primer lugar, los ejemplos a lo largo del mundo varían según los temas que se aborden, como se puede apreciar en el cuadro II.15.

La prospectiva también se hace a diferentes escalas o niveles de planificación, como se indica en el cuadro II.16.

Cuadro II.15
Tipos de prospectiva según los campos de acción

Prospectiva	Descripción	Ejemplos
Tecnológica	"Conjunto de intentos sistemáticos para mirar a largo plazo el futuro de la ciencia, la tecnología, la economía y la sociedad, con el fin de identificar aquellas tecnologías genéricas emergentes que probablemente generarán los mayores beneficios económicos y sociales". Busca identificar las actividades estratégicas para el desarrollo futuro de un país y las tecnologías conexas (Martin, 2001).	• Centro de Prospectiva Tecnológica (*Center For Techology Foresight*) del APEC • Instituto de Prospectiva Tecnológica (*The Institute For Prospective Technological Studies, IPTS*) • Observatorio de Prospectiva Tecnológica Industrial (OPTI)
Humana y social	Se orienta al análisis de las transformaciones de las sociedades a largo plazo, haciendo énfasis en los cambios de los valores, las capacidades, las culturas, la educación y la familia.	• El futuro de las culturas, UNESCO, 1994 (*The future of cultures*)
Territorial	Se refiere al análisis de las alternativas de futuro de un espacio dado, por ejemplo, un departamento, región, biorregión, ciudad, localidad, zona especial de exportación, distrito industrial, entre otros, con miras a mejorar las elecciones que hará la sociedad para su adecuada utilización (Goux-Baudiment, 2006).	Experiencia francesa: • Comisión General de Planificación (*Commissariat Général au Plan*) • Delegación para la Gestión del Territorio (*Delegation à l'aménagement du territoire*)

Cuadro II.15 (conclusión)

Prospectiva	Descripción	Ejemplos
Política	Prospectiva aplicada a la elaboración de políticas públicas, la prevención y solución de problemas del Estado, la respuesta a las demandas sociales, la formación de consensos y acuerdos sociales y la transformación de instituciones políticas.	• Centro de Estudios sobre los Futuros de Hawaii (*Hawaii Research Center of Futures Studies, HRCFS*) • Proyecto de Inteligencia Prospectiva del PAPIME, Universidad Nacional Autónoma de México
Económica	Pretende el análisis del sistema económico mundial, la competitividad internacional y las brechas del desarrollo, mediante proyecciones y pronósticos del comportamiento de los países y los actores empresariales (Cuervo, 2012).	• Centro de Estudios Prospectivos y de Información Internacional, (*Centre d'Etudes Prospectives et d'Informations Internationales, CEPII*)
Corporativa	Se propone como un modelo de análisis organizacional que incluye la revisión de los entornos globales con el fin de identificar hechos portadores de futuro, fuerzas motrices del cambio, tendencias emergentes que conduzcan a decisiones sobre la incursión en nuevos mercados, reorientación de productos y servicios, entre otras cosas (Ruff, 2007; Gracht, 2007; Neef, 2005).	• Royal Dutch Shell (Reino Unido-Países Bajos); DaimlerChrysler (Alemania-Estados Unidos) • República de Corea; Federación de Rusia (minería, nanotecnología) • España, oportunidades tecnológicas e industriales

Fuente: Elaboración propia, sobre la base de L.M. Cuervo, "El clima de la igualdad, un ejercicio de pre-prospectiva", presentación ante el Grupo de los Jueves, Santiago de Chile, Comisión Económica para América Latina y el Caribe (CEPAL), 2012; F. Ruff, *Current and Future Applications of Foresight in Industrial Enterprises: Implications for UNIDO*, Viena, DaimlerChrysler AG, Research, Development Society and Technology Research Group, 2007; H. V. D. Gracht, *Corporate Foresight and Innovation Management: a Portfolio-Approach in Evaluating Organizational Development*, Londres, European Business School, 2007; A. Neef, *The Future of Corporate Innovation. Will There Be an Outsourcing Endgame?*, Z_punkt The Foresight Company, 2005.

Cuadro II.16
Casos significativos por nivel de planificación

Nivel	Ejemplo demostrativo
Regional o espacios económicos y políticos internacionales	• Instituto de Prospectiva Tecnológica de la Unión Europea • Centro de Prospectiva Tecnológica del APEC
Corporativo global	• Royal Dutch Shell (Reino Unido-Países Bajos); • DaimlerChrysler (Alemania-Estados Unidos)
País	• Federación de Rusia, Japón, República de Corea
Interterritorial	• Programa de los cuatro motores de la prospectiva (FOMOFO) de la Comisión Europea (Milán, Manchester, Barcelona, Bayer Múnich)
Territorial	• Manchester, Ciudad del Conocimiento
Sectorial	• Aeronáutico (Embraer, Brasil)
Institucional	• Embrapa, SENAI, Centro de Gestión de Estudios Estratégicos (CGEE) del Brasil

Fuente: J. Medina Vásquez, "La prospectiva: Conceptos fundamentales y aplicaciones contemporáneas", presentación en el Seminario sobre prospectiva y América Latina, Santiago de Chile, Instituto Latinoamericano y del Caribe de Planificación Económica y Social (ILPES), 2011; y "Prospectiva para la construcción de visión de país", presentación en el Curso Internacional Planificación, Gobierno y Desarrollo, Montevideo, Instituto Latinoamericano y del Caribe de Planificación Económica y Social (ILPES), 2011.
Nota: Otros panoramas interesantes para visualizar ejercicios prospectivos se pueden encontrar en Comisión Europea (2002, 2010a, 2010b), Gómez y Bernal, (2004), Fundación OPTI (2010), ONUDI (2007), Centro Internacional de Ciencia y Tecnología de la ONUDI (2000), Popper, Keenan, Miles, Butter y Sainz (2007).

A continuación, se describe brevemente el estado de la prospectiva a nivel regional, según la Comisión Europea (2009a, 2009b y 2009c):

- Internacional: una serie de organizaciones intergubernamentales, como la Comisión Europea, la Organización para la Cooperación y el Desarrollo Económico (OCDE), la Organización de las Naciones Unidas para el Desarrollo Industrial (ONUDI) y la Organización de las Naciones Unidas para la Educación, la Ciencia y la Cultura (UNESCO), han sido activos promotores de la prospectiva. Han impulsado la formación y el apoyo metodológico, han llevado a cabo estudios de caso, e incluso han proporcionado financiación inicial para implementar programas de prospectiva y proyectos transnacionales.

- Europa: el nivel de actividad en materia de prospectiva en la región ha aumentado significativamente en la última década. Esto se ha visto influenciado por una serie de tradiciones bien posicionadas, como la prospectiva tecnológica, la planificación del desarrollo sostenible y la prospectiva territorial. Algunos países, como Francia, tienen varias décadas de tradición prospectiva. Otros, como el Reino Unido e Irlanda, tienen una historia más breve, bajo la influencia de la prospectiva tecnológica. En Europa oriental, las actividades de prospectiva realizadas por la Red Europea de Monitoreo de Prospectiva (EFMN) han sido intensamente permeadas por el proceso de ampliación de la Unión Europea y los esfuerzos de la ONUDI por introducir la prospectiva como una herramienta de apoyo a la transferencia tecnológica. Se destacan:

  - El Instituto de Prospectiva Tecnológica (*Institute for Prospective Technological Studies, IPTS*) es uno de los siete institutos científicos del Centro Común de Investigación de la Comisión de las Comunidades Europeas. Tiene su sede en Sevilla (España). Proporciona ayuda al cliente orientada a la formulación de políticas de la Unión Europea, mediante la investigación de respuestas basadas en la ciencia a los desafíos de la política que tienen un impacto socioeconómico y una dimensión científica o tecnológica.

  - Por otra parte, el Séptimo Programa Marco de la Comisión Europea en su Dirección de Ciencia y Tecnología ha establecido una línea de investigación única dedicada a actividades de prospectiva en el campo de las ciencias sociales. Se trata de explorar temas nuevos sobre los que la Comisión anticipa esferas estratégicas en las que Europa espera desarrollar ventajas competitivas o solucionar problemas cruciales de interés común a largo plazo (Comisión Europea, 2011a).

Recuadro II.2
Séptimo Programa Marco de Investigación en
Ciencias Socioeconómicas y Humanidades

- Ciencia, tecnología e innovación (*Science, technology and innovation*) (FARHORIZON, INFU, SESTI)

- Análisis participativo de horizontes (*Participative horizons scanning*) (CIVISTI)

- "Cartas salvajes" y señales débiles (*Wild cards and weak signals*) (iKnow)

- Seguridad y defensa (*Security and defence*) (SANDERA)

- El mundo y Europa en el futuro (*The World and Europe in the future*) (AUGUR, Global Europe 2030-2050)

- Plataforma Europea de Prospectiva (*European Foresight Platform, EFP*)

- El futuro de la zona del Mediterráneo (*The future of the Mediterranean area*) (MEDPRO)

- Sociedad poscarbono (*Post carbon society*) (PACT, GILDED, PASHMINA)

Fuente: Comisión Europea, *European Forward Looking Activities. EU Research in Foresight and Forecast. Socio-economic Sciences and Humanities*, Bruselas, Dirección General de Investigación, 2011.

- Asia: el Japón fue pionero en el desarrollo de la prospectiva tecnológica nacional, al utilizar el método Delphi desde 1970 para prever y dar forma a las futuras trayectorias tecnológicas. Además de su influencia en Europa, la experiencia japonesa ha inspirado ejercicios similares en otras partes de Asia, particularmente la República de Corea y China. En el marco del Foro de Cooperación Económica de Asia y el Pacífico (APEC), se creó un centro de prospectiva tecnológica a finales de la década de 1990 para llevar a cabo estudios a nivel regional y desarrollar capacidades en los países miembros. Este trabajo se ha visto influenciado en gran parte por las prácticas de Australia, América del Norte, el Japón y Europa noroccidental. El Centro de Prospectiva Tecnológica del APEC en esencia es un centro de pensamiento que busca promover la prospectiva y los estudios del futuro por medio de múltiples disciplinas y estudios económicos, sociales y tecnológicos. Tiene su sede en Bangkok. El APEC agrupa los miembros de la Asociación de Naciones de Asia Sudoriental (ASEAN). El APEC está centrado en el desarrollo de grandes estudios al nivel mundial sobre la gestión de los recursos y el desarrollo de nuevas tecnologías y medios de transporte.

- América del Norte: algunos de los métodos de prospectiva más populares, tales como el Delphi, fueron desarrollados en los Estados Unidos durante los años cincuenta y sesenta. Luego predominaron los estudios de pronóstico tecnológico ligados a la Oficina de Evaluación Tecnológica (OTA, por sus siglas en inglés) del Congreso estadounidense, con influencia en el gasto nacional. Existen muchos estudios, a nivel estatal y federal en los Estados Unidos y también en el Canadá. Los datos de los Estados Unidos están en gran medida dominados por ejercicios de hojas de ruta de tecnologías del sector industrial.

- América Latina: la prospectiva en la región ha evolucionado lenta pero progresivamente. Países como la Argentina, el Brasil, Chile, Colombia y Venezuela (República Bolivariana de) han puesto en marcha programas y proyectos de incorporación de conceptos y técnicas de una amplia gama de ejercicios internacionales, principalmente europeos. Sin embargo, la región también ha logrado desarrollar su propia manera de hacer prospectiva, a menudo mediante el uso creativo de recursos limitados, lo que conduce a innovaciones efectivas en materia de prácticas y herramientas (Popper y Medina, 2008). Las organizaciones internacionales como la ONUDI, el Convenio Andrés Bello (CAB), la CEPAL y, más recientemente, la Comisión Europea, han desempeñado un papel clave en el apoyo a programas de prospectiva nacional y actividades de creación de capacidades.

- Oceanía: los ejercicios desarrollados han sido en forma de actividades por la Sociedad de Futuros y la Federación Mundial de Estudios de los Futuros. Son pertinentes diversos ejercicios de Australia, liderados por la Organización de Investigación Científica e Industrial del Commonwealth (CSIRO), y ejercicios de Nueva Zelandia, especialmente los organizados por el Ministerio de Investigación, Ciencia y Tecnología (MoRST) y el Ministerio de Vivienda. En Australia se han realizado conferencias de prospectiva de los países de Asia y el Pacífico que vinculan a la comunidad global de futuristas profesionales, pertenecientes a empresas, organizaciones sin fines de lucro, el sector académico y los gobiernos. La prospectiva se utiliza para lograr diseños estratégicos y políticas flexibles y creativas, y para adquirir un sentido de finalidad en un mundo cambiante. Se analizan diversos retos, desde el acceso al agua y los alimentos, hasta el desarrollo regional de Asia y las ciudades del futuro.

A nivel corporativo mundial han sido pioneras las grandes empresas multinacionales en el campo de la energía, el petróleo y la industria automotriz. En particular, es muy reconocido el caso de la

Royal Dutch Shell, que lideró el uso de la planificación por escenarios para tomar grandes decisiones estratégicas de inversión[46].

En lo que respecta a experiencias de países concretos, la del Japón es altamente significativa. Según Urashima, Yokoo y Nagano (2012), recientemente se completó el noveno ejercicio de prospectiva sobre ciencia y tecnología, con miras a brindar soluciones a asuntos sociales y mundiales como los relacionados con el cambio climático, la energía y el envejecimiento de la población. En ese esfuerzo se aplicaron tres métodos: una encuesta Delphi, escenarios y un estudio de la capacidad de las regiones para la innovación verde con respecto al desarrollo sostenible. En la Novena Encuesta Delphi se utilizaron dos tipos de perspectivas interdisciplinarias relacionadas con el futuro social del Japón (seguridad y colaboración) y se incluyeron 12 campos de ciencia y tecnología. Los comités deliberaron sobre asuntos emergentes para los próximos 30 años. Abarcaron en sus deliberaciones 26 dominios de especialización social y contaron con las aportaciones de 140 especialistas. Se destaca aquí una visión más amplia de la innovación, en que las percepciones de los escenarios sociales y políticas más adaptativos desde el punto de vista social complementan la tradicional orientación científica y tecnológica.

A nivel nacional, en este momento la Federación de Rusia es un país que, aprovechando su capacidad científica y tecnológica en física y otras disciplinas, está haciendo reconversión de sectores industriales, como la minería y la nanotecnología. En la República de Corea llama la atención la aplicación de la prospectiva tecnológica en múltiples entidades gubernamentales, como la Oficina del Presidente, el Ministerio de Comercio, el Ministerio de Energía, el Ministerio de Tecnologías de la Información, entre otros. Cada institución realiza sus propios procesos de prospectiva, lo que realmente ha tenido impacto en la toma de decisiones, permitiendo la reconfiguración progresiva de amplios sectores productivos.

A nivel interterritorial, es un ejemplo el programa europeo de los cuatro motores de la prospectiva (FOMOFO), en el que la Comisión Europea patrocinó una iniciativa estratégica simultánea de cuatro grandes regiones: Lombardía, Cataluña, Baviera y el área metropolitana de Manchester. Cada región realiza su propia prospectiva pero también hay una fertilización cruzada entre las cuatro regiones. Al nivel territorial, se pueden constatar procesos de reconversión de ciudades, de una economía industrial en declive a una economía global del conocimiento, como es el caso de la ciudad de Manchester.

---

[46] Un panorama interesante para visualizar ejercicios prospectivos contemporáneos se puede encontrar en Cagnin, Loveridge, y Saritas (2011); Comisión Europea, (2009 a, b, c); Fundación OPTI (2010); Keenan y Popper (2008); Miles, Cassingena Harper, Georghiou, Keenan y Popper (2008); ONUDI (2007); Popper, Keenan, Miles, Butter y Sainz; (2007); Miles, Cassingena Harper, Georghiou, Keenan y Popper (2008) y Park (2006).

Cuadro II.17
Prospectiva tecnológica en la República de Corea

Tipo	Ministerio patrocinador	Organización facilitadora	Esfera temática o título del proyecto	Horizonte temporal	Metodología
Prospectiva tecnológica (2006)	Ministerio de Información y Comunicación	Instituto para el Avance de la Tecnología de la Información (*Institute for Information Technology Advancement*, IITA)	Prospectiva para la Tecnología de la Información	Hasta 2030	Delphi
		Organismo Nacional de Computarización (*National Computerization Agency, NCA*)	*Ubiquitous Korea*	Más de 15 años	Panel
Prospectiva tecnológica (2006)	Ministerio de Salud y Bienestar	Instituto de Desarrollo de la Industria de la Salud en la República de Corea (*Korea Health Industry Development Institute, KHIDI*)	Tendencias futuras en atención de salud y ciencias de la vida	Más de 15 años	Delphi
Prospectiva tecnológica (2006)	Ministerio del Medio Ambiente	Instituto de Ciencia y Tecnología Ambiental de la República de Corea, (*Korea Institute of Environmental Science and Technology, KIEST*)	Tendencias futuras en tecnología ambiental	Más de 15 años	Análisis del entorno Delphi
Prospectiva tecnológica (2006)	Ministerio de Ciencia y Tecnología	Instituto de Evaluación y Planificación de la Ciencia y la Tecnología de la República de Corea (*Korea Institute of S&T Evaluation and Planning, KISTEP*)	Prospectiva temática • Nanomateriales • Células madre • Computación ubicua	Más de 15 años	Panel Escenarios
Prospectiva	Oficina Presidencial	Comité Presidencial de Innovación para la Educación (*Presidential Committee on Education Innovation*)	Futuro de la Educación en la República de Corea • ¿Qué hacemos en este momento?	Más de 15 años	Panel
Hojas de ruta tecnológicas (2001 al presente)	Ministerio de Comercio, Industria y Energía	Fundación de Tecnología Industrial de la República de Corea (*Korea Industrial Technology Foundation, KOTEF*)	Hoja de ruta tecnológica para: • Materiales y componentes • Industrias (robótica, de baterías, de semiconductores, automovilística y otras)	Más de 10 años	Panel de hojas de ruta tecnológicas
ST (2006)	Ministerio de Planificación y Presupuesto	Trabajo conjunto con el Instituto de Desarrollo de la República de Corea (*Korea Development Institute, KDI*)	Visión 2030 • Plan presupuestario de gastos del Gobierno hasta 2030	Hasta 2030	Panel

Fuente: B. Park, "Korean Technology Foresight for Science and Technology Policy Making", documento presentado en el Segundo Seminario Internacional sobre Análisis de Tecnologías Orientadas al Futuro, Sevilla, Instituto de Prospectiva Tecnológica (ITPS), 2006.

1.　La prospectiva en América Latina

En América Latina es ilustrativo el caso del Brasil en cuanto al proceso de reposicionamiento de sectores o la creación de nuevos sectores estratégicos. Por ejemplo, ha sido muy interesante la experiencia de Embrapa en la biotecnología agrícola, la de Embraer en aeronáutica y la de Petrobras, al generar la capacidad de exploración petrolera en mar abierto mediante el desarrollo de plataformas submarinas. Estas experiencias han producido para el Brasil un círculo virtuoso de transformación productiva y social basada en la ciencia, la tecnología y la innovación. El Centro de Gestión de Estudios Estratégicos del Brasil (CGEE) es otro referente muy importante en ese campo.

Otros casos pertinentes en la presente década en América Latina son los de la Argentina, Chile, Colombia, Costa Rica, México y el Perú. En primer lugar, en Colombia hay una tradición muy interesante forjada en los últimos 40 años. Entre otros casos significativos, conviene mencionar el Programa Nacional de Prospectiva Tecnológica e Industrial impulsado por COLCIENCIAS, que realizó 32 ejercicios, y el Programa de Agendas Prospectivas de Ciencia y Tecnología en Cadenas Productivas Agroindustriales, fomentado por el Ministerio de Agricultura, que llevó a cabo 24 ejercicios. Uno de los casos actuales es la implementación de ejercicios de prospectiva y vigilancia tecnológica con los sectores de talla mundial, que son los sectores estratégicos en que Colombia deposita sus esperanzas para competir frente a los tratados de libre comercio que ha firmado recientemente con una docena de países. Estos ejercicios se realizan en el marco del Programa de Transformación Productiva, con el auspicio del Ministerio de Comercio, Industria y Turismo y COLCIENCIAS, orientado a la industria automotriz y de autopartes, energía, software, comunicación gráfica, diseño textil, confecciones, cosméticos y productos de aseo.

En el caso de la Argentina, el Ministerio de Ciencia, Tecnología e Innovación Productiva ha liderado un programa sobre los escenarios futuros en temas agroindustriales. En particular, presta apoyo a los equipos de trabajo que realizan cinco estudios de cadenas productivas con proyección internacional, en los rubros de frutos del bosque, maíz y aceitunas, y en las industrias porcina y vinícola. Asimismo, el Proyecto "Los territorios del futuro" ha provisto un marco de referencia para el ordenamiento territorial de las provincias, en una secuencia de tres fases durante varios años, bajo la dirección de la Subsecretaría de Planificación Territorial de la Inversión Pública de la República Argentina. En materia de ciencia, tecnología e innovación, el Ministerio ha desarrollado un plan estratégico nacional del "Bicentenario" (2006-2010), en cuyo marco realiza un ejercicio prospectivo con un horizonte de mediano plazo, con el objeto principal de orientar la elaboración de una política científica, tecnológica y de innovación al servicio del país. En ese contexto, la Argentina ha recibido la colaboración de la CEPAL, con la publicación del documento "La sostenibilidad ambiental del desarrollo en Argentina: Tres futuros", de Gilberto C. Gallopín (2004), como parte de las actividades asociadas a los inicios del plan estratégico mencionado. Por otra parte, en 2011, con el fin de continuar el fortalecimiento del Sistema Nacional de Ciencia, Tecnología e Innovación (SNCTI) e impulsar el desarrollo de la cultura emprendedora y la innovación, el Ministerio creó el instrumento "Argentina Innovadora 2020: Plan Nacional de Ciencia, Tecnología e Innovación", por el que se establecen los lineamientos de política científica, tecnológica y de innovación del país para los próximos años. Asimismo, el Instituto Nacional de Tecnología Agropecuaria (INTA) elaboró en 2012 unos escenarios nacionales posibles en que consideraba dimensiones del orden económico, social, sociocultural, técnico-productivo, ambiental y territorial y político-institucional, que pueden consultarse en su publicación "Prospectiva del desarrollo nacional al 2015: Las fuerzas que impulsan los futuros de la Argentina" (Patrouilleau, 2012).

En el caso de México, recientemente se realizó un estudio sobre los futuros del Sistema Nacional de Ciencia y Tecnología. Algunas regiones están haciendo estudios prospectivos, como es el caso del estado de Jalisco y las ciudades de Monterrey y Guanajuato, que promueven la creación de nuevas oportunidades[47]. En Chile se lleva a cabo un importante proceso de prospectiva territorial liderado por Mideplan, con estudios sobre distintas regiones, como las de Magallanes y Aysén. Se destaca además el Programa de Prospectiva Tecnológica, en cuyo marco se realizaron ocho estudios sobre cadenas productivas, bajo la conducción del Ministerio de Economía. Por último, son de interés los ejemplos de construcción institucional en Costa Rica, el Perú y la República Dominicana.

En la República Dominicana en los últimos años se ha realizado un importante esfuerzo legal y constitucional por dotar al país de un hilo conductor para la acción pública a largo plazo. Se ha procurado elaborar una visión de futuro y un proyecto político consensuado alrededor de un grupo de prioridades de mediano y largo plazo.

En el Perú, el Centro Nacional de Planeamiento Estratégico (CEPLAN) se ha venido consolidando como un organismo de la presidencia del Consejo de Ministros. El CEPLAN ha emprendido acciones para que los gobiernos regionales contribuyan a alcanzar las metas nacionales

---

[47]   México cuenta con numerosos proyectos, entre los que figuran "Jalisco a Futuro", "Una prospectiva del sector alimentario mexicano y sus implicaciones para la ciencia y la tecnología"; "Alternativas energéticas", "Información y telecomunicaciones" y "México 2030", dirigidos por Antonio Alonso en compañía de otros importantes académicos y consultores (Ramírez, 2003).

contenidas en el Plan Bicentenario: El Perú hacia el 2021. Asimismo, ha identificado conglomerados productivos regionales y promueve una serie de actividades en materia de capacitación y atracción de inversión extranjera. Por su parte, en Costa Rica, se creó en 2010 una unidad de prospectiva en el seno del Ministerio de Planificación Nacional y Política Económica. Su primer proyecto ha sido una visión de futuro hasta 2021.

En ese contexto, en la última década se considera cada vez más importante el pensamiento estratégico y de largo plazo. En lugar de disminuir el interés por la prospectiva en un entorno internacional volátil, surgen nuevas aplicaciones, conceptos y metodologías. En América Latina este interés viene de la mano de la búsqueda de alternativas al modelo de desarrollo, lo que requiere una participación activa del Estado en la planificación del desarrollo de los países. Se trata de recuperar el papel que debe desempeñar el Estado en la orientación de las naciones y no dejar las decisiones estratégicas al azar, la inercia, la improvisación o los mercados carentes de responsabilidad social, pues en muchos lugares esto ha producido consecuencias indeseadas sobre el desarrollo humano y la sostenibilidad (Medina, 2011a).

2. La prospectiva orientada al desarrollo sostenible y el medio ambiente

Otros grandes esfuerzos de prospectiva a nivel internacional están relacionados con el desarrollo sostenible y el medio ambiente.

En el marco del Programa de las Naciones Unidas para el Medio Ambiente (PNUMA) se ha realizado desde 1995 un esfuerzo colectivo denominado Perspectivas del Medio Ambiente Mundial (GEO, por sus siglas en inglés)[48][49]. Se trata de un proceso consultivo y participativo que promueve la capacidad de realizar evaluaciones ambientales integrales con miras a la presentación de informes sobre el estado, tendencias y perspectivas del medio ambiente. GEO es también una serie de productos que sustentan la toma de decisiones ambientales y su objetivo es facilitar la interacción entre la ciencia y la política.

Utilizando la metodología de evaluación ambiental integrada (AAI), el PNUMA ha elaborado hasta ahora cinco informes de este tipo (GEO-1 en 1997, GEO-2000 en 1999, GEO-3 en 2002, GEO-4 en 2007 y GEO-5 en 2012),

---

[48] El PNUMA, establecido en 1972, es la voz del medio ambiente dentro del sistema de las Naciones Unidas. Actúa como catalizador, defensor, educador y facilitador para promover el uso racional y el desarrollo sostenible del medio ambiente global. Su labor abarca: i) la evaluación de las condiciones y tendencias ambientales mundiales, regionales y nacionales; ii) el desarrollo de instrumentos ambientales internacionales y nacionales, y iii) el fortalecimiento de las instituciones para la gestión racional del medio ambiente.

[49] Se puede obtener mayor información en el sitio web [en línea]: http://www.unep.org/geo/about.asp.

en los que se ha analizado el estado del medio ambiente y las tendencias a escalas mundial y regional, y se describen además las perspectivas posibles para varios períodos de tiempo y opciones de políticas.

Por su parte, el Grupo Intergubernamental de Expertos sobre el Cambio Climático (IPCC), principal órgano internacional para la evaluación del cambio climático, fue establecido por el Programa de las Naciones Unidas para el Medio Ambiente (PNUMA) y la Organización Meteorológica Mundial (OMM) en 1988 a fin de ofrecer al mundo una visión científica clara del estado actual de los conocimientos sobre el cambio climático y sus posibles impactos ambientales y socioeconómicos.

El IPCC es un organismo científico bajo los auspicios de las Naciones Unidas y su función consiste en revisar y evaluar la información científica, técnica y socioeconómica de más reciente producción en todo el mundo a fin de contribuir a la comprensión del cambio climático. No lleva a cabo ninguna investigación ni controla datos o parámetros relacionados con el clima. En la actualidad, tiene 195 países miembros. Los gobiernos participan en el proceso de revisión y las sesiones plenarias, donde se adoptan las principales decisiones sobre el programa de trabajo del IPCC y se analizan y aprueban los informes.

Una de las principales actividades del IPCC es la preparación de informes completos de evaluación sobre el estado del conocimiento científico, técnico y socioeconómico del cambio climático, sus causas, consecuencias, escenarios y posibles estrategias de respuesta. Desde su creación en 1988, el IPCC ha preparado cuatro informes de evaluación de varios volúmenes y está en proceso de finalizar el quinto[50]. El IPCC también produce informes especiales, en los que se evalúa un tema específico, e informes de metodología, que proporcionan directrices prácticas para la preparación de inventarios de gases de efecto invernadero.

Cabe mencionar igualmente el Programa Mundial de Evaluación de los Recursos Hídricos (WWAP, por sus siglas en inglés) de las Naciones Unidas, auspiciado y dirigido por la Organización de las Naciones Unidas para la Educación, la Ciencia y la Cultura (UNESCO). Su propósito es influir en los líderes gubernamentales, de la sociedad civil y del sector privado para contribuir a que sus políticas y decisiones que afectan a las cuestiones hídricas promuevan el desarrollo socioeconómico sostenible, tanto a escala local como nacional, regional y mundial. Asimismo, el WWAP trata de dotar a los gestores de recursos hídricos con el conocimiento, los instrumentos y las capacidades necesarias para que puedan informar de manera efectiva y participar en la formulación de políticas y la toma

---

[50] Se puede obtener mayor información en el sitio web [en línea]: http://www.ipcc.ch/publications_and_data/publications_and_data_reports.shtml#.UnaVzXDZEmw.

de decisiones, y puedan planificar, desarrollar y gestionar los recursos hídricos para cumplir los objetivos anteriormente citados.

El WWAP, ha coordinado el desarrollo de los informes mundiales sobre el desarrollo de los recursos hídricos (WWDR, por sus siglas en inglés), que son producto de un esfuerzo conjunto de los 26 organismos y entidades de las Naciones Unidas que componen ONU-Agua y que trabajan en colaboración con gobiernos, organizaciones internacionales y no gubernamentales y otras entidades interesadas. Desde 2003, se han realizado cuatro ediciones trianuales[51]. En el marco de este programa se desarrolla el proyecto "Escenarios hidrológicos mundiales en el 2050: explorar los futuros alternativos de los recursos hídricos del planeta y su uso en el 2050", cuyos objetivos son:

- Elaborar una segunda generación de escenarios mundiales para apoyar los vínculos existentes entre la toma de decisiones anticipada a nivel socioeconómico y el sistema mundial del agua, incluida la determinación de los principales riesgos y oportunidades y de futuros alternativos. Además, ofrecer una perspectiva para la creación de escenarios a escala nacional y subnacional[52].

- Proporcionar una articulación interdisciplinaria respecto de la comprensión científica actual del sistema hídrico mundial, incluidas las principales incertidumbres y áreas de coincidencia, utilizando descripciones cualitativas y proyecciones cuantitativas, opiniones de expertos y análisis de la información disponible.

- Apoyar la creación de escenarios a escala nacional y subnacional, con lo que se informará sobre el proceso mundial y se estimulará el intercambio de experiencias, el aprendizaje mutuo y el fomento recíproco de la capacidad entre los grupos interesados.

En la primera fase del proyecto se elaboró el informe "La dinámica de los futuros hidrológicos mundiales: fuerzas motrices 2011-2050" (*The Dynamics of Global Water Futures: Driving Forces 2011-2050*), de William Cosgrove y Catherine Cosgrove (2012), que presenta un resumen de las conclusiones de la primera fase del proceso de escenarios: un análisis de la evolución de los diez principales factores externos (motores de cambio) que tienen consecuencias directas e indirectas en los recursos hídricos.

---

[51]	Se puede obtener mayor información sobre las publicaciones en el sitio web [en línea]: http://www.unesco.org/new/es/natural-sciences/environment/water/wwap/wwdr/.

[52]	Han pasado más de diez años desde que se elaboró el último conjunto de escenarios hidrológicos mundiales bajo los auspicios del Consejo Mundial del Agua, durante la preparación de la Perspectiva Mundial en Materia de Recursos Hídricos (Cosgrove y Rijsberman, 2000). También han aparecido publicaciones relacionadas, como *Building a 2nd Generation of New World Water Scenarios*, un trabajo realizado por Joseph Alcamo y Gilberto Gallopín para el WWAP en 2009.

Asimismo, ofrece un marco de trabajo para tratar las relaciones de causa existentes entre dichos factores y su impacto en el bienestar de las personas, la igualdad y el grado de pobreza. Estas conclusiones muestran distintos posibles futuros y la magnitud de los desafíos a que se enfrenta la humanidad en el contexto de cada motor.

Por otra parte, el informe "Futuros hidrológicos mundiales 2050. Cinco escenarios estilizados" (*Global Water Futures 2050. Five Stylized Scenarios*), de Gilberto Gallopín (2012), proporciona una exploración inicial de una amplia gama de escenarios hidrológicos a escala mundial como contribución a la cuarta edición del Informe mundial sobre el desarrollo de los recursos hídricos (WWDR-4). Se trata de un trabajo original basado en la investigación y en encuestas realizadas a docenas de expertos de sectores relacionados con los recursos hídricos durante el período 2010-2011. En lugar de ofrecer descripciones detalladas, proporciona resúmenes cualitativos sobre posibles futuros como punto de partida para las deliberaciones del Grupo Temático de Escenarios, un grupo de redactores del informe, integrado por expertos en sectores y escenarios, modeladores y responsables de la adopción de decisiones.

Por su parte, son interesantes los logros alcanzados en la Evaluación de los Ecosistemas del Milenio (EM), convocada en el año 2000 por el Secretario General de las Naciones Unidas, Kofi Annan. Iniciada en 2001, la EM tuvo como objetivo evaluar las consecuencias de los cambios en los ecosistemas para el bienestar humano y establecer las bases científicas de las acciones necesarias para mejorar su conservación y uso sostenible, así como su contribución al bienestar humano. La EM ha contado con la participación de más de 1.360 expertos de todo el mundo. Sus conclusiones, contenidas en cinco volúmenes técnicos y seis informes de síntesis, proporcionan una valoración científica de punta sobre la condición y las tendencias en los ecosistemas del mundo y los servicios que proveen (tales como agua, alimentos, productos forestales, control de inundaciones y servicios de los ecosistemas), así como las opciones para restaurar, conservar o mejorar el uso sostenible de los ecosistemas[53].

Son igualmente importantes los escenarios mundiales y regionales elaborados por el *Global Scenario Group*, que fue fundado en 1995 como un organismo independiente, internacional e interdisciplinario para examinar las perspectivas del mundo y las formas de fomentar un futuro más sostenible y equitativo. En ese sentido, ha generado tres publicaciones importantes:

---

[53]   Se puede obtener mayor información sobre las publicaciones en el sitio web [en línea]: http:// www.unep.org/maweb/en/index.aspx.

- *Great Transition: The Promise and Lure of the Times Ahead* (2002). Un libro innovador que presenta una nueva visión para un mundo sostenible. Describe las raíces históricas, la dinámica actual, los peligros futuros y las vías alternativas para el desarrollo mundial. Describe uno de estos caminos, la gran transición, como la ruta preferida, y define estrategias, agentes del cambio y valores para una nueva lista de prioridades mundiales (Raskin y otros, 2002).

- *Bending the Curve: Toward Global Sustainability* (1998). Analiza las perspectivas de sostenibilidad dentro de los confines de los escenarios de mundos convencionales. Presenta las metas y estrategias sociales y ambientales para llegar a ellos. Muestra el gran potencial para el progreso y los retos de enormes proporciones dentro de un paradigma de desarrollo orientado al crecimiento (Raskin y otros, 1998).

- *Branch Points: Global Scenarios and Human Choice* (1997). Desarrolla un marco para la concepción de los futuros globales y representa contrastantes escenarios mundiales de desarrollo, todos compatibles con los patrones y tendencias de la época, pero con consecuencias considerablemente diferentes para la civilización en el siglo XXI (Gallopín y otros, 1997).

F.　Conclusiones

Los estudios del futuro o prospectivos surgen en propiedad durante la década de 1940. Progresivamente se han convertido en una disciplina centrada en la anticipación de alternativas de futuro, la exploración de las transformaciones de la sociedad, la construcción de visiones y proyectos de futuro, y la reducción de la incertidumbre para la toma de decisiones estratégicas. Tienen una rica trayectoria, donde coexisten diversas escuelas de pensamiento, que constituyen una ciencia social en formación, abierta a múltiples influencias en materia de ideas, métodos y formas de organización.

La prospectiva no se puede confundir con la predicción, porque no pretende producir enunciados únicos, exactos ni exentos de controversia. Por el contrario, busca elaborar hipótesis sobre diversos futuros posibles, probables y deseables para un sistema social, sea un país, territorio, sector, institución u organización. La prospectiva se distingue del pronóstico por otros rasgos entre los que conviene citar los cuatro siguientes: i) la realidad es observable dentro de una visión compleja y no lineal; ii) el futuro es múltiple, no es único; iii) el futuro se construye, no se predice, y iv) el aumento de la complejidad global genera una incertidumbre que puede ser explorada (Mojica, 2005).

En esencia, la prospectiva es útil para pensar, debatir y modelar el futuro y vigilar en el presente el surgimiento de hechos portadores de futuro y tendencias que configuren el porvenir. Si bien la prospectiva se distingue por su oferta de métodos y técnicas de análisis, no se reduce a una dimensión praxeológica. Sus fundamentos incluyen una dimensión ética o axiológica, una dimensión epistemológica o de teoría del conocimiento y una dimensión ontológica, ligada a la formación e identidad de las personas que se dedican profesionalmente a esa disciplina. Conviene señalar que existe una importante coevolución de las técnicas e instrumentos con los modelos mentales y la cultura prospectiva. Esto significa que el desarrollo de capacidades en prospectiva implica una larga curva de aprendizaje que trasciende los aspectos instrumentales e incluye los aspectos subjetivos e intersubjetivos. Existe una constante innovación en los conceptos, métodos y opciones de organización, razón por la que es necesario hacer seguimiento y monitoreo constante de la frontera del conocimiento prospectivo.

La práctica de la prospectiva exige equipos inter-, multi- y transdisciplinarios. El amplio y flexible conjunto de instrumentos de la prospectiva exige el conocimiento de métodos cuantitativos y cualitativos, basados en la evidencia, la experticia, la interacción y la creatividad, que se consideran complementarios y no excluyentes. La prospectiva usualmente se lleva a cabo mediante ejercicios o proyectos puntuales. Sin embargo, la puesta en escena sistemática o recurrente de la prospectiva se realiza mediante la ejecución de procesos especializados que procuran la adaptación de los métodos a contextos de actuación específicos.

Los países avanzados en la práctica de la prospectiva establecen organizaciones altamente especializadas, con importantes recursos y capacidades para intervenir en múltiples niveles: corporativo-global, nacional, interterritorial, territorial, sectorial e institucional. La dotación de múltiples organizaciones en un país facilita la construcción de sistemas prospectivos que permiten abordar en forma simultánea múltiples temas y problemas. En todo el mundo existen numerosos casos significativos de aplicación de la prospectiva a la resolución de problemas sociales y la exploración de oportunidades económicas, sociales y ambientales de los países.

Capítulo III

Los cambios en la necesidad de prospectiva en la gestión pública en América Latina, 1950-2030

A. Contexto[1]

Campero (2012a) señala que la idea acerca del tipo de orden económico, político y social que una sociedad pretende alcanzar con el tiempo representa el paradigma orientador de la acción sociopolítica y cultural de los diversos actores con capacidad de incidir en las decisiones colectivas. De hecho, según Pacheco (2012), desde su surgimiento, el Estado moderno ha tenido que ajustarse a los cambios de su contexto. Estos cambios han

---

[1] Medina (1996 y 1999) intentó hacer una primera aproximación personal a una lectura de las transformaciones de la planificación y su incidencia en el auge o declive de la prospectiva. El mejoramiento de la interpretación que sirve de fundamento al presente capítulo se debe a la interacción con el equipo de trabajo del ILPES y la CEPAL y, en especial, a los aportes y observaciones críticas de Luis Mauricio Cuervo, René Hernández y Jorge Máttar. Sobre todo, se beneficia de los trabajos realizados por Bárcena e Iglesias (2011), Cortés, Zovatto, Máttar, Hernández y Arias (2012), Máttar (2011, 2012a y 2012b), Martínez y Ramírez (2009), ILPES (1973) y Costa Filho (1988, 1990). Si bien este apartado representa una perspectiva sobre la planificación muy centrada en la mirada del ILPES, no pretende agotar el tema de la revalorización de la planificación en América Latina, que ya ha sido analizado extensamente por Lira (2006) y Leiva (2010 y 2011). Más bien, siguiendo el concepto de coevolución de las prácticas de planificación (Schwartz y Van der Heijden, 1996), se busca comprender a grandes rasgos cómo han cambiado las necesidades de prospectiva en América Latina en las últimas décadas.

determinado los roles que el Estado ha debido cumplir en el entorno social, y con ello, la configuración de la administración pública.

En América Latina, a lo largo del siglo XX, el concepto de desarrollo económico y social ha sido la orientación conceptual fundamental para construir las opciones de funcionamiento de la economía, el sistema político y las relaciones entre el Estado y la sociedad civil, y ha ofrecido a su vez la posibilidad de configurar diferentes opciones o modelos de desarrollo que han variado de una década a otra (Campero, 2012a). De esta suerte, los modelos de desarrollo han ido variando históricamente, determinando el cambio del rol del Estado, el tipo de planificación y de instituciones de planificación que los interpretan. La secuencia de esta coevolución pone de relieve que, si cambia el modelo de desarrollo, cambia el papel del Estado. Si se modifican estos dos elementos, esto influye en el cambio del valor y las instituciones de planificación y, por ende, el valor que se otorgue a la prospectiva y el pensamiento a largo plazo.

En ese contexto, el valor de la planificación va cambiando en el tiempo, tanto en la teoría como en la práctica. La planificación de hoy no es igual que la de hace cinco o tres décadas, y las oficinas dedicadas a esa actividad han cambiado sustantivamente en los últimos años. De esta manera, es necesario pensar cuál es el nuevo modelo y estilo de desarrollo que regirá en las próximas décadas y, por consiguiente, cuál es el paradigma de planificación que se requiere para afrontar el cambio estructural que se avecina, de modo que ello pueda orientar los requisitos que debe cumplir la prospectiva para responder con eficacia ante esas transformaciones sociales (véase el diagrama III.1).

Diagrama III.1
Coevolución del modelo de desarrollo, el rol del Estado y el paradigma de planificación

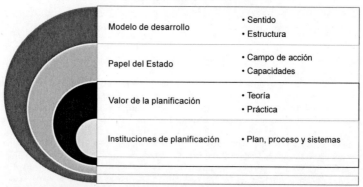

Fuente: J. Medina Vásquez, *La prospectiva y la necesidad de un nuevo paradigma de planificación en América Latina*, documento presentado en el curso "Planificación, gobierno y desarrollo", Cartagena de Indias, Instituto Latinoamericano de Planificación Económica y Social (ILPES)/ Agencia Española de Cooperación para el Desarrollo (AECID), 2012.

En efecto, una mirada panorámica de esa coevolución permite entrever que América Latina se encuentra hoy en día en un punto de inflexión, en el que se espera un cambio estructural basado en una visión integrada del desarrollo, cuya implementación exige un papel más activo de parte del Estado. Todo lo anterior debería contribuir a revalorizar la planificación para el desarrollo y alcanzar mayores niveles de bienestar y competitividad, de modo que el Estado tenga las capacidades necesarias y suficientes para aprender a enfrentar el cambio global.

Al hacer un recorrido a grandes pinceladas y reconstruir una visión panorámica de las relaciones entre planificación y prospectiva en América Latina, a partir de los trabajos de Yero (1991) y Lira (2006), se pueden definir los períodos que se enumeran a continuación.

B.　Primer período: 1950-1980

La primera etapa se inicia bajo la influencia de la fundación de la CEPAL. En ese contexto, la planificación cobró fuerza como el principal instrumento del desarrollo y se formalizó con la Carta de Punta del Este y la Alianza para el Progreso. De este modo, a partir de la segunda mitad del siglo XX, van surgiendo los organismos nacionales de planificación (ONP) en América Latina y el Caribe, en forma de ministerios, oficinas y secretarías de planificación, según la heterogeneidad y variedad de situaciones que presenta cada país. La planificación se articula así con una lógica de intervencionismo económico que busca conducir a la región hacia la senda del crecimiento[2].

Prevalece el enfoque económico y se aplican técnicas de tipo estadístico y econométrico, además de indicadores de carácter agregado y "medidas de bienestar". La concepción dominante se centra en el problema del crecimiento, la industrialización, las necesidades de la población y la estimación de "brechas" (en el comercio exterior, el empleo y el desempleo, los insumos y la producción, entre otras cosas). Se otorga preferencia a las variables cuantificables. Los problemas casi siempre se tratan en forma

---

[2]　Según Leiva (2010 y 2011) dos temas centrales tuvieron gran influencia en las ideas sobre el desarrollo y las decisiones de políticas públicas respecto de la evolución de la planificación en la región durante este período: el papel del Estado y la política industrial. Leiva explica que "siendo la planificación una actividad gubernamental, el rol que se le asigne al Estado en el desarrollo resulta un elemento definitorio del alcance y la forma que adoptará en cada país". De ahí que las ideas prevalecientes entre los gobiernos hayan sufrido cambios drásticos en el medio siglo siguiente. Para Leiva, después de la Segunda Guerra Mundial, una poderosa confluencia de factores configuró en muchos países de América Latina un modelo de Estado interventor y empresarial que pasó a tener un papel central en el sistema económico. Luego, en los años setenta y ochenta, el péndulo de la historia movilizó la crítica al modelo neoliberal, en un movimiento conceptual dialéctico.

fragmentaria. La mayoría de los estudios económicos y sociales se hacen como apoyo a la planificación, por parte de organismos internacionales y oficinas de gobierno.

La segunda etapa se sitúa a finales de los años sesenta hasta llegar a los años setenta y es fuertemente dominada por el "pensamiento estructuralista". La sociología se constituye en la disciplina motriz. La temática gira alrededor de la interpretación de las condiciones de dependencia en que se ha desenvuelto el subdesarrollo en América Latina. El análisis privilegia el estudio histórico y el ámbito político, y se centra en los problemas de dominación, poder e ideología. En este caso disminuye un tanto el interés por la planificación normativa y el pensamiento a largo plazo, pero se obtienen valiosos estudios académicos sobre los estilos de desarrollo, los procesos de comunicación, la cultura, la ciencia, la tecnología y los aspectos relativos a la educación, la salud y la vivienda. Se destaca la propuesta del Modelo de Bariloche, de carácter exploratorio y normativo, con un énfasis crítico acerca de las conclusiones del trabajo del Club de Roma sobre los límites del crecimiento.

En estas décadas surge una fuerte crítica a la teoría y la práctica de la planificación. Se critican algunos aspectos centrales en su concepción, tales como: i) el reduccionismo economicista que subordina las variables políticas y sociales a las variables económicas; ii) el excesivo formalismo, que hace de la planificación un ejercicio que se debe desarrollar por etapas definidas y aisladas, de carácter universal, igual para todo contexto y separado de otras instancias diferentes a las de la planificación misma, y iii) la real autonomía y margen de maniobra del planificador, que fluctúa, por una parte, entre un voluntarismo utópico que espera la transformación social basada en los enunciados del "Plan-Libro" y, por otra, la supuesta neutralidad del experto, que no reconoce su propia ideología y termina siendo un agente reproductor de las ideologías dominantes en el ejercicio de la planificación.

C.   Segundo período: 1980-1999

En este período continúa el debate de finales de la década precedente, pero se caracteriza por una aguda confrontación ideológica, política e institucional, que trae consigo una importante transición, de un enfoque normativo a un enfoque estratégico de la planificación.

Costa Filho (1988 y 1990) señala que en los años ochenta la corriente principal de pensamiento económico comienza a ver con malos ojos el vínculo entre planificación y futuro, en forma creciente y en varios sentidos. Desde la perspectiva institucional, la perentoriedad de la crisis de la deuda no permite pensar sino en salidas de corto plazo para reflotar la economía. Desde el punto de vista doctrinario, el proyecto neoliberal no ve la planificación con buenos ojos; desde el prisma epistemológico se observan carencias teóricas y metodológicas debido al crecimiento de la incertidumbre y la constatación de las limitaciones de los enfoques basados en la extrapolación de tendencias y, en sentido pragmático, se señalan problemas reales debido a que las instituciones existentes son superadas en su capacidad de respuesta ante las transformaciones del entorno mundial y macroeconómico.

Por último, el nuevo contexto mundial a partir de finales de los años ochenta y principios de los noventa presiona por un nuevo replanteamiento del concepto de planificación, ante la crisis del socialismo marcada por la caída del muro de Berlín y el desmembramiento de la Unión Soviética, así como los cambios globales que estos fenómenos trajeron consigo en todos los ámbitos (ILPES, 1973). Según Costa Filho (1990), en esa coyuntura mundial surge la necesidad de articular institucionalmente una labor prospectiva que sea "correcta", al estar fundamentada en alguna interpretación solvente del momento contemporáneo, y que sea "libre", al poder realizar un ajuste institucional apropiado.

No obstante, la aguda y profunda confrontación ideológica incluso lleva a algunos autores a pensar en una "crisis de planificación", lo que plantea ulteriormente la necesidad de un cambio de paradigmas sobre la materia, como se debatió a lo largo de la década de 1990. De acuerdo con Martínez (2009), esta controversia se alimenta por cuatro grandes estereotipos que actúan como sesgos en contra de la planificación:

- la economía de mercado es lo opuesto a la planificación del Estado;
- la planificación es igual a economía centralizada;
- en la economía de mercado no se planifica a largo plazo, y
- la planificación a largo plazo es igual a la predicción del futuro.

Según Lira (2006) y Hernández (2012a), por una parte, los críticos aducen como prueba en contra de la planificación la falta de resultados de las economías centralmente planificadas de Europa oriental y América Latina. Los más radicales incluso abogan por su eliminación. No obstante, por otra parte, los partidarios de la planificación argumentan que abolirla y reemplazarla por el mercado es una decisión aun más errónea. Añaden que, en lugar de desmantelar los sistemas de planificación, sería mejor tratar de redimensionar la planificación del desarrollo y el papel del Estado[3]. Los defensores de la planificación subrayan también que, si bien el mercado puede ser un indicador insustituible de oportunidades a corto plazo, no es una forma eficiente de asignar los recursos a largo plazo, por lo que se necesita cierto nivel de intervención del Estado. Según esta perspectiva, la sociedad de mercado, que en sus versiones más radicales promueve la eliminación de la planificación, es insuficiente para lograr niveles crecientes de competitividad internacional y consolidar las condiciones de la libre empresa, al mismo tiempo que se buscan soluciones a los problemas del desarrollo y se intenta mantener la equidad.

Recuadro III.1
La ideología y la revalorización del pensamiento a largo plazo

---

Un vistazo a una serie de experiencias significativas en el ámbito mundial es importante para revelar y aclarar algunos malentendidos que ha habido en América Latina.

Un gran estereotipo es que en una economía de mercado no hay necesidad de hacer planificación. Esta idea parte básicamente de una ecuación respaldada por el sentido común: socialismo = planificación; capitalismo = economía de mercado. Después de la guerra fría se creyó que la victoria de la economía de mercado entrañaba la abolición de la planificación y el retiro total del Estado de esa actividad. Debido a esta creencia se procedió al desmantelamiento progresivo de muchas instituciones de planificación. De hecho, en casi toda América Latina la mayoría de las funciones de previsión de los ministerios u oficinas pasaron a los ministerios de economía o de finanzas o a la secretaría de la Presidencia, o se consideraron innecesarias y fueron suprimidas. Sin embargo, al mismo tiempo que esto ocurría en América Latina en los años ochenta y noventa, los principales países industrializados procedieron en sentido contrario, es decir, valoraron el pensamiento a largo plazo, la prospectiva y la investigación acerca del futuro, principalmente a través de la exploración de los sectores tecnológicos más idóneos para cada país, con miras a la reconversión de su estructura productiva y la promoción de nuevos sectores económicos.

La experiencia de China fue elocuente por la sabiduría y pragmatismo que mostró ese país para pensar con profundidad y autonomía. Wang Chunzheng (2000), Vicepresidente de la Comisión Estatal de Desarrollo y Planificación de China, afirma que, cuando el país rompió el estereotipo reinante, alcanzó el momento más dinámico de su proceso de crecimiento y desarrollo. Según Wang Chunzheng:

---

[3] Guimarães (2001) recuerda que en la época (y todavía) "se le da un tratamiento maníaco-depresivo al Estado en América Latina y el Caribe (véase Costa Filho, 1988). En la fase maníaca, los actores sociales lo bendicen y le piden que asuma préstamos a tasas de interés real negativas, otorgue favores fiscales, haga obras de infraestructura, entre otras cosas. En la fase depresiva, lo denigran y lo minimizan, acusándole de representar el interés exclusivo de las clases dominantes, o bien le exigen el recorte de su aparato burocrático y del gasto público. El resultado final ha sido, en la sucesión frenética de ambas fases, producir una suerte de infarto en el Estado: la primera, durante una diástole de funciones; luego, con una sístole de recursos".

Recuadro III.1 (continuación)

- La reforma del sistema económico de China consiguió notables éxitos en los años ochenta; pero, debido a la profunda influencia de la mentalidad tradicional, a algunas personas aún les costaba salir del tradicional modelo de pensar, puesto que seguían viendo la planificación como producto especial del socialismo, y la economía de mercado como sinónimo de capitalismo. Ello afectó la profundización de la reforma.

- En la primavera de 1992, después de sintetizar la experiencia histórica del desarrollo del interior y exterior de China, Deng Xiaoping indicó aun más claramente que un poco más de planificación o de mercado no representa la diferencia esencial entre el socialismo y el capitalismo; la planificación no es sinónimo de socialismo, porque en el capitalismo también hay planificación. La economía de mercado tampoco es equivalente al capitalismo, porque en el socialismo también hay mercado. La planificación y el mercado son métodos de la economía y ambos se pueden utilizar simultáneamente.

- La sabia determinación de Deng Xiaoping rompió con la mentalidad antigua y la percepción de la relación entre planificación y mercado y permitió que la sociedad diera un nuevo salto. En el XIV Congreso Nacional del Comité Central del Partido Comunista de China (PCCh) se planteó la reforma como la construcción de un sistema de economía de mercado socialista, partiendo de la combinación y adaptación de la teoría y la práctica en esa materia. Desde entonces, la reforma del sistema económico de China entró en una nueva etapa[a].

Otro estereotipo incorrecto ha sido creer que en la propia economía de mercado no hay pensamiento ni planificación a largo plazo. No se puede olvidar que las principales metodologías de los estudios del futuro han sido desarrolladas y puestas en marcha por las propias organizaciones multinacionales, que invierten cuantiosas sumas y emplean un gran número de personas en procesos de investigación y desarrollo, evaluación tecnológica, análisis de entorno, análisis de riesgo de cada país, evaluaciones de impacto ambiental, entre otros. Para tener éxito en los mercados actuales, las multinacionales requieren afrontar el cambio tecnológico. En consecuencia, se encuentran preparadas para asumir los procesos de innovación, reorganización de procesos y diseño de estrategias competitivas, que difícilmente pueden emprenderse sin un mínimo de instrumentos de prospectiva y pensamiento estratégico. Por su parte, los territorios o regiones que desean participar en la dinámica competencia internacional, también se han visto en la necesidad de gestar procesos colectivos de reflexión acerca del futuro basados en instrumentos cada vez más complejos y sofisticados.

Un tercer estereotipo y malentendido frecuente es la confusión entre planificación y pensamiento a largo plazo. Hoy en día, cuando se dialoga con encargados de la adopción de decisiones y gerentes al respecto, es casi inevitable encontrar un gesto de perplejidad y escepticismo, debido a que las antiguas concepciones de planificación a largo plazo (de los años cincuenta y sesenta) tendían a la extrapolación de tendencias y en cierta forma aspiraban al "control y la colonización del futuro". En aquellos años se creía que mediante "el plan" se podía calcular y controlar efectivamente el futuro previsible. Dicho en términos coloquiales, se programaba desde la A hasta la Z y se privilegiaban los factores cuantitativos para evaluar el

Recuadro III.1 (continuación)

riesgo, partiendo de la idea determinista de que el devenir de la sociedad sería acorde al plan trazado. No obstante, a partir de la segunda mitad de los años setenta, el auge de la competitividad internacional y el aumento de la calidad y cantidad de cambios sociales han hecho que se multiplique la turbulencia y la volatilidad del entorno. De este modo, planear o programar una acción gubernamental desde el principio hasta el final se ha convertido en un ejercicio cada vez más difícil porque en ese proceso el cambio tecnológico, político, social, económico, cultural, jurídico o ambiental puede afectar o invalidar los supuestos en que se fundamentan los planes. Sin embargo, curiosamente ocurrió que, al llevar este escepticismo a su máxima expresión, "se botó el niño con el agua de la bañera". El hecho de que sea cada vez más arduo planear a largo plazo no significa que sea inútil o innecesario pensar en esos términos. Con esta actitud se produjo una cierta desvalorización del futuro a cambio de una hipervaloración del presente y, en algunos medios, incluso una desvalorización del pasado. Esto se debió a que las rupturas y discontinuidades introducidas en las últimas décadas relativizaron la experiencia pasada como referente primordial para orientar la toma de decisiones (Laidi, 2000). Para algunas personas, si el pasado no sirve como punto de referencia para visualizar el futuro, pierde todo su valor. La aceleración contemporánea entrañó un ritmo cada vez más intenso de la vida social, pero también un enfoque excesivo en el presente como faro y motor de la sociedad. Como resultado, los intervalos políticos y económicos se han acortado. Esto significa que cada vez es más breve el lapso exigido para que un gobernante presente resultados ante sus electores, o para que un gerente produzca utilidades ante los accionistas.

No obstante, si bien en la posmodernidad ha primado la valoración a ultranza del presente y el futuro inmediato, hoy en día muchos asuntos han hecho necesario que las organizaciones nacionales e internacionales comiencen a pensar a largo plazo de una manera distinta a como se hacía en los años noventa y el cambio de siglo. Por ejemplo, el deterioro ambiental y el riesgo tecnológico han puesto en juego la sobrevivencia misma de la población. Un caso concreto y emblemático de los años ochenta fue la crisis agropecuaria causada por el fenómeno de las "vacas locas" en el Reino Unido y otras partes de Europa, debido a los efectos inesperados de la biotecnología. Esta crisis puso de relieve que una nueva tecnología que se creía bajo el control humano podía generar altísimos costos e impactos nocivos para la sociedad, tales como el sacrificio de cientos de miles de animales y cuantiosas pérdidas para los agricultores y la industria agropecuaria, que se transfirieron a los consumidores o a los gobiernos. Otro ejemplo interesante de principios del siglo XXI estuvo relacionado con el sector energético de California, el segundo estado en importancia de los Estados Unidos, una región rica e inmensa, que experimentó grandes apagones debido a problemas entre el estado y los proveedores. Esta situación trajo inmensas pérdidas a la industria e hizo que los contribuyentes tuvieran que desembolsar cuantiosos recursos.

Las posibles consecuencias indeseadas de la manipulación genética y el alto riesgo de la energía nuclear, el empobrecimiento de numerosos segmentos de la población de los países en desarrollo y en los propios países industrializados, los problemas ambientales ocasionados por los derrames de petróleo y el calentamiento global, los efectos nocivos de la corrupción y los procesos de privatización, entre otras cosas, han suscitado una aguda reflexión

Recuadro III.1 (conclusión)

en los países industrializados acerca de la inconveniencia del cortoplacismo como criterio rector para adoptar decisiones que afectan a los consumidores y ciudadanos. Esta reflexión ha cobrado mayor importancia desde 2011, cuando grupos de "ciudadanos indignados" adoptaron públicamente posturas críticas al respecto en Europa, los Estados Unidos y el resto del mundo.

Si la consigna de los años noventa parecía ser "como no se puede planificar, ni siquiera pensemos a largo plazo", ahora existe la plena conciencia de que estamos entrando en una sociedad del riesgo, en la que el mercado o el Estado no siempre disponen de los instrumentos necesarios para corregir los problemas que van surgiendo o, cuando los tienen, es demasiado tarde, debido a los efectos irreversibles de esos problemas sobre la población o el medio ambiente, o al elevado costo que suponen para la sociedad (Giddens, 2000; Petrella, 1997).

En ese contexto, la opinión pública ha cobrado conciencia de que los mercados y los políticos no son infalibles ni son los únicos actores capaces de tomar decisiones, y que los excesos de la visión cortoplacista reinante han provocado problemas muy graves e inesperados. Las consecuencias de estos fenómenos, que no responden al control de las empresas, de los encargados de la adopción de decisiones, ni de la población, han hecho necesario que la sociedad vuelva a recuperar la dimensión del pensamiento a largo plazo y considerarlo consustancial e inherente a la democracia y a la vida social en el presente contexto histórico. Mientras más avancen los procesos de mundialización, y más complejos e interrelacionados sean los cambios sociales, mayor será el riesgo y más necesarios los estudios del futuro y el pensamiento a largo plazo.

Fuente: E. Wiesner, L. Garnier y J. Medina, "Función de pensamiento de largo plazo: Acción y redimensionamiento institucional del ILPES", *Cuadernos del ILPES*, N° 46 (LC/IP/G.126-P), Santiago de Chile, Comisión Económica para América Latina y el Caribe (CEPAL), 2000. Publicación de las Naciones Unidas, N° de venta: S.00.III.F.2; A. Giddens, *Il mondo che cambia. Come la globalizzazione ridisegna la nostra vita*, Bolonia, Il Mulino, 2000; y R. Petrella, *El bien común*, Madrid, Editorial Debates, 1997.
[a] Véase la exposición de Wang Chunzheng, "Tratar bien la relación entre planificación y mercado, profundizando sin cesar la reforma del sistema de planificación", Seminario de Alto Nivel sobre Funciones Básicas de la Planificación, La Habana, 16 y 17 de noviembre de 2000.

Ahora bien, en medio de esta controversia ideológica surgen posiciones más flexibles y menos dogmáticas que propugnan la necesidad de revalorizar la planificación como un instrumento que permita racionalizar la acción del Estado y encauzar la fuerza del mercado, pero bajo nuevas ópticas y formas de relación entre los actores del desarrollo. En este contexto, diría Costa Filho (1990), las relaciones entre planificación y futuro deben volverse más robustas, pero siempre que no restrinjan innecesariamente la libertad de iniciativa ni exploren el futuro desde una óptica teórica o metodológica inadecuada[4].

---

[4] Conviene señalar en particular que, en medio de los ciclos económicos con crecimiento estable, se privilegia el uso de las proyecciones y los pronósticos, pero estos resultan muy limitados para analizar las crisis, las rupturas y las condiciones inestables del entorno, que requieren el uso de la prospectiva.

Cuadro III.1
Argumentos acerca de la crisis de la planificación
y su rol en las economías modernas

Argumentos en contra de la planificación	Argumentos a favor de la planificación
La idea de la planificación es obsoleta como medio utilizado por el Estado para orientar el proceso económico global: "El mercado se nos presenta hoy en día como un mecanismo característico y básico de la vida económica moderna y no simplemente como una institución capitalista. Las condiciones actuales y futuras del desarrollo productivo, del avance científico y tecnológico, la revolución en las comunicaciones y en los patrones de consumo, entre otras cosas, ponen de relieve la necesidad absoluta de un mecanismo descentralizado de coordinación de las decisiones y acciones individuales e institucionales en el proceso de asignación de recursos escasos, pues este tipo de mecanismos han mostrado ventajas insuperables en cuanto a la capacidad de generar riqueza.	Pese a todo lo anterior, son innegables las imperfecciones del mercado, especialmente en cuanto a los aspectos distributivos, ambientales y otros, donde el mercado no logra dimensionar adecuadamente los costos y beneficios sociales.
La práctica de la planificación, además de exhibir rendimientos extremadamente magros en el ámbito económico, ha sido un eficaz mecanismo de dominación autoritaria sobre la sociedad en manos de los detentores del poder del Estado en los socialismos reales. La práctica de los socialismos reales pone de relieve que la propiedad estatal de los medios de producción no es necesariamente una forma superior ni eficiente de control y gestión del proceso económico.	Las diferencias entre los sistemas sociales de los diferentes países no se pueden reducir a la contraposición entre propiedad privada y propiedad social o entre mercado y planificación. En estas condiciones, las diferencias serán cada vez más perceptibles en la gradación de esos elementos en las estructuras sociales, en esquemas que mezclan Estado y mercado, y en la importancia de ciertas temáticas, como la promoción de la justicia social, la preservación del medio ambiente, la promoción de la participación, la descentralización y el poder local.

Fuente: Elaboración propia, sobre la base de L. Lira, "Revalorización de la planificación del desarrollo", serie *Gestión Pública*, N° 59 (LC/L.2568-P), Santiago de Chile, Comisión Económica para América Latina y el Caribe (CEPAL), 2006. Publicación de las Naciones Unidas, N° de venta: S.06.II.G.97.

Así pues, la crítica desde dentro y fuera del Estado conduce al replanteamiento de los conceptos de desarrollo y planificación. Desde el punto de vista teórico y metodológico se verifica una ausencia de visiones compartidas de futuro, de un "modelo ideal de sociedad desarrollada", y se registra un alto nivel de dispersión temática y metodológica. Se reconoce el carácter multidisciplinario y multinacional del desarrollo. También se acepta la planificación como un "proceso social", con actores, poder y toda una compleja trama de relaciones políticas no neutrales. Se busca cerrar la brecha entre la teoría y la práctica y se amplía el espectro de organizaciones que promueven el pensamiento a largo plazo, siendo auspiciadas por organismos internacionales, gobiernos, grupos empresariales, fundaciones y grupos académicos, aunque no se obtiene un alto impacto en los medios de comunicación ni en la acción gubernamental. Se abren otros campos de acción gubernamental, como el diseño de políticas y la gestión de sus diferentes niveles. En general, se constata que la tradicional planificación normativa resulta incapaz de responder eficazmente ante los nuevos desafíos inherentes al nuevo escenario contextual, estratégico y político de los años noventa (Boisier, 1995), caracterizado por las tendencias hacia la globalización, descentralización, apertura de mercados, formación de bloques económicos, competitividad internacional de regiones y transformación del Estado, entre otras cosas. Por otra parte, se requiere una orientación más global y cualitativa, centrada en la concepción de futuros alternativos y la elaboración de propuestas de acción viables, así como una tendencia a producir estudios con dosis más altas de participación social.

Asimismo, se promueve un replanteamiento de la planificación que genera la necesidad de impulsar una dinámica de desarrollo endógeno de los países y territorios. En especial, algunos autores comienzan a exigir una posición más activa de los gobiernos frente a los cambios del entorno y una orientación estratégica de las respuestas institucionales y la acción colectiva (Boisier, 1995). De este modo, se sugiere que los gobiernos nacionales mantengan un marco macroeconómico e institucional adecuado y establezcan instrumentos de promoción y fomento para que las comunidades regionales asuman un papel protagónico y una responsabilidad creciente en la gestión de su propio destino económico, social y cultural (MIDEPLAN, 1994)[5].

Como transformación fundamental, los analistas propugnan una gestión estratégica del Estado, caracterizada, según Lira (2006), por tres grandes rasgos: i) una mayor presencia del Estado en la adopción de decisiones estratégicas; ii) una gestión que privilegie la acción e incorpore la coordinación de los diferentes agentes económicos, sociales y políticos frente a las decisiones del gobierno, y iii) un énfasis estratégico, capaz de lograr objetivos coherentes a largo, mediano y corto plazo, con los menores costos posibles. Todo lo anterior debería llevarse adelante en el marco de un proyecto nacional, basado en un consenso mayoritario, que adopte un marco orientador de largo plazo, en forma flexible, adaptable e indicativa y en cuya elaboración participen múltiples actores[6].

---

[5] Por estas razones, en América Latina comienza a registrarse un interés por desencadenar procesos de planificación en regiones del Brasil, Chile, Colombia, y México, entre otros países. Por otra parte, instituciones como el ILPES (Díaz, 1994), el PNUD y el Ministerio de Planificación y Cooperación de Chile (1994), publican textos pensando en poner al alcance de los gobiernos regionales diversos métodos y técnicas de planificación (planificación normativa, situacional, estratégica; prospectiva; evaluación de impacto de las políticas macroeconómicas en el desarrollo regional; diseño de estrategias regionales según el esquema de la Misión ILPES/CEPAL/PNUD en la región Bío-Bío, entre otras cosas).

[6] El ILPES (1993) señala que una gestión estratégica del Estado implica un rol activo, capaz de conducir, optimizar y replantear prioridades, funciones y responsabilidades basadas en finalidades. Estas últimas no provienen ya de la concepción técnica particular de los funcionarios, sino de la elaboración de un proyecto político consensual y participativo.

Según Lira (2006), la modernización y reforma del Estado es crucial en regímenes democráticos, pues sus funciones básicas son, en primer lugar, la provisión clásica de bienes públicos puros (justicia, seguridad ciudadana y relaciones externas), la administración de los grandes desequilibrios (macroeconómicos, sociales y ambientales) y la acumulación de capital social, físico y humano. En segundo lugar, la armonización, mediante la regulación gubernamental, de diferentes intereses particulares frente a los de la comunidad. En tercer lugar, la gestión estratégica, es decir, el papel anticipador, de diseño y catalizador del Estado para dinamizar el desarrollo nacional.

En dicha recontextualización de la planificación, según Lira (2006), se busca hacer frente a las reiteradas críticas sobre su excesiva centralización, burocratización, carácter elitista y no participativo. Se trata de dar un nuevo lugar al Estado, al mercado y a la sociedad civil por la vía política, propia de la democracia representativa, participativa o directa. Teniendo en cuenta todo lo anterior, Lira (2006) afirma que se busca renovar la concepción de la planificación, orientándola hacia una concepción de gestión estratégica del Estado, la cual presupone un cambio paradigmático en la planificación que puede expresarse como un proceso dialéctico de tránsito de un marco de referencia a otro. Esa transición se describe en el cuadro III.2.

El ajuste institucional concomitante de renovación de la planificación significa adoptar nuevos fundamentos conceptuales, nuevos roles políticos y administrativos, y enriquecer los procesos técnicos y humanos conexos. En términos prácticos, se plantea la necesidad de que las oficinas de planificación asuman las nuevas funciones y capacidades, descritas por el ILPES (1993):

- El rol político implica una gran cercanía a la toma de decisiones para poder influir en los procesos críticos y en el debate político. A su vez, esto plantea la obligación de mejorar el poder de convocatoria y negociación mediante la interacción con los actores sociales y la puesta en marcha de mecanismos para escuchar y ser escuchados.

- El rol administrativo privilegia los aspectos que contribuyen a una mayor flexibilidad y dinamismo, adaptabilidad, integración a la acción, seguimiento, coordinación y control de decisiones y resultados.

- Los procesos humanos y técnicos se basan en la integralidad, exigen un pensamiento sistémico y un tratamiento multisectorial e interdisciplinario. Exigen capacidad de anticipación y elaboración de una visión global que organice con coherencia los asuntos de corto, mediano y largo plazo. Requieren además que las alternativas y contingencias se analicen con precisión y sentido de la oportunidad.

Cuadro III.2
Rol estratégico del Estado: nuevos perfiles

	De Planificación normativa	Hacia Gestión estratégica
Intervención	Estatal	Mixto
	Fuerte intervención del Estado en la mayor parte de los aspectos del desarrollo. El Estado es el principal proveedor de bienes y servicios; en algunos casos la propiedad de los medios de producción es estatal, la mayor parte de las empresas productoras de bienes estratégicos son de propiedad del Estado.	Se privilegia la negociación en lugar del conflicto, la inclusión en lugar de la exclusión de actores estratégicos, la concertación de intereses en lugar de la imposición, el mediano y largo plazo en lugar del inmediatismo. Alianzas e instancias de diálogo público-privadas (consejos de desarrollo económico y social, acuerdos nacionales de competitividad, foros tripartitos).
Adopción de decisiones	Centralizado	Participativo y descentralizado
	Las políticas públicas se diseñan desde arriba hacia abajo por una gran autoridad. Planes de desarrollo exhaustivos impuestos por una autoridad central. Economía centralizada donde la asignación de recursos se realiza al margen de las fuerzas del mercado.	Autonomía regulada de los gobiernos subnacionales y locales. Las organizaciones ciudadanas participan en los procesos de planificación (instancias locales, concertación de objetivos estratégicos, presupuesto participativo).
Enfoque	Indicativo	Regulador
	Los resultados económicos dominan sobre los demás aspectos sociales (el crecimiento del PIB es lo principal). El gasto público se orienta a fortalecer sectores estratégicos y define e incentiva la inversión privada. Planes decenales de educación y salud, presupuestos quinquenales, planes de desarrollo agropecuarios.	El Estado establece las reglas de juego para garantizar la entrega de servicios con efectividad y calidad (en su función como corrector de las asimetrías de información, los sistemas de concesiones, los derechos de propiedad y la justicia). Las políticas públicas tienen mecanismos de aplicación. Deber y responsabilidad social de los agentes privados.
Papel económico	Productos y oferta	Procesos y demandas
	El Estado es el principal productor de bienes y servicios. El énfasis es en la mayor producción, la cobertura en educación y salud, los planes masivos de vivienda. El criterio más importante es la eficiencia: más productos a menores costos. Las políticas públicas son ejercicios tecnocráticos y de oferta pública.	Importa la cobertura, pero también la calidad. Se enfatiza la importancia de los procesos para proveer los servicios (por ejemplo, acceso, equidad, inclusión, género). Programas que dan respuestas a problemas sociales y provienen de espacios de concertación y de los ciudadanos. Importa el valor público que se construye y no solo la eficiencia.
Metodologías	Normativo	Estratégico
	"Plan-Libro" como documento inflexible. Enfoque prescriptivo y determinista. Políticas para el período de gobierno. Presupuestos incrementales basados en el crecimiento histórico.	Prospectiva, visiones de largo plazo, elaboración de escenarios en ambientes de incertidumbre. Procesamiento de problemas complejos cuasiestructurados, con enfoque situacional. Políticas de largo plazo en la actividad económica. Orientaciones estratégicas en lugar de determinaciones específicas.

Fuente: Elaboración propia, sobre la base de J. C. Ramírez y L. M. Martínez, "La institucionalidad de la planificación en América Latina", documento interno, Santiago de Chile, Instituto Latinoamericano y del Caribe de Planificación Económica y Social (ILPES), 2009; J. C. Ramírez, "La planificación en América Latina. Institucionalidad y perspectivas", documento interno, Santiago de Chile, Instituto Latinoamericano y del Caribe de Planificación Económica y Social (ILPES), 2008; y L. Martínez, "La planificación. Concepto, evolución y funciones", Santiago de Chile, Comisión Económica para América Latina y el Caribe (CEPAL), 2009.

No obstante la propuesta teórica anterior, el tránsito hacia una gestión estratégica en América Latina y el Caribe en los años noventa resultó incompleto y no se reflejó íntegramente en la realidad, ni en el fondo ni en la forma, y tampoco con el ritmo ni el contenido deseado por sus promotores. Hay una diferencia importante entre lo que debería ser y la evidencia. Lo que predomina en gran parte de la región es la ideología neoliberal, que otorga a los mercados la función de coordinación y asignación de los recursos, con lo que se limita el pensamiento estratégico del Estado y se restringe el horizonte temporal de planificación al mediano plazo (un período de gobierno), para que aquellos funcionen libremente. De este modo, durante el auge de los principios neoliberales, los países grandes, medianos y complejos, excepto el Brasil y Colombia, privilegiaron el desmonte de las instituciones nacionales de planificación o la disminución de sus funciones. En la gran mayoría de los países, el interés por el pensamiento a largo plazo se concentró en necesidades concretas en sectores como la energía y los servicios públicos, que siempre han requerido horizontes temporales largos para la implementación de megaproyectos específicos.

Sin embargo, paradójicamente, gracias a los propios excesos del cortoplacismo y el posterior desencanto con la ideología neoliberal, así como la influencia de las corporaciones privadas, que estructuran prácticas de planificación estratégica y calidad total, retornó en forma paulatina el interés del Estado por la intervención y la planificación. Según Leiva (2010 y 2011), el pensamiento sobre la planificación del desarrollo se abrió progresivamente a los avances en otros ámbitos y, al final del período, se incorporaron algunas concepciones estratégicas y fórmulas participativas en cada uno de los aspectos del proceso. El concepto de planificación se enriqueció y se distanció de la planificación normativa, indicativa o tradicional.

En ese contexto, al final de la década surgió la propuesta mediadora sobre las funciones básicas de la planificación, concepto acuñado en 1999 por José Antonio Ocampo, que a la sazón era simultáneamente Secretario Ejecutivo de la CEPAL y Director del ILPES. Lira (2006) considera que ese enfoque permitió enfocarse en funciones generales o esenciales, comunes a todos los sistemas de planificación, y evitó concentrarse únicamente en los marcos legales e institucionales de los aparatos nacionales de planificación, dada la diversidad de modelos existentes en América Latina y su distribución a nivel nacional, sectorial, regional y local[7].

Tales funciones, fundamentales en el proceso decisorio público, se describen en el cuadro III.3.

---

[7]   Queda como lección aprendida la necesidad de contar con una concepción ideológica y epistemológica pluralista, que permita concebir marcos teóricos y prácticos de planificación que den respuesta a la heterogeneidad política. Se busca trascender el estereotipo según el cual la izquierda prefiere la planificación y la derecha, el mercado.

Cuadro III.3
Funciones básicas de la planificación

Funciones básicas	Descripción
Prospectiva	Busca ilustrar las perspectivas a mediano y largo plazo para el conjunto de los ciudadanos, aclarar las alternativas de decisión de las autoridades públicas y explorar nuevas estrategias económicas y sociales.
Coordinación y concertación de políticas públicas	Admite dos dimensiones principales, imprescindibles para orientar con dirección estratégica el desarrollo económico y social y, al mismo tiempo, velar por una asignación eficiente y equitativa de los recursos públicos: i) la interacción del gobierno con las restantes fuerzas políticas, económicas y sociales, de forma que permita la deliberación sobre distintos temas, y ii) la coordinación que debe realizarse dentro del propio gobierno para alcanzar en tiempo y forma los objetivos trazados.
	La concertación busca la creación de consensos y acuerdos supra-partidarios, más allá de los intereses puramente gremiales o de las coaliciones de la oposición. Implica una efectiva alianza con los actores representativos de la sociedad civil.
Evaluación	Es parte sustantiva de un modelo que se orienta a los resultados de la gestión pública. Implica distintas dimensiones de la evaluación: dentro del propio aparato gubernamental, en su relación con el parlamento y, de manera más general, con la ciudadanía. Los diversos mecanismos de seguimiento y evaluación de las acciones públicas constituyen el eje de esta función.

Fuente: Elaboración propia, sobre la base de E. Wiesner, L. Garnier y J. Medina, "Función de pensamiento de largo plazo: Acción y redimensionamiento institucional del ILPES", *Cuadernos del ILPES*, N° 46 (LC/IP/G.126-P), Santiago de Chile, Instituto Latinoamericano y del Caribe de Planificación Económica y Social (ILPES), 2000. Publicación de las Naciones Unidas, N° de venta: S.00.III.F.2; J. Martín, "Funciones básicas de la planificación económica y social", *serie Gestión Pública*, N° 51 (LC/L.2363-P), Santiago de Chile, Comisión Económica para América Latina y el Caribe (CEPAL), 2005. Publicación de las Naciones Unidas, N° de venta: S.05.II.G.102; y E. Ortegón, *Fundamentos de planificación y política pública*, Alcalá, Instituto de Estudios Latinoamericanos, Universidad de Alcalá/Centro Guaman Poma de Ayala, 2011.

D. Tercer período: primera década del siglo XXI

Con el nuevo milenio se profundizaron algunas megatendencias mundiales clave, como la aceleración del cambio tecnológico y la configuración de una sociedad y una economía basadas en el conocimiento. Asia y el Pacífico, en concreto China y la India, se consolidan como potencias económicas; se acentúa el cambio climático y tienen lugar nuevas hibridaciones culturales producto de la mundialización. Por otra parte, al final de la década, hechos como la crisis financiera de 2008 en los Estados Unidos, la crisis del euro y del proyecto europeo y el surgimiento de movimientos democráticos en África septentrional, marcaron un período de gran inestabilidad política y económica y de una mayor incertidumbre respecto del futuro en todo el planeta.

A lo largo de este período se fue configurando un nuevo panorama político en América Latina. Surgieron en la región nuevos gobiernos de izquierda, en gran parte como consecuencia del desencanto con el modelo neoliberal. Los países progresaron en cientos ámbitos, pero en otros persistieron los rezagos frente a los países desarrollados. Producto del proceso de transformación productiva y del auge de la exportación de recursos naturales, se diferenciaron claramente tres dinámicas de crecimiento: la del norte de América Latina, la del Caribe y la de América del Sur (CEPAL, 2008).

En ese contexto de crisis e incertidumbre, América Latina afrontó una caída del PIB en 2009, pero luego recuperó su crecimiento y consiguió sortear la crisis internacional, hasta ahora de manera solvente. Como indica Máttar (2011, 2012a y 2012c):

"La región transita con resiliencia por una crisis que afecta con mayor severidad al mundo desarrollado; actúa sobre la base del aprendizaje de crisis anteriores y explora el futuro con una mirada de más largo alcance, buscando caminos para avanzar con una mayor rapidez y efectividad hacia un desarrollo sostenido e incluyente".

En efecto, en la región se debate sobre la necesidad de generar opciones diferentes al modelo de desarrollo imperante y de reducir las desigualdades. Todo lo anterior marca un renovado interés por la planificación, las políticas para el desarrollo, el papel del Estado y la utilidad de pensar en escenarios futuros. Este nuevo interés surge a partir de varias dinámicas sociales simultáneas y superpuestas, como se describe a continuación:

- La crítica sobre el legado del modelo neoliberal. Según Máttar (2011), si bien el modelo de desarrollo en las últimas dos décadas permitió corregir desequilibrios económicos para recuperar la estabilidad nominal (control de la inflación, equilibrio fiscal, prudencia monetaria), también es cierto que no logró mejorar significativamente los desequilibrios estructurales de la economía real (modesto crecimiento económico, tendencia a la concentración del ingreso y la riqueza, baja transformación productiva, desigualdad social y disparidades territoriales).

- La reflexión latinoamericana promueve un nuevo modelo de desarrollo, socialmente incluyente y sostenible. Una creciente clase media en la región exige el cierre de las brechas del desarrollo y la reducción de la desigualdad en los planes gubernamentales y en las agendas de desarrollo. Las nuevas metas gubernamentales procuran la mejora del bienestar, la reducción de las brechas de ingreso, productivas, de empleo, territoriales y de seguridad, entre otras.

- El cierre de brechas remite a los debates sobre la necesidad de fortalecer las políticas de Estado y la planificación. Se requieren esfuerzos persistentes durante períodos prolongados y una amplia mirada de largo plazo para encaminarse hacia sociedades menos desiguales. En efecto, las políticas sostenibles a favor de la igualdad suelen requerir marcos temporales que rebasan los tradicionales ciclos de corto o mediano plazo de los períodos de gobierno y es común que sus procesos se midan en décadas o generaciones completas[8].

Este renovado interés en los países por las políticas de Estado y su nuevo papel en el desarrollo, necesariamente se acompaña de ejercicios de prospectiva a mediano y largo plazo. Las sociedades tienen una mayor disponibilidad de información, conocimientos y evidencias para elaborar ejercicios y procesos prospectivos. En gran parte del continente surgen múltiples experiencias que avanzan a diferentes velocidades y con naturalezas y objetivos distintos. Los gobiernos se proponen construir visiones a largo plazo y estrategias nacionales de desarrollo. Se reestructuran los sistemas nacionales de planificación y se crean diversos instrumentos legales para consolidar dichas estrategias como políticas de Estado.

Mapa III.1
Países que construyen visiones de futuro de largo plazo

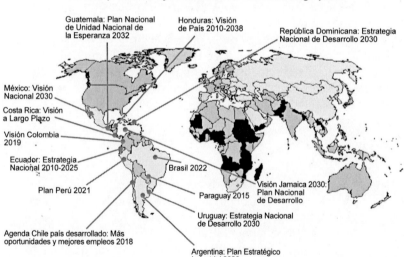

Fuente: Elaboración propia, sobre la base de L.M. Cuervo, "El clima de la igualdad, un ejercicio de pre-prospectiva", presentación ante el Grupo de los Jueves, Santiago de Chile, Comisión Económica para América Latina y el Caribe (CEPAL), 2012; e Instituto Latinoamericano y del Caribe de Planificación Económica y Social (ILPES), "Panorama de la gestión pública en América Latina. En la hora de la igualdad", Santiago de Chile, 2011.

---

[8]   Estos fueron de los temas principales de la Cumbre Iberoamericana de 2010, centrada en la nueva arquitectura institucional para el desarrollo.

De este modo, los países latinoamericanos y del Caribe dedican cada vez más atención a la construcción de visiones de futuro, en que la reducción de la desigualdad es una aspiración generalizada. Las políticas de Estado perciben la planificación como un instrumento fuerte, capaz de articular intereses de diversos actores (Estado, sociedad, gobierno, mundo), de espacios diversos (nacional y local), con políticas públicas (de Estado, planes y programas, nacionales y subnacionales), con visión de largo plazo (sostenibilidad), cuya construcción y ejecución es, a diferencia del pasado, cada vez más participativa, como reflejo del avance democrático de los países de la región[9].

Según Lira (2006), durante el período observado se constata una revalorización de la planificación. Todo apunta al fortalecimiento de la capacidad del Estado para ejecutar un plan estratégico de transformaciones estructurales. Esta revalorización alcanza a todas las instituciones: gobiernos, empresas privadas, fuerzas armadas, universidades, organizaciones no gubernamentales y otras. Cada institución (pública, privada o no gubernamental) utiliza la planificación con arreglo a sus propios fines, enfatizando algunas concepciones teóricas y metodológicas, utilizando algunos instrumentos y descartando otros, lo que se traduce en aplicaciones muy diversas. No obstante, sea cual sea el usuario institucional, la revalorización de la planificación y de las políticas pone de relieve la concepción estratégica tanto del diseño como de la ejecución, el obligado carácter participativo de ambos subprocesos y la necesidad de asegurar la anticipación del futuro, la coordinación de las acciones y la evaluación de resultados.

Al final del período objeto de análisis pueden identificarse varias conclusiones claras. Según Leiva (2011), Máttar (2011, 2012a y 2012c) y Hernández (2012a):

- La evolución de la planificación en la región ha dependido del debate político e ideológico sobre el modelo de desarrollo y el papel correspondiente al Estado. Al ser la planificación una actividad gubernamental, el rol que se le asigna al Estado resulta un elemento determinante del alcance y la forma que adopta la planificación en cada país.

---

[9] En las deliberaciones sobre la "nueva planificación" son muy relevantes las reflexiones y debates sobre las visiones de país. Son de interés particular los seminarios organizados al respecto. En 2005, el ILPES, conjuntamente con el Banco Mundial y el Instituto Internacional para la Democracia y la Asistencia Electoral (IDEA, por su sigla en inglés) organizaron en la sede de la CEPAL un foro de debate de alcance mundial sobre visión de país y estrategia de desarrollo (Banco Mundial/ILPES/IDEA, 2005). El último seminario se organizó en Costa Rica en 2011 y concluyó con la imperativa necesidad de compartir visiones, concertar acuerdos y coordinar las acciones necesarias en diversos planos. Véanse Cortés, Zovatto, Máttar, Hernández y Arias (2012).

- Después de la Segunda Guerra Mundial, en América Latina se gestó un modelo de Estado interventor y empresarial que hizo que la planificación ocupara un papel central en el sistema económico. En las décadas posteriores se registró una alternancia de posiciones sobre el papel del Estado y la política industrial, con auges y caídas en la importancia de la planificación. Al final, este debate tiene una resolución diferente en cada país.

- El despliegue de la planificación se inicia en las tres décadas que siguieron a la Segunda Guerra Mundial; luego se registra su repliegue en las dos últimas décadas del siglo XX y, en años recientes, se revalorizan sus aportes.

- La región muestra progresos en materia de gestión pública en las últimas dos décadas, especialmente en materia de finanzas públicas. Se redujo el déficit público y la carga de la deuda, se mejoraron los sistemas de gestión e inversión pública, la transparencia, la rendición de cuentas y los sistemas de información a la ciudadanía. No obstante, prevalecen retos como la baja carga tributaria y una estructura inadecuada, cuya solución exige un nuevo pacto fiscal.

- El concepto de planificación se ha enriquecido y distanciado de la planificación normativa, indicativa o tradicional. El pensamiento sobre esta actividad, sus procesos, métodos y técnicas, ha experimentado cambios sustanciales en los últimos 60 años. En la actualidad el pensamiento sobre la planificación del desarrollo se ha abierto también a los avances de la planificación en otros ámbitos.

- Las tendencias más recientes se orientan a concepciones estratégicas y fórmulas ampliamente participativas en cada uno de los aspectos del proceso de planificación; tanto en la construcción de visiones de futuro como en los planes para alcanzarlas.

- Los sistemas de planificación enfrentan diversos retos para poner en marcha una planificación renovada, entre ellos: la incorporación de innovaciones conceptuales, el replanteamiento de las funciones básicas de la planificación, la orientación y coordinación de actores en la fase de implementación del plan, el seguimiento, monitoreo y evaluación de las acciones, políticas y programas, el establecimiento de alianzas público-privadas, la construcción de una visión estratégica de largo plazo y el desarrollo de políticas de convergencia regional, en el ámbito nacional y subnacional.

En síntesis, según Máttar (2011, 2012a y 2012c), las estrategias nacionales de desarrollo, la prospectiva y los escenarios de largo plazo, un nuevo pacto fiscal y el desarrollo territorial constituyen esferas fundamentales del quehacer de la gestión pública y responden a la demanda de los países. Al respecto, se subraya la importancia del Estado que, a la luz de las exigencias de sociedades que aspiran a reducir brechas, debe renovarse con una nueva arquitectura institucional, en tanto agente capaz de articular las demandas de los grupos sociales y propiciador de acuerdos sobre visiones del desarrollo.

E. Cuarto período: desde la actualidad hasta 2030

1. La transformación del modelo de desarrollo: hacia una visión integrada del desarrollo y la necesidad de creación de alternativas a la inercia regional

Si bien en la última década un grupo importante de países de América Latina y el Caribe mejoraron su desempeño económico, político institucional y social, también es cierto que la región sigue exhibiendo un crecimiento desigual, excluyente y concentrador, con expresiones de divergencia territorial en la mayoría de los países[10].

En el documento *La hora de la igualdad: Brechas por cerrar, caminos por abrir*, la CEPAL (2010) analiza las brechas que caracterizan al actual modelo de desarrollo y se pregunta cómo abrir caminos para cerrarlas. A ese efecto, propone un conjunto de políticas de desarrollo inclusivo, convergencia productiva, convergencia territorial, empleo, bienestar y pacto fiscal tendientes a eliminar la pobreza y corregir las brechas sociales que caracterizan a América Latina y la convierten en el continente más desigual del planeta. En un trabajo posterior, la CEPAL y la SEGIB (Bárcena e Iglesias, 2011) proponen una serie de desafíos encaminados al logro de una gestión pública de calidad, el afianzamiento de las instituciones democráticas y la construcción de Estados para la igualdad. Se trata fundamentalmente de aplicar una estrategia de desarrollo que asigne a la igualdad un lugar central en el desarrollo, que conceda al gobierno una función vital y que incluya las asociaciones público-privadas en la formulación de políticas socioeconómicas (CEPAL/SEGIB, 2011).

---

[10] Entre otras cifras positivas, el documento base del Consejo Regional de Planificación preparado por el ILPES (2012) señala un mejoramiento en el crecimiento económico, una trayectoria descendente de la pobreza y la desigualdad y un fortalecimiento de la gestión pública. En efecto, "en los últimos 20 años el porcentaje de personas que viven en la pobreza se redujo de más del 48% en 1990 a algo más del 30% en 2011 y la indigencia disminuyó del 23% al 13% de la población en el mismo período. Simultáneamente, el empleo aumentó en cantidad y mejoró en calidad, la inflación se ha estabilizado en un dígito en la mayoría de los países (6% en promedio), la deuda pública es menor en calidad y cantidad (por debajo del 35% del PIB) y las reservas internacionales alcanzan niveles récord, alrededor del 765.000 millones de dólares de 2012.

No obstante, un importante trabajo de consulta a expertos de la región (Cuervo, 2012b) deja entrever que el resultado más probable para el cierre de las brechas es bastante limitado, en el mejor de los casos (véase el recuadro III.2). Esto podría significar que la velocidad y pertinencia de la acción pública para conducir esta estrategia requiere complementos y replanteamientos profundos de la acción del Estado. De hecho, en el documento para el siguiente período de sesiones y en recientes intervenciones, la Secretaria Ejecutiva de la CEPAL plantea "con más fuerza que nunca que urge un cambio estructural en nuestra forma de producir, trabajar e innovar, que requiere el protagonismo de la juventud".

Recuadro III.2
Percepción de probable evolución del cierre de brechas
en *La hora de la igualdad*

1. Disminución de las tasas de crecimiento.
2. Diferenciación del ritmo de crecimiento en América Latina y el Caribe, a favor de América del Sur.
3. Especialización de América del Sur en materias primas, aumento de la participación de China como destino de exportación de América Latina.
4. Integración de México y Centroamérica con los Estados Unidos.
5. Aumento de las brechas productivas y por sectores, con relación al mundo desarrollado.
6. Persistencia de brechas productivas (productividad, formación).
7. La brecha tecnológica con los Estados Unidos se mantiene o persiste.
8. Aumenta la inversión frente al PIB.
9. Disminuye la brecha en materia de tecnologías de información y comunicación. Internet desempeña un papel cada vez mayor.
10. Brechas territoriales crecientes, pero con políticas que intentan mitigarlas.
11. Aumentan los niveles de concentración espacial, de actividad económica y emigración, y se amplían las brechas entre regiones.
12. Consolidación de los fondos de cohesión territorial y compensación.
13. Predominio de la continuidad en el mejoramiento o sostenimiento de los resultados sociales.
14. Impacto del empleo urbano en la disminución de pobreza. Se mantiene el empleo rural, aumentan los salarios, se reducen las brechas salariales de género.
15. Mejora en la distribución de los ingresos y las transferencias de ingresos; disminuye la indigencia.
16. Se mantiene el desempleo juvenil.
17. Mejoran temas fiscales, comportamiento positivo de la recaudación, la inversión y el gasto social.
18. Pocas expectativas de pacto fiscal.
19. Rupturas en lo referente al cambio climático, las tecnologías de información y comunicación y la seguridad social; impactos en la agricultura y la energía

Fuente: Elaboración propia, sobre la base de "El clima de la igualdad, un ejercicio de pre-prospectiva", presentación ante el Grupo de los Jueves, Santiago de Chile, Comisión Económica para América Latina y el Caribe (CEPAL), 2012.

Dicho en otras palabras, para producir el cierre de brechas esperado, es necesario tener en cuenta los factores de cambio que pueden modificar el modelo de desarrollo, tanto desde el punto de vista de las transformaciones previsibles del entorno actual como de la revalorización de la planificación para el desarrollo como herramienta de los países para obtener los objetivos propuestos. También desde el punto de vista de las estrategias de los Estados, todo parece indicar que América Latina y el Caribe se encuentra en un momento histórico de inflexión, lo que significa que se avecina un cambio estructural, inducido por el entorno y por las propias intenciones de la acción pública de los países.

En relación con la preocupación anterior, la CEPAL presentó en 2012 el documento *Cambio estructural para la igualdad. Una visión integrada para el desarrollo,* en el que aborda el tema económico de la transformación productiva junto con el tema social y los analiza bajo nuevas miradas. De esta manera, la CEPAL reconoce los patrones de desarrollo de América Latina y expone la existencia de cuatro grandes tipos de cambio estructural:

- Cambio estructural fuerte: se presenta cuando la productividad y el empleo crecen en forma pronunciada. En este caso se combinan la productividad y el empleo.

- Cambio estructural nulo: se presenta un comportamiento de círculo vicioso, diferente al círculo virtuoso del cambio estructural fuerte. Esto entraña un bajo o nulo crecimiento de la productividad y de la demanda agregada.

- Cambio estructural limitado a enclaves: hay un ajuste defensivo que implica un cambio estructural limitado a enclaves y se da cuando se registra un elevado crecimiento de la productividad en ciertos circuitos o sectores económicos junto con un bajo crecimiento de la demanda agregada.

- Cambio estructural débil: se caracteriza por una absorción de empleo con fuerte crecimiento de la demanda agregada y un crecimiento de la productividad bajo o nulo.

En esta visión integrada del desarrollo en que se articulan las dimensiones económicas, sociales y ambientales, la CEPAL (2012a) plantea que "no es posible pensar en el cambio estructural sin considerar los efectos de los nuevos paradigmas sobre las trayectorias tecnológicas, las actividades productivas y los sistemas de producción". Significa entonces que la buena macroeconomía no es suficiente para producir la transformación productiva, sino que se requiere una mirada integral del papel de la ciencia y la tecnología, el sistema de educación superior y todo el sistema educativo y de la capacidad del Estado de coordinar políticas públicas. En síntesis, "el eje central que se propone tiene el cambio estructural como camino, las políticas públicas como instrumento y la igualdad como valor subyacente y como horizonte hacia el cual se orienta dicho cambio" (CEPAL, 2012a)[11].

Cuadro III.4
Patrones de desarrollo

Crecimiento del empleo		Crecimiento de la productividad	
		Bajo	Alto
Elevado	Macroeconomía	**Absorción de empleo**	**Círculo virtuoso**
		Fuerte crecimiento de la demanda agregada	Fuerte crecimiento de la demanda agregada
	Progreso técnico e innovación	Bajo o nulo crecimiento de la productividad	Fuerte crecimiento de la productividad
	Tipo de cambio estructural	Cambio estructural débil	Cambio estructural fuerte
Bajo	Macroeconomía	**Círculo vicioso**	**Ajuste defensivo**
		Bajo crecimiento de la demanda agregada	Bajo crecimiento de la demanda agregada
	Progreso técnico e innovación	Bajo o nulo crecimiento de la productividad	Fuerte crecimiento de la productividad
	Tipo de cambio estructural	Cambio estructural nulo	Cambio estructural limitado a enclaves

Fuente: Comisión Económica para América Latina y el Caribe (CEPAL), *Cambio estructural para la igualdad. Una visión integrada del desarrollo* (LC/G.2524(SES.34/3)), Santiago de Chile, 2012, sobre la base de J.A. Ocampo, "Discurso de apertura", Seminario conmemorativo del quincuagésimo aniversario del Instituto Latinoamericano y del Caribe de Planificación Económica y Social (ILPES), Santiago de Chile, 2012.

---

[11] Las visiones integradas para el desarrollo son fundamentales en este momento en el mundo. Por ejemplo, la propuesta de la Comisión Europea para la política de cohesión en 2014-2020 se fundamenta en las estrategias nacionales y regionales de investigación e innovación para la especialización inteligente. Tales programas de transformación económica tienen cinco aspectos importantes: i) centran su apoyo a las políticas y a las inversiones en las prioridades clave nacionales o regionales; ii) los retos y necesidades de desarrollo se basan en el conocimiento; iii) aprovechan las fortalezas de cada país y región, para canalizar sus ventajas competitivas y su potencial para la excelencia; iv) apoyan la innovación tecnológica, así como la innovación basada en la práctica y su objetivo es estimular la inversión del sector privado, y v) consiguen que las partes interesadas estén plenamente involucradas y fomentan la innovación y la experimentación. Además, se basan en la evidencia, e incluyen un seguimiento y una evaluación. La especialización inteligente significa determinar las características únicas y los activos de cada país y región, resaltando cada ventaja competitiva de la región y reuniendo a los actores regionales y los recursos en torno a una visión de su futuro orientada a la excelencia. Aplicar esta visión implica necesariamente el desarrollo de metodologías basadas en prospectiva y estrategia. Véase COM (2011) [en línea]: http://ec.europa.eu/regional_policy/what/future/proposals_2014_2020_en.cfm.

Así pues, la visión integrada del desarrollo trae los siguientes mensajes estratégicos:

- La política macroeconómica y la política industrial no pueden seguir por caminos separados, sino que deben articularse para crear sinergias entre las dinámicas de corto y largo plazo.

- Las políticas industriales deben estar en el centro de la orientación del desarrollo. Se sitúan hoy en el contexto de una revolución industrial que abarca las nuevas tecnologías de la información y las comunicaciones, la biotecnología y la nanotecnología. Tienen que incorporar la convergencia tecnológica.

- La sostenibilidad ambiental no puede seguir siendo un tema de segundo orden en la agenda de desarrollo.

- En lo social, el desafío es que el Estado asuma su papel más activo y decidido en políticas de vocación universalista, es decir, que promueva la mayor cantidad de oportunidades para el conjunto de la población.

En suma, el Estado debe asumir un rol más claro e involucrar a los actores sociales para que se comprometan y coordinen sus acciones. Incluso si el Estado desempeña un papel activo, no puede ser el único que lleve sobre sí el enorme peso de dirigir una transformación de gran magnitud. Por esta razón se necesita:

- un Estado distinto, capaz de movilizar los anhelos de bienestar y progreso de la ciudadanía, mediante mensajes que articulen el presente con el futuro;

- una institucionalidad robusta y eficiente, y

- una política distinta, basada en pactos sociales que garanticen voluntad y sostenibilidad en torno a esta opción del desarrollo.

Cuadro III.5
Temas de largo plazo derivados de *La hora de la igualdad*
y *Cambio estructural para la igualdad*

Dimensión	Objetivo estratégico	Resultados intermedios
Económica	Diversificar la economía y ampliar la participación en la estructura productiva de los sectores con mayor intensidad en conocimiento.	Cambio de patrón de crecimiento y desarrollo. Cambio de patrón de especialización.
	Crear nuevas políticas industriales.	Políticas de creación de nuevos sectores en sentido estricto y desarrollo complementario de agentes económicos e instituciones.
	Promover la convergencia productiva.	Cerrar las brechas de productividad, innovación, inversión e infraestructura entre las grandes, medianas y pequeñas empresas.
	Incorporar la región a las cadenas de valor global.	Generación de eslabonamientos en las cadenas productivas de las empresas.
Científica y tecnológica	Cambio del paradigma tecnológico predominante hacia una sociedad de conocimiento.	Incorporación de los nuevos paradigmas sobre las trayectorias tecnológicas, las actividades productivas y los sistemas de producción.
	Impulsar la convergencia tecnológica sobre el cambio de patrón de especialización.	Cambio en las ventajas comparativas y competitivas de América Latina debido a la coevolución de las trayectorias en curso en las esferas de la nanotecnología, la biotecnología, los nuevos materiales, las ciencias cognitivas y las tecnologías de la información y las comunicaciones.
	Desarrollar la economía digital.	Articular y consolidar la economía digital, definida como el área formada por la infraestructura de telecomunicaciones, las industrias relacionadas con la tecnología de la información y las comunicaciones (TIC) y la red de actividades económicas y sociales facilitadas por Internet, la computación en la nube y las redes móviles, las sociales y de sensores remotos.
	Impulsar una transformación educativa acorde con la transformación productiva de la región.	Desarrollo de nuevos programas de formación, investigación e innovación en respuesta al surgimiento de nuevos sectores económicos y la transformación de los sectores existentes.
Social	Construir sociedades equitativas y sin exclusión social.	Desarrollo de políticas públicas dirigidas a reducir las brechas existentes en la calidad de vida y en el ejercicio de derechos de todas las personas.
	Considerar el impacto de la dinámica de la población en las brechas del desarrollo.	Políticas públicas que tomen en cuenta la evolución de la estructura por edades, su distribución espacial y las consecuencias sectoriales de las transformaciones demográficas a mediano y largo plazo, reconociendo sus especificidades territoriales.
	Promover la igualdad de género.	Autonomía física de las mujeres, erradicación de todas las formas de violencia y discriminación en su contra, acceso de las mujeres al mercado laboral y reglamentación y aplicación de las leyes aprobadas en materia de igualdad de género.
	Diseñar los sistemas integrales de protección y promoción social para las juventudes y la población de adultos mayores de la región.	Pacto de inversión en juventud y tercera edad, que incluya medidas positivas para aquellos sectores que presentan mayor vulnerabilidad, como mujeres, jóvenes y ancianos que viven en zonas rurales y que pertenecen a pueblos indígenas o a comunidades afrodescendientes.
	Garantizar los derechos reproductivos y el acceso universal a la salud sexual y reproductiva.	Prevención del embarazo en adolescentes. Prevención y el tratamiento de las infecciones de transmisión sexual y el VIH/SIDA. Prestación universal de servicios integrales de maternidad saludable.

Cuadro III.6 (conclusión)

Dimensión	Objetivo estratégico	Resultados intermedios
Ambiental	Mejorar las políticas de desarrollo sostenible, fomentar la eficiencia energética y abordar los impactos del cambio climático.	Valoración y conservación de la biodiversidad, uso sostenible de los recursos ambientales. Evaluaciones de riesgo de infraestructuras sensibles. Gobernanza de los recursos naturales. Políticas de transición hacia la bioeconomía.
	Uso eficiente de las rentas extraordinarias que proporcionan los recursos naturales, en beneficio de un desarrollo inclusivo.	Explotación de los recursos naturales realizada de manera responsable desde el punto de vista ambiental y social, mediante un diálogo coordinado entre autoridades y ciudadanos. Desarrollo de mecanismos institucionales para la gestión macroeconómica frente a la volatilidad de los ciclos de precios internacionales con una activa política de desarrollo productivo, que permita mayores encadenamientos para que las empresas de recursos naturales sean motores de la convergencia productiva.
	Reconfigurar los patrones de producción y crecimiento de manera que sean sostenibles desde el punto de vista ambiental.	Transición hacia tecnologías y sistemas de producción muchos menos contaminantes que las tecnologías actuales.
	Cambio del estilo de desarrollo.	Transición del estilo de desarrollo vigente que depende de ventajas comparativas y estáticas centradas en la explotación de recursos naturales, hacia actividades más eficientes, intensivas en conocimiento y de menor impacto ambiental.
Política e institucional	Transformación hacia un Estado con capacidad de coordinar actores en torno a proyectos de largo alcance.	Visión de futuro con coordinación de políticas en esferas como la industrial, macroeconómica, laboral, social y ambiental.
	Nuevos pactos y arreglos fiscales.	Capacidad del Estado para captar más recursos a fin de promover el dinamismo económico y una estrategia tributaria más amplia y progresiva.
	Promoción de una macroeconomía para el desarrollo.	Capacidad del ciclo económico y la estabilidad (real y nominal) del cambio estructural y de un aumento de la tasa de crecimiento de largo plazo.
Cultural	Gobernanza para afrontar una nueva sociedad mundial.	Preparación de los dirigentes y la población para un mundo con auge de China y la India y un declive de Europa y los Estados Unidos.
	Afrontar una sociedad multicultural.	Potenciación al máximo del los intercambios culturales y la circulación de personas, máquinas, dinero, imágenes e ideas.
	Preparar las nuevas generaciones para el cambio estructural.	Desarrollo de capacidades requeridas por el cambio intensivo en productividad, conocimiento, progreso técnico, participación ciudadana, cultura deliberativa y cuidado del medio ambiente.

Fuente: Elaboración propia, sobre la base de Comisión Económica para América Latina y el Caribe (CEPAL), *La hora de la igualdad: Brechas por cerrar, caminos por abrir* (LC/G.2432(SES.33/3)), Santiago de Chile, 2010; y *Cambio estructural para la igualdad. Una visión integrada del desarrollo* (LC/G.2524(SES.34/3)), Santiago de Chile, 2012.

2.　El rol del Estado y el desarrollo de capacidades

Conforme a las conclusiones de la Cumbre Iberoamericana de 2010, en la actualidad existen tres grandes valores que reclaman un nuevo papel del Estado y una plena vigencia de la democracia. Dentro de ellas se reconoce plenamente la vigencia de una gestión estratégica del Estado de largo plazo. Como se indica en el recuadro III.3, se trata en última instancia de conseguir, sobre la base de la lógica democrática del ciudadano, que el Estado pueda volver a poner en el centro el concepto de interés general, reposicionar el sentido del bien común, invertir en la generación y provisión de bienes públicos y recuperar la vocación de construcción de futuros (Bárcena e Iglesias, 2011).

Recuadro III.3
Tres grandes valores para un nuevo papel del Estado

- En primer lugar, el valor del interés general y de la provisión de bienes públicos. Cuando la sociedad queda reducida a un entramado de relaciones privadas y la acción pública pierde todo propósito social, el Estado se desprestigia y sus funciones se reducen ya no a proveer bienestar, sino a exigir obediencia de sus ciudadanos.

- En segundo lugar, el Estado debe ser capaz de proveer una gestión estratégica con mirada de largo plazo, tener un papel anticipador e intervenir en el diseño de estrategias para orientar el desarrollo nacional.

- En tercer lugar, se encuentra el valor de la política y de la voluntad ciudadana en la toma de decisiones mediante las instituciones de la democracia. La voluntad ciudadana debe ser construida y preservada como bien común que debe ser cuidado por las instituciones del Estado.

Fuente: A. Bárcena y E. Iglesias, "Prólogo", *Espacios iberoamericanos. Hacia una nueva arquitectura del Estado para el desarrollo* (LC/G.2507), Santiago de Chile, Comisión Económica para América Latina y el Caribe (CEPAL)/Secretaría General Iberoamericana, 2011.

Con relación al primer valor, según la CEPAL (2012a), es necesario un Estado que muestre probidad administrativa y eficiencia en el uso de los recursos, a fin de garantizar la confianza de la sociedad en la gestión pública. Pero no es suficiente, en la medida en que requiere además movilizar a la sociedad para asumir compromisos e itinerarios intergeneracionales, respetando la diversidad de opiniones y visiones ciudadanas.

Según Bárcena e Iglesias (2011), el valor de la visión concertada exige que el Estado sea capaz de proveer una gestión estratégica con mirada de largo plazo, tener un papel anticipador e intervenir en el diseño de estrategias para orientar el desarrollo nacional[12]. Esto requiere, a su vez, la capacidad de

---

[12]　Según el texto citado: "Las sociedades tienen memoria y construyen futuro. Para pensar y actuar sobre el desarrollo, hay que aprender de la experiencia del pasado de modo de pensar el futuro con visión estratégica. Como ocurre en la vida de las personas, el futuro de las sociedades se construye a lo largo del tiempo: una sociedad que no se educa, que no invierte en cohesión social, que no innova y que no construye acuerdos ni instituciones sólidas y estables tiene pocas

coordinar actores en torno a proyectos de largo alcance, basados en objetivos claros, incentivos adecuados, inversión fuerte y selectiva, y capacidades humanas para realizar estos propósitos a lo largo del tiempo (CEPAL, 2012a).

De acuerdo con Bárcena e Iglesias (2011), para esto es necesario comprender que la acción estatal se ejerce en un escenario de poder compartido. Por ende, la negociación y la formación de consensos nacionales estratégicos son, a la vez, medio y fin. De ahí que el Estado deba tener la capacidad de promover un diálogo ciudadano que le provea mayor legitimidad para arbitrar intereses, lo que implica el mejoramiento de sus competencias en ese ámbito[13].

Así, una visión integrada del desarrollo que promueva el cambio estructural para la igualdad, genera varios desafíos en torno a la construcción de un Estado activo y renovado, basado en la generación de valores y capacidades prospectivas, como se indica a continuación:

- La preparación para la profundización de la democracia y la creación de sentido. Según la Secretaria Ejecutiva de la CEPAL, "se requiere un mejor Estado y resaltar la importancia de la política como el espacio privilegiado para que los gobiernos y la ciudadanía construyan los vínculos y los pactos que se requieren para trazar, en democracia, una agenda centrada en derechos para todos, con vocación igualitaria, para conciliar políticas de estabilidad y crecimiento económico, de desarrollo productivo con convergencia, armonización territorial, promoción de empleo de calidad y mayor igualdad social" (Bárcena, 2012)[14].

- Garantizar el diálogo social para la gobernanza y el equilibrio Estado-mercado-sociedad. Según Bárcena (2012), la gobernanza en cualquier ámbito de la vida pública y colectiva es el resultado de un pacto y un equilibrio entre el Estado, el mercado y la sociedad. No existen modelos únicos, y cada país debe construir su propia ecuación Estado-mercado-sociedad y sus espacios de deliberación[15].

---

posibilidades de prosperar" (Bárcena e Iglesias, 2011). Obsérvese la gran diferencia entre esta posición y las posturas radicales que abogaban por la eliminación total de la planificación en los años ochenta y noventa en América Latina.

[13] De este modo, según los autores mencionados, comienza a cambiar el clima de opinión. Los ciudadanos, saturados del pesimismo de los mercados y la neutralidad frente al futuro de América Latina y el Caribe, se plantean la posibilidad de construir un optimismo razonable y construir el futuro.

[14] Esto fue lo que afirmó la Secretaria Ejecutiva de la CEPAL, Alicia Bárcena, durante la realización en abril de 2012 del Seminario Internacional sobre Gobernanza de los Recursos Naturales en América Latina y el Caribe. Véanse también al respecto las palabras de François Hollande, Presidente de Francia, en la preparación de mesas de diálogo y el informe que encargó en diciembre de 2012 para la estructuración de la Comisión General de Estrategia y Prospectiva (*Commissariat Général à la Stratégie et à la Prospective*).

[15] Dado que tanto los bienes como los males públicos dependen de las características y la cultura de cada país, no puede haber una receta única que sea válida para todos los países, sino una combinación de políticas que dependen de cada caso particular. No obstante, los fundamentos

- La continuidad en el tiempo de la política de Estado. Las políticas de Estado deben mirar a horizontes de largo plazo porque el desarrollo requiere un esfuerzo sostenido por mucho tiempo, que articule dinámicamente varias administraciones gubernamentales[16].

- Facilitar y proveer soporte a las actividades privadas. El Estado debe recuperar un rol protagónico en la economía, un papel de apoyo, de participación en las áreas en que sea estratégica o indispensable su presencia activa. Se busca que el Estado complemente y potencie al sector privado, y canalice los frutos del crecimiento hacia los sectores más vulnerables de la sociedad[17].

- Aprovechar el carácter temporal de las oportunidades de desarrollo. Es fundamental desplegar el potencial de la sociedad para beneficiarse de sus recursos y capacidades, en un momento histórico caracterizado por la volatilidad, el riesgo y la intensa competencia internacional[18].

- Gobernanza mundial, integración regional y gestión de crisis globales. Garantizar el apoyo gubernamental para cumplir compromisos internacionales, y colaborar en anticipación y gestión de crisis globales. Existen compromisos asumidos por los países a lo largo de las décadas, en los que se ratifican propósitos y convenios internacionales que exigen la continuidad de las políticas públicas a largo plazo[19].

---

conceptuales son los mismos, y la presencia o ausencia de los mismos bienes o males, en escalas distintas, forma parte o es el resultado de procesos como la globalización y la internacionalización de las economías (Ortegón, 2012, pág. 284).

[16] Según el ILPES (2012), por ello quizás los países están poniendo creciente atención en la construcción de visiones de futuro, en las que la reducción de la desigualdad es una aspiración generalizada. Este fenómeno llama la atención en América Latina y el Caribe, porque significa una real y concreta ocupación por y para el desarrollo. La construcción de escenarios deseables es una forma de comprometerse con una trayectoria hacia el desarrollo que, en la experiencia latinoamericana, ha quedado truncada por la dificultad de articular a los actores sociales y las políticas en torno a objetivos de largo plazo.

[17] Según la CEPAL (2010), precisamente por la aspiración hacia sociedades incluyentes es que son esenciales las políticas de Estado, que implican recuperar su dignidad e imagen, especialmente frente a una opinión vigilante, exigente y cada vez más organizada.

[18] Según la CEPAL (2012), a pesar de su riqueza en recursos naturales, históricamente los países de América Latina y el Caribe han tenido dificultades para lograr traducir la explotación y comercialización de productos primarios en procesos de desarrollo económico a largo plazo. El punto de inflexión que presenta la economía mundial como resultado de las crisis de 2008 y 2012, así como el ciclo favorable de precios internacionales de las exportaciones de hidrocarburos, minerales y productos agrícolas pueden ofrecer una nueva oportunidad para plantear en América Latina un profundo debate sobre cómo aprovechar la explotación y exportación de los recursos naturales para potenciar su contribución al desarrollo con igualdad y sostenibilidad ambiental. Se requiere aplicar nuevas concepciones y desarrollar capacidades basadas en el concepto de gobernanza de los recursos naturales, entendido como la serie de "decisiones soberanas de los países sobre la propiedad, apropiación y distribución de los resultados de la explotación de los recursos naturales".

[19] Se trata de velar por las iniciativas sobre el desarrollo, entre las que se encuentran los Objetivos del Milenio, el Programa de Acción de la Conferencia Internacional sobre la Población y el

Cuadro III.6
Capacidades para implementar un Estado activo

Desafío	Rol del Estado	Capacidades requeridas de planificación y prospectiva
Preparación para la profundización de la democracia y la creación de sentido	• Estado garante de los derechos de los ciudadanos. • Estado que provee bienes públicos, que crea condiciones para beneficiar a todos los ciudadanos. • Estado capaz de liderar el diálogo social.	• Elaboración de una agenda pública centrada en el interés general y el sentido del bien común. • Comunicación de mensajes que conecten el presente con el futuro, para motivar el establecimiento de compromisos intergeneracionales. • Orientación de inversiones para la generación y provisión de bienes públicos. • Desarrollo de plataformas para el diálogo social.
Garantizar el diálogo social para la gobernanza y el equilibrio Estado-mercado-sociedad	• Estado como regulador efectivo que no permite el monopolio ni la trampa en la ejecución de las leyes. • Estado que suministra información y contrarresta la asimetría en el acceso a esta.	• Provisión de información sobre el mercado. • Construcción de pactos sociales. • Construcción de redes entre el Estado, las universidades, las empresas y la sociedad civil.
Continuidad en el tiempo de la política de Estado	• Estado que piensa a largo plazo y se compromete con trayectorias coherentes de desarrollo.	• Desarrollo de políticas públicas de largo plazo. • Construcción de visiones de futuro y escenarios deseados.
Aprovechamiento del carácter temporal de las oportunidades del desarrollo	• Estado que explora potencialidades y abre el camino para aprovecharlas en forma inteligente.	• Identificación de prioridades y focos estratégicos. • Inteligencia estratégica para el análisis de entorno y la orientación de decisiones. • Desarrollo, monitoreo y seguimiento de proyectos complejos.
Facilitar y proveer soporte a las actividades privadas	• Estado que facilita la transformación productiva y cataliza la innovación, en lugar de responsabilizarse por la producción directa de bienes y servicios.	• Prospectiva centrada en la innovación y la gestión del conocimiento. • Convocar actores, interactuar y crear contextos de acción conjunta. • Cofinanciación de proyectos piloto para desarrollar encadenamientos productivos.
Mejorar la gobernanza mundial, la integración regional y la anticipación de las crisis globales	• Estado que previene macroproblemas y conflictos.	• Monitoreo de los acuerdos globales. • Articulación de la política exterior con la agenda interministerial. • Evaluaciones del riesgo de futuras crisis mundiales.

Fuente: Elaboración propia, sobre la base de Comisión Económica para América Latina y el Caribe (CEPAL), *La hora de la igualdad: Brechas por cerrar, caminos por abrir* (LC/G.2432(SES.33/3)), Santiago de Chile, 2010; y *Cambio estructural para la igualdad. Una visión integrada del desarrollo* (LC/G.2524(SES.34/3)), Santiago de Chile, 2012.

Desarrollo, la Convención sobre los Derechos del Niño, la Convención Iberoamericana de Derechos de las Personas Jóvenes, la Convención Americana sobre Derechos Humanos, la Convención Internacional sobre la Eliminación de todas las Formas de Discriminación Racial y la Convención Internacional de Cambio Climático.

3. La revalorización de la planificación para el desarrollo en el siglo XXI. ¿Hacia nuevos paradigmas?

Según la propuesta de la CEPAL (2010 y 2012a), la planificación para el desarrollo resurge como un instrumento facilitador del proceso hacia estadios superiores de desarrollo incluyente. Una concepción activa del Estado, tanto en el sentido proactivo como preactivo, en la construcción del orden social, político, económico y cultural, otorga un gran peso a la planificación, entendida como una herramienta capaz de organizar los objetivos y metas, ordenarlos en el tiempo, identificar rutas críticas de implementación en forma acorde a los procesos políticos y sociales en curso, y diseñar estrategias y alternativas de aplicación en las que se consideren diferentes escenarios de cambio social. De esta manera, la planificación aporta instrumentos de gobernabilidad que permiten gestionar los procesos de respuesta, adaptación y diseño de estrategias frente a la globalización[20].

Si se parte de la premisa planteada por Prado (2012), de que "el Estado debe ser capaz de proveer una gestión estratégica con mirada de largo plazo, tener un papel anticipador e intervenir en el diseño de estrategias para orientar el desarrollo nacional", entonces la prospectiva tiene un importante papel que jugar en el actual y futuro contexto regional. Se parte del supuesto de que las transformaciones hacia el desarrollo sostenido con igualdad requieren largas etapas que van más allá de los períodos gubernamentales. Por lo tanto, es preciso construir visiones de país de largo plazo (deseablemente participativas y en un ambiente democrático) que hay que planificar, con la ayuda de un Estado renovado como líder y coordinador del proceso (ILPES, 2011 y Máttar, 2012a).

La planificación se percibe de este modo como un instrumento poderoso, capaz de articular intereses de diferentes actores (Estado, sociedad, gobierno, el mundo), de espacios diversos (nacional y local), con políticas públicas (de Estado, planes y programas, nacionales y subnacionales), con visión de largo plazo (sostenibilidad), en sociedades que presentan índices de desigualdad cada vez menores. Sin embargo, ante los desafíos emergentes de un Estado activo se requiere asumir nuevas premisas y capacidades para ajustar su quehacer a los nuevos tiempos. Las siguientes son las premisas propuestas, de acuerdo con el intercambio de puntos de vista observados en el seminario internacional que reflexionó al respecto, con motivo de los 50 años del ILPES (2011 y Máttar, 2012a):

---

[20] "La planificación del desarrollo está de vuelta, con renovada fuerza y complejos desafíos", afirmó el Secretario Ejecutivo Adjunto de la CEPAL, Antonio Prado, en la apertura del seminario conmemorativo del quincuagésimo aniversario del Instituto Latinoamericano y del Caribe de Planificación Económica y Social (ILPES) en la sede del organismo en Santiago. "El cierre de las múltiples brechas que tenemos en la región requiere visión de largo plazo, planificación estratégica y persistencia durante períodos prolongados", resaltó.

- La planificación promueve la organización del Estado al proveerle gobernabilidad, coherencia y continuidad en el tiempo. La modernización del Estado ha de ser vista como un proceso continuo que facilite un acompañamiento permanente que se desenvuelva a través de coyunturas cambiantes, con instituciones también cambiantes.

- Es fundamental reivindicar el carácter político de la planificación, dado por su capacidad de conformar el proyecto político que define la sociedad a la que se aspira. La planificación no es un elemento tecnocrático.

- La planificación debe expresar la voz de un diálogo social permanente para garantizar la continuidad de procesos y acciones, sostener esfuerzos de largo plazo y lograr la orientación y coordinación de actores en la fase de implementación del plan. Las políticas públicas no pueden oscilar al vaivén de las coyunturas, sino que requieren pensamiento de largo plazo que construya metas compartidas y un horizonte común.

- La planificación debe orientar el crecimiento sostenible. Tiene que ser una planificación verde, que incorpore entre sus objetivos la transformación gradual en sociedades de baja emisión de carbono.

- La planificación debe incorporar seria y estructuradamente la dimensión dinámica en sus procesos para facilitar en tiempo real el seguimiento, monitoreo y evaluación de las acciones, políticas y programas que se desarrollan de acuerdo al plan, el establecimiento de alianzas público-privadas y visión estratégica de largo plazo y el fortalecimiento de la capacidad del Estado para ejecutar un plan estratégico de transformaciones estructurales.

- La planificación debe enfocarse con sentido estratégico en pocas funciones básicas para incidir realmente en el desarrollo. Al efecto requiere capacidades institucionales más robustas y complejas que antes y tener en cuenta innovaciones conceptuales y metodológicas[21].

---

[21] En el mencionado seminario, José Antonio Ocampo señaló que "la función básica de la planificación es mirar las opciones estratégicas" y ayudar a los países a "hacer posibles las oportunidades", además de mejorar el aparato institucional de los Estados latinoamericanos, "muchos de los cuales muestran deficiencias notables". En sentido similar se pronunciaron el Secretario Ejecutivo Adjunto de la CEPAL, Antonio Prado, los ministros de planificación de Costa Rica y la República Dominicana, así como expertos internacionales de la talla de Alfredo Costa Filho.

Cuadro III.7
Planificación para el desarrollo

Pregunta clave	Respuesta
¿Quién planifica?	Todos, liderados por el Estado.
¿Qué se planifica?	El desarrollo, ni más ni menos.
¿Cuáles son los objetivos de la planificación a largo plazo?	Objetivos del Desarrollo del Milenio (ODM), objetivos de desarrollo sostenible, reducir brechas, Desarrollo Humano (IDH), bajo especificidades de cada país, encontrar el piso mínimo de acuerdo, la conectividad de las prioridades de los diferentes grupos sociales, siete o diez grandes objetivos.
¿Por qué?	Porque nos importan el futuro, nuestros hijos, las generaciones por venir.
¿Para qué?	Para cambiar tendencias, provocar quiebres estructurales.
¿Para quién?	Para el fin último de la intervención estatal, es decir, el bienestar colectivo.
¿Con qué?	Con visión, plan y presupuesto.

Fuente: C. Cortés y otros (comps.), *Construyendo visiones de país por medio del Diálogo Social*, San José, Instituto Latinoamericano y del Caribe de Planificación Económica y Social (ILPES)/IDEA Internacional/Fundación para la Paz y la Democracia, 2012.

4.   Hacia nuevas capacidades para el desarrollo institucional

Así pues, según los argumentos antes expuestos, el Estado no se debe limitar a "apagar incendios" ni a generar capacidades en unidades especializadas según las preferencias del Presidente de la República. Debe prepararse para afrontar las decisiones cotidianas y rutinarias, enmarcándolas en decisiones de largo plazo, y prever su impacto con el paso del tiempo.

En ese contexto, la prospectiva combinada con el pensamiento complejo provee instrumentos importantes que trascienden los límites convencionales del pronóstico y la econometría en cuanto a la observación de tendencias y la creación de mecanismos de respuesta institucional. En efecto, la prospectiva es un valioso elemento para construir gobernanza, en la medida en que se reconoce como una transdisciplina que permite trabajar con una ecología de instituciones y actores organizados, en múltiples niveles y dinámicas de interacción con actores, siguiendo la evolución de regímenes sociotécnicos, y de ambientes y nichos diversos (Kuhlmann, 2011). Entretanto, la modelación y el pensamiento complejo permiten desarrollar la capacidad global para llevar a cabo la vigilancia y monitoreo, activar los sistemas de alerta temprana y proporcionar incentivos para la producción de contramedidas y sistemas críticos robustos o diversificados (OCDE, 2011).

La prospectiva permite, según Kuhlmann (2011), tanto promover y optimizar los sistemas existentes (prospectiva de modo 1) como contribuir a debatir y promover cambios fundamentales de los paradigmas establecidos (prospectiva de modo 2), siendo mucho más exigente en capacidades el segundo enfoque.

Cuadro III.8
La prospectiva y los modos de investigación en el apoyo a la gestión pública

Tipo de organización	Prospectiva Modo 1	Prospectiva Modo 2
	Observatorio	Laboratorio
Objetivo de la gestión pública	Promover y optimizar los sistemas existentes, siempre que los procesos y sus fronteras experimenten evoluciones graduales y cambios incrementales. De esa manera, las políticas y los decisores pueden encontrar fácilmente socios en el proceso a fin de aumentar la eficiencia del sistema.	Contribuir a debatir y promover cambios fundamentales de los paradigmas establecidos. Esto se aplica cuando los sistemas corrientes son percibidos como fundamentalmente inestables, por lo que se hace necesario trascenderlos y construir nuevos sistemas basados en diferentes condiciones y supuestos.
Proceso	El proceso prospectivo mismo puede adaptarse para seguir condiciones de política y requerimientos del modelo de desarrollo existente.	Busca cuestionar los sistemas y las visiones de mundo existentes, iniciar cambios del modelo de desarrollo y ampliar el espectro de lo posible.
Actitud frente al futuro	Preactividad. Prepararse frente a cambios esperados.	Proactividad. Producir cambios en reglas de juego, culturas, estructuras.
Comportamiento	Orientado a la adaptación.	Orientado a la innovación social, cognitiva, institucional.
Productos	Identificación de tendencias, producción de alertas tempranas.	Soluciones innovadoras a problemas complejos.
Ejemplos	Dotación de infraestructuras. Sistemas de previsión social.	Cambio climático y desarrollo sostenible. Transformación productiva.

Fuente: Elaboración propia, sobre la base de S. Kuhlmann, *Foresight and Governance*, Universidad de Twente, 2011; M. Godet y P. Durance, *Prospectiva estratégica para las empresas y los territorios*, París, Organización de las Naciones Unidas para la Educación, la Ciencia y la Cultura (UNESCO)/ Dunod, 2011; y C. Cagnin y M. Keenan, "Positioning future-oriented technology analysis", *Future-Oriented Technology Analysis. Strategic Intelligence for an Innovative Economy*, C. Cagnin y otros (eds.), Berlín, Springer, 2008.

Por otra parte, según la OCDE (2011), los modelos de simulación computarizada mejoran la capacidad de los encargados de formular políticas y tomar decisiones en materia de gestión de riesgos. Ayudan a conceptualizar dónde reforzar el eslabón más débil, dónde se deben priorizar los recursos limitados y cuándo centralizar, diversificar o crear redundancia en sistemas complejos e identificar las perturbaciones a gran escala de la actividad económica.

Sin embargo, la puesta en marcha de la prospectiva, junto con la modelación y simulación de fenómenos complejos, exige una formación de alto nivel e implica un uso intensivo de la información y los conocimientos. En condiciones normales su implementación es difícil, a menos que el

Estado asuma el desarrollo de capacidades y la creación de plataformas e infraestructuras pertinentes.

En particular, para la OCDE (2011), la representación y modelación de las futuras crisis mundiales requieren un apoyo gubernamental efectivo, a fin de garantizar su continuidad, validación y perfección a lo largo del tiempo. Debido a la gran cantidad de sistemas complejos que podrían dar lugar a futuras crisis mundiales, se plantea la necesidad de desarrollar diversas capacidades de modelación con cobertura global, que hagan uso de variables derivadas de diversas disciplinas, incluidas las ciencias sociales[22].

De acuerdo con el estudio sobre las crisis globales futuras de la OCDE (2011), existen cinco grandes fuerzas que aumentan la vulnerabilidad y amplifican las consecuencias de los eventos desencadenantes, lo que hace más probable que ocurran crisis globales. Se trata de los siguientes factores: i) la mayor movilidad; ii) la creciente interdependencia de los sistemas de producción y entrega y sus infraestructuras; iii) la centralización y concentración de los sistemas; iv) la concentración de la población y los bienes; v) el "comportamiento de manada" y el "pensamiento de grupo" en las empresas y profesiones, y vi) la eficacia de los reguladores.

En el cuadro III.9 se aprecia un panorama ilustrativo de las posibles crisis mundiales[23].

En el cuadro III.10, donde se describen los conceptos y las palabras clave vinculadas, puede apreciarse una visión de las fronteras del desarrollo del pensamiento complejo y su relación con la planificación.

---

[22] Por ejemplo, la OCDE (2011) plantea que deben establecerse sistemas de información con miras a actualizar periódicamente las dinámicas del mapa y las variables del modelo. Pero la accesibilidad y disponibilidad de datos sobre los sistemas complejos a menudo quedan a la zaga de la tecnología para usarlos. La infraestructura para la recolección de datos en tiempo real y la vigilancia es débil cuando se trata de ciertos riesgos importantes, y la sofisticación de los mapas y modelos a menudo supera los límites de la voluntad de los gobiernos para compartir cierto tipo de información. Los mapas y modelos de sistemas complejos casi nunca están disponibles, y no existe una "talla única para todos" que sea válida para el modelado. Los supuestos básicos de los modelos deben someterse periódicamente a pruebas de tensión mediante ejercicios basados en la identificación de las "cartas salvajes" (*wild cards*), para detectar sucesos que, aunque sean muy poco probables, serían de altísimo impacto si llegaran a ocurrir. Por tanto, como medida de redundancia, debe aplicarse una variedad de métodos de modelación a fin de reducir el riesgo al mínimo.

[23] Como muestra de la importancia de prepararse con anticipación frente a estas posibles crisis en América Latina, basta con recordar las nefastas consecuencias que tuvo la gripe porcina para México hace unos años.

Cuadro III.9
Características de las posibles crisis mundiales

Crisis global	Peligro	Indicadores o precursores	Incertidumbres	Vectores globales	Frecuencia
Pandemias	Influenza humana	Una epidemia nacional supera el umbral	Lugar y fecha de inicio, tasa de incidencia, morbilidad y mortalidad	Viajes aéreos, aves acuáticas silvestres	$\mu \sim 30$ años
Interrupción del funcionamiento de las infraestructuras críticas	Día cero. Explotación de virus informáticos o "códigos gusano"	Amenazas terroristas realizadas	Interdependencias transfronterizas	Internet, memorias USB, CD, DVD, disquetes	?
Crisis financiera	Iliquidez bancaria masiva, insolvencias, crisis de moneda, cesación de pagos	Burbujas de activos, aumento repentino en la propagación de tasas bancarias	Importes de las exposiciones de deuda bancaria	Interconexiones de las tenencias de deuda bancarias, monedas comunes y monedas vinculadas	?
Tormenta geomagnética	Corriente geomagnéticamente inducida	Eyección de masa coronal	Rangos de latitud expuestos a impactos directos		Picos durante el ciclo solar de 11 años
Malestar social	Revoluciones sociales	Disturbios, manifestaciones de protesta fuera de control	Duración, gravedad, credibilidad	Afiliación de la identidad política, religiosa o cultural	?

Fuente: Organización de Cooperación y Desarrollo Económicos (OCDE), *Future Global Shocks. Improving Risk Governance,* París, 2011.

Cuadro III.10
Fronteras del pensamiento complejo y la planificación

Tema	Descripción	Palabras clave
Planificación colaborativa en un mundo no colaborativo	La planificación colaborativa se desagrega en cuatro elementos, que configuran su marco conceptual: • ontología; • epistemología; • ideología, y • metodología. El análisis de estos elementos permite identificar los criterios para evaluar tanto las fortalezas como las debilidades de la planificación colaborativa en medio de aspectos como la competitividad global y la colaboración democrática local.	Epistemología, ideología, ontología, evaluación realista de la planificación colaborativa como herramienta conceptual para las necesidades de los profesionales
Las metáforas en la teoría de la complejidad y la planificación	Se utiliza la teoría de las metáforas para evaluar el uso de la teoría de la complejidad en la planificación: mediante el análisis del funcionamiento de las metáforas en general y la teoría de su construcción, en particular, se definen elementos que permiten avanzar, con un enfoque evaluativo, en la comprensión de cómo proceder hacia un análisis de la utilización de la teoría de la complejidad en la planificación. Al examinar el uso de la teoría de la complejidad en la planificación mediante la teoría de la metáfora, se demuestra cómo esto contribuye a entender en gran medida el misticismo o el escepticismo otorgado a la teoría de la complejidad y su utilidad. La teoría de las metáforas también ayuda a apreciar que aún puede haber posibilidades de explorar la aplicación de la teoría de la complejidad en la planificación con una metodología y una articulación más rigurosas.	Teoría de la complejidad Teoría de la planificación Teoría de transferencia Metáforas
Modelos de planificación de desarrollo nacional integrados y dinámicos y su papel en la formulación y evaluación de políticas	Con el crecimiento acelerado de problemas críticos interconectados como la pobreza, el calentamiento global, entre otros, los responsables de las políticas se ven abocados a buscar nuevos instrumentos integrados que permitan resolver dichos problemas, como los sistemas de herramientas dinámicas basadas en modelos. Dada la complejidad de los problemas que se deben enfrentar, los instrumentos tradicionales (por ejemplo, los modelos econométricos) no son suficientes, pues deben tener en cuenta dos elementos fundamentales: i) el análisis del contexto en el que surgen los problemas, ya sean globales, regionales o nacionales, y ii) el estudio de la diversas opciones políticas que se están considerando para la solución de los problemas sociales, económicos y ambientales.	Dinámica de sistemas, modelos de planificación, modelos econométricos, parametrización, optimización, políticas, datos

Cuadro III.10 (conclusión)

Tema	Descripción	Palabras clave
Teoría de sistemas y análisis de la planificación	Se entiende la sociedad como un conjunto de subsistemas cerrados y funcionalmente diferenciados (política, economía, derecho, ciencias y otros). A partir de esto, se utiliza la teoría de sistemas como marco para la interpretación de las situaciones reales de la planificación y el papel del planificador.	Comunicación Planificación participativa Teoría de los sistemas sociales Niklas Luhmann Gobierno
Enfoque actor-relacional en la planificación	Está relacionado con el hecho de que estas alternativas se siguen formulando en el marco de la planificación existente, de un gobierno específico, o al menos influenciado un gobierno, en esencia, de adentro hacia fuera. Desde esta perspectiva se proponen múltiples opciones para la práctica de la planificación desde afuera hacia adentro: entre ellos, el enfoque actor-relacional.	Teoría actor-red Democracia asociativa Planificación del comportamiento Planificación regional Geografía relacional Régimen urbano de planificación
Investigación de la gestión pública estratégica	En cuanto a las directrices, se sostiene que la investigación estratégica de la gestión pública y la práctica avanzará si se dan los factores siguientes: • desarrollo de modelos de gestión pública estratégica que se inserten mejor en la naturaleza de la práctica; • mayor atención a la estructuración y la facilitación del aprendizaje organizacional y la gestión del conocimiento como parte integral de la gestión estratégica; • mayor atención a la estrategia de cómo se desarrolla el conocimiento y se utiliza en la práctica, y • mayor atención centrada en la integración de tecnologías de la información y las comunicaciones en los modelos de gestión pública estratégica y la práctica.	Planificación estratégica, gestión estratégica, estrategia, presupuesto, rendimiento, teoría de la práctica, aprendizaje, tecnología de la información y las comunicaciones (TIC), metodología de estudio de casos
Modelo "Threshold 21" (The Millennium Institute)	El modelo "Threshold 21" (T21) está estructurado para analizar los problemas de desarrollo de manera integral con visión de largo plazo a nivel regional y nacional. Integra los aspectos económicos, sociales y ambientales de la planificación del desarrollo en un marco único. El T21 fue creado para complementar los modelos e instrumentos de planificación tradicionales de corto a mediano plazo (The Millennium Institute, 2009 y 2013). El T21 contribuye a la planificación de políticas de diversas maneras, al resaltar cuestiones clave de desarrollo en el escenario de referencia, mediante la proyección de las diferentes opciones políticas y escenarios de simulaciones alternativas. Estos resultados proporcionan una buena base para dialogar y definir nuevas acciones políticas elegidas, así como para el seguimiento y la evaluación de su desempeño. Según The Millennium Institute (2009 y 2013), las principales características del T21 son: • integración de los factores económicos, sociales y ambientales; • representación de los elementos importantes de la complejidad: las relaciones de retroalimentación, retrasos, no linealidad; • transparencia en la estructura, los supuestos y las ecuaciones, y exigencia de datos; • flexibilidad en la creación de versiones personalizadas de los países en función de sus condiciones específicas; • simulación de las consecuencias a corto y largo plazo de las políticas alternativas, y • comparación con los escenarios de referencia y apoyo en los métodos analíticos avanzados, tales como el análisis de sensibilidad y optimización.	Planificación Visión de largo plazo Integralidad Modelo de planificación

Fuente: R. Brand y F. Gaffikin, "Collaborative planning in an uncollaborative world", *Planning Theory*, vol. 6, N° 3, SAGE, 2007; A. Chettiparamb, "Metaphors in complexity theory and planning", *Planning Theory*, vol. 5, N° 1, SAGE, 2006; A. Bassi, "Analyzing the role of integrated, dynamic, national development planning models to support policy formulation and evaluation", Millennium Institute, 2009; K. Van Assche y G. Verschraegen, "The limits of planning: Niklas Luhmann's systems theory and the analysis of planning and planning ambitions", *Planning Theory*, vol. 7, N° 3, SAGE, 2008; L. Boelens, "Theorizing practice and practising theory: outlines for an actor-relational-approach in planning", *Planning Theory*, vol. 9, N° 1, SAGE, 2010; Millennium Institute, "T21 Starting Framework", 2013 [en línea] http://www.millennium-institute.org/integrated_planning/tools/t21/t21_sf.html; y "Threshold 21 Model", 2009 [en línea] http://www.millennium-institute.org/integrated_planning/tools/T21/.

F.   Conclusiones

Finalmente, el recorrido por tres períodos históricos desde 1950 hasta la fecha, y la exploración del próximo período, ponen de relieve la importancia del contexto que determina las necesidades de pensamiento a largo plazo y prospectiva en América Latina. En particular, cómo estas necesidades varían según la dinámica del debate sobre el modelo de desarrollo y su influencia sobre la concepción del rol del Estado, el valor de la planificación y el desarrollo de las instituciones pertinentes.

En una primera etapa entre 1950 y finales de los años setenta, en el marco del modelo de sustitución de importaciones, existió un importante interés por pensar sobre el futuro y orientar el desarrollo a largo plazo de los países. Luego, en las décadas de 1980 y 1990, el modelo neoliberal produjo un viraje hacia el énfasis en el corto plazo y el logro del equilibrio macroeconómico, por lo que disminuyó el interés en la prospectiva, a excepción quizás del campo territorial y científico-tecnológico. Más adelante, desde la primera década del siglo XXI, se registra en la región la coexistencia del modelo neoliberal con el modelo socialista, con lo que ha renacido paulatinamente el interés por la prospectiva al nivel nacional, territorial y sectorial, y se han producido múltiples visiones de futuro de los países, articuladas frecuentemente con los planes de desarrollo a mediano y largo plazo.

El siguiente período, a partir 2010 y las próximas decadas, se caracteriza por el cambio estructural y la búsqueda de alternativas a la crisis del capitalismo global iniciada en 2007. Se percibe un fuerte interés internacional por revalorizar la planificación y la prospectiva, aplicando ópticas diferentes, acordes con las nuevas demandas del entorno mundial. Esto entraña la generación de capacidades para construir un Estado activo, en el doble sentido de preactivo y proactivo. Preactivo para prepararse con anticipación a las tendencias sociodemográficas, educativas e institucionales, el diseño de infraestructuras y la adaptación frente al cambio climático. Proactivo para la exploración y gestión de oportunidades para la sociedad, en temas estratégicos como la transformación productiva, el cambio tecnológico y la renovación de modelos mentales para afrontar los entornos inestables, inciertos y altamente conflictivos que traen consigo los procesos de globalización y mundialización.

La aplicación de la prospectiva en el contexto de transición hacia un modelo de desarrollo sostenible a escala global requiere la implementación de sistemas de planificación dinámicos y complejos, capaces de abordar una gran diversidad de situaciones en múltiples escalas, caracterizadas por la velocidad e interrelación de los cambios sociales. Por tanto, la generación de capacidades prospectivas debe enfocarse en la comprensión y gestión de la innovación, el cambio institucional y las transformaciones aceleradas de la sociedad. Sin embargo, al mismo tiempo debe tener una amplia perspectiva para aprovechar su amplio potencial pedagógico y preparar a los jóvenes para asumir la convivencia intergeneracional y educarse de cara al futuro, en un mundo crecientemente multicultural, digital y cruzado por múltiples migraciones y corrientes de pensamiento. Mientras más se avance en el proceso de globalización y mundialización, surgen mayores necesidades de formación en prospectiva de los dirigentes y ciudadanos. La comprensión holística y dinámica del entorno que proporciona la prospectiva es fundamental para tomar mejores decisiones, con mayor sentido de la oportunidad y conciencia de su impacto para la sociedad.

En el cuadro III.11 se presenta una síntesis de los períodos históricos mencionados.

Cuadro III.11
Momentos históricos y el cambio del modelo de desarrollo en América Latina

	Primera etapa 1950-1980	Segunda etapa 1980-2000	Tercera etapa 2000-2012	Desde la actualidad hasta 2030
Modelo de desarrollo	Sustitución de importaciones	Neoliberal Crisis y ajuste macroeconómico	Coexistencia de los modelos neoliberal y socialista	Cambio estructural
Rol del Estado	Empresario, proveedor de bienes y servicios	Árbitro, regulador	Mezcla de empresario-proveedor y árbitro	Mezcla de empresario-proveedor y árbitro activo: explorador y gestor de oportunidades para la sociedad
Tipo de planificación	Normativo-indicativa	Mezcla de normativo-indicativa y estratégica	Mezcla de normativo-indicativa, estratégica y prospectiva	Mezcla de normativo-indicativa, estratégica y prospectiva. Dinámica y compleja
Instituciones de planificación	Surgimiento de los organismos nacionales de planificación (ONP)	Coexistencia de la restricción de funciones de los ONP en algunos países, con el desmantelamiento o declive de esos organismos en otros países	Revalorización y reinstitucionalización de los ONP	Desarrollo de sistemas de planificación
Necesidad de prospectiva	Pensar el futuro y orientar el desarrollo a largo plazo	Énfasis en el corto plazo y la solución a la crisis de la deuda. Disminución del énfasis en el pensamiento a largo plazo	Aumento del interés en la prospectiva a nivel nacional, territorial y sectorial. Desarrollo de visiones nacionales de largo plazo	Prospectiva enfocada en la innovación, el cambio institucional y la gestión de transformaciones aceleradas de la sociedad

Fuente: Elaboración propia.

Capítulo IV

Fundamentos de la prospectiva y la política pública

A. Contexto de la relación entre prospectiva y política pública

1. Antecedentes y evolución

De acuerdo con Ikonicoff (1973) los pioneros de la prospectiva en Francia y los Estados Unidos, Bertrand de Jouvenel y Daniel Bell, visualizaron la necesidad de la prospectiva en el ámbito público como una manera de ganar libertad de decisión y margen de maniobra política, y como un modo de ampliar las alternativas de decisión y la forma de evaluación de su costo y beneficio[1].

---

[1] Se vieron obligados a pasar por esta etapa en la medida en que comprendieron que la dimensión creciente de los medios empleados, recursos y factores movilizados que implicaban las decisiones de los poderes públicos referentes al complejo social, comprometía un futuro cada vez más lejano: cualquier decisión tomada en el presente se traducía en una restricción de la libertad de decisión durante un período cada vez más largo. Las sociedades industriales comprueban finalmente la verdad de la afirmación de Bertrand de Jouvenel: "Efectivamente, sin actividad previsional no hay libertad de decisión". Así, para Daniel Bell, lo esencial en los estudios actuales sobre el futuro no es el esfuerzo por "predecir el futuro", sino por "planificar futuros posibles, de manera tal que la administración pueda evaluar el costo y consecuencias de las diferentes aspiraciones". Véase Ikonicoff (1973).

Según Masini (2000b), las primeras aplicaciones de la prospectiva al gobierno y las políticas públicas surgieron en la primera generación en tres grandes contextos, como se indica a continuación:

i)   La escuela de la prospectiva francesa, en los años sesenta, cuando el economista Pierre Masse aplicó la prospectiva en su calidad de responsable del Plan de Desarrollo Nacional de Francia (Visión 1985). En ese mismo período, Bertrand de Jouvenel aportó sus escritos sobre el poder, los métodos de gobernar y las opciones políticas. Fundó la Asociación Internacional Futuribles, que aún actúa como foro global y centro de información para investigación sobre el futuro.

ii) La escuela del análisis de sistemas, en Laxenburg, Austria, donde se creó el Instituto Internacional de Análisis Aplicado de Sistemas, con la cooperación científica y financiera de la Academia Estadounidense de las Artes y las Ciencias, y la Academia de Ciencias de la Federación de Rusia. Se centraba en la aplicación de sistemas de análisis a diferentes campos y, lo que es más importante, en el sector de la energía.

iii) La escuela de los pronósticos en los antiguos países socialistas de Europa oriental. Los esfuerzos se concentraron en el análisis de los procesos científicos y tecnológicos y en sus consecuencias como elementos de progreso social. Antes de la caída del muro de Berlín, los "pronósticos" se consideraban como el proceso clave anterior a la formulación de un plan.

Desde entonces, la prospectiva se ha convertido en una herramienta útil para la adopción de decisiones a distintos niveles, sobre todo en los campos de la ciencia y la tecnología. En ese proceso, el radio de acción se ha ampliado progresivamente. Ha sido importante la experiencia japonesa desde 1971, la ampliación de su utilización en diferentes países de la OCDE después de 1990, y más recientemente su desarrollo en otros países de la Comisión Europea, Asia y América Latina (Martin, 2005). Hoy en día la prospectiva se constituye en un campo en plena evolución, de intersección entre los estudios del futuro, el análisis de las políticas públicas y la planificación estratégica y se nutre de estas disciplinas, que a su vez se encuentran en pleno desarrollo. Así pues, es necesario profundizar en las relaciones de la prospectiva y la planificación estratégica con la construcción social de políticas públicas.

2.   Utilidades de la prospectiva en la política pública

Ante todo, la necesidad de la prospectiva al servicio de la elaboración de políticas no se define como un instrumento para atender urgencias y resolver problemas inmediatos, sino como un medio para la construcción de una visión a mediano y largo plazo que permita prever problemas y actuar antes de que estos se agraven y se tornen incontrolables. El propósito de la prospectiva no es la predicción sino la creación de condiciones indispensables para el ejercicio de la libertad, el poder y la voluntad de los gobernantes y los ciudadanos en la elección de un futuro deseado, en lugar de sufrir las consecuencias de un futuro no deseado.

Hoy en día, la planificación estratégica es un instrumento sustancial para la construcción social de políticas públicas y los procesos de democratización, como mecanismo de formación de consensos y acuerdos sociales que vincula a la sociedad con las instituciones políticas. A nivel sociopolítico es un instrumento para responder a las demandas sociales, puesto que contribuye a definir los objetivos y estrategias gubernamentales. En ese sentido, la prospectiva ofrece a la planificación estratégica la posibilidad de concebir alternativas de futuro y comprender las grandes transformaciones de la sociedad, para no limitarse simplemente a reproducir la misma acción gubernamental tendencial, rutinaria o reiterativa que por lo general no produce resultados ni satisfacción entre los ciudadanos.

Por otra parte, al introducir una visión fresca y renovada del futuro, la prospectiva facilita al sistema político la adaptación a entornos cambiantes y el aumento de la gobernabilidad, al enfrentar los probables riesgos que plantea el porvenir[2]. Ofrece a la política y a los dirigentes la construcción de visiones compartidas de futuro y otros valores fundamentales, entre los que figuran:

- la exploración de las consecuencias futuras de las decisiones que se deben tomar en la situación actual;

- la posibilidad de refrescar el debate público al incorporar nuevos sentidos futuros que ayuden a dar nuevo significado a las decisiones presentes, otorgándoles una dirección novedosa y compartida;

- la creación de consensos mediante la participación social, acerca de la dinámica de largo plazo que afrontará el sistema social bajo estudio (territorio, país, sector u otro);

- la provisión de marcos de referencia para que los dirigentes cuenten con inteligencia estratégica que explore las evoluciones posibles del entorno y la sociedad;

---

[2]   Para Baena (2007), la prospectiva es política por definición, puesto que induce a tomar una postura frente a la vida y a asumir un compromiso social. La prospectiva no se puede reducir simplemente a una herramienta metodológica para analizar situaciones complejas y se convierte en un elemento vital para construir proyectos políticos que permitan a los ciudadanos construir un futuro deseado, producto de la reflexión colectiva. La prospectiva busca así una forma de reflexión colectiva, "una movilización de las mentalidades frente a los cambios del entorno estratégico" (Godet, 1996, citado por Baena, 2007).

- una contribución fundamental para la formación de los gobernantes y los responsables de las políticas públicas, en una perspectiva holística e integral que permite comprender la interrelación de las transformaciones sociales y el papel que pueden jugar en el cambio de las tendencias sociales mediante la adopción de mejores decisiones estratégicas[3];

- un aporte al proceso de inteligencia colectiva, para definir y experimentar nuevas configuraciones institucionales, adaptadas a un entorno complejo, en situaciones de cambio rápido y permanente, y

- por último, aunque no menos importante, la prospectiva cumple una función democratizadora porque aporta asistencia técnica para realizar una apropiación colectiva y ciudadana del futuro; ello implica un aprendizaje o un reaprendizaje de las funciones ciudadanas y de la función política en su sentido más noble, al conferir sentido a la acción colectiva.

Vista así, la interacción de la prospectiva, la planificación estratégica y las políticas públicas no provee solamente instrumentos para la acción gubernamental. Permite a la sociedad civil organizada o participativa definir las opciones para convertirse en diseñadora y constructora dinámica de su propio futuro. De este modo presta asistencia a los protagonistas en sus decisiones para que los ciudadanos se apropien del futuro, lo que hace más sostenibles las decisiones sobre los cursos de acción y el uso de los recursos colectivos.

Según Baena (2007) la prospectiva tiene una importante función democratizadora, pues contribuye a que la elaboración de políticas públicas sea una forma de autogobierno para intervenir o modificar la realidad futura, a partir del aprendizaje. La prospectiva aportaría la técnica (el procedimiento sobre cómo ampliar los límites del conocimiento ciudadano y un elemento más del aprendizaje colectivo) y el modo de pensar (futuros múltiples, contingentes y complejos) para que los ciudadanos comprendan mejor su problemática, coordinen su acción y expandan sus propios horizontes temporales.

---

[3]   Según Enric Bas (1999), hay siete factores clave que ponen de relieve la conveniencia de utilizar la prospectiva para la adopción de decisiones en un país: i) aumenta el grado de conocimiento sobre el presente y el pasado (paso previo para la definición de tendencias); ii) proporciona referencias válidas acerca de cómo puede ser el futuro mediante el análisis y estructuración de la información disponible y su articulación en escenarios posibles; iii) identifica oportunidades y amenazas, y los sitúa en escenarios deseables o no para el encargado de adoptar la decisión; iv) proporciona análisis de las probabilidades de ocurrencia de cada escenario; v) contribuye a la valoración de las políticas y acciones alternativas; vi) aumenta el grado de oportunidad existente en posturas alternativas, y vii) permite un mejor control de la gestión y deja un margen mínimo a la incertidumbre y al azar.

Cuadro IV.1
Algunos campos de acción de la prospectiva aplicada a la política

Concepto	Descripción	Aplicación
Planificación	• Realiza análisis del entorno para plantear propuestas de gobierno.	• Planes de gobierno. • Políticas públicas. • Desarrollo territorial (municipal y regional), que implica una visión integral que incorpora demografía, seguridad, servicios de infraestructura y comunicaciones, vivienda, salud, educación y cultura.
Análisis político	• Provisión de información necesaria para aumentar la capacidad de gobernar.	• Análisis para acciones de inteligencia, (seguridad nacional, pública e internacional). • Análisis institucional de carácter interno para la toma de decisiones y la elaboración de políticas públicas. • Análisis para los partidos políticos con el objetivo de diseñar proyectos de largo plazo. • Análisis políticos para la elaboración de comentarios u opiniones en los medios de comunicación.
Mercadotecnia política	• Apoyo estratégico en la campaña electoral para promover el triunfo de determinados candidatos a elección popular.	• Escenarios electorales. • Tácticas en contra de los adversarios políticos, analizando las posibles consecuencias sobre el partido y el candidato.
Anticipación de crisis y conflictos	• Evitar un impacto negativo de las decisiones, una crisis de gobernabilidad, y desarrollar la capacidad de observar y monitorear decisiones estratégicas.	• Análisis de riesgo por país. • Protección civil. • Políticas públicas. • Campañas sociales. • Seguridad pública. • Seguridad nacional. • Seguridad internacional. • Paz, negociación y mediación.

Fuente: T. Miklos, E. Jiménez y M. Arroyo, *Prospectiva, gobernabilidad y riesgo político. Instrumentos para la acción*, México, D. F., Limusa, 2008; G. Baena, *Aplicaciones de la prospectiva a la política*, Bogotá, Convenio Andrés Bello, 2007.

B. La prospectiva como función básica de la planificación para el desarrollo

1. La prospectiva y las funciones básicas de la planificación

El aporte de la prospectiva a la planificación para el desarrollo en América Latina se relaciona con el contexto anterior, y parte de las siguientes hipótesis:

- La planificación es un aspecto, explícito o implícito, del proceso de liderazgo en una nación, que implica información, interpretación, definición, orientación, anticipación, coordinación y evaluación de una acción sostenida de gobierno.

- La planificación es parte inherente del proceso de gobernar e instrumento de cambio. Cuando se formaliza e institucionaliza, como parte de la acción gubernamental, surgen elementos de información, alternativas, posibles consecuencias, costos económicos y políticos en la toma de decisiones, y también elementos de coordinación, consistencia y seguimiento en la acción para lograr los objetivos adoptados.

- Ante la alta dinámica de cambio mundial, se requiere un nuevo paradigma de planificación; al menos en dos sentidos: el plazo sobre el que se planifica y el peso del entorno de lo planificado. En la medida en que el mundo se ha vuelto más "turbulento" (velocidad y alcance del cambio), más complejo (menos comprensible con los modelos e instrumentos tradicionales) y más incierto (con interacciones más cuantiosas e intensas, cuyos resultados son menos previsibles), la planificación (de sistemas sociales, desde organizaciones hasta el mundo) ha tenido que ampliar el plazo de lo planeado y ampliar los temas de interés para poder planificar. En ambos aspectos la prospectiva tiene un papel central (Alonso, 2012).

Según el Instituto Latinoamericano y del Caribe de Planificación Económica y Social (ILPES, 2001; Wiesner, Garnier y Medina, 2000) la prospectiva es una de las funciones básicas de la planificación[4]. No es la única, sino que es parte de un concepto integral de gestión estratégica donde también están las funciones de coordinación de políticas, evaluación y concertación. El pensamiento de largo plazo es un elemento importante dentro de esa nueva reconfiguración de la planificación.

Recuadro IV.1
Funciones básicas de la planificación

1. Prospectiva o de visión de largo plazo con alto sentido de anticipación y construcción de futuros.

2. Coordinación de políticas y esfuerzos para generar sinergias; concertación para garantizar la participación e inclusión de todos los involucrados.

3. Evaluación de políticas y programas para promover una gestión por resultados.

Fuente: J. Martín, "Funciones básicas de la planificación económica y social", *serie Gestión Pública*, N° 51 (LC/L.2363-P), Santiago de Chile, Comisión Económica para América Latina y el Caribe (CEPAL), 2005. Publicación de las Naciones Unidas, N° de venta: S.05.II.G.102.

La práctica de las funciones básicas de la planificación es esencial para orientar las decisiones estratégicas de un país o territorio. Su valor radica en trascender la visión cortoplacista que ha primado en la gestión pública del nivel central y proporcionar una lectura más amplia de la

---

[4] En otro documento se ha reconocido la concertación (Martín, 2005), como una cuarta función de la planificación.

realidad, en forma independiente de la coyuntura. Con ello, se pretende crear en la ciudadanía una conciencia política en torno a la necesidad de tener metas de largo alcance y líneas de continuidad que trasciendan los gobiernos de turno. También se busca que la administración pública no se deje absorber por la cotidianidad, que aumente su responsabilidad con el país en su conjunto y que tienda puentes entre los gobiernos subnacionales a fin de alimentar la reflexión colectiva que fundamenta las políticas públicas, que deben diseñarse conforme al mandato constitucional.

Mediante una mayor coordinación de las políticas públicas y, por consiguiente, de los programas y los proyectos, se facilita el uso de los mecanismos de mercado, se disminuye la asimetría de información entre gobernantes y gobernados y se aumenta el impacto en la rentabilidad de los recursos. Además, mediante una mayor cultura de evaluación de las políticas, programas y proyectos, la sociedad como un todo conoce mejor el destino de los recursos tributarios y, por ende, cuenta con mayor información para definir sus prioridades y transparentar la gestión pública.

La articulación de las funciones básicas de la planificación introduce los siguientes factores que agregan valor público a la gestión:

- la articulación temporal del corto plazo (proyectos), mediano plazo (programas) y largo plazo (políticas o visiones);

- la dimensión espacial o territorial, combinando el nivel nacional con el regional y el local;

- el alargamiento de los horizontes de planificación y, por tanto, de la responsabilidad de los planificadores y gestores públicos;

- la cultura de la evaluación o la gestión por resultados, al evaluar planes, programas y proyectos;

- la función de concertación estratégica, o búsqueda de consensos y la participación de los sectores público, privado-empresarial y académico, y

- la necesidad de mejor información para la toma de decisiones.

Así pues, la prospectiva no sustituye a la planificación, sino que es una función de esta. La prospectiva no es en ningún modo un elemento nuevo de este conjunto de funciones. Lo que ha cambiado en la última década es su peso dentro del conjunto. Efectivamente, en los 15 años anteriores, la evaluación y la coordinación fueron mucho más importantes que la prospectiva en las prácticas de los gobiernos, pero en los últimos años esta última ha ganado terreno. En el contexto actual, el aumento de la incertidumbre justifica plenamente la necesidad de más y mejor prospectiva, y de articularla más adecuadamente con las demás funciones básicas de la planificación.

2. El aporte principal de la prospectiva a la política pública: la visión de futuro

Ahora bien, ¿cuáles son los ejes sobre los que trabaja la prospectiva aplicada a la gestión pública?

- Por un lado está el propósito cognitivo de proveer visiones de futuro y ampliar los horizontes temporales de la sociedad. Es decir, pensar a más largo plazo mediante estudios e instrumentos concretos.

- Por otro lado está el propósito de contribuir a mejorar la planificación, o sea, apoyar la asignación de prioridades y la estructuración de información para la toma de decisiones.

- Por último, están la participación y la relación con la comunidad, que tienen que ver con brindar acceso al conocimiento y a la creación y desarrollo de redes que contribuyan a mejorar la calidad del diálogo social sobre el futuro de los países, territorios o sectores.

La prospectiva se coloca en la intersección de estos tres grandes ejes o facetas. Se plantea en general esos tres propósitos: ampliar los marcos de referencia, apoyar la adopción de decisiones y conectarse con la gente. De ellos, el determinante es la construcción de visiones compartidas de futuro, porque precede al plan, el presupuesto y los programas que constituyen la columna vertebral de la gestión pública.

Diagrama IV.1
Entornos inestables: retroalimentación constante del proceso y planificación continua

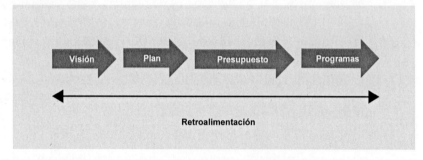

Fuente: J. Medina Vásquez y E. Ortegón, "Manual de prospectiva y decisión estratégica: Bases teóricas e instrumentos para América Latina y el Caribe", *serie Manuales*, N° 51 (LC/L.2503-P), Santiago de Chile, Comisión Económica para América Latina y el Caribe (CEPAL), 2006. Publicación de las Naciones Unidas, N° de venta: S.06.II.G.37.

Para construir una visión de futuro genuina, se deben cumplir las cuatro características (Medina, 2003). La visión debe ser:

- Estructurada: esto significa que debe surgir de la realidad y ser consistente y coherente a nivel conceptual y operativo. Debe tener una capacidad integradora de imágenes de futuro de diversos grupos de interés.

- Transformadora: debe motivar a un cambio estructural o un cambio de estado de las cosas.

- Innovadora: debe aportar algo nuevo, ser capaz de inspirar logros importantes.

- Realizable: debe formularse en términos que orienten la acción colectiva y la acción de gobierno para hacerla viable, ha de ser congruente con los principios de la organización social y contener un horizonte temporal suficientemente prudente, pero amplio para poderse materializar.

Por tanto, para concretar la visión de futuro y hacerla posible, se deben identificar estrategias pertinentes, coherentes y verosímiles. Para ello es necesario producir y decantar las ideas fuerza que constituyen la visión, buenas ideas nuevas, cargadas de sentido para orientar el proceso de cambio necesario. Este proceso debe contar con la participación de los actores sociales y los grupos de interés. En lo posible, la visión de futuro debe ser compartida y constituir un punto de encuentro de la sociedad. La visión debe garantizar por los menos un mínimo común inteligible para todas las partes, a partir del que se puedan crear consensos alrededor de aspectos realizables y negociables, pero que inspiren a la sociedad a emprender cambios estructurales o enfrentar grandes desafíos.

Recuadro IV.2
Implicaciones institucionales de una construcción
de visión de futuro: el caso de Costa Rica

La ruta al desarrollo sostenible y la planificación a largo plazo en Costa Rica constituyen un desafío, ya que se trata de temas complejos que requieren un tratamiento continuo y un arduo proceso de discusión, diálogo y búsqueda de acuerdos, entre los actores públicos y privados y la sociedad civil, para fijar prioridades y objetivos que trasciendan los períodos de gobierno. Las causas de los diversos problemas que aquejan a Costa Rica son complejas y diversas, y exigen por lo tanto una visión integral y estratégica que involucre a los diferentes actores de la sociedad.

Hay problemas estructurales que afectan la búsqueda y la ejecución de soluciones a los grandes problemas nacionales, desde el punto de vista de la planificación y de la gestión pública. Esto deja en evidencia la desarticulación de acciones y el cortoplacismo imperante para resolverlos, así como la falta de continuidad de los programas y proyectos que ejecutan las diferentes instituciones y la modificación de las grandes prioridades del país, lo que entraña un desperdicio de recursos que un país pequeño como Costa Rica no se puede permitir.

Recuadro IV.2 (conclusión)

El análisis a largo plazo adquiere un papel fundamental en el proceso de planificación. Su importancia radica en lograr la articulación y la coordinación con el corto y el mediano plazo que ha prevalecido en la acción política y la gestión pública de Costa Rica. Planificar a largo plazo no significa dejar de lado la acción y los planes cuatrienales del Gobierno, sino complementar, articular, concertar y dar sostenibilidad a las soluciones duraderas a los grandes temas y retos del país, que trascienden los períodos de gobierno.

La inclusión de la visión a largo plazo, que implica trazar una ruta para Costa Rica, es un ejercicio necesario si se desea mejorar el nivel de desarrollo y avanzar en la consolidación de la gobernabilidad en un marco democrático y participativo, que defina una agenda estratégica para las políticas públicas en los años venideros, lo que será posible en la medida en que se cambie el paradigma actual.

La visión a largo plazo permite que la sociedad costarricense defina un camino para orientar su futuro, unir esfuerzos y crear voluntades entre los diversos actores con miras a alcanzar los objetivos planteados. Esta visión debe permear la definición de políticas, estrategias y asignación de recursos, en forma que trascienda las diferentes administraciones gubernamentales y, sobre todo, que contribuya a mejorar la calidad de vida de los costarricenses.

La construcción de esta visión y la definición de la agenda correspondiente entraña varios retos, entre ellos, identificar y establecer con claridad los temas fundamentales a considerar y definir el tipo de desarrollo al que Costa Rica aspira como nación. No es una tarea sencilla. Sin embargo, es posible trazar una ruta que pueda conducir al mejoramiento de las condiciones de vida de la población.

Fuente: Costa Rica, Ministerio de Planificación Nacional y Política Económica (MIDEPLAN), *Costa Rica Visión a Largo Plazo*, San José, 2012.

3.   La prospectiva y la coordinación de las políticas públicas[5]

El elemento decisivo de la coordinación de políticas públicas consiste en trabajar simultáneamente en tres niveles: la macropolítica, la mesopolítica y la micropolítica. En América Latina, los países suelen estar atrapados en el nivel de los proyectos, el nivel micro, en los afanes del día a día, las urgencias y lo inmediato. Pero de esta manera se pierde el contexto. Por tanto, desde el punto de vista de la prospectiva, interesa básicamente comprender las demandas recíprocas entre los sectores productivos y políticos, el vínculo entre estos y el territorio y la articulación de dichas demandas con los objetivos de desarrollo del país a mediano y largo plazo. Se trata de darle un sentido a la macropolítica, con preguntas como, por ejemplo, ¿qué país se desea tener hacia el año 2020 o 2030? y ¿qué papel podría jugar el país en la economía nacional y global?

[5]   Véase un examen más detallado en Ortegón (2011), (2008) y Ortegón y Pacheco (2005).

Diagrama IV.2
Niveles de formulación de políticas públicas

Fuente: Cristo, C., *Programa Brasileiro de Prospectiva Tecnológica Industrial*, Brasilia, Secretaría de Tecnología Industrial, Ministerio para el Desarrollo, la Industria y el Comercio Exterior, 2003.

La construcción de visión de futuro invoca esos tres niveles. Usualmente se pretende que la visión estratégica nacional se ejecute a nivel de las regiones y de cada una de las instituciones u organizaciones. Se busca concentración en los niveles macro y meso, para armonizar a partir de ellos el nivel micro. Al final lo importante es que haya coherencia entre los tres niveles: i) el nivel estratégico, que es el nivel macro de la nación, y el plano de la visión general o integral; ii) el nivel programático, o sea, el nivel meso, de los ministerios y regiones, y iii) el nivel operacional, el nivel micro, donde se ubican los proyectos y organizaciones propiamente dichos.

Diagrama IV.3
Coordinación de los niveles de planificación

Fuente: J. Medina Vásquez y E. Ortegón, "Manual de prospectiva y decisión estratégica: Bases teóricas e instrumentos para América Latina y el Caribe", *serie Manuales*, N° 51 (LC/L.2503-P), Santiago de Chile, Comisión Económica para América Latina y el Caribe (CEPAL), 2006. Publicación de las Naciones Unidas, N° de venta: S.06.II.G.37.

No obstante, hoy en día en la mayoría de los países este ideal teórico de coordinación no funciona en la práctica. Es difícil que haya coherencia y alineamiento entre los tres niveles. Esto se debe a que usualmente hay tres tipos de coordinación y, por ende, tres tipos de fallas:

i)   La coordinación de arriba hacia abajo tiene que ver con las directrices estratégicas del gobierno nacional hacia cada ministerio, región e institución. En América Latina se está trabajando con miras a combinar mejor las dosis correctas de mercado y Estado y tomar decisiones estratégicas más coherentes y efectivas.

ii) La coordinación de abajo hacia arriba se refiere a los mecanismos de acción colectiva necesarios para construir acuerdos en la sociedad y escoger y validar prioridades claras y consistentes. Normalmente, el gobierno nacional o los gobiernos provinciales tienen que procesar una gran multitud de demandas atomizadas, dispersas y contradictorias de la población. Por medio de estos mecanismos se busca contribuir a que la acción colectiva sea más coherente.

iii) Por último están las fallas de coordinación horizontal, que tienen que ver con las relaciones entre los ministerios, o sea la articulación interministerial. A veces sucede que una medida del gobierno anula el efecto que se pretende obtener con otra, de modo que las políticas públicas compiten entre sí. Por ejemplo, cuando los territorios reciben ofertas simultáneas y contradictorias de los ministerios, no se da abasto desde la provincia o localidad para atender tal multiplicidad de demandas no coordinadas, emitidas de arriba hacia abajo.

La prospectiva busca la racionalización de los tres niveles de política. Cuando no existe un plan nacional, no se cuenta con una cabeza visible. En ausencia de tal visión estratégica, los territorios deben concebir sus propios futuros, de abajo hacia arriba. No obstante, cuando todos los territorios buscan sus propias oportunidades sin una visión nacional, no se encuentran entre sí y no sostienen diálogos que produzcan mediaciones a los conflictos que surgen.

4.   La coordinación intertemporal

Para evitar esa dispersión de intereses y recursos se necesitan mecanismos que articulen la escala temporal de las acciones de Estado. Un ejemplo interesante de armonización de los horizontes de planificación ha sido el programa "Avanza Brasil". En ese caso se introdujeron mecanismos como el Plan Plurianual de Inversiones, las leyes de directrices presupuestarias, de presupuesto anual y de responsabilidad fiscal, que permitieron concatenar los ciclos de gobierno en una secuencia que sincroniza los ritmos y los horizontes de planificación.

Diagrama IV.4
Horizontes de planificación

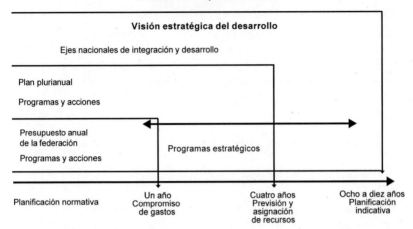

Fuente: Elaboración propia, sobre la base de E. Ortegón y J. F. Pacheco, "Los sistemas nacionales de inversión pública en Argentina, Brasil, México Venezuela y España como caso de referencia (cuadros comparativos)", *serie Manuales*, N° 40 (LC/L.2277-P), Santiago de Chile, Comisión Económica para América Latina y el Caribe (CEPAL), 2005. Publicación de las Naciones Unidas, N° de venta: S.05.II.G.53.

La falta de instrumentos en este sentido constituye un gran problema para muchos países de América Latina, debido al riesgo de hacer grandes inversiones que entrañen compromisos imprevistos para las nuevas generaciones, o de que un nuevo gobierno desmantele los avances y logros de una administración anterior, o que un gobernante comprometa recursos de forma que lastre la gestión de los gobernantes futuros.

En el diagrama anterior se puede observar que la visión estratégica del desarrollo enmarca un proceso de ocho o diez años. Mediante esa visión articulada por ejes nacionales de desarrollo se puede tener más claridad sobre el mediano plazo (en este caso, cuatro años) para la previsión y asignación de recursos y se puede dialogar en el marco de programas estratégicos que orientan en un mismo sentido los distintos proyectos. De esta manera, el presupuesto anual, el compromiso a corto plazo y los programas y acciones concretos se relacionan por medio del plan plurianual y se puede obtener una visión más completa.

La necesidad de crear estos marcos de referencia intertemporales ha llevado a muchos países de América Latina en la década anterior a crear visiones de futuro. El Brasil creó la visión hacia el 2022; Colombia estableció la Visión 2019; la República Dominicana promulgó la Visión 2030, y otros países, como Chile, México y el Perú, produjeron reflexiones sobre el futuro a propósito de la celebración de los bicentenarios de su independencia. Si bien algunos de estos proyectos no tuvieron el impacto que se esperaba, han tenido la virtud de poner a pensar a la ciudadanía en el largo plazo y han contribuido a una mejor alineación de la relación entre los niveles micro, meso y macro. Esto ha sido importante porque los gobernantes locales y regionales han comenzado a pensar en horizontes de tiempo más largos, no solo mientras duren sus mandatos, sino en acciones que trasciendan su período de gobierno y brinden al territorio o país un hilo conductor real.

C.   La prospectiva aplicada a la gestión pública

1.   Campos de acción y funciones

La prospectiva se practica en múltiples dimensiones (meta, macro, meso y micro) y sirve de apoyo a diferentes tipos de resultados que involucran diversos niveles e instrumentos de gestión pública. Contribuye a desarrollar capacidades para coordinar y articular la acción gubernamental (véase el cuadro IV.2).

La prospectiva orienta su acción sobre la base de funciones claras centradas en las necesidades específicas de los decisores, con objetivos y procesos de gestión pública particulares (véase el cuadro IV.3).

Cuadro IV.2
Articulación entre niveles de planificación e instrumentos de gestión pública

Dimensión	Nivel	Instrumentos de gestión	Apoyo de la prospectiva
Meta	Global	Competencias aplicadas para la alta dirección pública. Construcción de agendas y compromisos multilaterales.	Conversaciones estratégicas con actores sociales, debates públicos, cultura prospectiva, gobernanza global.
Macro	Imagen objetivo Acuerdo nacional Proyecciones macroeconómicas	Visión nacional. Políticas de Estado. Política general de gobierno. Marco plurianual de inversiones.	Visiones de país. Apoyo a decisiones estratégicas (irreversible, altos costos, altos impactos). Coordinación intertemporal.
Meso	Sectorial Territorial	Lineamientos de política sectorial. Plan de desarrollo territorial.	Desarrollo de sectores estratégicos. Estrategias territoriales.
Micro	Institucional Operativo	Plan de desarrollo territorial. Presupuesto operativo.	Desarrollo de organismos nacionales de planificación, capacidades institucionales.

Fuente: Elaboración propia, sobre la base de E. Ortegón, *Fundamentos de planificación y política pública*, Alcalá, Instituto de Estudios Latinoamericanos, Universidad de Alcalá/Centro Guaman Poma de Ayala, 2011 y N. Shack Yalta, "Gestión pública orientada a resultados. Presupuesto por resultados", Diplomado Gestión Pública Orientada a Resultados, Cusco, Centro Guaman Poma/S & S, Proyectistas y Consultores Asociados, 2010.

Cuadro IV.3
Funciones y utilidad de la prospectiva para la gestión pública

Función	Necesidad de los decisores	Objetivos	Proceso para la gestión pública
Cognitiva	Comprender la complejidad del entorno.	Monitorear y comprender las dinámicas de cambio tecnológico global.	Producir visiones, intercambiar conocimiento.
Decisoria	Enfrentar la incertidumbre.	Proveer insumos significativos para la adopción de decisiones.	Determinación de objetivos, evaluación de procesos y mecanismos.
Proyectiva	Estimular la capacidad de innovación.	Estimular la imaginación para ampliar la gama de alternativas a construir por la sociedad.	Producir nuevas ideas y proyectos eficaces.
Educativa	Desarrollar una visión del mundo sistémica y dinámica.	Forjar conciencia y perspectiva global entre una nueva generación de ciudadanos, líderes y planificadores.	Desarrollar capacidad de gobierno.
Organizativa	Organizar la acción colectiva.	Promover la sinergia y la cooperación entre los actores y las redes sociales.	Intercambio de información pertinente, legitimación de la acción pública.
Democratizadora	Abrir espacios para construir sentido en la acción colectiva.	Promover la participación social y ampliar el debate público a nuevas voces y perspectivas ciudadanas.	Apoyar la construcción de gobernanza.

Fuente: J. Medina Vásquez y E. Ortegón, "Manual de prospectiva y decisión estratégica: Bases teóricas e instrumentos para América Latina y el Caribe", serie *Manuales*, N° 51 (LC/L.2503-P), Santiago de Chile, Comisión Económica para América Latina y el Caribe (CEPAL), 2006. Publicación de las Naciones Unidas, N° de venta: S.06.II.G.37; G. Baena, *Aplicaciones de la prospectiva a la política*, Bogotá, Convenio Andrés Bello, 2007.

2. La anticipación y la construcción del futuro

La prospectiva clásica se ha orientado a la anticipación y la reflexión sobre los futuros posibles. La prospectiva contemporánea pretende, además, actuar en contextos institucionales y construir el futuro a partir de decisiones estratégicas. En ese sentido, asume y comparte con la planificación la responsabilidad de orientar la acción del gobierno y la acción colectiva. La visión clásica de la prospectiva, entendida como anticipación, se orienta a la exploración de futuros posibles para aclarar las decisiones y acciones presentes. Por su parte, la prospectiva de nueva generación añade el concepto de construcción social del futuro, lo que implica el despliegue de la imaginación y la capacidad social, técnica y política de los territorios, países, sectores, o áreas de la planificación para el desarrollo.

La anticipación produce imágenes de futuro. La construcción de futuros incluye la anticipación, pero se ocupa fundamentalmente de la realización de tales imágenes. En ese sentido, incluye la participación de los ciudadanos o usuarios de las visiones, planes o proyectos de carácter prospectivo (apropiación), la concreción o materialización de las imágenes de futuro mediante proyectos (acción) y el proceso de retroalimentación, para hacer de la prospectiva una actividad continua o permanente (aprendizaje) (véanse el cuadro IV.4 y el diagrama IV.5).

Cuadro IV.4
Complementación entre anticipación y construcción de futuros

	Anticipación	Construcción de futuros
Foco	Exploración de alternativas de futuros posibles, probables y deseables.	Desarrollo de inteligencia colectiva y capacidad social, técnica y política de respuesta.
Propósito	Observación y comprensión los cambios en curso y las evoluciones estructurales.	Desarrollo de capacidades de respuesta permanente y acción colectiva en prospectiva y vigilancia estratégica y tecnológica.
Enfoque	Aclaración de las decisiones y acciones presentes.	Mejora del diálogo social y aprendizaje colectivo.
Mecanismos	Desarrollo de métodos y procesos prospectivos.	Desarrollo de métodos, procesos, sistemas prospectivos, prospectiva iterativa o viviente.

Fuente: J. Medina Vásquez y E. Ortegón, "Manual de prospectiva y decisión estratégica: Bases teóricas e instrumentos para América Latina y el Caribe", *serie Manuales*, N° 51 (LC/L.2503-P), Santiago de Chile, Comisión Económica para América Latina y el Caribe (CEPAL), 2006. Publicación de las Naciones Unidas, N° de venta: S.06.II.G.37.

Diagrama IV.5
La prospectiva como una actividad de ciclo continuo y diálogo social permanente

Ciclo continuo

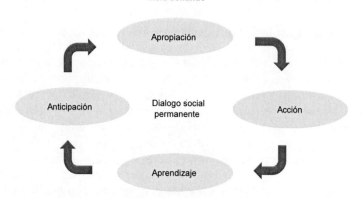

Fuente: Elaboración propia, sobre la base de E. Wiesner, L. Garnier y J. Medina, "Función de pensamiento de largo plazo: Acción y redimensionamiento institucional del ILPES", *Cuadernos del ILPES*, N°46 (LC/IP/G.126-P), Santiago de Chile, Comisión Económica para América Latina y el Caribe (CEPAL), 2000. Publicación de las Naciones Unidas, N° de venta: S.00.III.F.2.

La idea clave es observar la complementariedad entre los conceptos de anticipación y construcción de futuros. De hecho, el primero es una parte fundamental del segundo. La anticipación implica la visualización de cambios sociales y tecnológicos en un sistema dado a lo largo del tiempo. Puede ser de naturaleza exploratoria si se limita a describir tales transformaciones, o de tipo normativo, si busca prescribir objetivos o estrategias para la acción. En la construcción de futuros en todos los componentes tiene lugar un diálogo social permanente entre instituciones y ciudadanos. La prospectiva establece espacios democráticos para construir sentido y movilizar la inteligencia colectiva para pensar, debatir sobre el futuro y modelarlo. En cada momento se involucra el diálogo con los actores sociales para estructurar conversaciones estratégicas sobre las opciones futuras de la sociedad. Se producen interrogaciones sistemáticas y organizadas acerca del futuro, a través de métodos, procesos y sistemas de análisis.

Cada componente de la construcción de futuros es un aporte a un asunto crucial de la gestión pública, mediante un proceso orientado hacia un resultado definido. Esto es importante a la hora de tener en cuenta las competencias, infraestructuras y metodologías necesarias con miras a implementar la prospectiva en la planificación para el desarrollo y las políticas públicas (véase el cuadro IV.5).

Cuadro IV.5
Construcción de futuros como ciclo de planificación continua

Componente	Objetivo	Asunto crucial en la gestión pública	Procesos	Resultados
Anticipación	Mejorar la calidad de las imágenes y visiones de futuro.	• Incorporar a la sociedad civil en un proceso democrático y tecnocrático de análisis de futuro de los sistemas sociales (arriba-abajo, abajo-arriba).	Diseño de escenarios alternativos	Orientación de decisiones estratégicas
Apropiación	Estimular la participación y asimilación de escenarios y desafíos futuros.	• Ampliar el debate público. • Mejorar la comunicación con la ciudadanía.	Visiones y proyectos colectivos; debate público	Creación de sentido; movilización colectiva
Acción	Poner en marcha proyectos pertinentes y eficaces.	• El pasaje de las imágenes de futuro a la acción colectiva. • Producir sinergia de las políticas públicas y la planificación para el desarrollo.	Gestión de procesos y proyectos prospectivos	Mejoramiento de calidad de vida
Aprendizaje	Generar retroalimentación constante que facilite el examen de las brechas entre las imágenes de futuro propuestas y el cumplimiento de metas en el presente.	• Producir inteligencia colectiva. • Evaluar en forma permanente la respuesta de la acción pública al cambio social.	Vigilancia prospectiva	Sintonía de entorno por los gobiernos

Fuente: Elaboración propia, sobre la base de J. Medina Vásquez y E. Ortegón, "Manual de prospectiva y decisión estratégica: Bases teóricas e instrumentos para América Latina y el Caribe", *serie Manuales*, N° 51 (LC/L.2503-P), Santiago de Chile, Comisión Económica para América Latina y el Caribe (CEPAL), 2006. Publicación de las Naciones Unidas, N° de venta: S.06.II.G.37.

3.   El diálogo estratégico sobre el futuro

El diálogo estratégico sobre el futuro busca abrir posibilidades en materia de opciones estratégicas futuras de la sociedad. Consiste en una serie de conversaciones estratégicas entre los actores sociales del sector público, privado, académico y social, con miras a crear nuevas perspectivas sobre el futuro, construir relaciones sostenibles de mediano y largo plazo, y modificar actitudes y comportamientos colectivos (Scapolo, 2011; Van der Heijden, 2009). De este modo, las actividades de prospectiva producen procesos de aprendizaje mutuo, lo que permite a los participantes (políticos) obtener una mejor comprensión de las perspectivas sobre el futuro y establece una base común para el desarrollo de políticas (Weber y otros, 2011).

Cuadro IV.6
**Diálogo estructurado de los actores sociales sobre el futuro:
beneficios e impactos de la prospectiva**

Beneficios	Factores clave	Impactos de política
Perspectivas sobre el futuro	• Dinámicas de cambio • Nuevas perspectivas • Futuros riesgos y oportunidades • Opciones estratégicas • Capacidades del sistema • Visiones de las partes interesadas	• Inteligencia estratégica como soporte para mejores decisiones y estrategias
Relaciones con respecto al futuro	• Redes • Conexiones • Arenas neutras de conversación • Perspectivas compartidas • Visiones compartidas	• Cambios en la sociedad por mejor implementación de políticas • Cambios en el proceso político con miras a mejorar la toma de decisiones
Actitudes hacia el futuro	• Pensamiento de largo plazo • Conciencia sobre desafíos • Cultura prospectiva y aprendizaje	

Fuente: Elaboración propia, sobre la base de F. Scapolo, *Foresight as an Instrument for Research Priorities Identification*, Viena, Centro Común de Investigación, junio de 2011.

El diálogo estratégico sobre el futuro puede estructurarse de acuerdo con las etapas del proceso prospectivo, desde el diagnóstico hasta la exploración de alternativas de futuro, la orientación estratégica, la adopción de decisiones y la implementación y coordinación de políticas. Cada etapa tiene diferentes subprocesos, propósitos, preguntas clave y metodologías.

Ahora bien, la diversidad y los niveles de participación ciudadana pueden también organizarse en función de las etapas precedentes. Se puede encontrar un ejemplo ilustrativo en el cuadro IV.7 y el diagrama IV.6.

Cuadro IV.7
Proceso prospectivo como contexto del diálogo estratégico

Fases	Diagnóstico	Exploración	Orientación estratégica	Adopción de decisiones	Implementación y coordinación
Subproceso	Análisis interconectado de tendencias	Alternativas de futuro	Ideas clave y planificación del sistema	Decisiones de portafolio	Indicadores tempranos, cronogramas, planificación de recursos
Propósito	Análisis rico y estructurado de contexto	Ampliación de opciones estratégicas	Rutas claras de acción	Recomendaciones	Medidas, acciones concretas
Preguntas clave	¿De dónde venimos? ¿Dónde estamos?	¿Hacia dónde podemos ir? ¿Hacia dónde queremos ir?	¿Cómo llegar a donde queremos?	¿Qué hacemos?	¿Cuándo, dónde, con qué, con quién lo hacemos?
Metodologías	Análisis del entorno	Escenarios	Estrategia	Adopción de decisiones	Mapa estratégico

Fuente: Elaboración propia, sobre la base de R. Ringland, "The role of scenarios in strategic foresight", *Technological Forecasting & Social Change*, vol. 77, N° 9, Ámsterdam, Elsevier, 2010.

Diagrama IV.6
Ejemplo de niveles de participación en un ejercicio prospectivo

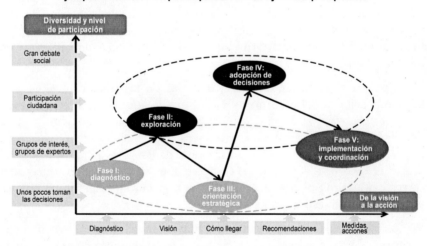

Fuente: For-Learn, "The Concept of Adaptive Foresight", 2006 [en línea] http://forlearn.jrc.ec.europa.eu/guide/2_scoping/meth_adaptive-foresight.htm.

D.　Conclusiones

En la actualidad, uno de los rasgos indiscutibles del entorno mundial es la incertidumbre, la constante transformación, la abrumadora cantidad y velocidad de cambios (Klinger, 2007). Para afrontar los desafíos del cambio estructural de América Latina en un contexto y proceso de globalización, se requiere comprender en tiempo real cómo la aceleración del cambio tecnológico y la transformación de los mercados afectan hoy en día a cualquier empresa o sector productivo, dentro de una región o país. Se necesita, por tanto, contar con procesos sistemáticos que suministren información pertinente del entorno en el momento oportuno, para anticipar amenazas y oportunidades y generar una capacidad de respuesta pertinente, veloz y efectiva (Escorsa y Maspons, 2001).

Afrontar estas condiciones implica contar con nuevas formas de gestión estratégica, que aborden la información y el conocimiento desde diferentes disciplinas para visualizar alternativas de futuro en un contexto global, establecer diversos caminos para construir el futuro deseado y no sufrir el rigor y los costos de los cambios indeseados (Medina y Ortegón, 2006). A ese efecto, se requiere desarrollar marcos de planeamiento estratégico que ordenen y orienten las políticas públicas que inciden en la transformación productiva y social de los países. Estos marcos se basan en cuatro funciones básicas: i) la prospectiva y las visiones de largo plazo; ii) la coordinación de políticas públicas; iii) el seguimiento y evaluación, y iv) la concertación o negociación estratégica de las políticas públicas (Ortegón, 2008). La prospectiva es un componente esencial de un nuevo paradigma de planificación en América Latina.

La prospectiva ha avanzado a la par de las transformaciones de la planificación y del entorno mundial, que demandan a su vez nuevos enfoques de esa disciplina. Después de varias décadas de acumulación de conocimiento, hoy en día coexisten varias generaciones de prospectiva. Actualmente confluyen la tercera y la cuarta generación, lo que no anula las prácticas anteriores, sino que las complementa. Esta evolución conceptual corresponde a un tipo distinto de planificación, enfoque del futuro, énfasis y aplicación a la gestión pública.

Hay una conciencia cada vez mayor en el mundo acerca de la necesidad de hacer prospectiva y construir mejores alternativas de futuro. Para analizar los cambios en el entorno internacional, hoy en día no basta la simple proyección de lo existente, ni aceptar la dinámica de que todo deba seguir igual que siempre (Eerola y Miles, 2008). Esta dinámica ha generado una diferenciación muy amplia de prácticas prospectivas a diferentes niveles: global, sectorial, institucional, territorial e interterritorial. Más que una moda, es una necesidad y ello ha conducido a la elaboración de métodos, procesos y sistemas prospectivos.

El propósito de relacionar la prospectiva con la política pública es salir del marco de la situación actual, visualizar un futuro deseado y un proyecto de futuro. Proyectar significa ir hacia adelante, dibujar la visión hacia donde se espera llegar, pero también entender los caminos que pueden lograr el futuro deseado. La prospectiva se vincula con la estrategia y facilita a los gobiernos el emprendimiento de procesos de cambio.

El proceso prospectivo implica alargar el horizonte de exploración de los futuros, introducir funciones de análisis o examen permanente del entorno y acumulación de conocimientos acerca del futuro. También significa hacer que la selección de políticas sea más transparente e incorporar mejor el pensamiento estratégico para poder establecer prioridades.

Afrontar los grandes desafíos requiere programas prospectivos y no solo proyectos puntuales. Se necesita acción a largo plazo y adaptación continua a las condiciones cambiantes. La prospectiva no entraña un proceso rígido de planificación. Al contrario, contiene variaciones, combinación de visiones de futuro y ajustes permanentes. Por tanto, necesita sistemas cada vez más flexibles para proveer información.

La prospectiva induce a pensar en los grandes desafíos de los países y territorios. Permite repensar el papel de la política y le da una base legítima para la intervención pública. En la medida en que haya participación, trabajo conjunto y consulta a la ciudadanía, se cultiva la legitimidad, la inclusión y la transparencia.

Hoy en día la prospectiva es vista como un elemento poderoso en su función de coordinación de políticas y su capacidad para movilizar actores sociales con puntos de vista diferentes. Contribuye a la definición de una visión compartida y a la creación de consensos políticos. Este potencial se tiene que aprovechar mejor, para articular de forma coherente las políticas públicas.

En última instancia, la aplicación de la prospectiva a las políticas públicas permite promover las visiones de futuro innovadoras, induce a tener mayor conciencia de la integralidad y el pensamiento sistémico, establecer mejor las prioridades, tener mayor claridad, elaborar estrategias más detalladas, incorporar una mejor sustentación específica de las decisiones, colaborar con otros actores sociales, gestionar redes y desarrollar proyectos más complejos. La prospectiva eleva el nivel del pensamiento estratégico, saca al decisor de los proyectos puntuales y lo coloca en un contexto integral y sistémico.

Diagrama IV.7
Aplicación a las políticas públicas

Fuente: J. Medina Vásquez, "Bases para una teoría de la decisión", Curso Planificación y Gestión Estratégica de las Políticas Públicas, Santa Cruz de la Sierra, Instituto Latinoamericano y del Caribe de Planificación Económica y Social (ILPES), 2009 y "¿Hacia dónde va la educación superior? Reflexiones acerca de los nuevos objetivos de política pública y el papel de la investigación", *Posiciones*, N° 3, Universidad del Valle, 2009.

No obstante, el desarrollo de la prospectiva exige una mayor conciencia sobre la forma de pensar de los dirigentes y las sociedades acerca del futuro y sobre el modo en que construyen la realidad con sus decisiones estratégicas. Este factor es crucial en los países en desarrollo, que deben analizar los modos de pensamiento, los valores y la responsabilidad social en que se basa la orientación estratégica de los cursos de acción colectivos (Nováky y Tyukodi, 2010). Esto repercute en la valoración de la función educativa, proyectiva, democrática y organizativa de la prospectiva, no solo la función cognitiva y decisoria. Ante todo, la prospectiva requiere una labor formativa con miras a la sostenibilidad de las sociedades. Se edifica sobre principios básicos que serán útiles para afrontar los cambios sistémicos y estructurales necesarios en el entorno mundial actual y venidero.

Capítulo V

Panorama internacional del desarrollo de las organizaciones y los sistemas prospectivos

A. Coordenadas básicas para la implementación de la prospectiva

En el campo internacional, se utilizan diferentes y numerosas opciones organizativas para llevar la prospectiva a la práctica. Para comprender esta variedad de posibilidades pueden plantearse dos grandes ejes de trabajo: i) el alcance, dado por el número de temas a abordar, su complejidad y profundidad, y ii) el desarrollo organizacional, dado por la preparación y estabilidad en el tiempo de los equipos involucrados, los recursos disponibles y la capacidad logística y administrativa[1].

A mayor alcance, las organizaciones prospectivas requieren mayor capacidad para observar las dinámicas del entorno al nivel local, regional, nacional o internacional. El desarrollo organizacional tiene que ver con el tiempo de funcionamiento, la capacidad de gestionar programas de acción

---

[1] El desarrollo organizacional está íntimamente relacionado con el aprendizaje y el desarrollo de capacidades. Al respecto, W. G. Bennis (1969) define el desarrollo organizacional como una respuesta al cambio, una compleja estrategia educativa cuya finalidad es modificar las creencias, actitudes, valores y estructura de las organizaciones, de forma que estas puedan adaptarse mejor a nuevas tecnologías, mercados y retos, así como al ritmo vertiginoso del cambio mismo.

e investigación, la infraestructura, financiamiento y gestión de recursos, las alianzas estratégicas y la complejidad de los servicios ofrecidos.

Como se indica en el diagrama V.1, la combinación de estos dos ejes configura una matriz que brinda cuatro grandes posibilidades.

Diagrama V.1
Formas de organización de la prospectiva en el mundo

Fuente: R. Popper y J. Medina, "Foresight in Latin America. Case studies: Brazil, Colombia and Venezuela", *The Handbook of Technology Foresight. Concepts and Practices*, L. Georghiou y otros (eds.), Cheltenham, Edward Elgar Publishing, 2008.

El menor alcance y el menor desarrollo organizacional tienen que ver con los ejercicios. Se trata de proyectos que se realizan una sola vez. Los ejercicios puntuales son la práctica más habitual, a menudo se centran en asuntos coyunturales, y su estructura tiene una duración o ciclo de vida limitado, que se agota en la medida en que se ejecuta. Una vez que finaliza el proyecto, se disuelve el equipo y, simplemente, la organización o la institución patrocinadora cambia de tema o más adelante retoma la prospectiva y reconstruye un equipo de proyecto.

Las redes y asociaciones mantienen flujos discontinuos e intermitentes de información y colaboración entre sus miembros. Se caracterizan por un tipo de vinculación de baja responsabilidad, y alta sinergia y flexibilidad. Suelen ser experiencias en las que se juntan diferentes instituciones y hacen ejercicios o actividades periódicas, como coloquios o seminarios. Un ejemplo es el consorcio de universidades dirigido por el Consejo Nacional de Ciencia, Tecnología e Innovación Tecnológica (CONCYTEC) del Perú, que organiza desde 2003 eventos anuales denominados Prospecta Perú o Prospecta América Latina. Con ocasión de estos eventos, siete u ocho universidades y entidades de Lima y de otras regiones aportan recursos y así mantienen una dinámica de actualización y contacto con la comunidad internacional de prospectiva.

Los centros, institutos o servicios prospectivos incorporados en las instituciones públicas constituyen generalmente equipos especializados que interactúan en forma permanente. Además, disponen de métodos e instrumentos, experiencias compartidas y son duraderos (Medina, y Ortegón, 2006). Los centros o institutos suelen ser puntos de referencia internacional. Reúnen equipos de alto nivel que cumplen la función de generar pensamiento estratégico, apoyar políticas públicas, proveer información calificada, consultar opinión experta y crear programas de formación avanzada, especialmente maestrías y doctorados. Se reconocen por la calidad y el número de sus publicaciones, por la producción de ideas originales y por la capacidad de producción intelectual, de forma duradera y sistemática. Pueden ser del sector público, privado o académico.

Los programas implican la organización de una serie de actividades estructuradas, en lugar de un simple ejercicio ocasional o un estudio específico orientado a informar una decisión particular. En contraste con los ejercicios puntuales, contienen un enfoque amplio de asuntos a largo plazo. Suelen tomar varios años y comprenden una sucesión de actividades, que suele incluir varios ciclos o fases. A menudo son liderados por alguna oficina de prospectiva o unidad establecida por una autoridad o entidad política que los patrocina. Los programas abarcan un variado conjunto de sectores o tópicos de gran importancia y prevén una participación amplia. No obstante, algunos programas pueden también centrarse en tópicos muy concretos que se estudian en gran detalle. Por ejemplo, pueden orientarse a la creación de capacidad, ofrecer adiestramiento en instrumentos y enfoques, o servir de apoyo a ejercicios piloto (Georghiou y otros 2008).

La experiencia británica sirvió de referente para un amplio número de países que iniciaron sus propios modelos de programa nacional, en Europa occidental, septentrional, central, y oriental, así como en los países de influencia anglosajona, Asia y América Latina. Son notables los casos de Alemania, Austria, el Brasil, Chile, China, Chipre, Colombia, los Estados Unidos, Estonia, Finlandia, Francia, Hungría, Malta, Noruega, la República Checa, Suecia, Tailandia y el Uruguay. Esta gran difusión se vio favorecida por la influencia de organismos internacionales como la Unión Europea, el APEC y la ONUDI.

La opción organizacional más dinámica y representativa de los últimos 15 años en el entorno mundial ha sido el programa nacional (Georghiou y otros, 2008). Esto se debe a que se considera evidente que, para construir futuros, los países deben trascender la lógica de los proyectos, y crear redes, programas o instituciones para brindar continuidad a los equipos y permitir la acumulación y desarrollo de capacidades. Los ejercicios son interesantes para motivar a la comunidad sobre la utilidad de la prospectiva, pero no son suficientes para inducir una dinámica social estable.

Cuadro V.1
Ejemplos de formas de organización internacional de la prospectiva

Tipos	Ejemplos
Programas y proyectos internacionales	• Proyecto del Milenio (*The Millenium Project*), Universidad de las Naciones Unidas • Foro para el Futuro • Programa Internacional de Futuros (*International Futures Programme*) de la OCDE • Programa de Prospectiva Industrial, Organización de las Naciones Unidas para el Desarrollo Industrial (ONUDI)
Centros u observatorios	• *Centre for Scenario Planning and Future Studies* (CSPFS) • Centro de Gestión y Estudios Estratégicos del Brasil • Corporación RAND • Centro de Prospectiva Tecnológica (*Center for Techology Foresight*) del APEC • Centro Latinoamericano de Globalización y Prospectiva • Centro Finlandés de Estudios del Futuro (*Futures Research Centre*) • Centro de Estudios sobre los Futuros de Hawaii (*Hawaii Research Center of Futures Studies*, HRCFS) • Laboratorio de Investigación sobre Prospectiva, Estrategia y Organización (LIPSOR) • Observatorio de Prospectiva Tecnológica Industrial (OPTI)
Laboratorios o institutos universitarios	• Instituto Australiano de Prospectiva (*Australian Foresight Institute*, AFI) • *Context Institute* • Instituto de Estudios del Futuro de Copenhague (*Copenhagen Institute For Future Studies*) • Estudios de previsión y prospectiva, Instituto de Investigaciones sobre la Innovación de la Universidad de Manchester (*Manchester Institute of Innovation Research*) • Instituto Hudson • Instituto de Investigaciones Interdisciplinarias Avanzadas (*Institute for Advanced Interdisciplinary Research*) • Instituto de Investigaciones sobre el Futuro (*Institute For Futures Research*), Universidad de Houston • Instituto de Estudios del Futuro (*Institute For Futures Studies*) • Instituto de Altos Estudios del Futuro (The Graduate Institute of Futures Studies), Universidad Tamkang) • Instituto de Prospectiva Estratégica • Instituto de Investigación sobre los Futuros (*The Institute For Futures Research*) • Instituto de Prospectiva Tecnológica (IPTS) • Instituto del Futuro (*Institute of the Future*, IFTF)
Servicios prospectivos en empresas públicas	• Programa de prospectiva del Servicio Nacional de Aprendizaje Industrial (SENAI) • Unidad de prospectiva de la Empresa Brasileña de Investigación Agropecuaria (Embrapa)
Redes	• Sociedad Mundial del Futuro (*World Futures Society*) • Red Iberoamericana de Prospectiva y Vigilancia Tecnológica (RIAP) • Red de Escenarios y Estrategia Prospectiva en América Latina • *Global Futures and Foresight* • Club de Roma • Club de Budapest

Fuente: Elaboración propia.

B. Mapeo de las organizaciones prospectivas internacionales

1. Concentración geográfica

Sin lugar a dudas, la forma de hacer investigación en prospectiva, tanto básica como aplicada, ha cambiado en los últimos años gracias a elementos como la Internet, el trabajo en red, las telecomunicaciones, entre otros. Pese a que el presente análisis parte de una muestra de 50 organizaciones seleccionadas, se evidencia la presencia de organizaciones dedicadas a temas de prospectiva en los cinco continentes. Lo que se pretende en este capítulo es mostrar las representaciones de los países y los continentes desde el punto de vista numérico, no su nivel de importancia en el debate mundial.

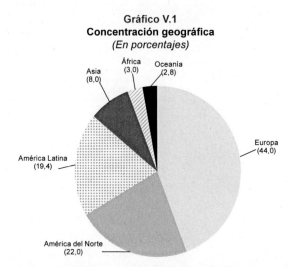

Gráfico V.1
Concentración geográfica
(En porcentajes)

Fuente: Elaboración propia, sobre la base de J. Medina Vásquez, C. Aranzazú Osorio y F. Ortiz, "La prospectiva y las organizaciones prospectivas", *Modelo de un sistema de gestión de calidad para organizaciones intensivas en conocimiento: Caso el Instituto de Prospectiva, Innovación y Gestión del Conocimiento"*, J. Medina Vásquez y otros (eds.), Cali, Editorial Universidad del Valle, 2014, por aparecer.

En el gráfico anterior se muestra que Europa, con un 44% de concentración, sigue siendo la región que más aporta en número de organizaciones al estudio de esta disciplina y al desarrollo de proyectos de largo plazo con este enfoque. Las cifras reflejan las raíces históricas de la prospectiva, pues fue en ese continente donde se desarrolló ampliamente el concepto y donde se derivó, de la mano de Gaston Berger, lo que podría llamarse una oleada de investigaciones dedicadas a los estudios del futuro con un componente filosófico muy importante, de la mano de Bertrand de Jouvenel en su Asociación Internacional Futuribles.

Después de Europa, se destaca la presencia del hemisferio occidental (América del Norte y América Latina) en el escenario de la investigación prospectiva, toda vez que representa el 41,6% de la concentración geográfica de las instituciones estudiadas. No obstante, es necesario resaltar que solo los Estados Unidos (que aparecen en el gráfico V.1 como América del Norte) representan el 22%, lo que lo convierte en uno de los países con mayor nivel de capacidades desarrolladas alrededor de los estudios y proyectos prospectivos en el mundo. Se atribuye parte de ese liderazgo a organizaciones históricas como la Corporación RAND y el Instituto Hudson.

Por otro lado, llaman la atención Asia y África con un 8% y un 3%, respectivamente, de la concentración geográfica mundial debido a su ascenso vertiginoso en el desarrollo de la prospectiva. El fortalecimiento de las instituciones de este tipo contribuye al objetivo de tener centros a nivel mundial dedicados al estudio sobre el futuro en todos los campos y sectores de la economía, como es el caso de la Federación Mundial de Estudios del Futuro.

Cuadro V.2
Organizaciones prospectivas referenciadas en América del Norte

Tipo de organización	Nombre	País	Nivel de complejidad	Objetivo o misión	Áreas de trabajo	Clase
Programa	Proyecto del Milenio *(The Millennium Project)*	Estados Unidos	Alta complejidad	• Explorar futuros mundiales por medio de entrevistas y aplicación de cuestionarios individuales a corporaciones, universidades, organizaciones no gubernamentales, organizaciones supranacionales y gobiernos. • Entender los cambios mundiales e identificar acciones para alcanzar el mejor futuro posible para la humanidad como un todo.	• Estrategias antiterrorismo. • Ciencia y tecnología. • Seguridad ambiental. • Anticipación a la toma de decisiones. • Objetivos de largo plazo de los gobiernos. • Factores de ética global.	Clásico
Centro	Centro de Estudios sobre los Futuros de Hawaii *(Hawaii Research Center of Futures Studies)*	Estados Unidos	Complejidad media	• Realizar investigación y entrenamiento en los negocios, organizaciones y organismos que desean cultivar e integrar la prevención y el pensamiento a largo plazo.	• Investigaciones estratégicas, métodos y talleres que estimulan una visión futurista. • Cursos breves y servicios de consultoría y todo lo que represente un apoyo en materia de prospectiva.	Clásico
Centro	Corporación RAND	Estados Unidos	Alta complejidad	• Ayudar a formular políticas y a facilitar la toma de decisiones, mediante la investigación y el análisis de alta calidad, en los sectores sociales y económicos críticos de la nación y del mundo.	• Niños y familias. • Educación y artes. • Energía y medio ambiente. • Salud y cuidado de la salud. • Infraestructura y transporte. • Asuntos internacionales. • Derecho y empresa. • Seguridad nacional. • Población y envejecimiento. • Seguridad pública. • Ciencia y tecnología. • Terrorismo y seguridad nacional.	Clásico
Instituto	*Context Institute*	Estados Unidos	Baja complejidad	• Desarrollar, difundir y facilitar las técnicas y habilidades de bajo impacto ambiental y estilos de vida que hagan un uso eficiente de los recursos personales, sociales y planetarios.	• Teoría de sistemas. • Orientación a la solución. • Pensamiento ecológico. • Orientación a largo plazo. • Compasión y perdón.	Clásico

Cuadro V.2 (conclusión)

Tipo de organización	Nombre	País	Nivel de complejidad	Objetivo o misión	Áreas de trabajo	Clase
Instituto	Instituto Hudson	Estados Unidos	Alta complejidad	• Realizar investigación y análisis que promueva la innovación, seguridad, prosperidad y libertad globales.	• Defensa. • Relaciones internacionales. • Economía. • Cultura. • Ciencia y tecnología. • Medio ambiente. • Reformas de salud. • Derechos humanos. • Inteligencia. • Inmigración. • Islam, Japón, República de Corea. • América Latina. • Defensa. • OTAN. • Privatización. • Federación de Rusia. • Relaciones entre la Federación de Rusia y China.	Clásico
	Instituto de Investigaciones sobre el Futuro, (Institute for Futures Research), de la Universidad de Houston	Estados Unidos	Complejidad media	• Mantener un diálogo informado y serio acerca de lo que depara el futuro, con diferentes pensadores, personalidades políticas, científicos y laicos.	• Negocios y mercadeo. • Consumidor y venta al por menor. • Desafío a suposiciones estratégicas. • Estrategia de acción a estrategia de comunicación. • Adaptación de la estrategia a cambios rápidos.	Emergente
Instituto	Instituto del Futuro (The Institute of the Future, IFTF)	Estados Unidos	Alta complejidad	• Identificar las nuevas tendencias y discontinuidades que transformarán la sociedad y el mercado a nivel mundial.	• Trabajo y diario vivir. • Tecnología y sociedad. • Salud y cuidados de la Salud. • Negocios globales y cambios en las tendencias de consumo de la sociedad.	Clásico
Red	Sociedad Mundial del Futuro (World Futures Society)	Estados Unidos	Alta complejidad	• Informar sobre los cambios tecnológicos y sociales que están modelando el futuro. • Servir como clarificador de ideas sobre el futuro, por medio de instrumentos como pronósticos, recomendaciones y escenarios alternativos.	• Nanotecnología. • Educación pública. • Energía eólica. • Tecnologías inalámbricas. • Programas digitales de ayuda electrónica. • Nuevas enfermedades. • Calentamiento global. • Software de código abierto.	Clásico

Fuente: Elaboración propia, sobre la base de J. Medina Vásquez, C. Aranzazú Osorio y F. Ortiz, "La prospectiva y las organizaciones prospectivas", *Modelo de un sistema de gestión de calidad para organizaciones intensivas en conocimiento: Caso el Instituto de Prospectiva, Innovación y Gestión del Conocimiento*", J. Medina Vásquez y otros (eds.), Cali, Editorial Universidad del Valle, 2014, por aparecer.

Cuadro V.3

Organizaciones prospectivas referenciadas en Europa

Tipo de organización	Nombre	País	Nivel de complejidad	Objetivo general	Áreas de trabajo	Clase
Programa	Programa Internacional de Futuros (International Futures Programme) de la OCDE	Francia	Alta complejidad	• Proporcionar un entorno donde los gobiernos compartan sus experiencias políticas, buscar respuestas a problemas comunes, identificar buenas prácticas y coordinar políticas nacionales e internacionales.	• Crecimiento económico sostenible. • Empleo. • Elevar los niveles de vida. • Estabilidad financiera. • Desarrollo económico. • Crecimiento del comercio mundial.	Clásico
	Foro para el Futuro (Forum for the Future)	Reino Unido	Alta complejidad	• Incrementar el bienestar dentro de los límites ambientales. • Hacer frente a los problemas globales a través de pequeñas iniciativas aisladas. • Producir un cambio en la velocidad o en la escala requerida.	• Cambio climático. • Desigualdad social. • Degradación ambiental. • Alimentación. • Energía. • Finanzas.	Emergente
	Programa de Prospectiva Industrial, Organización de las Naciones Unidas para el Desarrollo Industrial	Austria	Alta complejidad	• Promover y acelerar el crecimiento industrial y tecnológico de los países en desarrollo, mejorar su competitividad frente a terceros mercados, coordinar políticas de cooperación en materia de promociones e inversiones para la industria y trabajar por el crecimiento industrial ecológicamente sostenible.	• Gobernanza industrial e inversión de estadística. • Promoción en investigación y tecnología de compatibilidad industrial. • Agroindustrias. • Desarrollo del sector privado. • Energía sostenible y cambios climáticos. • Protocolo de Montreal. • Dirección ambiental.	Clásico
Centro	Centre for Scenario Planning and Future Studies (Centre for Scenario Planning and Future Studies, CSPFS)	Reino Unido	Alta complejidad	• Ayudar a organizaciones para hacerle frente a los cambios y gestión del futuro. • Trabajar con las organizaciones para ser proactivas en la gestión de su futuro, utilizando el aprendizaje como marco para el futuro.	• La epistemología de los estudios futuros y la naturaleza de la anticipación. • Cognición de la gerencia y el futuro. • Estrategia como forma concreta de desarrollo de la teoría. • Escenarios como investigación de acción sobre el ambiente de negocio. • Escenarios como manera de ocuparse de la complejidad del aprendizaje organizacional. • Escenarios como objetos transitorios en organizaciones.	Emergente
	Centro Finlandés de Estudios del Futuro (Finland Futures Research Centre)	Finlandia	Complejidad media	• Refinamiento del conocimiento visionario basado en el planteamiento de alternativas futuras donde se definen claramente los retos y las posibilidades.	• Investigación preventiva. • Investigación educacional. • Educación cultural. • Liderazgo visionario. • Investigación ambiental.	Emergente

Cuadro V.3 (continuación)

Tipo de organización	Nombre	País	Nivel de complejidad	Objetivo general	Áreas de trabajo	Clase
Centro	Laboratorio de Investigación sobre Prospectiva, Estrategia y Organización	Francia	Alta complejidad	• Que el hombre utilice una serie de instrumentos y métodos que ha creado a lo largo de su historia y que aún resultan útiles para afrontar la complejidad que supone la construcción del mañana o del futuro, no como un hecho esotérico y nebuloso, sino como un proceso estructurado para la construcción de futuros deseables y realizables.	• Prospectiva. • Gestión estratégica. • Cambio y aprendizaje. • Epistemología de la organización y prospectiva estratégica. • Prospectiva de los recursos humanos y sociales. • Prospectiva y evaluación tecnológica. • Desarrollo sostenible. • Dinámica de los territorios.	Clásico
Observatorio	Observatorio de Prospectiva Tecnológica Industrial	España	Alta complejidad	• Realizar estudios de prospectiva en todos los sectores y subsectores industriales españoles.	• Agroalimentario. • Energía. • Medio ambiente industrial. • Química. • Tecnologías de la información y las comunicaciones. • Transportes. • Sectores básicos transformadores. • Sectores tradicionales. • Biotecnología. • Construcción. • Materiales. • Turismo. • Ciencias de la salud.	Emergente
Instituto	Instituto de Estudios del Futuro de Copenhague (Copenhagen Institute for Future Studies)	Dinamarca	Alta complejidad	• Reforzar la base para la adopción de decisiones en organizaciones públicas y privadas, y crear el conocimiento del futuro confiriendo gran importancia al presente.	• Los consumidores del futuro y las nuevas necesidades. • Tráfico. • Niños, jóvenes, y aprendizaje. • Salud. • Narrativas de futuro]	Clásico
	Estudios de previsión y prospectiva, Instituto de Investigaciones sobre la Innovación de la Universidad de Manchester (Manchester Institute of Innovation Research)	Reino Unido	Alta complejidad	• Superposición de la innovación con la gestión de la ciencia y la política científica. • Informar el discurso público e inspirar nuevos debates, difundir y deliberar sobre los resultados de la investigación, para realizar investigaciones directamente con y para los organismos públicos y las empresas y formar a las personas del mundo de los negocios y la política por medio de la educación ejecutiva impulsada por la investigación.	• Orientación estratégica en todos los aspectos de la innovación de los sectores público y privado. • Sector industrial. • Política. • Procesos económicos. • Innovación científica y tecnológica. • Análisis de la innovación privada y pública y la estrategia de la ciencia y de su gestión. • Análisis y conceptualización de las políticas públicas y las condiciones que sirven de marco para la innovación.	Clásica

Cuadro V.3 (conclusión)

Tipo de organización	Nombre	País	Nivel de complejidad	Objetivo general	Áreas de trabajo	Clase
	Instituto de Estudios del Futuro (*Institute for Futures Studies*)	Suecia	Alta complejidad	• Realizar análisis de largo plazo sobre futuras amenazas para el desarrollo social y las oportunidades conexas.	• El cambio social y sus implicaciones tanto hoy como en el futuro. • Cambios en los valores sociales y políticos. • Impacto económico del cambio demográfico y los procesos sociales de segregación.	Emergente
	Instituto de Prospectiva Estratégica	España	Complejidad media	• Realizar una conjunción de conocimientos y experiencias desarrolladas por sus componentes en el mundo económico, empresarial y de instituciones públicas al servicio de una idea básica compartida: pensar en clave de futuro.	• Su núcleo de actividad es la prospectiva. Está compuesto por profesionales especializados en prospectiva. Sus trabajos se corresponden con las siguientes funciones: – Análisis a medio y largo plazo. – Ilustración prospectiva: Servicio Atalaya, Servicio Byblos, Servicio Futuribles.	Emergente
	Instituto de Prospectiva Tecnológica (*The Institute for Prospective Technological Studies, IPTS*)	España	Alta complejidad	• Promueve una mejor comprensión de la relación entre tecnología, economía y sociedad. Su misión consiste en proporcionar apoyo científico y técnico para la formulación de políticas comunitarias que entrañen una dimensión tanto socioeconómica como científico-tecnológica.	• Desarrollo sostenible. • El conocimiento al servicio del crecimiento. • Sociedad de la información. • Aspectos económicos de la agricultura y desarrollo rural.	Clásica
Red	Fundación Internacional del Club de Budapest	Hungría	Complejidad media	• Aplicar soluciones holísticas a los problemas a los que se enfrenta la familia humana de una manera participativa, fomentando y facilitando el desarrollo de éticas y valores planetarios más responsables y correctos entre personas de todas las sociedades, sea cual sea su forma de vida. • Cocrear y desarrollar estrategias efectivas para la acción responsable y sostenible con un enfoque global.	• Aparición de la conciencia planetaria. • Interconexión de las generaciones y las culturas. • Integración de la espiritualidad, la ciencia y las artes. • Fomento de comunidades de aprendizaje en todo el mundo.	Emergente
	Club de Roma	Italia	Alta complejidad	• Foro internacional abierto al diálogo y cuya finalidad es encontrar soluciones a la problemática mundial de una manera sistemática, holística e interdisciplinaria.	• Medio ambiente. • Demografía. • Desarrollo. • Valores. • Gobierno. • Trabajo sobre el futuro. • Sociedad de la información. • Nuevas tecnologías. • Educación. • La nueva sociedad global y el orden económico y financiero mundial.	Clásico
	Global Futures and Foresight	Reino Unido	Complejidad media	• Proporcionar conocimientos prácticos y aplicables y asesoramiento sobre las tendencias futuras y oportunidades.	• Economías de futuro. • Tendencias y cuestiones de futuro. • Mercados de futuros. • Futuro de negocios. • Sociedad futura.	Emergente

Fuente: Elaboración propia, sobre la base de J. Medina Vásquez, C. Aranzazú Osorio y F. Ortiz, "La prospectiva y las organizaciones prospectivas", *Modelo de un sistema de gestión de calidad para organizaciones intensivas en conocimiento: Caso el Instituto de Prospectiva, Innovación y Gestión del Conocimiento*", J. Medina Vásquez y otros (eds.), Cali, Editorial Universidad del Valle, 2014, por aparecer.

Cuadro V.4
Organizaciones prospectivas referenciadas en Asia

Tipo de organización	Nombre	País	Nivel de complejidad	Objetivo o misión	Áreas de trabajo	Clase
Centro	Centro de Prospectiva Tecnológica (Center for Technology Foresight)	Tailandia	Complejidad media	• Desarrollar y difundir la capacidad de previsión y los principales instrumentos de planificación para preparar las economías del APEC para el cambio rápido y los grandes desafíos sociales.	• Agua. • Enfermedades emergentes. • Energía. • Gestión de petróleos. • Nanotecnología.	Clásico
Instituto	Instituto de Investigaciones Interdisciplinarias Avanzadas (Institute for Advanced Interdisciplinary Research)	Japón	Alta complejidad	• Promover la investigación y el análisis innovador para la seguridad global, la prosperidad y la libertad.	• Tecnología atómica. • Grupo temático de la ciencia. • Diseño biónico. • Memoria óptica.	Emergente
	Instituto de Altos Estudios del Futuro (The Graduate Institute of Futures Studies) de la Universidad Tamkang.	China	Complejidad media	• Integrar varias disciplinas para apoyar los procesos de innovación en el aprendizaje. • Desarrollar procesos educativos sobre la base de una formación integral permanente para convertirlos en futuros líderes con una visión de futuro.	• El Instituto emplea un enfoque de trabajo transdisciplinario para abordar el análisis de la nueva era de la globalización y una educación orientada a la construcción de futuros, haciendo énfasis en el desarrollo histórico y cultural de la sociedad local dentro de dicho contexto de globalización.	Emergente

Fuente: Elaboración propia, sobre la base de J. Medina Vásquez, C. Aranzazú Osorio y F. Ortiz, "La prospectiva y las organizaciones prospectivas", *Modelo de un sistema de gestión de calidad para organizaciones intensivas en conocimiento: Caso el Instituto de Prospectiva, Innovación y Gestión del Conocimiento",* J. Medina Vásquez y otros (eds.), Cali, Editorial Universidad del Valle, 2014, por aparecer.

Cuadro V.5
Organizaciones prospectivas referenciadas en África y Oceanía

Tipo De organización	Nombre	País	Nivel de complejidad	Objetivo o misión	Áreas de trabajo	Clase
Instituto	Instituto Australiano de Prospectiva (Australian Foresight Institute)	Australia	Complejidad media	• El entrenamiento de practicantes de prospectiva en conjunto con el centro de prospectiva, planificación y examen en el desarrollo de metodologías de *foresight* o previsión.	• La epistemología de los estudios futuros y la naturaleza de la anticipación. • Cognición de la gerencia y el futuro. • Escenarios en la influencia de las TIC en el gobierno. • Evaluación del rol y de la validez general del juicio en metodologías del pronóstico y de los futuros.	Emergente
	Instituto de Investigación sobre los Futuros (The Institute for Futures Research)	Sudáfrica	Complejidad media	• Realizar estudios futuros como un servicio de apoyo para el desarrollo del conocimiento y la gestión estratégica.	• Negocios futuros y sistemas de gestión. • Estructura económica. • Prospectiva Tecnológica • Demografía • Estudios sociopolíticos. • Futuros de energía.	Clásico

Fuente: Elaboración propia, sobre la base de J. Medina Vásquez, C. Aranzazú Osorio y F. Ortiz, "La prospectiva y las organizaciones prospectivas", *Modelo de un sistema de gestión de calidad para organizaciones intensivas en conocimiento: Caso el Instituto de Prospectiva, Innovación y Gestión del Conocimiento",* J. Medina Vásquez y otros (eds.), Cali, Editorial Universidad del Valle, 2014, por aparecer.

En cuanto a los países concretos que se orientan por la prospectiva, es de destacar la imponente participación de los Estados Unidos, con un total de ocho organizaciones. No es de asombrarse que tal potencia económica tenga la necesidad de encauzar sus decisiones mediante la prospectiva. Por su parte, el Reino Unido registra cinco de las organizaciones seleccionadas para el estudio, varias de las cuales han realizado grandes proyectos de estudios del futuro para la Unión Europea. Le siguen el Brasil y España, cada uno con tres organizaciones. En el caso de América Latina, además del Brasil, se destaca la labor de países como la Argentina, que lideran la investigación sobre prospectiva en el continente. También conviene destacar los dos organismos de cooperación mundial que hacen estudios prospectivos, como el Servicio de Información Comunitario sobre Investigación y Desarrollo (CORDIS/Foresight) y la Red Iberoamericana de Prospectiva y Vigilancia Tecnológica del CYTED.

2.   Tipo de organización

Es importante presentar la tipología de las organizaciones estudiadas. En el gráfico V.2 se puede observar cómo la mayor parte de las organizaciones más representativas en el mundo de la prospectiva son institutos (con el 34% de representación), seguidos por los centros (con el 26%), las redes (17%) y los programas (14%).

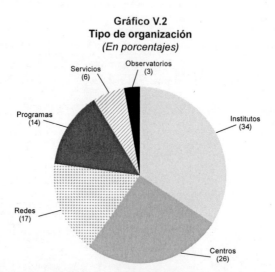

Gráfico V.2
Tipo de organización
(En porcentajes)

Servicios (6)
Observatorios (3)
Programas (14)
Institutos (34)
Redes (17)
Centros (26)

Fuente: Elaboración propia, sobre la base de J. Medina Vásquez, C. Aranzazú Osorio y F. Ortiz, "La prospectiva y las organizaciones prospectivas", *Modelo de un sistema de gestión de calidad para organizaciones intensivas en conocimiento: Caso el Instituto de Prospectiva, Innovación y Gestión del Conocimiento*, J. Medina Vásquez y otros (eds.), Cali, Editorial Universidad del Valle, 2014, por aparecer. J. Medina Vásquez y otros (eds.), Cali, Editorial Universidad del Valle, 2014, por aparecer.

Cuadro V.6

Organizaciones prospectivas referenciadas en América Latina

Tipo de organización	Nombre	País	Nivel de complejidad	Objetivo o misión	Áreas de trabajo	Clase
Centro	Centro de Gestión y Estudios Estratégicos del Brasil	Brasil	Complejidad alta	• Promover y realizar estudios e investigaciones prospectivas de alto nivel en ciencia, tecnología y sus relaciones con los sectores productivos. • Promover el diálogo, la coordinación y la interacción de los sectores de la ciencia y la tecnología y productiva. • Promover y desarrollar actividades y estrategias de evaluación de los impactos económicos y sociales de las políticas, programas y proyectos de ciencia y tecnología.	• Promover el diálogo, la coordinación y la interacción de los sectores de la ciencia, la tecnología y el desarrollo productivo. • Política, ciencia y tecnología, exploración, estudios prospectivos en cadenas productivas. • Desarrollar actividades de apoyo técnico y logístico a las instituciones públicas y privadas, y la prestación de servicios relacionados con su zona de operaciones.	Emergente
	Fundación Javier Barros Sierra	México	Alta	• La fundación está orientada a la prospectiva del desarrollo económico, social y cultural de México. Sus objetivos son la investigación y la reflexión sobre los futuros de largo plazo del país, la divulgación de los resultados de sus actividades y la formación de personas en el campo de la prospectiva.	• Educación • Ciencia y tecnología • Industria • Energía • Salud y alimentos • Medio ambiente y agua • Transporte • Comunicaciones • Urbanismo y población • Política y economía • Métodos prospectivos	Clásico
Centro	Centro Latinoamericano de Globalización y Prospectiva	Argentina	Complejidad media	• Reafirmar la necesidad de fortalecer los programas nacionales tanto gubernamentales como privados destinados a actualizar la información, los conocimientos y el pensamiento de las máximas autoridades de las universitarias públicas y privadas de América Latina.	• Búsqueda y suministro de información global sobre problemas o temas de interés regional y local. • Desarrollo de programas de capacitación avanzada e interactiva a través de aulas digitales para fortalecer la capacidad de acción en las dos fases del proceso de globalización: la acción global que viene desde afuera del país y la acción del país a escala global. • Asesorías especiales en materia de reingeniería de empresas o reformas institucionales gubernamentales o nuevos planes educativos de nivel universitario, sobre la base del conocimiento del proceso de globalización.	Emergente

Cuadro V.6 (conclusión)

Tipo de organización	Nombre	País	Nivel de complejidad	Objetivo o misión	Áreas de trabajo	Clase
Red	Red de Escenarios y Estrategia Prospectiva en América Latina	Argentina	Complejidad media	• Difundir, aplicar y utilizar la prospectiva, en beneficio de la optimización de los procesos decisorios en sus diversos niveles y alcances. • Desarrollar programas de capacitación de la más alta calidad y actualidad en la comprensión y habilidades para la aplicación de la prospectiva, coadyuvando al pensamiento estratégico y la implementación de políticas. • Brindar asesoramiento y asistencia a personas y organizaciones en relación con los objetivos anteriores.	• Elaboración y utilización de escenarios de futuro para pensar y decidir en niveles estratégicos. • Prospectiva.	Emergente
	Red Iberoamericana de Prospectiva y Vigilancia Tecnológica (RIAP) del CYTED	Iberoamérica	Alta complejidad	• Desarrollo de programas que fomenta la cooperación en distintos campos, desde la investigación básica hasta el desarrollo tecnológico y la innovación.	• Agroalimentación. • Salud. • Promoción del desarrollo industrial. • Desarrollo sostenible, cambio global y ecosistemas. • Tecnologías de la información y las comunicaciones. • Ciencia y sociedad. • Energía.	Emergente
Servicio	Programa de Prospectiva del Servicio Nacional de Aprendizaje Industrial (SENAI)	Brasil	Alta complejidad	• Contribuir al fortalecimiento de la industria y al desarrollo pleno y sostenible del país, promoviendo la educación para el trabajo y la ciudadanía, la asistencia técnica y tecnológica, la producción y diseminación de información, y la adecuación, generación y difusión de tecnología.	• Educación profesional. • Asistencia técnica y tecnológica. • Producción y diseminación de información. • Alineamiento estratégico organizado en consonancia con los cambios en los escenarios sociales, políticos y económicos.	Clásico
	Unidad de prospectiva de la Empresa Brasileña de Investigación Agropecuaria	Brasil	Alta complejidad	• Facilitar soluciones a la investigación, desarrollo e innovación para la sostenibilidad de la agricultura en beneficio de la sociedad brasileña.	• Cultivos. • Razas y líneas. • Software, bases de datos. • Formación y fortalecimiento de capacidades. • Consultorías. • Agroindustria.	Clásico

Fuente: Elaboración propia, sobre la base de J. Medina Vásquez, C. Aranzazú Osorio y F. Ortiz, "La prospectiva y las organizaciones prospectivas", *Modelo de un sistema de gestión de calidad para organizaciones intensivas en conocimiento: Caso el Instituto de Prospectiva, Innovación y Gestión del Conocimiento*", J. Medina Vásquez y otros (eds.), Cali, Editorial Universidad del Valle, 2014, por aparecer.

3.   Trayectoria

La prospectiva como disciplina ha ido apareciendo de manera acelerada en las últimas décadas, tal como se observa en el gráfico V.3. Las primeras organizaciones dedicadas a esta disciplina aparecieron en los años cuarenta, con la Corporación RAND, seguida por el Instituto Hudson, como se ya se mencionó, en los Estados Unidos. No obstante, en la década de 1950 no se registra el surgimiento de ninguna organización relacionada con la prospectiva y no fue sino en los años sesenta que siete organizaciones más se unieron a este exclusivo grupo. En la década de 1970 se mantuvo la tendencia de crecimiento, con cinco organizaciones. Los años noventa fueron especiales para la consolidación de esta disciplina, pues surgieron 15 organizaciones en todo el mundo. En los primeros seis años de este milenio aparecieron cinco organizaciones más, finalizando con *Global Futures And Foresight*, que sin duda no será la última de esta década.

Gráfico V.3
Año de aparición
(En porcentajes)

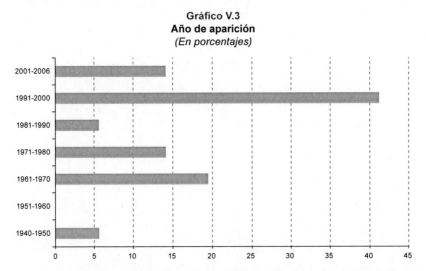

Fuente: Elaboración propia, sobre la base de J. Medina Vásquez, C. Aranzazú Osorio y F. Ortiz, "La prospectiva y las organizaciones prospectivas", *Modelo de un sistema de gestión de calidad para organizaciones intensivas en conocimiento: Caso el Instituto de Prospectiva, Innovación y Gestión del Conocimiento"*, J. Medina Vásquez y otros (eds.), Cali, Editorial Universidad del Valle, 2014, por aparecer.

4.   Clases de organizaciones

A los efectos del presente análisis, se ha dividido el conjunto de organizaciones seleccionadas en dos grupos de acuerdo a su año de aparición: emergente y clásica.

De esta manera, debe entenderse como organización emergente aquella que ha reunido un número importante de estudios y propuestas que le confieren reconocimiento general pero que, debido a su corto tiempo de existencia, no ha logrado consolidar la participación permanente de expertos de larga trayectoria. Son varias las organizaciones que pueden considerarse como emergentes, por ejemplo, las que vienen proponiendo modelos y cambios en las aulas académicas del mundo, como el Club de Budapest, el Foro Global sobre el Futuro, y otras.

Por otra parte, se encuentran las organizaciones clásicas. Son aquellas que por su historia, calidad académica, experiencia y reconocimiento público como organizaciones de alto nivel, se destacan como líderes en el desarrollo de los temas de prospectiva en el mundo. Tal es el caso del Club de Roma o la Sociedad Mundial del Futuro (*World Futures Society*), organizaciones que desde sus comienzos han contado con la participación de los principales exponentes de la prospectiva.

En el gráfico V.4 se indica cómo se distribuyen las organizaciones objeto del estudio, de acuerdo a la clasificación anteriormente descrita.

Gráfico V.4
Clase de organizaciones
(En porcentajes)

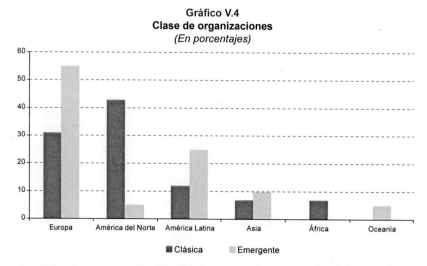

Fuente: Elaboración propia, sobre la base de J. Medina Vásquez, C. Aranzazú Osorio y F. Ortiz, "La prospectiva y las organizaciones prospectivas", *Modelo de un sistema de gestión de calidad para organizaciones intensivas en conocimiento: Caso el Instituto de Prospectiva, Innovación y Gestión del Conocimiento*", J. Medina Vásquez y otros (eds.), Cali, Editorial Universidad del Valle, 2014, por aparecer.

5.   Nivel de complejidad

Otra forma de clasificación a los efectos de este análisis es el nivel de complejidad expresada por cada organización seleccionada. La complejidad está dada por el nivel académico tanto de los miembros de dichas entidades, como de los estudios, proyectos y publicaciones. También por el nivel de asociatividad internacional, los montos de financiación de los proyectos y el impacto de los estudios e intervenciones.

En el gráfico V.5 se expone el número de organizaciones de cada continente a la luz del nivel de complejidad señalado.

Gráfico V.5
Nivel de complejidad

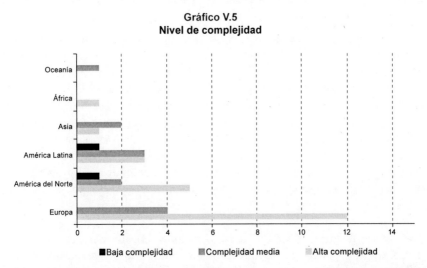

Fuente: Elaboración propia, sobre la base de J. Medina Vásquez, C. Aranzazú Osorio y F. Ortiz, "La prospectiva y las organizaciones prospectivas", *Modelo de un sistema de gestión de calidad para organizaciones intensivas en conocimiento: Caso el Instituto de Prospectiva, Innovación y Gestión del Conocimiento*", J. Medina Vásquez y otros (eds.), Cali, Editorial Universidad del Valle, 2014, por aparecer.

En términos generales, el 61% de las organizaciones analizadas corresponden a la categoría de alta complejidad. El 33% pertenece a la categoría de complejidad media y solo el 6% a la categoría de baja complejidad.

En el gráfico V.5 se puede observar cómo las organizaciones de alta complejidad se concentran en Europa. Al ser la región de mayor influencia, se puede afirmar que debido a su propio devenir histórico, las organizaciones prospectivas tendrán siempre en Europa un conjunto de personas y grupos organizados influyentes que posibilitan el estudio sobre el futuro. Debe reconocerse además que esa es la región del mundo donde se concentra el mayor número de países desarrollados. En ese contexto, las actividades del Servicio de Información Comunitario sobre Investigación y Desarrollo (CORDIS/Foresight) constituyen un claro ejemplo de cooperación a nivel mundial.

En orden de concentración geográfica de esta clase de organizaciones, se encuentran los Estados Unidos, con institutos que podrían catalogarse como líderes en esferas como la agroindustria y el transporte.

Al final de la lista se ubican las organizaciones prospectivas de África y Asia que, a pesar de ser poco reconocidas en Occidente, cuentan con los expertos y los presupuestos necesarios para concretar un número importante de estudios.

Lo anterior permite reafirmar que hoy por hoy los estudios del futuro enmarcados en el enfoque de la prospectiva son liderados por un numeroso grupo de instituciones de alto impacto, con una trayectoria considerable y con la participación de expertos de altísimo reconocimiento a nivel mundial en diferentes temáticas. Asimismo, se podría expresar que el grupo de organizaciones clasificadas como de baja complejidad corresponde a la nueva ola de entidades y personas que están en proceso de consolidación y ya empiezan a transformar y modelar los estudios del futuro en el mundo. En ese grupo conviene mencionar a un gran número de organizaciones latinoamericanas. Los importantes avances logrados en América Latina se dan, en gran medida, gracias a los esfuerzos de numerosos expertos formados bajo el enfoque prospectivo, que se han encargado de multiplicar dicho conocimiento en sus respectivos países, desarrollando proyectos de alto impacto mediante la asociatividad y el trabajo en red, como es el caso de la Red Iberoamericana de Prospectiva y Vigilancia Tecnológica.

C.   Principales sistemas prospectivos

1.   El caso de la Unión Europea

La prospectiva y los trabajos de futuro han crecido significativamente en los últimos 20 años. Muchos Estados miembros de la Unión Europea han realizado ejercicios de prospectiva a nivel nacional. A nivel de la propia Unión Europea la prospectiva ha ido ganando ciertas estructuras institucionales. Hay varias pequeñas unidades, como la antigua Unidad de Ciencia y Prospectiva Tecnológica de la Dirección General de Investigación de la UE; la Unidad de Trabajo de Prospectiva en el marco del Instituto de Prospectiva Tecnológica y el Departamento de Innovación, Universidades y Maestría Técnica del Reino Unido. Hay también algunas redes institucionales, como la Evaluación Tecnológica Parlamentaria Europea (EPTA), una red de parlamentarios y otras organizaciones, que incluyen actividades de prospectiva para examinar el impacto de las nuevas tecnologías.

La Comisión Europea tiene también el Centro Común de Investigación (CCI-JRC). Los siete institutos científicos del CCI se encuentran en cinco sitios diferentes de Europa: Geel (Bélgica), Ispra (Italia), Karlsruhe (Alemania), Petten (Países Bajos) y Sevilla (España). La Dirección General del CCI se encuentra en Bruselas. El CCI proporciona asesoramiento científico y técnico independiente para la Comisión Europea y los Estados miembros, en apoyo de las políticas de la UE.

Entre los institutos de investigación conjunta del CCI, el Instituto de Prospectiva Tecnológica (IPTS) con sede en Sevilla juega un papel importante en el marco de la UE. El IPTS ha organizado tres seminarios internacionales sobre el análisis de la tecnología orientada al futuro y estuvo involucrado en el desarrollo de la Guía en Línea de Prospectiva, que forma parte de For-Learn, un recurso continuo de desarrollo para quienes deseen llevar a cabo un ejercicio de prospectiva.

La guía define las razones para hacer prospectiva y las cuestiones relacionadas con la creación, puesta en marcha (incluyendo una guía de métodos) y seguimiento de los proyectos. El sistema de prospectiva estratégica del IPTS, que fusiona los horizontes de exploración para canalizar los problemas emergentes de las tendencias que se deben abordar en formulación de políticas no solo se ha utilizado en la UE, sino que se han adoptado en el sistema de prospectiva estratégica de Singapur, donde se utiliza como modelo básico del proyecto de cuestiones estratégicas emergentes. Aunque hay un número de pequeñas unidades de prospectiva y redes institucionales en el gobierno de la UE, la mayoría de los trabajos de prospectiva han tomado la forma de proyectos financiados, que se ejecutan durante varios años por un contratista externo, con la consiguiente publicación de informes, guías e instrumentos.

Esos proyectos han estado a cargo de un número creciente de departamentos universitarios, institutos de investigación y consultorías relacionados con el desarrollo de capacidades de prospectiva, que produjeron varias guías sobre el uso de métodos y técnicas de futuros.

La Red Europea de Monitoreo de Prospectiva (EFMN) es el proyecto en curso de la UE para el seguimiento de sus actividades de prospectiva. Su plataforma de Internet proporciona una base de datos e instrumentos para buscar actividades de prospectiva no solo en Europa, sino en todo el mundo. En 2009, el sitio de la EFMN registró 1.916 iniciativas de prospectiva en el ámbito de la UE. La EFMN contribuye a ForSociety y For-Learn, que tienen como objetivo proporcionar una plataforma de intercambio para los profesionales y responsables de políticas de prospectiva en la UE.

a) Caracterización de las instituciones del sistema

Recuadro V.1
Centro Común de Investigación

Descripción	En 1957 se aprobaron dos tratados en Roma: uno para establecer la Comunidad Económica Europea (CEE) y otro para establecer la Comunidad Europea de Energía Atómica (EURATOM). El Centro Común de Investigación (CCI-JRC) se estableció inicialmente en virtud del Tratado de la EURATOM. El papel de la EURATOM es promover la seguridad nuclear y la seguridad en Europa y el CCI ha contribuido a este objetivo con las actividades de investigación que ha realizado desde entonces.

Comisión Europea

Sin embargo, a petición de sus clientes, el CCI se amplió también a otros campos importantes para la formulación de políticas, como las ciencias de la vida, la energía, la seguridad y la protección del consumidor. Ha pasado de ser una organización puramente impulsada por la investigación centrada en la energía nuclear a ser una organización de apoyo a las políticas basadas en la investigación impulsada por los clientes. Hoy en día, el CCI está profundamente arraigado en el Espacio Europeo de Investigación y el proceso legislativo de la UE.

El CCI cuenta con siete institutos en cinco países distintos: Alemania, Bélgica, España, Italia y los Países Bajos. Los institutos son:
- El Instituto de Materiales y Medidas de Referencia (IMMR)
- El Instituto de Elementos Transuránicos (ITU)
- El Instituto de la Energía y el Transporte (IET)
- El Instituto para la Protección y Seguridad del Ciudadano (IPSC)
- El Instituto de Medio Ambiente y Sostenibilidad (IES)
- El Instituto de Sanidad y Protección de los Consumidores (ISPC)
- El Instituto de Prospectiva Tecnológica (IPTS)

Misión

Proporcionar a las políticas de la UE un apoyo científico y técnico independiente, basado en la evidencia a lo largo de todo el ciclo político. Trabajando en estrecha colaboración con las direcciones generales, el CCI se ocupa de los retos clave de la sociedad, en tanto estimula la innovación mediante el desarrollo de nuevos métodos, instrumentos y normas, y comparte sus conocimientos con los Estados miembros, la comunidad científica y los asociados internacionales.

Áreas de trabajo

- La prosperidad en una sociedad intensiva en conocimientos.
- Solidaridad y gestión responsable de los recursos.
- Seguridad y libertad.
- Europa en el mundo.
- El programa de la EURATOM.

Redes, recursos y capacidades

El CCI colabora con más de 1.000 organizaciones asociadas en unas 100 redes institucionales.
Además, dispone de una amplia gama de laboratorios e instalaciones de investigación únicas.

Fuente: Elaboración propia, sobre la base de información de la Comisión Europea [en línea]: ec.europa.eu/dgs/jrc.

Recuadro V.2
Instituto de Prospectiva Tecnológica

Descripción	El Instituto de Prospectiva Tecnológica (IPTS) es uno de los siete institutos de investigación del Centro Común de Investigación de la Comisión Europea. Tiene su sede en Sevilla (España). Desde 1994, el IPTS promueve una mejor comprensión de la relación entre tecnología, economía y sociedad. Su misión consiste en proporcionar apoyo científico y técnico para la formulación de políticas comunitarias que entrañen una dimensión tanto socioeconómica como científico-tecnológica. Los estudios llevados a cabo por el IPTS son solicitados principalmente por otras direcciones generales de la Comisión Europea. En los últimos años, han realizado también diversos trabajos para el Parlamento Europeo. Las actividades del Instituto contribuyen principalmente a la concepción y el desarrollo de las políticas de la UE, pero algunos proyectos del IPTS también apoyan las fases de seguimiento y aplicación del ciclo político. Su investigación se centra en los retos políticos de importancia estratégica para la Unión Europea.
Misión	Consiste en proporcionar apoyo al proceso de elaboración de políticas de la UE mediante el desarrollo de respuestas basadas en la ciencia a los retos de política que tienen tanto un componente socioeconómico como una dimensión científica y tecnológica.
Áreas de trabajo	• La agricultura y las ciencias en la vida económica. • El conocimiento al servicio del crecimiento. • La sociedad de la información. • La producción y el consumo sostenible. • La economía del cambio climático, la energía y el transporte.
Redes	La red principal la conforma con los institutos integrantes del Centro Común de Investigación y otras redes en Europa.

Fuente: Elaboración propia, sobre la base de información de la Comisión Europea [en línea]: ec.europa.eu/dgs/jrc.

Recuadro V.3
La Red Europea de Monitoreo de Prospectiva

Descripción	En 2004, la Comisión Europea apoyó la creación de la Red Europea de Monitoreo de Prospectiva (EFMN), un consorcio internacional de organizaciones dedicadas a la investigación, con el objetivo general de monitorear las actividades de prospectiva en curso y emergentes, y difundir información pertinente a los responsables políticos y los profesionales en la materia. A ese fin, se planteó seis metas específicas: • Red: crear una red de corresponsales de usuarios y practicantes en prospectiva. • Recolección de datos: reunir ejercicios de prospectiva y otras actividades relacionadas, como una biblioteca de información. • Mapeo: analizar los rasgos clave y las características de los ejercicios de prospectiva recolectados y describir aspectos importantes acerca de las prácticas de prospectiva en Europa y otras regiones del mundo. • Producción de notas informativas: producir informes sobre estudios específicos de prospectiva, con el fin de informar a la comunidad en general. • Análisis de problemas: analizar los ejercicios de prospectiva recogidos en términos de asuntos emergentes, y organizar talleres anuales que aborden temas específicos. • Difusión: divulgar la información recopilada y los análisis por medio de Internet y de informes anuales..
Misión	Compartir los avances en investigaciones con componentes prospectivos en lo relacionado con las áreas de la ciencia y la prospectiva tecnológica, el análisis económico y los indicadores.
Áreas de trabajo	• Cartografía de los ejercicios prospectivos. • Realización y publicación de informes prospectivos. • Organización de un taller anual de análisis de problemas. • Difusión de información mediante el portal de la EFMN.
Redes	La red principal la conforma con los institutos integrantes del Centro Común de Investigación y otras redes en Europa.

Fuente: Elaboración propia, sobre la base de datos de laEuropean Foresight Monitoring Network (EFMN).

Recuadro V.4
Evaluación Tecnológica Parlamentaria Europea

Descripción	La red de Evaluación Tecnológica Parlamentaria Europea (EPTA) se estableció oficialmente en 1990 bajo el patrocinio del Presidente del Parlamento Europeo, Enrique Barón Crespo. La red tiene una estructura ligera, guiada por el Consejo EPTA y por reuniones de los directores de las organizaciones asociadas al PAAT.

El Consejo EPTA es el comité de dirección de la red EPTA y se compone de los miembros del Parlamento Europeo o los representantes de los consejos asesores de la respectiva organización EPTA. El Consejo se pronuncia sobre cuestiones de organización, como la cooperación dentro de la red y la situación de los miembros y asociados.

Objetivos	El objetivo común es proporcionar informes de avances en cuestiones como la bioética, la biotecnología, la salud pública, el medio ambiente y la energía, las TIC y las políticas de investigación y desarrollo (I+D) imparciales y de alta calidad.

Este tipo de trabajo se considera una ayuda para el control democrático de las innovaciones científicas y tecnológicas, su referente pionero en la década de 1970 fue la Oficina de Evaluación Tecnológica del Congreso de los Estados Unidos.

La red EPTA tiene como objetivo avanzar en el establecimiento de la evaluación de la tecnología como parte integral de la consultoría política en los procesos de adopción de decisiones parlamentarias en Europa y fortalecer los vínculos entre las unidades de asistencia técnica en Europa.

Miembros	Miembros permanentes:

- Evaluación de Opciones Científicas y Tecnológicas (STOA) del Parlamento Europeo.
- Junta Danesa de Tecnología (DBT).
- Comité para el Futuro, Parlamento de Finlandia.
- Oficina Parlamentaria de Evaluación de Opciones Científicas y Tecnológicas (OPECST), Francia.
- Oficina de Evaluación Tecnológica (TAB) del Parlamento de Alemania.
- Comité de Evaluación de Tecnologías del Parlamento de Grecia.
- Comité de Ciencia y Tecnología de la Evaluación (VAST) del Parlamento italiano.
- Instituto Rathenau (Países Bajos).
- Consejo de Tecnología de Noruega (NBT).
- Centro de Evaluación de Tecnología de Suiza.
- Oficina Parlamentaria de Ciencia y Tecnología (POST), Parlamento del Reino Unido.
- Consejo Asesor del Parlamento de Cataluña sobre Ciencia y Tecnología (CAPCIT).
- Unidad parlamentaria de evaluación e investigación del Parlamento sueco.
- Instituto de Evaluación Tecnológica (ITA) de Austria.

Miembros asociados:

- Subcomité de Ciencia y Ética de la Asamblea Parlamentaria del Consejo de Europa en Estrasburgo.
- Oficina Federal de Política Científica de Bélgica (BELSPO).
- Oficina de Investigación (BAS) del Parlamento polaco.
- Oficina de Rendición de Cuentas del Gobierno (GAO) y Centro de Ciencia, Tecnología e Ingeniería (CSTE) del Congreso de los Estados Unidos.

Fuente: Elaboración propia, sobre la base de información de la Evaluación Tecnológica Parlamentaria Europea (*European Parliamentary Technology Assessment*, EPTA) [en línea]: http://www.ptanetwork.org/.

2.   Países pioneros

a) Reino Unido de Gran Bretaña e Irlanda del Norte

El Programa *Foresight* es de los sistemas o programas de prospectiva más conocidos en el Reino Unido. Proporciona al Gobierno británico información útil para la formulación de políticas estratégicas. Si bien inicialmente se centraba en la ciencia, la tecnología y la formulación de políticas, y aún hace hincapié en esos temas, ha seguido ampliando su alcance y en la actualidad emplea sofisticadas técnicas de análisis de futuro para incrementar la capacidad de los responsables de la formulación de políticas.

Las primeras raíces del Programa de Prospectiva del Reino Unido surgieron en la década de 1960, cuando un nuevo enfoque en la política de ciencia y tecnología señaló el problema de innovación ampliamente reconocido en el país.

A principios de 1990, cuatro instituciones académicas y privadas se encargaron de desarrollar metodologías con miras a identificar y priorizar las nuevas tecnologías de importancia para el Reino Unido. La visión resultante de "tecnologías clave" pavimentó el camino a lo que en 1994 se convirtió en el Programa de Prospectiva del Reino Unido. El programa responde a la Delegación del Gobierno de la Ciencia, una de cuyas funciones clave es el Centro de Análisis de Horizontes (*Horizon Scanning Centre*, HSC, por sus siglas en inglés). El HSC entró en funcionamiento en diciembre de 2004 y su objetivo es contribuir directamente, mediante el establecimiento de prioridades y la definición de estrategias, a la mejora de la capacidad de hacer frente a desafíos interdepartamentales y cambios multidisciplinarios.

El Programa de Prospectiva del Reino Unido se centra en tres actividades distintas: el análisis del entorno, los proyectos futuros y el programa de divulgación pública.

En el análisis del entorno, hay dos programas complementarios, el *Delta Scan* y el *Sigma Scan*, que proporcionan una base informativa intersectorial para sustentar todas las actividades de prospectiva en todos los niveles del Gobierno del Reino Unido. Con estos programas se trata de mirar hacia adelante en un rango de hasta 50 años para descubrir contradicciones y ambigüedades en la cartografía de la turbulencia del cambio. El *Delta Scan*, con más de 250 expertos contribuyentes en ciencia y tecnología, ofrece una visión general de los temas futuros en estos campos. El *Sigma Scan*, por su parte, es una síntesis de otras fuentes del análisis de horizontes que se pueden caracterizar como una "exploración de las exploraciones" y abarca las tendencias en el ámbito de las políticas públicas.

El segundo elemento principal del Programa *Foresight* del Reino Unido son los tres o cuatro proyectos futuros que prevé para crear una visión general de alta calidad sobre un tema concreto y determinar cómo el Reino Unido haría frente a los problemas conexos que puedan surgir.

El tercer pilar del programa de prospectiva es para un público externo más amplio. En este marco se crean redes de pensadores y profesionales relacionados con el futuro en los sectores público, privado, académico y otros. El HSC estableció la Red de Analistas de Futuros (conocida como *FAN Club*), un foro en que todos los interesados en el análisis de entornos y el análisis de futuros pueden reunirse para intercambiar nuevas ideas y mejores prácticas.

b) Francia

Hoy en día, el sistema de prospectiva estratégica de Francia tiene tres sólidos pilares.

Cuadro V.7
Sistema de prospectiva estratégica de Francia

Pilares	Descripción
Centro de Análisis Estratégico	Es una institución relacionada con la toma de decisiones cuyo objetivo es asesorar al Gobierno de Francia en la creación y aplicación de políticas económicas, sociales, medioambientales y culturales, y realizar actividades de prospectiva para las principales reformas gubernamentales. Lleva a cabo estudios y análisis en el marco de la práctica de prospectiva estratégica del Gobierno.
DATAR	La Delegación de Ordenación Territorial y Acción Regional (DATAR) tiene diversos programas de redes grandes, también desarrolló una red de oficinas de información fuera de Francia para fomentar la inversión extranjera en el país. En los últimos años, la DATAR ha empleado a unas 100 personas.
Asociación Internacional Futuribles	Tiene tres divisiones: Futuribles de Prensa, Futuribles Internacional y Futuribles de Investigación y Consultoría. Futuribles de Prensa edita dos publicaciones mensuales: *Futuribles Journal* y *Futuribles Newsletter*. La primera fue fundada en 1975, y su tirada mensual es de 6.000 a 8.000 ejemplares (el 40% se destina a otros países). La Asociación Internacional Futuribles (antes conocida como Asociación Internacional de Futuros) es una organización internacional con sede en París, privada, independiente y sin ánimo de lucro. Funciona como centro de investigación, foro multisectorial de discusión, centro de educación y banco de datos en la esfera de los estudios del futuro.

Fuente: T. Kuosa, "Practising strategic foresight in government. The cases of Finland, Singapore and the European Union", *RSIS Monograph*, N° 19, Singapur, S. Rajaratnam School of International Studies, Nanyang Technology University, 2011.

c) Alemania

Alemania no tiene ninguna oficina ni dirección centralizada para la coordinación de proyectos de prospectiva. En su lugar, tiene un sistema fragmentado con muchas organizaciones independientes, apoyado y financiado con fondos públicos. Muchos comités se encuentran fuera de las estructuras gubernamentales ad hoc y los consejos científicos dependientes de los ministerios funcionan con muchos problemas.

A nivel federal, los principales ministerios cuentan con departamentos, observatorios o consejos científicos que pueden procesar y evaluar los estudios estratégicos sobre el futuro. Por ejemplo, el Ministerio de Economía tiene una División de Política Económica que lleva a cabo los análisis y pronósticos. También conviene mencionar el *Bundesinstitut* y *Bundesanstalten*, instituciones oficiales de evaluación ampliamente reconocidas e implicadas en diferentes ámbitos de la gestión pública: la aprobación, la certificación, la investigación, el pronóstico, los estudios de futuro, el asesoramiento y la realización de tareas ejecutivas de los ministerios.

Tal vez la mejor estructura de prospectiva estratégica que se conoce es el Consejo de los Cinco Sabios, creado por decreto en 1963. Desempeña un papel similar al del Consejo de Análisis Económico en Francia, pero difiere en el tamaño, ya que solo está compuesto por cinco expertos, y en el método, porque no se ocupa de análisis comparativos, sino de la búsqueda de consensos.

d) Países Bajos

A diferencia de Alemania, los Países Bajos tienen un organismo central permanente de planificación que rinde cuentas al Gobierno. La Oficina de Análisis de Política Económica fue fundada en 1945. La Oficina Central de Planificación (*Centraal Planbureau*, CPB) es financiada por el Gobierno neerlandés, pero funciona como organismo independiente. Para asegurar su independencia, la CPB lleva a cabo sus análisis de forma gratuita. Solo se le permite trabajar para cierto grupo de clientes y tiene la obligación de rechazar las peticiones de clientes que ofrezcan pagar por la investigación.

La oficina informa no solo a los políticos y los responsables de las decisiones, sino a las organizaciones sociales, a la comunidad de científicos y al público en general. Dentro de su grupo de clientes establecidos están el Consejo de Ministros, los ministerios, el Parlamento y los particulares.

e) Finlandia

El sistema de prospectiva de Finlandia está integrado por alrededor de seis redes. No tiene una estructura vertical, lo que permite generar una fragmentación de las funciones de prospectiva entre muchos actores: públicos, privados, no gubernamentales, internacionales o combinaciones de los anteriores.

El sistema de prospectiva finlandés es flexible y tiene la capacidad de llegar a toda la sociedad, pues en él participan muchos de los encargados de la adopción de decisiones, ministerios oficiales, universidades e investigadores, organizaciones empresariales, organismos nacionales de financiación y otros actores clave.

El sistema se compone de los elementos siguientes:

- el informe de prospectiva del Gobierno;
- la red de prospectiva del Gobierno;
- el Comité para el Futuro del Parlamento de Finlandia;
- el consorcio de prospectiva para la fuerza de trabajo, la competencia y las necesidades educativas;
- la red de prospectiva del SITRA, y
- la comunidad finlandesa de estudios del futuro.

El sistema de prospectiva estratégica finlandés tiene tres grupos principales de funciones:

- funciones relacionadas con el Parlamento finlandés;

- funciones relacionadas con el Gobierno finlandés, y

- funciones relacionadas con los futuristas, comunidad que funciona fuera del Gobierno.

Cuadro V.8
Componentes del sistema de prospectiva finlandés

Componente del sistema	Descripción
Informe de prospectiva del Gobierno	En el más reciente programa del Gobierno de Finlandia se incluyó un informe de prospectiva, en el que se analizan los aspectos del desarrollo de una esfera temática amplia, usualmente 20 o 30 años hacia el futuro, y se define la visión del Gobierno, así como las directrices. La unidad de análisis de política de la Oficina del Primer Ministro es responsable de la preparación del informe, y es supervisada por un grupo de ministros. Expertos en el tema procedentes de ministerios y de la comunidad de investigadores son invitados a unirse al grupo de coordinación creado para la preparación del informe. El informe vigente se concentró en el bienestar y el crecimiento sostenible, en forma coherente con la visión definida por el Gobierno para 2030.
Red de prospectiva del Gobierno	Es un foro interministerial para la cooperación y el intercambio de información en temas relacionados con la anticipación del futuro. Esto se entiende como el proceso sistemático e integrador que implica la recolección, evaluación y análisis de la información. Incluye también la delimitación de proyecciones y visiones para el futuro a mediano y largo plazo.
Comité para el Futuro del Parlamento de Finlandia	Es uno de los 15 comités parlamentarios de Finlandia. Fue establecido como comité temporal en 1993, y se convirtió en permanente en el año 2000. Tenía 17 miembros y 9 vicepresidentes. También lo integran cuatro ciudadanos. Originalmente, el Comité para el Futuro se estableció para recoger la respuesta del Parlamento al informe de prospectiva del Gobierno una vez cada cuatro años, pero luego se le comenzaron a asignar más funciones parlamentarias. Sin embargo, no tiene ninguna función legislativa, por lo que no presenta informes legislativos parlamentarios en todos los asuntos. Concretamente, formula opiniones para comisiones de futuros o de tecnología, lleva a cabo investigaciones asociadas a los estudios del futuro y tiene funciones relacionadas con las evaluaciones de desarrollo tecnológico y los efectos de la tecnología en la sociedad.
Consorcio de prospectiva para la fuerza de trabajo, la competencia y las necesidades educativas	La idea del consorcio de prospectiva, creado en 2008, es establecer un sistema para la coordinación mutua de todos los actores encargados de la adopción de decisiones del Gobierno de Finlandia sobre la formación profesional y las necesidades del mercado laboral.
Red nacional de prospectiva del SITRA	El Fondo de Innovación de Finlandia (SITRA), fue creado en conjunto con el Banco de Finlandia en 1967, en conmemoración del 50° aniversario de la independencia. Hoy en día, se trata de un fondo público independiente que, bajo la supervisión del Parlamento, promueve el bienestar de la sociedad finlandesa. Los objetivos fundamentales de SITRA, en su calidad de fondo de desarrollo nacional, son mejorar el sistema de innovación finlandés y la competitividad nacional. El SITRA está trabajando en los siguientes temas: prospectiva (incluida la Red Nacional de Prospectiva), procesos de estrategia, programas de desarrollo y capacitación en la toma de decisiones, investigación estratégica, diseño de estrategias y trabajo para la sociedad de la información.
Futuristas o Sociedad Finlandesa de Estudios del Futuro, junto con la FFA y el FFRC	El sexto componente del sistema de prospectiva finlandesa son los denominados futuristas o redes de personas orientadas al futuro en el país. La mayor red organizada es la Sociedad Finlandesa de Estudios del Futuro, que se estableció en 1980 sobre la base de la recomendación de la Junta Central del Gobierno y de los consejos de investigación. Sus miembros fundadores fueron 14 instituciones de educación superior. Desde entonces, se han unido a la sociedad otras 14 instituciones y más de 700 personas. La Academia de Futuros de Finlandia (FFA), es una red nacional de educación e investigación en el campo de los estudios del futuro para las universidades. Hay nueve universidades que son miembros de la FFA y producen módulos de educación sobre el futuro. La red es coordinada por el Centro de Investigación de Futuros (FFRC), el mayor actor de prospectiva y estudios del futuro de los países nórdicos, y es una de las más grandes del mundo. Fue establecida en la Escuela de Economía de Turku en 1992, donde ha funcionado como centro de investigación con financiamiento externo y muy poco financiamiento público directo.

Fuente: T. Kuosa, "Practising strategic foresight in government. The cases of Finland, Singapore and the European Union", *RSIS Monograph*, N° 19, Singapur, S. Rajaratnam School of International Studies, Nanyang Technology University, 2011.

Estructura del sistema

La estructura del sistema de prospectiva finlandés puede observarse en el diagrama V.2.

Diagrama V.2
El sistema de prospectiva estratégica pública de Finlandia [a]

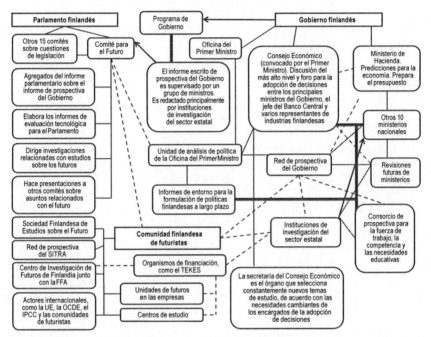

Fuente: Elaboración propia, sobre la base de T. Kuosa, "Practising strategic foresight in government. The cases of Finland, Singapore and the European Union", *RSIS Monograph*, N° 19, Singapur, S. Rajaratnam School of International Studies, Nanyang Technology University, 2011.

[a] Las flechas del diagrama marcan las direcciones de relación. Las líneas continuas marcan las relaciones jerárquicas directas o de otro tipo, o de sus funciones permanentes. Las líneas continuas en negrita se refieren especialmente a la función de articulación entre las unidades enlazadas. Las líneas de puntos describen la vinculación oficial entre las unidades, por ejemplo, intercambio de información frecuente o colaboración ad hoc.

Se observa que el Gobierno y el Parlamento de Finlandia son las dos entidades principales de organización y coordinación del sistema de prospectiva finlandés. El Gobierno de Finlandia articula las funciones de dicho sistema por medio del Programa de Gobierno; donde se define el plan de prospectiva, supervisado por los institutos de investigación del sector público y los ministerios directamente relacionados con el Consejo Económico (convocado por la Oficina del Primer Ministro). El Consejo Económico es un órgano de gran importancia para la deliberación y adopción de decisiones, y por su función de interlocutor con los ministerios, los representantes del Banco Central y las industrias del país. Su secretaría define los nuevos temas que se estudiarán y ejecuta los estudios en función de las necesidades de los encargados de la adopción de decisiones.

La principal articulación del Gobierno de Finlandia con el Parlamento se realiza por medio del programa de prospectiva del Gobierno, examinado por el Comité para el Futuro, que trabaja directamente con 15 comités encargados de temas legislativos. El Comité para el Futuro es el principal dinamizador de la prospectiva en el Parlamento, pues desempeña las siguientes funciones:

- elaborar los informes agregados de prospectiva del Gobierno al Parlamento;

- elaborar los informes de evaluación tecnológica para el Parlamento;

- desarrollar la investigación asociada con los estudios del futuro, y

- hacer presentaciones a otros comités sobre cuestiones relacionadas con el futuro.

Con esta información, colabora con la comunidad de futuristas; que comprende:

- la Sociedad Finlandesa de Estudios del Futuro;

- la Red de Prospectiva del SITRA;

- el Centro de Investigación de Futuros de Finlandia, junto con la FFA, y

- los actores internacionales como la UE, la OCDE, el IPCC y las comunidades de futuristas.

La principal característica del sistema es el papel de las instituciones de investigación, el Gobierno y demás entidades del sector público como ejes articuladores y dinamizadores de los ejercicios de prospectiva y proyectos que se realizan en Finlandia. Las instituciones públicas lideran los procesos de prospectiva, pero dan espacio a la interlocución con distintos actores, como los gremios y el sector privado.

f) Singapur

La evolución de la visión estratégica de Singapur comenzó en 1991, desde que se estableció la Oficina de Detección de Riesgos y Planificación de Escenarios en el Ministerio de Defensa. En 1995, esta dependencia pasó a la División de Servicios Públicos (PSD) de la Oficina del Primer Ministro. En 2003, adquirió nuevos objetivos y un nuevo nombre: Oficina de Políticas Estratégicas.

Los siguientes grandes pasos en la evolución de la visión estratégica de Singapur fueron el establecimiento del Programa de Evaluación del Riesgo y Análisis de Horizontes (*Risk Assessment and Horizons Scanning Programme*, RAHS) en 2004, y el Centro de Análisis de Horizontes (HSC) en 2008, como puede apreciarse en el diagrama V.3, que describe el sistema actual de prospectiva de Singapur.

Diagrama V.3
Sistema público de prospectiva estratégica de Singapur [a]

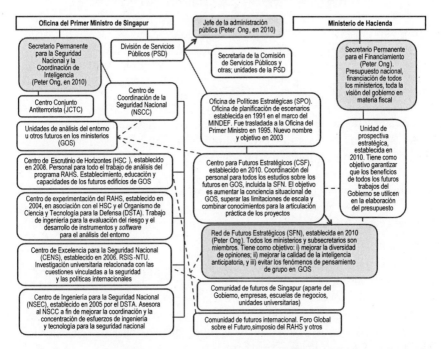

Fuente: Elaboración propia, sobre la base de T. Kuosa, "Practising strategic foresight in government. The cases of Finland, Singapore and the European Union", *RSIS Monograph*, N° 19, Singapur, S. Rajaratnam School of International Studies, Nanyang Technology University, 2011.
[a] Las siglas están en inglés.

Posteriormente, la distribución de las unidades, funciones o capacidades de prospectiva de todo el Gobierno de Singapur condujo de manera significativa a la necesidad de establecer la Red de Futuros Estratégicos (SFN) para la coordinación y la colaboración de todas las nuevas unidades de prospectiva.

La mayor parte de las funciones de prospectiva del Gobierno de Singapur dependen de la Oficina del Primer Ministro. Su coordinación recae principalmente en las secretarías permanentes de Seguridad

Nacional e Inteligencia (NSIC) y la División de Servicios Públicos (PSD), que tienen el papel de apoyar la coordinación de la totalidad de las políticas gubernamentales.

En el marco de la NSIC y su Centro de Coordinación de la Seguridad Nacional (NSCC), el principal órgano de coordinación de prospectiva es el Centro de Análisis de Horizontes (HSC), que se estableció en 2008. En la División de Servicios Públicos y su Oficina de Políticas Estratégicas (SPO), el principal agente de coordinación para las funciones de prospectiva es el Centro para Futuros Estratégicos (CSF), que se estableció en 2010. Además del CSF, la Red de Futuros Estratégicos (SFN) se estableció al mismo tiempo en la SPO. El CSF funciona como una red de alto nivel de estudios del futuro y trabaja en conjunto del sector público.

D. Conclusiones

Los países que presentan el mayor número de instituciones prospectivas y los más altos niveles de complejidad han sido históricamente los más desarrollados del mundo. Esto pone de relieve la importancia estratégica de la planificación a largo plazo con la participación activa de todos los sectores de la sociedad para construir colectivamente el futuro deseado. Por el nivel de riqueza, se infiere de igual manera que los estudios y proyectos prospectivos se han orientado al desarrollo del sector productivo y empresarial.

Europa es la región líder tanto en número de organizaciones como en el desarrollo de macroproyectos de largo plazo con enfoque prospectivo. Los Estados Unidos también son uno de los países que han demostrado su capacidad de orientar sus decisiones estratégicas mediante la prospectiva. Es uno de los que poseen mayor nivel de capacidades desarrolladas alrededor de los estudios y proyectos prospectivos.

Ciertos tipos de organización, como los institutos y centros de prospectiva, son sin duda las figuras idóneas para la consolidación de esta disciplina en las regiones y países, pues contribuyen al flujo de recursos, la permanencia, la institucionalidad para el trabajo interdisciplinario y en red, y las posibilidades de reproducción de ejercicios y metodologías, entre otros beneficios.

En la comparación internacional realizada se observa que América Latina y el Caribe aparece tardíamente en el contexto mundial, y su interés por la prospectiva se caracteriza por altibajos en función de los cambios en el modelo de desarrollo. En efecto,en las décadas de 1960 y 1970 los países pioneros en temas en prospectiva fueron la Argentina, el Brasil y México, que emprendieron proyectos, crearon instituciones, realizaron eventos prospectivos significativos y produjeron publicaciones. En las décadas de 1980 y 1990 paulatinamente la Argentina y México disminuyeron su protagonismo. Desde la primera década de 2000 hasta la actualidad, el Brasil se ha consolidado como el principal promotor de la prospectiva en la región, acompañado de Colombia y el Perú en la consolidación de esfuerzos institucionales. Entre tanto, la Argentina y México buscan recuperar el terreno perdido

En América Latina y el Caribe se hace notar que uno de los mayores avances en prospectiva en la última década ha sido la creación de puntos de referencia, lo que genera mayores capacidades para la región. A pesar de esto, la generación de esfuerzos se concentra en muy pocos países, por un lado, porque la mayoría de las instituciones creadas antes del 2000 tienen dificultades para mantener una actividad constante, por otro, porque hay puntos de referencia muy recientes que apenas se encuentran en sus primeras etapas de crecimiento. En ese sentido, pese a los grandes esfuerzos, América Latina y el Caribe tienen ante sí grandes retos para llegar a crear una cultura prospectiva entre los gobiernos, las empresas y las personas en general. Deben trascender los ejercicios puntuales y orientarse a macroproyectos de impacto nacional y continental que promuevan paralelamente el desarrollo de capacidades y la generación de una masa crítica de expertos y públicos estratégicos que contribuyan a la evolución de esta disciplina.

Para lograr lo anterior es necesario desplegar esfuerzos en materia de visibilización de los trabajos realizados y de trabajo en red con las organizaciones líderes en el mundo. En la consolidación de estos procesos resulta fundamental impulsar la asociatividad y la interdisciplinariedad.

Capítulo VI

Desarrollo de capacidades prospectivas en América Latina

A. Antecedentes y experiencias significativas

1. Grandes etapas de la prospectiva latinoamericana

Lo primero que se debe reconocer es que la prospectiva no es novedad en América Latina. Si bien establecer períodos resulta siempre arbitrario, a grandes rasgos pueden distinguirse tres grandes etapas en la evolución de la prospectiva en América Latina. Estas fases no coinciden exactamente con el avance de la planificación, a pesar de que ambos aspectos mantienen una relación interdependiente (véase el cuadro VI.1).

Cuadro VI.1
Grandes etapas de la prospectiva en América Latina

Período	Etapas
1960-1980	• Experiencias pioneras • Prospectiva científico-tecnológica • Obras de divulgación
1980-2000	• Aplicaciones para el desarrollo científico y tecnológico y el desarrollo territorial • Divulgación en los medios de comunicación
2000-2012	• Expansión por América Latina • Evolución institucional: programas nacionales, centros, institutos, universidades

Fuente: J. Medina Vásquez, "La prospectiva en la práctica de América Latina", Conferencia dictada en el Centro de Estudios de Prospectiva, Instituto de Administración Pública del Estado de México, Toluca, 2010.

2. Experiencias pioneras: años sesenta y setenta

La primera fase comenzó bajo el liderazgo de la Argentina, el Brasil y México en los años sesenta y setenta. Según el espíritu de la época, su quehacer se inspiró en los grandes problemas mundiales y los grandes temas del desarrollo, guiado por la búsqueda de una contribución propia y original de América Latina al concierto mundial.

La futurología y el pronóstico, tan valorados en América del Norte en los años sesenta, no tuvieron mayor acogida en América Latina debido a su lógica implícita, según la que el futuro supone una prolongación más o menos coherente del pasado. El debate de entonces no permitía aceptar ese supuesto. La competencia entre socialismo y capitalismo como sistemas de organización social, y entre marxismo y funcionalismo como teorías sociales preponderantes, ponía el acento en la necesidad de promover el cambio social y la superación del "subdesarrollo" por medio de la planificación. Se concedía especial importancia a la preocupación por las novedades de la ciencia y la tecnología y su papel en el modelo de desarrollo imperante.

En los gráficos VI.1 y VI.2 se visualizan a grandes rasgos los esfuerzos realizados en prospectiva en esas dos décadas.

Gráfico VI.1
Experiencias en la región: años sesenta y setenta

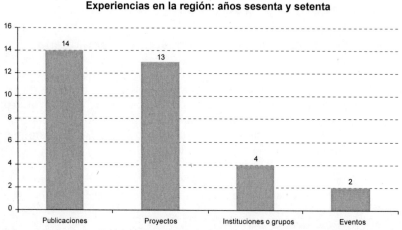

Fuente: S. Becerra y P. Castaño, "Mapeo de experiencias significativas en prospectiva de países e instituciones referentes en América Latina y el Caribe", monografía, Cali, Universidad del Valle, 2012; A. Alonso Concheiro, "La prospectiva en Iberoamérica", ponencia presentada en el Encuentro Internacional de Prospectivistas Iberoamericanos "Desafíos futuros de Iberoamérica", organizado por la Federación Mundial de Estudios de los Futuros, Red E y E (Escenarios y Estrategia) en América Latina y Universidad Autónoma del Carmen, Ciudad del Carmen, Campeche, México, 5 a 7 de noviembre de 2007; y D. M. dos Santos y L. Fellows Filho, *Prospectiva na América Latina. Evolução e desafíos*, Bauru, Canal 6 editora, 2009.

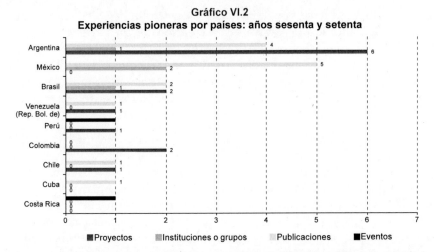

Gráfico VI.2
Experiencias pioneras por países: años sesenta y setenta

■Proyectos　▨Instituciones o grupos　▨Publicaciones　■Eventos

Fuente: S. Becerra y P. Castaño, "Mapeo de experiencias significativas en prospectiva de países e instituciones referentes en América Latina y el Caribe", monografía, Cali, Universidad del Valle, 2012; A. Alonso Concheiro, "La prospectiva en Iberoamérica", ponencia presentada en el Encuentro Internacional de Prospectivistas Iberoamericanos "Desafíos futuros de Iberoamérica", organizado por la Federación Mundial de Estudios de los Futuros, Red E y E (Escenarios y Estrategia) en América Latina y Universidad Autónoma del Carmen, Ciudad del Carmen, Campeche, México, 5 a 7 de noviembre de 2007; y D. M. dos Santos y L. Fellows Filho, *Prospectiva na América Latina. Evolução e desafíos*, Bauru, Canal 6 editora, 2009.

Como se observa en los gráficos anteriores, fueron pocos los esfuerzos realizados en la región sobre el tema de la prospectiva en las décadas de 1960 y 1970. Las escasas experiencias estuvieron encaminados a la producción de publicaciones y realización de proyectos (14 y 13, respectivamente). En la creación de puntos de referencia apenas hubo cuatro instituciones y solo se celebraron dos eventos prospectivos significativos.

En esa primera fase de los años sesenta y setenta, del total de proyectos realizados en la región el 46,2% correspondió a la Argentina y el 15,4% al Brasil (México no realizó ninguno). En cuanto a instituciones o grupos creados, en México surgen dos, entre los que se encuentra la Fundación Javier Barros Sierra; en el Brasil surge el Núcleo de Política Científica y Tecnológica del Instituto de Geociencias de la Universidad Estadual de Campinas, y en la Argentina, la Fundación Bariloche. Con respecto a la producción de publicaciones en la región, la participación de México en comparación con el total de la región fue del 35,7%, la de la Argentina del 28,6% y la del Brasil, del 14,3%.

Se enfatiza en esa etapa el surgimiento de los primeros puntos de referencia en la región. Entre los más influyentes de América Latina estuvieron la Fundación Javier Barros Sierra de México y el Grupo de Bariloche. La primera tuvo un papel importante en la producción de textos de divulgación y la realización de seminarios internacionales de alto nivel.

El segundo se destaca por la creación y desarrollo del Modelo Mundial Latinoamericano, lo que deriva en la creación de un tercer gran punto de referencia: el Núcleo de Política Científica y Tecnológica del Instituto de Geociencias de la Universidad Estadual de Campinas, en el Brasil. No obstante, las nuevas generaciones del continente no están muy enteradas de este importante legado, que ha sentado las bases de una importante reflexión sobre el desarrollo sostenible (Gallopín, 1995).

La Fundación Javier Barros Sierra se constituyó oficialmente en 1975 como asociación de carácter científico y tecnológico orientada a la prospectiva del desarrollo económico, social y cultural de México. Sus objetivos fueron la investigación y la reflexión sobre los futuros de largo plazo del país, la divulgación de los resultados de sus actividades y la formación de personas en el campo de la prospectiva. Con gran poder de convocatoria, congregó a un conjunto de importantes académicos, empresarios, funcionarios públicos, que inicialmente realizaron prospectiva del sector educativo del país. Luego trabajaron sobre prospectiva en los campos de demografía, educación, economía, alimentación, empleo, tecnología, comunicaciones, transportes, biotecnología, comercio exterior y salud. La Fundación también creó modelos cuantitativos de corte global sobre la economía mexicana[1].

En cuanto a la Fundación Bariloche, Amílcar Herrera coordinó entre 1974 y 1976 el equipo que diseñó el Modelo Mundial Latinoamericano. Según Dagnino (1995), esta obra ha sido una respuesta desde el tercer mundo a las hipótesis catastrofistas acerca del futuro planteadas por los modelos prospectivos mundiales, especialmente en el famoso trabajo "Los límites del crecimiento", propuesto por el Club de Roma. El Modelo de Bariloche construyó un enfoque alternativo sobre la viabilidad de un estilo de desarrollo igualitario y autosostenido. Para Dagnino (1995), este modelo de carácter normativo, sin pretensiones de neutralidad y supuesta objetividad científica, creó una línea de pensamiento académico y político en torno a alternativas globales ecológica y socialmente viables para el futuro común de los latinoamericanos. De esta forma, la región contribuyó en gran medida al debate público internacional. Los resultados se presentan en el libro *Catástrofe o nueva sociedad*, que se ha traducido del español al alemán, francés, inglés, japonés y neerlandés[2].

---

[1]   Desde entonces, la Fundación Javier Barros Sierra ha tenido una presencia intermitente en América Latina. A pesar de estos ciclos, actualmente ha vuelto a despegar con nuevos bríos. Después de un lapso de bajo perfil y pocas actividades a finales de los años noventa y gran parte de la primera década del siglo XXI, inducido por una difícil situación económica ya superada, retornó en 2009 en su tarea de reflexión rigurosa e imaginativa sobre los futuros posibles, probables y deseables para el desarrollo económico, social, cultural y político de México. Para profundizar en la experiencia mexicana, véanse Alonso (2007) y Baena (2008).

[2]   La idea del Modelo surgió en una reunión realizada en 1970 en Río de Janeiro, auspiciada por el Club de Roma. Al efecto constituyó un comité compuesto por Carlos A. Mallmann, Jorge Sábato,

Recuadro VI.1
El modelo de Bariloche

Concepto

- El término modelo se utiliza en dos sentidos diferentes: como sinónimo de modelo conceptual que contiene un proyecto de nueva sociedad ideal y como modelo matemático, para investigar su factibilidad material.

- Sostiene que los problemas más apremiantes del planeta no son físicos, derivados del agotamiento de los recursos naturales *per se,* sino sociopolíticos, basados en la distribución desigual del poder a nivel internacional y subnacional.

- Argumenta que se requieren cambios radicales en la organización social y en los valores. Propone una sociedad basada en la igualdad y la plena participación en la toma de decisiones, la regulación del consumo material y el crecimiento económico.

- Busca demostrar que no existen límites absolutos en el futuro previsible y que los diferentes países y regiones pueden definir objetivos que les permitan crear una sociedad compatible con el medio ambiente.

Productos

- Uno de los resultados indirectos del Modelo de Bariloche fue la creación, por parte del propio Amílcar Herrera, del Núcleo de Política Científica y Tecnológica del Instituto de Geociencias de la Universidad Estadual de Campinas (São Paulo). Entre las orientaciones del Núcleo, se destacó la puesta en marcha del Proyecto Prospectiva Tecnológica en América Latina (PTAL), en 1983.

- Otro resultado indirecto del Modelo de Bariloche, fue la creación de una escuela de técnicos que luego ejercieron profesionalmente en toda América Latina. En particular, inspiró la creación de un modelo económico de simulación a largo plazo, adoptado por las Naciones Unidas. Este modelo sirvió para el desarrollo de modelos de planificación a largo plazo y para la formación de técnicos, en particular en Venezuela (República Bolivariana de) (Centro de Estudios del Desarrollo (CENDES)) y el Perú (Instituto Nacional de Planificación).

Fuente: A. Herrera y otros, *Catástrofe o nueva sociedad. Modelo mundial latinoamericano.* Bogotá, Centro Internacional de Investigaciones para el Desarrollo (CIID), 1977; L. Corona Herrera, "Los enfoques en la prospectiva", *Perfiles Educativos*, N° 51-52, México, D. F., Universidad Nacional Autónoma de México, 1991; M. Marí Castelló-Tarrega, "Prospectiva tecnológica. Algunas reflexiones sobre la experiencia argentina", *Documento de Trabajo*, N° 3, Buenos Aires, Secretaría para la Tecnología, la Ciencia y la Innovación Productiva, Dirección Nacional de Planificación y Evaluación, Buenos Aires, 2000; R. Dagnino, "Herrera: Un intelectual latinoamericano", *Redes*, vol. 2, N° 5, diciembre, Universidad Nacional de Quilmes, 1995.

Enrique Oteiza, Amílcar O. Herrera, Helio Jaguaribe y Oswaldo Sunkel, que esbozó las líneas generales del proyecto. El Modelo de Bariloche fue auspiciado por el CIID y el equipo de trabajo lo constituyeron Amílcar Herrera, Hugo D. Scolnik, Graciela Chichilnisky, Gilberto C. Gallopín, Jorge E. Hardoy, Diana Mosovich, Enrique Oteiza, Gilda L. de Romero Brest, Carlos E. Suárez y Luis Talavera. Transcurridos 20 años, se realizó una nueva versión del modelo, corregida y ajustada.

3.   Socialización: años ochenta y noventa

En esa época se evidencia que los estudios del futuro en América Latina requieren avanzar en diferentes aspectos, debido a factores tales como los excesos y carencias de la planificación de tipo normativo-tradicional, la crisis de la teoría social, el análisis de una gran cantidad de experiencias empíricas y la ausencia de proyectos sociales. Autores como Costa Filho (1990) señalan que se debe profundizar en las conceptualizaciones sobre el desarrollo, las modalidades de intervención social, y el rigor metodológico. Otros analistas, como Hopenhayn (1994), indican la necesidad de avanzar hacia conceptos como la planificación negociada, incorporando teorizaciones como la planificación estratégica situacional, las perspectivas múltiples y la elaboración de escenarios.

La segunda generación impulsa la prospectiva tecnológica pero también comienza a hacer prospectiva territorial, cambiando, por tanto, la escala nacional y el referente sectorial. Se avanza en el desarrollo de productos para la industria editorial y los medios de comunicación. Se genera una importante difusión de la prospectiva y esta semilla permea muchas regiones e instituciones en el continente.

Los esfuerzos en la región se incrementan de manera considerable con respecto a la fase anterior, se empiezan a generar experiencias significativas que se traducen en la generación de más proyectos (59), publicaciones (56), eventos (17), instituciones o grupos (15) y actividades de formación (4).

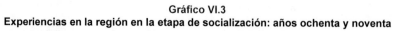

Gráfico VI.3
Experiencias en la región en la etapa de socialización: años ochenta y noventa

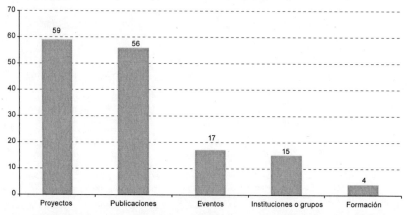

Fuente: S. Becerra y P. Castaño, "Mapeo de experiencias significativas en prospectiva de países e instituciones referentes en América Latina y el Caribe", monografía, Cali, Universidad del Valle, 2012; A. Alonso Concheiro, "La prospectiva en Iberoamérica", ponencia presentada en el Encuentro Internacional de Prospectivistas Iberoamericanos "Desafíos futuros de Iberoamérica", organizado por la Federación Mundial de Estudios de los Futuros, Red E y E (Escenarios y Estrategia) en América Latina y Universidad Autónoma del Carmen, Ciudad del Carmen, Campeche, México, 5 a 7 de noviembre de 2007; y D. M. dos Santos y L. Fellows Filho, *Prospectiva na América Latina. Evolução e desafíos*, Bauru, Canal 6 editora, 2009.

En ese sentido, los países que se encontraban en la cúspide eran la Argentina, el Brasil, Colombia y México. De estos, México ocupó el primer lugar, con la producción de 24 publicaciones, seguido por Colombia con la realización de 23 proyectos, el Brasil con 7 proyectos y la Argentina con la creación de 4 puntos de referencia (véase el gráfico VI.4).

Gráfico VI.4
Esfuerzos de los países en la etapa de socialización: años ochenta y noventa

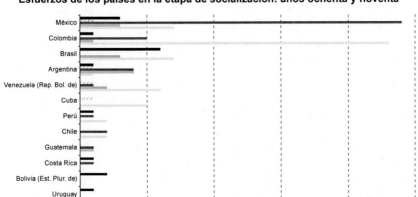

	Ecuador	Uruguay	Bolivia (Est. Plur. de)	Costa Rica	Guatemala	Chile	Perú	Cuba	Venezuela (Rep. Bol. de)	Argentina	Brasil	Colombia	México
■ Eventos	0	1	2	1	0	0	1	0	0	1	6	1	3
▨ Formación	0	0	0	0	0	0	0	1	1	1	0	0	1
■ Publicaciones	0	0	0	1	1	2	1	0	1	4	0	5	24
▥ Instituciones o grupos	0	0	0	0	1	0	0	0	2	4	3	1	3
▦ Proyectos	1	0	0	0	0	2	2	5	6	1	7	23	7

Fuente: S. Becerra y P. Castaño, "Mapeo de experiencias significativas en prospectiva de países e instituciones referentes en América Latina y el Caribe", monografía, Cali, Universidad del Valle, 2012; A. Alonso Concheiro, "La prospectiva en Iberoamérica", ponencia presentada en el Encuentro Internacional de Prospectivistas Iberoamericanos "Desafíos futuros de Iberoamérica", organizado por la Federación Mundial de Estudios de los Futuros, Red E y E (Escenarios y Estrategia) en América Latina y Universidad Autónoma del Carmen, Ciudad del Carmen, Campeche, México, 5 a 7 de noviembre de 2007; y D. M. dos Santos y L. Fellows Filho, *Prospectiva na América Latina. Evolução e desafíos*, Bauru, Canal 6 editora, 2009.

Es de resaltar que, en esas dos épocas, la Argentina, Colombia, el Brasil y México se destacan entre los demás países por su interés en generar esfuerzos significativos en prospectiva. De igual manera, se evidencia cierto interés por emprender iniciativas conjuntas entre diferentes países de la región y de otras latitudes para promover la prospectiva en este territorio, relacionadas principalmente con proyectos y publicaciones.

A nivel internacional se hacen modelos y ejercicios en red entre varios países. Las orientaciones basadas en pronósticos pierden terreno y la prospectiva de estilo francés gana seguidores en la región, de acuerdo con indicadores tales como el número de proyectos bajo su guía metodológica, la multiplicación de los consultores y profesionales que siguen sus directrices, así como su preponderancia en la formación dominante de los futuristas.

Cuadro VI.2
Rol de los organismos internacionales

Fecha estimada	Proyecto
1972	Proyecto Piloto de Transferencia de Tecnología de la OEA
1983-1994	Proyecto Prospectiva Tecnológica de América Latina (PTAL)
	Proyecto Alta Tecnología América Latina 2000 de la OEA
1991-1996	Comisión Latinoamericana de Ciencia y Tecnología (COLCYT) del Sistema Económico Latinoamericano (SELA)
1986-1990	Gran Programa I de la UNESCO, Editorial Nueva Sociedad
1990-1994	Proyecto de Escenarios Regionalizados de América Latina; Proyecto FAST de la Unión Europea
1994-1997	Grupo de Lisboa, Grupo de Buenos Aires y Red Iberoamericana e Interamericana de Indicadores en Ciencia y Tecnología (RICYT/CYTEC/OEA)
1996	Iniciativa Regional de la ONUDI para el Desarrollo del Pronóstico Tecnológico en América Latina

Fuente: M. Marí Castelló-Tarrega, "Prospectiva tecnológica. Algunas reflexiones sobre la experiencia argentina", *Documento de Trabajo*, N° 3, Buenos Aires, Secretaría para la Tecnología, la Ciencia y la Innovación Productiva, Dirección Nacional de Planificación y Evaluación, Buenos Aires, 2000.

Cuando se explora la "puesta en escena" de la prospectiva en esta etapa se destacan varias conclusiones principales:

- La prospectiva se desenvuelve en un ambiente institucional relativamente hostil, debido a la llamada crisis de la planificación, evidente en la transformación de las características y el papel que juega la planificación en el continente[3].

- En ese contexto, se desmantelan los aparatos nacionales de planificación y con ellos se dispersan los núcleos de capacidades formados en la primera etapa de la prospectiva en América Latina. Por ese motivo, sumado a cuestiones ideológicas y a un cierto relevo generacional, a finales de los años ochenta y comienzos de los noventa se crea una brecha o espacio temporal donde se pierde la continuidad en los esfuerzos emprendidos por los pioneros. Lamentablemente, en lo que respecta a la prospectiva tecnológica, esto tiene una repercusión especial en la Argentina, el Brasil, Colombia y México[4].

---

[3]　También sería preciso profundizar en la transformación del papel de la región y de la planificación regional en las últimas décadas. Boisier (1998) es muy claro al analizar los distintos modelos mentales y reales utilizados en América Latina. Al respecto son igualmente fundamentales De Mattos (1987) y Bervejillo (1996).

[4]　Manuel Marí (2000) anota que el Centro de Política de Ciencia y Tecnología (CPCT) del Ministerio de Ciencia y Tecnología del Brasil fue desmantelado, a raíz de la toma de posesión del Presidente Collor de Melo, y se suspendieron todas sus actividades de prospectiva (entre otras, el importante trabajo "*O futuro Hoje*"). Un cambio de autoridades en COLCIENCIAS de Colombia hizo también que se desmantelara el grupo de prospectiva, que había llegado a desarrollar importantes proyectos e iniciativas, particularmente a nivel de regiones, como Antioquía y el Valle del Cauca.

- A pesar de ello existen muchas experiencias valiosas e interesantes que mostrar a la comunidad internacional, sobre todo en materia de prospectiva tecnológica. Se trata de una pluralidad de ejercicios internacionales, nacionales y territoriales, sectoriales e intersectoriales. Se hacen modelos económicos, análisis y selección de tecnologías, inteligencia tecnológica, entre otras cosas. Además estas actividades aglutinan a grandes personalidades de las ciencias sociales que producen reflexiones de gran relevancia intelectual, incluso vigentes hoy en día (véase el cuadro VI.3).

Cuadro VI.3
Experiencias internacionales significativas en la segunda etapa

Nombre	Contexto	Objetivo	Producto
Proyecto Prospectiva Tecnológica de América Latina	El proyecto fue financiado por la Universidad de las Naciones Unidas (UNU) y el Centro Internacional de Investigaciones para el Desarrollo (CIID) del Canadá. Fue liderado por un comité consultivo, compuesto por Fernando Henrique Cardoso, Leonel Corona, Celso Furtado, Gilberto Carlos Gallopín, José Agustín Silva Michelena y Theotonio dos Santos, bajo la dirección de Amílcar Herrera. El proyecto contó con la colaboración de la Unión Europea, en particular de su programa de prospectiva y evaluación de ciencia y tecnología (FAST, por sus siglas en inglés) y de su Director Ricardo Petrella. También participaron en diversas reuniones y estudios del Proyecto Christopher Freeman, Carlota Pérez, Fernando Fajnzylber de la CEPAL y otros.	Analizar el papel de la tecnología en el cambio social latinoamericano, al nivel del desarrollo sociopolítico y económico. A diferencia del Modelo de Bariloche (modelo normativo de simulación para mostrar la viabilidad de la sociedad ideal propuesta desde el punto de vista de los recursos naturales y el medio ambiente físico), el Proyecto PTAL tuvo en cuenta diversos escenarios posibles.	Durante el curso del proyecto se elaboraron alrededor de 150 documentos. El documento final contiene tres escenarios: uno tendencial, uno tendencial reformado y otro deseable de desarrollo endógeno: Cuatro estrategias: Socioeconómica, ambiental, urbana y científico-tecnológica.
Proyecto Alta Tecnología América Latina 2000	Puesto en marcha por la Organización de los Estados Americanos (OEA) en 1987 a partir de la iniciativa del Ministerio de Ciencia y Tecnología del Brasil y COLCIENCIAS, de Colombia, la Argentina, México y Venezuela (República Bolivariana de).	Incentivar las acciones de cooperación entre los países de América Latina para el monitoreo de tendencias mediante redes de "antenas" sobre las novedades recientes y futuras en el campo de las nuevas tecnologías.	Cuatro documentos sobre tendencias futuras en microelectrónica, biotecnología, nuevos materiales y comunicaciones.
Escenarios regionalizados en América Latina, 1990	Iniciado bajo la inspiración y con la colaboración de Ricardo Petrella, Director del Proyecto FAST, de la Unión Europea, contó con expertos de la Argentina (los profesores Mario Albornoz, Carlos Mallmann y Leonardo Vaccarezza, de la Universidad de Buenos Aires), de Chile (el Dr. Mario Waissbluth, del Centro Interuniversitario de Desarrollo Andino (CINDA)), del Brasil (el Profesor Henrique Rattner, de la USP, y Hebe Vessuri de UNICAMP) y de Venezuela (República Bolivariana de) (Profesora Isabel Licha).	Constituir una red de Centros de Prospectiva, realizar un análisis secundario de los escenarios ya elaborados en los últimos años y de los debates en curso en el seno de la región, reflexionar sobre las temáticas centrales y variables que serían incluidas en futuros escenarios y, por último, realizar un análisis cualitativo de futuros escenarios alternativos de América Latina.	El ejercicio final fue remitido a la Comisión Europea, para formar parte de sus estudios de prospectiva. Fue acompañado de un análisis macroeconómico cuantitativo, preparado por la Comisión Económica de las Naciones Unidas para Europa.

Fuente: Elaboración propia, sobre la base de M. Marí Castelló-Tarrega, "Prospectiva tecnológica. Algunas reflexiones sobre la experiencia argentina", *Documento de Trabajo*, N° 3, Buenos Aires, Secretaria para la Tecnología, la Ciencia y la Innovación Productiva, Dirección Nacional de Planificación y Evaluación, Buenos Aires, 2000.

La República Bolivariana de Venezuela asumió la conducción del proyecto en el Ministerio de Ciencia, Tecnología e Innovación y el Consejo de Investigaciones Científicas y Tecnológicas (CONICIT) pero, ante el desinterés de los países participantes en el proyecto y de la propia OEA, canalizó sus esfuerzos en el área de prospectiva a través de la COLCYT.

- La prospectiva territorial tiende a consolidarse a medida que avanzan los años noventa. Ello se debe a que la globalización eleva el perfil asignado a las regiones según el modelo de desarrollo dominante, orientado a la macroeconomía y la gestión centralizada del Estado. La competitividad internacional de regiones y la descentralización animan a los territorios a velar por su propio futuro. El Brasil y Colombia se convierten en referentes en esta rama de la prospectiva. Se elaboran programas ciudadanos, planes estratégicos de ciudad; planificación participativa, visiones de futuro, entre otras cosas.

- A nivel institucional, estos esfuerzos tienen éxitos parciales y localizados. No obstante, su gran mérito radica en que sirven para formar capacidades que luego generan un efecto multiplicador para la etapa siguiente. Se constituyen así en la plataforma para conformar redes de personas e instituciones que articulan intereses e iniciativas en torno a objetivos comunes.

- En ese contexto nace en 1997 la Red Latinoamericana de Prospectiva y aparecen los primeros nodos del Proyecto del Milenio en América Latina, en la Argentina, México y Venezuela (República Bolivariana de). También se crean programas de formación pioneros, como el de especialización en prospectiva de la Universidad de La Sabana en Colombia, liderado por Francisco Mojica, que luego se trasladó a la Universidad Externado de Colombia.

Quizás el caso más significativo de acumulación de capacidades y trabajo multidisciplinario en red es el Proyecto Prospectiva Tecnológica en América Latina (PTAL), realizado bajo su coordinación por equipos de cinco instituciones de la Argentina, el Brasil, México y Venezuela (República Bolivariana de), bajo el liderazgo de Amílcar Herrera y profesores brasileños del Departamento de Política Científica y Tecnológica del Instituto de Geociencias de la Universidad de Campinas (véase el recuadro VI.2).

En diálogo con la Fundación Bariloche, el PTAL exploró una nueva respuesta latinoamericana a la problemática mundial. Según Marí Castelló-Tarrega (2000) y Dagnino (1995), su efecto más importante radicó en la difusión e impulso de los estudios sobre prospectiva, que permitieron a un gran número de investigadores de América Latina dominar las distintas técnicas y generar una vasta producción de análisis sociales, escenarios de futuro y estrategias económicas y tecnológicas. El grupo de esta dinámica científica estuvo compuesto por Renato Dagnino, Sarita Albagli, Mario Albornoz, Ignacio Ávalos, Sergio Buarque, Brent Herbert-Copley, Pedro Leitao, Eduardo Martínez, Hugo Notcheff, Henrique Rattner, Ana Laura Rodrigues, Tirso Sáenz y Judith Sutz. Este equipo luego apoyó otras redes científicas que han tenido un peso importante en las políticas científicas y tecnológicas, como es el caso de la RYCYT.

Recuadro VI.2
Instituciones participantes en el Proyecto de Prospectiva Tecnológica en América Latina

- Núcleo de Política Científica y Tecnológica del Instituto de Geociencias de la Universidad de Campinas (UNICAMP): además de la coordinación regional, el NPCT desarrolló dos áreas: la de dinámica socioeconómica, bajo la dirección de André Furtado, y la de estrategia científica y tecnológica, bajo la coordinación de Amílcar Herrera.

- Centro de Estudios del Desarrollo (CENDES) de la Universidad Central de Venezuela: bajo la dirección de Hebe Vessuri, se hizo cargo del área sobre capacidad científica y tecnológica de América Latina, sobre todo en lo referente al desafío de las nuevas tecnologías.

- Centro de Estudios Urbanos (CEUR) de Buenos Aires: tuvo a su cargo el área de la dimensión urbana del cambio tecnológico, bajo la coordinación de Pablo Gutman.

- Grupo de Análisis de Sistemas Ecológicos (GASE) de Buenos Aires: coordinó el área de medio ambiente y desarrollo, bajo la dirección de Gilberto Gallopín.

- Universidad Nacional Autónoma de México (UNAM): tuvo a su cargo el área de economía política de la ciencia y la tecnología, con la coordinación de Leonel Corona.

Fuente: M. Marí Castelló-Tarrega, "Prospectiva tecnológica. Algunas reflexiones sobre la experiencia argentina", *Documento de Trabajo*, N° 3, Buenos Aires, Secretaria para la Tecnología, la Ciencia y la Innovación Productiva, Dirección Nacional de Planificación y Evaluación, Buenos Aires, 2000; L. Corona Herrera, "Los enfoques en la prospectiva", *Perfiles Educativos*, N° 51-52, México, D.F., Universidad Nacional Autónoma de México, 1991; R. Dagnino, "Herrera: Un intelectual latinoamericano", *Redes*, vol. 2, N° 5, diciembre, Universidad Nacional de Quilmes, 1995.

4.   Expansión: primera década del siglo XXI

En la década que sigue, desde 2000 hasta el presente, en América Latina aparecen novedades institucionales y ha existido una mayor continuidad en los esfuerzos. Este progreso se evidencia en el apoyo de organismos internacionales, el surgimiento de programas nacionales e internacionales, nuevos centros, institutos, servicios, proyectos y universidades interesadas. De esta suerte, se han podido configurar redes de conocimiento y la comunidad prospectiva se encuentra en proceso de consolidación en muchos países de la región.

Diagrama VI.1
Comunidad prospectiva en América Latina y el Caribe

Fuente: Elaboración propia, sobre la base de J. Medina Vásquez, "La prospectiva en la práctica de América Latina", Conferencia dictada en el Centro de Estudios de Prospectiva, Instituto de Administración Pública del Estado de México, Toluca.

El resultado global de este panorama es que hoy en día en América Latina hay un nuevo interés por la prospectiva, que puede aprovechar la capacidad acumulada y tiene mayor fuerza que antaño en países como la Argentina, el Brasil, Chile, Colombia, México, el Perú y Venezuela (República Bolivariana de), si bien en otros países está en desarrollo, como en Bolivia (Estado Plurinacional de), Costa Rica, el Ecuador y el Uruguay, o el interés es incipiente, como es el caso del Paraguay y el resto de Centroamérica.

Ahora bien, este crecimiento sustantivo es esencial porque refleja un mejoramiento en cantidad y calidad del conocimiento prospectivo en América Latina, un incremento de su interacción con las autoridades nacionales y subnacionales, y una mayor capacidad de diálogo con pares de la comunidad internacional en la materia.

Ello se evidencia en el incremento de:

- los puntos de referencia, o instituciones que han podido tener continuidad en su labor prospectiva a lo largo de la presente década o en los últimos 30 años;

- el contacto con redes y proyectos de cooperación internacional, en los que se han intercambiado valiosos conocimientos metodológicos y contenidos de punta;

- experiencias significativas que han tenido impacto en los países, las regiones subnacionales o los sectores estratégicos de los países, y

- los programas de formación avanzada y la difusión de conocimientos en español por parte de autores iberoamericanos.

El diagrama VI.2 da una idea de la importante variedad de experiencias significativas en la región.

Diagrama VI.2
Sistemas o formas de organización de la prospectiva en el mundo

Fuente: J. Medina Vásquez y E. Ortegón, "Manual de prospectiva y decisión estratégica: Bases teóricas e instrumentos para América Latina y el Caribe", *serie Manuales*, N° 51 (LC/L.2503-P), Santiago de Chile, Comisión Económica para América Latina y el Caribe (CEPAL), 2006. Publicación de las Naciones Unidas, N° de venta: S.06.II.G.37.

B. Análisis de tendencias de visiones de país

1. Países referentes

En el presente análisis se tomaron como referentes las estrategias y planes de desarrollo de 13 países de América Latina que han elaborado visiones de largo plazo (véase el cuadro VI.4).

Cuadro VI.4
Países referentes

N°	País	Estrategias y planes de desarrollo
1	Argentina	Plan Estratégico Industrial 2020
2	Brasil	Brasil 2022
3	Chile	Agenda Chile país desarrollado: Más oportunidades y mejores empleos
4	Colombia	Visión Colombia 2019
5	Costa Rica	Costa Rica: Visión a Largo Plazo
6	Guatemala	Plan Nacional de Unidad Nacional de la Esperanza
7	Honduras	Visión de País 2010-2038
8	Jamaica	Visión Jamaica 2030: Plan Nacional de Desarrollo
9	México	Visión Nacional 2030
10	Paraguay	Paraguay 2015
11	Perú	Plan Perú 2021
12	República Dominicana	Estrategia Nacional de Desarrollo 2030: "Un viaje de transformación hacia un país mejor"
13	Uruguay	Estrategia Nacional de Desarrollo 2030

Fuente: S. Becerra y P. Castaño, "Mapeo de experiencias significativas en prospectiva de países e instituciones referentes en América Latina y el Caribe", monografía, Cali, Universidad del Valle, 2012; R. Cuervo, "El clima de la igualdad, un ejercicio de pre-prospectiva", presentación ante el Grupo de los Jueves, Santiago de Chile, Comisión Económica para América Latina y el Caribe (CEPAL), 2012; Instituto Latinoamericano y del Caribe de Planificación Económica y Social (ILPES), "Panorama de la gestión pública en América Latina. En la hora de la igualdad", Santiago de Chile, 2011.

Recientemente, la Secretaría de Planificación de Guatemala decidió impulsar la formulación de un plan nacional de desarrollo de 20 años, que se ha denominado *K'atun: nuestra Guatemala 2032*. En el recuadro VI.3 se exponen más detalles.

Recuadro VI.3
K'atun: nuestra Guatemala 2032

Un k'atun es un período de 20 años según el calendario de la civilización maya. El k'atun simboliza la posibilidad de conectar el pasado, el presente y el futuro de los pueblos indígenas. Cada nueva era representa un proceso de perfeccionamiento del ser humano y de la sociedad. La iniciativa es un ejercicio indicativo de planificación, que la Secretaría de Planificación y Programación de la Presidencia (SEGEPLAN) está impulsando en el marco del Sistema de Consejos de Desarrollo. Esta iniciativa se refiere a objetivos, aspiraciones y lineamientos de política, que conforman una visión global de transformación y desarrollo nacional equitativo y sostenible, desde el punto de vista del territorio y la demografía. Se orienta principalmente a la articulación y complementación del esfuerzo que ha venido realizando Guatemala durante los últimos tres años, en un proceso de planificación territorial público participativo para crear el Sistema Nacional de Planificación (SNP). La propuesta se presenta como un elemento de reflexión, pues invita a todos los guatemaltecos a construir una visión conjunta de la nación, tomando como base el análisis de las tendencias demográficas, socioeconómicas y geográficas, así como los patrones de comportamiento del país de cara al futuro. Se concreta en una serie de acciones de diálogo, interlocución y análisis técnico, que juntas darán lugar a un plan nacional de desarrollo que articule políticas públicas, programas y proyectos. Los ejes temáticos, que sirven de base para el diagnóstico nacional y la visión de país, son los siguientes: i) integración regional y mundial; ii) desarrollo humano y bienestar social; iii) bosque, agua y energía; iv) convivencia ciudadana y multicultural; v) Estado de derecho y democracia, y vi) desarrollo económico.

Fuente: Elaboración propia sobre la base de Guatemala, Secretaria de Planificación y Programación de la Presidencia (SEGEPLAN), *K'atun Nuestra Guatemala 2032. Construcción del Plan de Desarrollo, Ciudad de Guatemala*, 2013.

2. Aspectos destacados

Los países de América Latina y el Caribe reflejan por medio de la construcción de las visiones de futuro el interés decidido de generar políticas públicas y estrategias de desarrollo a largo plazo orientadas a la obtención de mayores niveles de desarrollo para toda la sociedad. A este fin, muchos cambiarán de manera consciente su rumbo en los próximos diez años, lo que generará transformaciones positivas que podrían cerrar paulatinamente las brechas con otros países.

Se pone de relieve que los objetivos a corto plazo de un gobierno en particular no son en sí mismos el fin último de una nación. Se reconoce que dichos objetivos no son suficientes para enfrentar los desafíos de desarrollo, por lo que los esfuerzos están encaminados al logro de una visión de diez o más años (Argentina Innovadora 2020, Brasil 2022, Guatemala 2032, Honduras 2038, México 2030, Perú 2021, República Dominicana 2030, y otros).

Con esto se espera que la transición de un gobierno a otro no obstruya el rumbo trazado a largo plazo para el país, sino todo lo contrario: que los esfuerzos de nuevos gobiernos contribuyan a la consecución de la visión nacional.

Existe un alto nivel de participación de actores y entidades de diferentes sectores que han aportado ideas, experiencias y conocimientos a la construcción de las visiones de futuro. Por ejemplo, en la Argentina, el proceso conducente al plan Argentina Innovadora 2020 contó con la participación de más de 2.500 personas. En el Brasil, la elaboración del Plan Brasil 2022 tuvo poco más de 1.500 participantes. Por último, en México, el Plan México 2030 contó con la participación de 11.143 personas.

Lo anterior demuestra que los países latinoamericanos incorporan más el concepto de prospectiva como construcción social del futuro, al poner en marcha un proceso participativo estructurado, con tiempo suficiente, donde las necesidades, intereses y anhelos de toda una nación se traducen en una visión nacional incluyente a largo plazo. Se destaca el rigor metodológico en la elaboración de las visiones. Entre los métodos cualitativos más comunes que se han utilizado se encuentran: análisis del entorno o vigilancia, congresos y talleres, encuestas, entrevistas, paneles de especialistas y revisión bibliográfica. Además, algunos países definieron escenarios (Brasil 2022, Perú 2021, República Dominicana 2030, Uruguay 2030). En cuanto a los métodos cuantitativos, los más utilizados fueron la extrapolación de tendencias y análisis de impactos y los indicadores y análisis de series de tiempo. En lo referente a métodos semicuantitativos, llama la atención la metodología Delphi desarrollada en el Plan Brasil 2022, en la que hubo una participación de 1.450 personas, con inclusión de expertos en economía, representantes de los gobiernos, profesionales y científicos.

Cada país construye su visión a partir de unos ejes que considera estratégicos, con la intención de cubrir los aspectos político-institucionales, económicos, sociales, culturales, ambientales y tecnológicos.

En el sector económico se destacan distintos ejes estratégicos. Por ejemplo, la Argentina tiene como prioridades en su visión las cadenas productivas, el mercado interno y la inserción internacional. En el Brasil, uno de los ejes corresponde claramente a la dimensión económica. En Chile, la intención principal en este sector es el aumento de la capacidad de inversión de la economía, la creación de más y mejores empleos y el incremento de la productividad. Por su parte, Colombia se ha planteado alcanzar una economía que garantice un mayor nivel de bienestar. Costa Rica procede de modo similar con el eje de la dinámica económica, la competitividad y la innovación. Guatemala destaca el tema de productividad. Honduras promueve la visión de una nación productiva, generadora de oportunidades y empleo digno, que aprovecha de manera sostenible sus recursos y reduce la vulnerabilidad ambiental. Igualmente, Jamaica se plantea haber alcanzado una economía próspera al término del período que comprende su visión. Asimismo, México propone una economía competitiva y generadora de empleos. El Paraguay, con el tema económico como eje, refleja su esfuerzo en el sector. Lo mismo sucede con el Perú, con el énfasis en economía, competitividad y empleo. La República Dominicana se plantea el propósito de tener una economía articulada, innovadora y ambientalmente sostenible, con una estructura productiva que genere crecimiento alto y sostenido con empleo decente, y que se inserte de forma competitiva en la economía global. Por último, el lugar protagónico en la visión de futuro del Uruguay lo ocupa el desarrollo de la industria, el turismo y la inversión extranjera directa (IED).

En el sector político-institucional, el Brasil es uno de los países que ha definido un eje estratégico sobre este tema. Chile, por su parte, subraya la modernización del Estado. Colombia plantea su intención de crear un Estado eficiente al servicio de los ciudadanos. Costa Rica desarrolla en su visión el subeje de la infraestructura y el eje estratégico de la seguridad ciudadana y la paz social. En Guatemala los esfuerzos se concentran en el eje de la gobernabilidad. Honduras, por su parte, plantea ser una nación que se desarrolla en un marco de democracia, con seguridad y sin violencia, lo que se complementa con otro eje denominado Estado moderno, transparente, responsable, eficiente y competitivo. Jamaica busca establecer una sociedad segura, justa y cohesiva. México incluye el aspecto político-institucional en dos de sus ejes: Estado de derecho y seguridad, y democracia efectiva y política exterior responsable. El Paraguay también ha definido un eje que pone de relieve su esfuerzo en el sector. El Perú, por su parte, lo incluye en dos de sus ejes: Estado y gobernabilidad y desarrollo regional e infraestructura. Por último, la República Dominicana desarrolla el eje de un Estado con instituciones eficientes y transparentes, al servicio de una ciudadanía responsable y participativa, que garantiza la seguridad y promueve el desarrollo y la convivencia pacífica. En el caso de la Argentina y el Uruguay, el sector no se refleja en los ejes y subejes pero, a medida que se describen los componentes de la visión, se evidencian los esfuerzos relacionados con el aspecto político-institucional.

En cuanto al sector social, el Brasil lo considera como uno de los ejes de su visión hacia el 2022. Chile lo tiene en cuenta en el eje "Desarrollo: mejor calidad de vida". Colombia, por su parte, lo incluye directamente en los ejes estratégicos una sociedad más igualitaria y solidaria y una sociedad de ciudadanos libres y responsables. Costa Rica, a su vez, considera como eje el bienestar social de la nación. Por su parte, Guatemala hace referencia al sector en su eje de solidaridad, donde se destacan la política de desarrollo social y la política de desarrollo municipal. Honduras considera como eje la meta de convertirse en una nación sin pobreza extrema, educada y sana, con sistemas consolidados de previsión social. Jamaica se plantea tener unos ciudadanos facultados para alcanzar su máximo potencial, lo que implica una población sana y estable, educación y formación de clase mundial y protección social efectiva. México incluye el tema social en el eje de igualdad de oportunidades, donde resalta su interés en cuestiones de prosperidad, calidad y cobertura educativa, salud, equidad de género, entre otras. El Paraguay también ha incluido el eje social en su visión. El Perú lo contempla desde el ángulo de los derechos fundamentales y la dignidad de las personas y de las oportunidades y el acceso a los servicios, con especial atención a la pobreza, la educación, la salud, la vivienda y la inversión social. La República Dominicana manifiesta su interés en este sector mediante el eje de una sociedad cohesionada, con igualdad de oportunidades y bajos niveles de pobreza y desigualdad, donde se destacan los temas de educación, salud, seguridad social, igualdad y vivienda. En el caso de la Argentina y el Uruguay, el sector no se refleja en los ejes y subejes, pero en los distintos componentes de las visiones de estos dos países se evidencian los esfuerzos relacionados con la dimensión social.

En el sector ambiental, el Brasil incluye el tema del medio ambiente en uno de sus ejes estratégicos. Chile lo hace en su eje "Desarrollo: mejor calidad de vida". Costa Rica elaboró un eje ambiental y de ordenamiento territorial. Guatemala ha incluido en uno de sus subejes la política de riesgos, prevención y atención a desastres. Honduras relaciona el medio ambiente con el sistema de producción. Jamaica marca el esfuerzo en el sector en uno de sus ejes, al proponerse mantener un medio ambiente saludable. México hace explícita su intención por medio de su eje de sostenibilidad ambiental, donde se resalta la importancia del medio ambiente, el cuidado de los bosques y selvas y la protección de las áreas naturales. El Paraguay considera expresamente el eje ambiental en su visión. Lo mismo hace el Perú al incluir los recursos naturales y el ambiente en su visión hasta el 2021. La República Dominicana pone de relieve su preocupación sobre el tema al incluir como eje estratégico la gestión sostenible del medio ambiente y una adecuada adaptación al cambio climático. En el caso de la Argentina, Colombia y el Uruguay, el sector no se refleja en los ejes y subejes, pero en los componentes de las visiones de estos tres países se evidencian los esfuerzos relacionados con la dimensión ambiental.

En el sector cultural, las intenciones no se hacen explícitas en los ejes estratégicos de los países considerados, a excepción de dos: Jamaica, que en uno de sus subejes propone establecer una cultura transformacional y auténtica, y la República Dominicana, en el subeje denominado cultura, recreación y deporte para el desarrollo humano. Sin embargo, esto no quiere decir que los países no lo consideran, pues en el propio contenido de las visiones se observa los esfuerzos en el sector, salvo en países como la Argentina y el Uruguay.

En cuanto al sector tecnológico, la Argentina lo considera primordial en su eje de agregación de valor, donde la innovación y la investigación y desarrollo fundamentan el esfuerzo en el sector. Mientras tanto, el Brasil lo resalta en el eje información y conocimiento. Por otro lado, Chile lo considera en unos de sus subejes, relativo a la innovación y el emprendimiento. Costa Rica, a su vez, tiene la ciencia y tecnología como un subeje dentro de su visión. Los esfuerzos de Jamaica en el sector se reflejan en el subeje de sociedad habilitada por la tecnología. México afirma su intención al respecto en el subeje de desarrollo tecnológico, dentro del eje económico. El Perú también prevé un subeje de ciencia y tecnología, que forma parte del eje económico. Por último, el Uruguay resalta su intención en este sector por medio de los ejes estratégicos innovadores en el ámbito de las TIC y la biotecnología. En el caso de Colombia, Guatemala, Honduras, el Paraguay y la República Dominicana, el sector no se refleja explícitamente en los ejes y subejes, pero en los componentes de las visiones de estos cinco países se evidencian los esfuerzos relacionados con la dimensión tecnológica.

En las visiones de los países es una constante el propósito fundamental de mejorar la calidad de vida de la sociedad, como se puede apreciar en los propios títulos de los programas: la Agenda Chile país desarrollado: Más oportunidades y mejores empleos; el Plan de la Esperanza 2032, de Guatemala, y la Estrategia Nacional de Desarrollo 2030: "Un viaje de transformación hacia un país mejor", de la República Dominicana, por solo nombrar algunos. La intención general consiste en mejorar los niveles de desarrollo del país en los diferentes sectores, de manera que haya un crecimiento considerable hacia el futuro. Temas como la igualdad, la cohesión social, la superación de la pobreza, la competitividad, la infraestructura, la ciencia y la tecnología, la modernización del Estado, entre otros, reflejan ese férreo propósito de trazar un rumbo transformador.

Conviene destacar que las visiones de los países latinoamericanos pretenden ser sistémicas. Esto quiere decir que los sectores incluidos presentan vínculos y relaciones interdependientes, de tal forma que cada programa, proyecto y estrategia contemplados están concebidos dentro de la visión global, se desarrollan de forma coordinada hacia un mismo fin y cada uno contribuye desde su área de trabajo a la consecución de ese propósito a largo plazo.

Se trata de visiones a largo plazo, orientadas a todos los niveles administrativos del país, desde el gobierno nacional y regional, los organismos constitucionalmente autónomos, las ONG, los sectores gremiales, la industria, las instituciones académicas y públicas y la comunidad de investigación hasta la sociedad civil, lo que pone de relieve el carácter participativo e incluyente de dichos planes a largo plazo.

C.   El avance de la prospectiva tecnológica

1.   Variables clave de comparación

De conformidad con las bases de datos de la Red Europea de Monitoreo de Prospectiva (EFMN), Keenan y Popper (2008) y Popper (2008a y 2008b) definen variables clave de comparación que permiten caracterizar la experiencia prospectiva latinoamericana en relación con otras regiones del mundo.

En los casos estudiados, quien ha patrocinado la prospectiva ha sido fundamentalmente el gobierno, y la comunidad de investigación es quien ha llevado la batuta en la realización de este tipo de estudios. En el caso de las audiencias, los interesados han sido, en primer lugar, los organismos del gobierno y la comunidad de investigación y, en segundo lugar, las empresas que han disfrutado los beneficios de este tipo de ejercicios.

En cuanto al importante aspecto de los horizontes temporales, en América Latina se ha hecho prospectiva de 10 a 15 años, lo que corresponde al 90% de los ejercicios rastreados. Se ha hecho muy poca prospectiva de 30 a 50 años, como se estila en otras regiones hoy en día, sobre todo en temas ambientales y ligados al cambio climático. Una de las necesidades clave es ampliar los horizontes de planificación y hacer ver que esos temas son consustanciales a la infraestructura, la educación, la energía y demás bases del desarrollo.

En cuanto a la participación, otro dato de interés es que se ha tratado de ejercicios a pequeña escala, es decir, de entre 51 y 200 participantes o entre 201 y 500 participantes. En Europa, gracias a la integración de plataformas de Internet y a la cultura prospectiva existente, se han realizado ejercicios de mucha mayor escala. Si bien hay cabida para diferentes tipos y modos de participación, es importante tratar de integrar a comunidades cada vez mayores en estos ejercicios.

En relación al tema territorial, la mayoría de los ejercicios han sido de alcance nacional y relativamente pocos de alcance subnacional, según la muestra empleada. Sin embargo, desde que se terminó esta investigación alrededor de 2008, en el caso de México y sobre todo en el del Perú, se ha realizado un número cada vez mayor de ejercicios de prospectiva territorial. Colombia, por su parte, ha seguido haciendo estos ejercicios, pero ahora hay nuevos países que se interesan en el tema, lo que tiene que ver con el resurgimiento del paradigma de planificación.

Por lo que se refiere a los productos, la mayoría de los estudios en América Latina se limitan a identificar tendencias y factores de cambio, así como prioridades de investigación, pero muy pocos realizan recomendaciones de política. Esto significa que en muchos países se ha hecho una prospectiva de observación y detección de tendencias, pero no se ha impulsado al mismo nivel un tipo de prospectiva más activa, de construcción de futuros, como sucede con el Brasil, Colombia, México y el Perú. Esto es fundamental porque, si no hay creación de capacidad y desarrollo institucional, se corre el riesgo de realizar ejercicios puntuales, sin lograr trascender a construcciones de mediano y largo plazo.

En cuanto a la variedad de métodos, se utilizan técnicas e instrumentos de distintas corrientes, tanto estadounidenses como francesas. En América Latina existe familiaridad con los métodos prospectivos, pero no en todos los contextos se ha tenido la oportunidad de practicarlos y aplicarlos sistemáticamente, ni de generar acumulaciones y desarrollar tradiciones intelectuales.

2.   Análisis comparativo de 13 países de la región

Hacer un perfil transversal de la prospectiva en América Latina es una tarea ardua, dada la amplitud y dispersión de la información de los países, la carencia de bases de datos y la multiplicidad de experiencias recientes. Sin embargo, se encuentran tres trabajos de interés: i) el capítulo sobre América Latina del *Manual de prospectiva tecnológica* publicado por la Universidad de Manchester en 2008; ii) la representación de las experiencias mundiales que hace la Comisión Europea, y iii) el texto sobre la prospectiva en nueve países latinoamericanos, editado por el CYTED en 2009, con la colaboración de expertos nacionales[5].

Según el panorama elaborado por Popper y Medina (2008) en relación con un conjunto de 13 países, se ideó una escala de avance donde se califica el estado de evolución, el nivel, el centro de la atención y los objetivos perseguidos por cada país. Esta calificación pone de relieve la heterogeneidad existente y se corresponde con las novedades institucionales y las experiencias significativas impulsadas en cada contexto.

Algunos países cuentan con comunidades, redes, instituciones y personas formadas que están obteniendo resultados. Otros están generando las condiciones para el desarrollo institucional, en tanto otros apenas están en la fase de divulgación y formación de una cultura prospectiva. Los que llevan la delantera son la Argentina, el Brasil, Colombia, Cuba, México y Venezuela (República Bolivariana de). Los que están en procesos de aprendizaje son Chile, el Ecuador, el Perú y

---

[5]   Dado el interés por elaborar una visión panorámica se pondrán de relieve los dos primeros trabajos. El último, editado por los brasileños Dalci dos Santos y Lelio Fellows (2009) es de lectura obligada, y alcanza un gran nivel de detalle en relación con cada país. El texto impulsado por la Universidad de Manchester fue traducido al español por FLACSO-México, precisamente como producto indirecto de la labor de la red EULAKS. Véase Georghiou y otros (2008) y (2010).

el Uruguay; los que se encuentran en la senda de imitación, son Bolivia (Estado Plurinacional de), Panamá y el Paraguay (véase el cuadro VI.5).

Cuadro VI.5
Panorama de la prospectiva en América Latina

País	Estado de evolución[a]	Nivel[b]	Orientación[c]	Objetivos[d]
Argentina	A/I	R, Se, O, Ac	F/s, P	A, Ne, Act-P
Bolivia (Estado Plurinacional de)	Im	Se	F/s	A
Brasil	A/I	N, R, Se, O, Ac	F/s, P	A, Ne, Act, Act-P
Chile	Le	N, R, Se	F/s, P	A, Act, Act-P
Colombia	A/I	N, R, Se, O, Ac	F/s, P	A, Ne, Act, Act-P
Cuba	A/I	R, Se, Ac	F/s, P	A, Ne, Act, Act-P
Ecuador	Le	Se, Ac	F/s	A
Panamá	Im	Se	F/s	A
Paraguay	Im	Se	F/s	A
Perú	Le	N, R, Se, O, Ac	F/s, P	A, Ne
México	A/I	N, Se, O, Ac	F/s, P	A, Ne
Uruguay	Le	N,R, Se	F/s	A
Venezuela (República Bolivariana de)	A/I	N, R, Se, O, Ac	F/s, P	A, Ne, Act, Act-P

Fuente: R. Popper y J. Medina, "Foresight in Latin America. Case studies: Brazil, Colombia and Venezuela", *The Handbook of Technology Foresight. Concepts and Practices*, L. Georghiou y otros (eds.), Cheltenham, Edward Elgar Publishing, 2008.
[a] El estado de evolución se refiere a la situación de la prospectiva y las actividades de futuro en el país, en un espectro que va desde la imitación [Im] y el aprendizaje [Le] hasta la adaptación e innovación [A/I].
[b] El nivel puede ser nacional [N], regional [R], sectorial [Se], organizacional [O], o de programas académicos [Ac].
[c] La orientación puede ser hacia la prospectiva o *foresight* [F/s], o hacia la acción normativa [P].
[d] Los objetivos pueden ser: anticipación [A], redes [Ne], acción alcanzada [Act] o acción propuesta [Act-P].

Ahora bien, este panorama ha evolucionado rápidamente desde 2008. El Brasil y Colombia conservan el ritmo de avances, gracias al Instituto de Investigación Económica Aplicada (IPEA) y Colciencias y el Departamento Nacional de Planeación (DNP), respectivamente. Entretanto, la Argentina, México y el Perú vienen ganando capacidades a partir de experiencias impulsadas desde el gobierno central. Por ejemplo, la Argentina ha fomentado el Programa "Los territorios del futuro" y un programa de cinco ejercicios de prospectiva tecnológica en cadenas productivas agroindustriales; el Perú ha creado el Centro Nacional de Planeamiento Estratégico (CEPLAN), que ha generado el Plan de Desarrollo de la Nación y una amplia gama de ejercicios de prospectiva territorial, y México ha puesto en marcha ejercicios sectoriales en salud y ciencia, tecnología e innovación. Por otra parte, países como Costa Rica y el Paraguay han creado recientemente unidades de prospectiva en los respectivos ministerios o secretarías técnicas de planificación. A su vez, la República Dominicana cuenta con una visión de largo plazo, la Estrategia Nacional de Desarrollo 2030 (END), el Sistema Nacional de Planificación y diversos instrumentos legales para consolidar la END como política de Estado.

En el caso de la Argentina y México, a pesar de los vaivenes institucionales experimentados en las últimas dos décadas, la prospectiva se encuentra en proceso de resurgimiento. Estos países registran experiencias recientes de prospectiva a nivel regional, sectorial, organizacional y de formación académica. Han elaborado aplicaciones tanto en prospectiva como en política pública y han logrado realizar actividades de prospectiva de anticipación y de creación de redes, orientadas hacia la acción. Este nuevo auge guarda relación directa con la acción de pioneros que perseveraron y forjaron tradiciones importantes, sumado a la constitución de nuevos puntos de referencia.

En la Argentina, el ejemplo fue promovido por personas como Horacio Godoy, Gilberto Gallopín, Miguel Ángel Gutiérrez, Manuel Marí y Raúl Balbi, e instituciones como el Ministerio de Ciencia, Tecnología e Innovación Productiva, la Fundación Bariloche, el Centro Latinoamericano de Globalización y Prospectiva, y la Universidad Nacional de Cuyo. En México, tuvieron un destacado papel líderes como Joseph Hodara, Antonio Alonso Concheiro, Tomás Miklos, Leonel Corona, José Luis Solleiro, Guillermina Baena y Manuel Cervera. También conviene destacar instituciones académicas como la UNAM, el Instituto Tecnológico de Monterrey, la Universidad Autónoma Metropolitana (UAM) y la Facultad Latinoamericana de Ciencias Sociales (FLACSO).

El caso del Perú es sorprendente. Si bien existen antecedentes de la segunda generación de la prospectiva, tales como los avances promovidos por Francisco Sagasti en los años ochenta y noventa, el despegue de la actividad a mayor escala se ha dado en la primera década del siglo XXI. Este avance significativo surge de la combinación virtuosa de una cultura prospectiva promovida por el CONCYTEC y un consorcio de siete universidades, bajo el liderazgo de Fernando Ortega, con la creación y el desarrollo de instituciones como el Centro Nacional de Planeamiento Estratégico (CEPLAN). De este modo se ha incentivado la realización de múltiples actividades a nivel estratégico, programático y operativo, como se aprecia en el recuadro VI.4.

Recuadro VI.4
Centro Nacional de Planeamiento Estratégico

- Plan Bicentenario: El Perú hacia el 2021.

- Planes por ministerios.

- Planes de desarrollo regional concertado al 2021: Ancash, Amazonas, Apurímac, Arequipa, Ayacucho, Cajamarca, Callao, Cusco, Huancavelica, Huanuco, Junín, La Libertad, Lambayeque, Lima, Loreto, Moquegua, Pasco, San Martín, Puno, Ucayali.

- Publicaciones relacionadas con prospectiva: *Visión de futuro del desarrollo territorial, Escenarios de futuro del proceso de integración territorial y logístico para el mediano y largo plazo, Proyecciones de la matriz energética a largo plazo, Visión de futuro de la Amazonía peruana como factor motriz del desarrollo, Energías renovables en el planeamiento estratégico del mediano y largo plazo.*

Fuente: Centro Nacional de Planeamiento Estratégico (CEPLAN) [en línea] http://www. ceplan.gob.pe/.

D.   Tendencias en el desarrollo institucional

1.   Novedades institucionales

Es fundamental destacar el esfuerzo por crear organizaciones que se dediquen en forma constante a hacer prospectiva. Esto significa el desarrollo de equipos de tiempo completo o tiempo parcial, consultores, metodologías y aplicaciones, que operan sistemáticamente en diferentes sectores y temas de la realidad latinoamericana. Si bien estas organizaciones difieren en cuanto a su presencia en la agenda pública, experiencia, dotación de recursos e infraestructuras, dominio conceptual o metodológico, cada una ha contribuido con aportes sustantivos a sus países y al continente.

En otro sentido, es de resaltar el papel que han cumplido los organismos nacionales de ciencia, tecnología e innovación, que han liderado los temas de prospectiva, vigilancia y gestión tecnológica. Han trabajado en red y han desempeñado un enorme papel en el desarrollo de capacidades y la divulgación en sus países. Entre ellos se destacan por su continuidad el Ministerio de Ciencia y Tecnología e Innovación Productiva de la Argentina, el Ministerio de Ciencia y Tecnología del Brasil, el Departamento Administrativo de Ciencia, Tecnología e Innovación (COLCIENCIAS) de Colombia, el Observatorio Cubano de Ciencia y Tecnología y el CONCYTEC del Perú. En su gran mayoría han impulsado programas nacionales de prospectiva y vigilancia tecnológica con el patrocinio de la Organización de las Naciones Unidas para el Desarrollo Industrial (ONUDI) y se han articulado alrededor de organismos supranacionales, como el Convenio

Andrés Bello (CAB) y el Programa Iberoamericano de Ciencia y Tecnología para el Desarrollo (CYTED).

Además, en otro plano se destacan el Ministerio de Economía de Chile y la Presidencia de la República del Uruguay. No son organismos nacionales de ciencia y tecnología, pero han realizado una labor destacada al fomentar estudios de prospectiva tecnológica en cadenas productivas y sectores estratégicos de sus países.

En el mapa VI.1 se aprecian los puntos de referencia en América Latina y el Caribe en el área de prospectiva.

Mapa VI.1
Puntos de referencia latinoamericanos

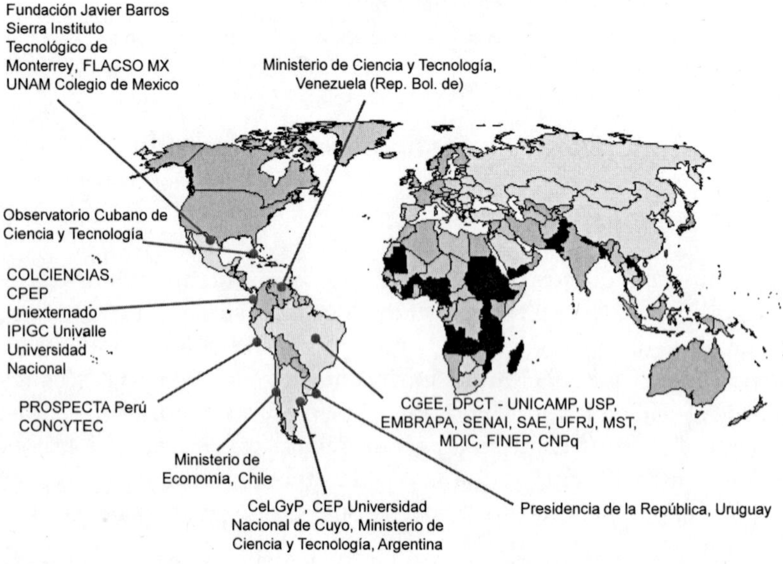

Fundación Javier Barros Sierra Instituto Tecnológico de Monterrey, FLACSO MX UNAM Colegio de Mexico

Ministerio de Ciencia y Tecnología, Venezuela (Rep. Bol. de)

Observatorio Cubano de Ciencia y Tecnología

COLCIENCIAS, CPEP Uniexternado IPIGC Univalle Universidad Nacional

PROSPECTA Perú CONCYTEC

CGEE, DPCT - UNICAMP, USP, EMBRAPA, SENAI, SAE, UFRJ, MST, MDIC, FINEP, CNPq

Ministerio de Economía, Chile

CeLGyP, CEP Universidad Nacional de Cuyo, Ministerio de Ciencia y Tecnología, Argentina

Presidencia de la República, Uruguay

Fuente: Elaboración propia.

2. Análisis de las tendencias de las instituciones referentes: 2000-2012

Se han tenido en cuenta las variables organizacionales propuestas en el proyecto "Diseño y aplicación de una metodología para la caracterización de centros autónomos de investigación y desarrollo tecnológico, 2010", del Observatorio Colombiano de Ciencia y Tecnología (OCyT) para seleccionar aquellas que permitían hacer la respectiva caracterización. En este caso se trata de líneas de investigación, programas y proyectos prospectivos, instituciones financiadoras, publicaciones, colaboradores, formación en prospectiva y eventos prospectivos. A lo largo del período 2000-2012 se ha desarrollado todo lo anterior con el fin de mostrar los esfuerzos que ha realizado cada una de las instituciones incluidas en el cuadro VI.6 con respecto al tema. Se busca así brindar un panorama global de las capacidades en prospectiva en América Latina en este último período.

Cuadro VI.6
Experiencias significativas en materia de desarrollo institucional de la prospectiva en América Latina y el Caribe, 2000-2012 [a]

Categorías	Instituciones	Siglas
Centros u observatorios institucionales	Centro de Gestión y Estudios Estratégicos del Brasil.	CGEE
	Centro Latinoamericano de Globalización y Prospectiva, Nodo Argentina.	CLGPA
	Fundación Javier Barros Sierra (México).	FJBS
Laboratorios o institutos universitarios	Centro de Estudios Prospectivos. Universidad Nacional de Cuyo en la Argentina.	CEP
	Centro de Pensamiento Estratégico y Prospectiva. Universidad Externado de Colombia.	CPEP
	Instituto de Prospectiva, Innovación y Gestión del Conocimiento de la Universidad del Valle (Colombia).	IPIGC
	Instituto Tecnológico de Monterrey. Universidad Tecnológica de Monterrey (México).	ITM
	Departamento de Política Científica y Tecnológica, Instituto de Geociencias de la UNICAMP del Brasil.	UNICAMP
	Universidad Nacional Autónoma de México.	UNAM
	Universidad de São Paulo (Brasil).	USPB
Servicios en empresas públicas	Empresa Brasileña de Investigación Agropecuaria.	EMBRAPA
	Servicio Nacional de Aprendizaje Industrial del Brasil.	SENAI
Organismos nacionales de ciencia, tecnología e innovación	Departamento Administrativo de Ciencia, Tecnología e Innovación de Colombia.	COLCIENCIAS
	Consejo Nacional de Ciencia, Tecnología e Innovación Tecnológica del Perú.	CONCYTEC
	Secretaría de Asuntos Estratégicos de la Presidencia de la República del Brasil (antigua NAE-PR).	SAE-PB
	Ministerio de Ciencia y Tecnología e Innovación Productiva de la Argentina.	MINCYT
	Ministerio del Poder Popular para Ciencia, Tecnología e Innovación (Venezuela (República Bolivariana de)).	MCTI
	Ministerio de Economía, Fomento y Turismo de Chile.	MEFT
	Observatorio Cubano de Ciencia y Tecnología.	OCCyT
	Presidencia de la República del Uruguay.	PRU

Fuente: Elaboración propia, sobre la base de R. Popper y J. Medina, "Foresight in Latin America. Case studies: Brazil, Colombia and Venezuela", *The Handbook of Technology Foresight. Concepts and Practices*, L. Georghiou y otros (eds.), Cheltenham, Edward Elgar Publishing, 2008, y World Futures Studies Federation [en línea] http://wfsf-iberoamerica.org/.

[a] Entre otras instituciones referentes cabe destacar la Universidad Nacional de Colombia por el desarrollo del proyecto "Colombia, un país por construir"; la Universidad Federal de Río de Janeiro (Brasil) por la creación del Laboratorio de Prospectiva Tecnológica, la Universidad de São Paulo por su esfuerzo en el área de la prospectiva y el Ministerio de Ciencia y Tecnología del Brasil. Igualmente es importante mencionar el evento PROSPECTA Perú, que se realiza desde el año 2003 y tiene como principal objetivo promover el empleo de la prospectiva como herramienta de planeamiento e identificación de escenarios futuros, la difusión de los estudios de prospectiva que se ejecuten en el Perú y el intercambio de experiencias entre los investigadores, consultores, funcionarios públicos y empresarios de ese país y del exterior.

En el cuadro VI.7 se muestra un resumen con la información de las instituciones referentes consultadas.

Cuadro VI.7
Matriz de instituciones referentes

Categorías	Instituciones	Convención	Año de creación	Número de líneas, áreas de trabajo, líneas de acción	Número de proyectos o estudios	Alcance		Número de financiadores	Publicaciones	Colaboradores	I+D+i	Formación en prospectiva	Eventos prospectivos
						Proyectos o estudios nacionales	Proyectos o estudios internacionales						
Centros u observatorios institucionales	Centro de Gestión y Estudios Estratégicos del Brasil	CGEE	2001	5	146	136	10	21	74	125	SI	SI	SI
	Centro Latinoamericano de Globalización y Prospectiva, Nodo Argentina	CLGPA	1996	4	5	1	4	0	15	40	SI	SI	SI
	Fundación Javier Barros Sierra de México	FJBS	1975	11	48	46	2	0	24	101	SI	0	SI
Laboratorios o institutos universitarios	Centro de Estudios Prospectivos, Universidad Nacional de Cuyo (Argentina)	CEP	2004	5	15	15	0	9	1	13	SI	SI	SI
	Centro de Pensamiento Estratégico y Prospectiva, Universidad Externado de Colombia.	CPEP	2000	6	106	99	7	50	9	85	SI	SI	0
	Instituto de Prospectiva, Innovación y Gestión del Conocimiento, Universidad del Valle (Colombia).	IPIGC	2009	3	38	38	0	4	28	19	SI	SI	SI
	Instituto Tecnológico de Monterrey, Universidad Tecnológica de Monterrey (México)	ITM	2003	2	6	6	0	5	20	31	SI	SI	SI
	Departamento de Política Científica y Tecnológica, Instituto de Geociencias de la UNICAMP (Brasil)	UNICAMP	1985	5	4	3	1	4	0	47	SI	0	0
	Universidad Nacional Autónoma de México (Distrito Federal)	UNAM	2000	6	5	5	0	2	43	18	SI	SI	SI
	Universidad de São Paulo (Brasil)	USPB	1978	7	23	22	1	6	36	21	SI	SI	SI

Cuadro VI.7 (conclusión)

Categorías	Instituciones	Convención	Año de creación	Número de líneas, áreas de trabajo, líneas de acción	Número de proyectos o estudios	Alcance		Número de financiadores	Publicaciones	Colaboradores	I+D+i	Formación en prospectiva	Eventos prospectivos
						Proyectos o estudios nacionales	Proyectos o estudios internacionales						
Servicios en empresas públicas	Empresa Brasileña de Pesquisa Agropecuaria (EMBRAPA)	EMBRAPA	1973	10	24	24	0	1	5	19	SI	SI	0
	Servicio Nacional de Aprendizaje Industrial del Brasil (SENAI)	SENAI	2004	9	10	10	0	1	166	0	SI	SI	SI
Organismos nacionales de ciencia, tecnología e innovación	COLCIENCIAS, Colombia	COLCIENCIAS	1968	4	59	56	3	5	62	15	SI	SI	SI
	CONCYTEC(Perú)	CONCYTEC	2001	6	6	6	0	1	3	0	SI	SI	SI
	Secretaría de Asuntos Estratégicos de la Presidencia de la República del Brasil (antigua NAE–PR)	SAEPB	2005	4	22	20	2	2	21	10	SI	0	0
	Ministerio de Ciencia y Tecnología e Innovación Productiva de la Argentina	MCTIPA	2007	4	8	8	0	1	5	0	SI	SI	SI
	Ministerio del Poder Popular para Ciencia, Tecnología e Innovación (Venezuela (República Bolivariana de))	MCTI	1999	4	9	8	1	2	8	16	SI	SI	0
	Ministerio de Economía, Fomento y Turismo de Chile	MEFT	1953	3	11	10	1	2	11	0	SI	0	SI
	Observatorio Cubano de Ciencia y Tecnología	OCCyT	2001	4	18	13	5	0	1	0	SI	SI	0
	Presidencia de la República del Uruguay	PRU	1967	4	11	11	0	1	11	16	SI	0	SI
Total	-	-	-	106	574	537	37	117	543	576	-	-	-

Fuente: S. Becerra y P. Castaño, "'Mapeo de experiencias significativas en prospectiva de países e instituciones referentes en América Latina y el Caribe", monografía, Cali, Universidad del Valle, 2012.

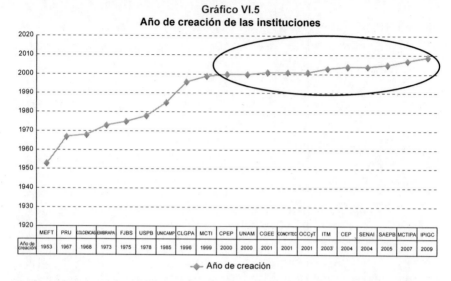

Gráfico VI.5
Año de creación de las instituciones

	MEFT	PRU	COLCIENCIAS	EMBRAPA	FJBS	USPB	UNICAMP	CLGPA	MCTI	CPEP	UNAM	CGEE	CONCYTEC	OCCyT	ITM	CEP	SENAI	SAEPB	MCTIPA	IPIGC
Año de creación	1953	1967	1968	1973	1975	1978	1985	1996	1999	2000	2000	2001	2001	2001	2003	2004	2004	2005	2007	2009

—◆— Año de creación

Fuente: S. Becerra y P. Castaño, "Mapeo de experiencias significativas en prospectiva de países e instituciones referentes en América Latina y el Caribe", monografía, Cali, Universidad del Valle, 2012.

El 55% de las instituciones referenciadas fueron creadas o empezaron a realizar esfuerzos en prospectiva a partir del año 2000. Esto pone de relieve que en la última década América Latina ha intensificado sus estudios del futuro de manera institucional por medio de entidades que dediquen un gran esfuerzo a la prospectiva.

Durante el período 1950-2000 se aprecia una dispersión temporal en la creación de instituciones con capacidad para realizar esfuerzos en prospectiva a nivel latinoamericano. En la década de 1990 se estableció la prospectiva en un organismo nacional de ciencia, tecnología e innovación (CT+I) en la República Bolivariana de Venezuela y un centro institucional en la Argentina. En los años ochenta se creó un laboratorio universitario en el Brasil. En los años setenta se fundaron una institución universitaria y una empresa pública en el Brasil y un centro institucional en México. En los años sesenta se crearon dos organismos nacionales de CT+I, uno en Colombia y otro en la República Bolivariana de Venezuela. Para los años cincuenta, surgió un organismo nacional de CT+I en Chile.

Como se observa en lo que va del presente siglo, en el Brasil se crearon dos instituciones (el CGEE y la SAE-PB) y el SENAI comenzó a realizar esfuerzos en materia de prospectiva (modelo de prospectiva del SENAI). Esto significa que el Brasil se reafirma como punto de referencia en la generación de estudios prospectivos en América Latina.

Durante ese mismo período, la Argentina, Colombia, y México se han destacado por la creación de dos puntos de referencia o esfuerzos institucionales en cada uno de estos países. En la Argentina, se fundaron el Ministerio de Ciencia, Tecnología e Innovación Productiva y el Centro de Estudios Prospectivos de la Universidad de Cuyo. En Colombia, por su parte, se establecieron el Instituto de Prospectiva, Innovación y Gestión del Conocimiento de la Universidad del Valle y el Centro de Pensamiento Estratégico y Prospectiva de la Universidad Externado de Colombia. En México, el Instituto Tecnológico de Monterrey y la Universidad Nacional Autónoma de México iniciaron esfuerzos prospectivos en esta última década. Entretanto en el Perú se destaca la creación del CONCYTEC como la principal institución en el campo de la prospectiva de ese país.

Gráfico VI.6
Proyectos de las instituciones

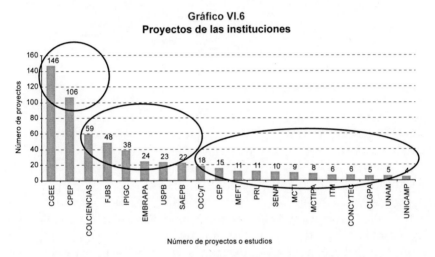

Número de proyectos o estudios

Fuente: S. Becerra y P. Castaño, "Mapeo de experiencias significativas en prospectiva de países e instituciones referentes en América Latina y el Caribe", monografía, Cali, Universidad del Valle, 2012.

En términos generales, solo el 10% de las instituciones representadas superan los 100 proyectos. Se destaca el claro liderazgo del Centro de Gestión de Estudios Estratégicos del Brasil, con 146 proyectos, seguido por el Centro de Pensamiento Estratégico y Prospectiva de la Universidad Externado de Colombia. A excepción de COLCIENCIAS, el resto de las instituciones no supera los 50 ejercicios prospectivos. Además, siete instituciones solo registran cifras de un dígito en la realización de este tipo de proyectos.

Entre los primeros cinco lugares de instituciones con mayor número de proyectos se encuentran las creadas en países como el Brasil, Colombia y México.

En Colombia, lidera el desarrollo de proyectos prospectivos el Centro de Pensamiento Estratégico y Prospectiva de la Universidad Externado de Colombia, con 106 estudios. Entretanto, COLCIENCIAS alcanza una cifra de 59 ejercicios y el Instituto de Prospectiva, Innovación y Gestión del Conocimiento ha realizado 38 proyectos.

Gráfico VI.7
Número de proyectos y año de creación

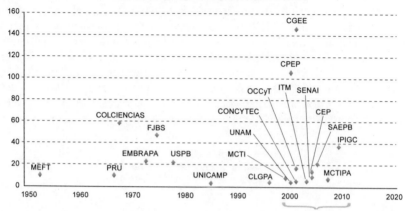

Fuente: S. Becerra y P. Castaño, "Mapeo de experiencias significativas en prospectiva de países e instituciones referentes en América Latina y el Caribe", monografía, Cali, Universidad del Valle, 2012.

En general, más del 50% de las instituciones fueron creadas del 2000 a la actualidad. De estas, un alto porcentaje (63,6%) no supera los 20 proyectos hasta la fecha. El porcentaje restante (36,4%) lo conforman las instituciones del Brasil, y Colombia, que muestran un mayor desarrollo de proyectos, lo que pone de relieve la mayor intensidad de los esfuerzos, con la consiguiente generación de más conocimiento. Por ejemplo, en el Brasil se encuentra el referente principal en América Latina (el Centro de Gestión y Estudios Estratégicos), con la ejecución de más de 140 proyectos. Por último, merecen mención las instituciones colombianas, como el Centro de Pensamiento Estratégico y Prospectiva de la Universidad Externado de Colombia y el Instituto de Prospectiva, Innovación y Gestión del Conocimiento de la Universidad del Valle.

Con respecto a las entidades creadas antes del año 2000, cabe resaltar que instituciones como COLCIENCIAS y la Fundación Javier Barros Sierra han mantenido esfuerzos en prospectiva hasta la actualidad, con lo que han llegado a ser actores clave de la prospectiva en América Latina por su tradición y generación de conocimiento.

Se observa que las instituciones referentes de América Latina limitan sus estudios prospectivos al ámbito nacional. Solo el 55% de las representadas tienen al menos un estudio con contenido internacional. De estas, únicamente el Centro de Gestión y Estudios Estratégicos del Brasil alcanza la cifra de diez proyectos internacionales que, por demás, es muy baja si se tiene en cuenta el total de proyectos realizados.

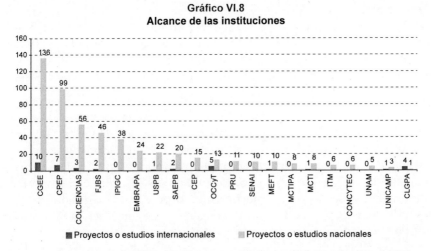

Gráfico VI.8
Alcance de las instituciones

Fuente: S. Becerra y P. Castaño, "Mapeo de experiencias significativas en prospectiva de países e instituciones referentes en América Latina y el Caribe", monografía, Cali, Universidad del Valle, 2012.

En el caso de Colombia, el Centro de Pensamiento Estratégico y Prospectiva de la Universidad Externado se destaca con el desarrollo de siete proyectos con contenido internacional; seguido por COLCIENCIAS con tres estudios.

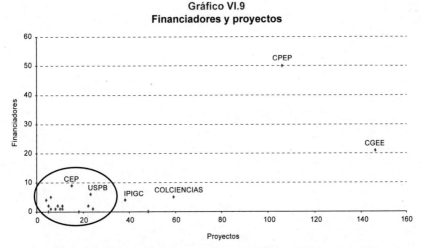

Gráfico VI.9
Financiadores y proyectos

Fuente: S. Becerra y P. Castaño, "Mapeo de experiencias significativas en prospectiva de países e instituciones referentes en América Latina y el Caribe", monografía, Cali, Universidad del Valle, 2012.

En términos globales, las instituciones referentes latinoamericanas no cuentan con un gran número de financiadores externos para el desarrollo de proyectos prospectivos. Las excepciones son el Centro de

Pensamiento Estratégico y Prospectiva de la Universidad Externado de Colombia y el Centro de Gestión y Estudios Estratégicos del Brasil, que tienen, respectivamente, 50 y 21 financiadores externos, por haber desarrollado un gran número de consultorías con diferentes aliados. Los demás no alcanzan cifras de dos dígitos en lo que se refiere a financiadores.

Lo anterior se explica en el caso de algunas instituciones porque se autofinancian (por ejemplo, los organismos nacionales de ciencia, tecnología e innovación que reciben un presupuesto del Gobierno nacional), o porque cuentan con unos pocos financiadores que apoyan permanentemente los proyectos prospectivos (por ejemplo, los laboratorios o institutos universitarios). Desde la creación del Instituto de Prospectiva, Innovación y Gestión del Conocimiento, su principal financiador ha sido COLCIENCIAS, por medio de tres convenios que contienen la mayoría de los proyectos que ha desarrollado esa institución.

El 40% de las instituciones referenciadas cuentan con más de 20 publicaciones prospectivas a lo largo de su gestión. Sin embargo, otro 40% de las entidades no llegan a diez publicaciones. Cabe aclarar que en el gráfico VI.10 solo se muestra el número de publicaciones emitidas desde el año 2000 hasta la actualidad, sin importar su año de creación ni la cantidad de proyectos desarrollados.

Gráfico VI.10
Publicaciones de instituciones

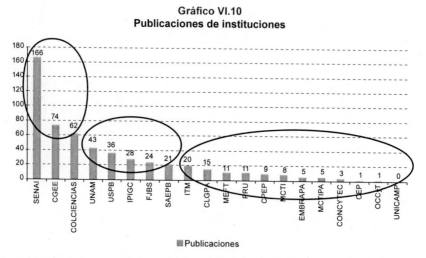

Fuente: S. Becerra y P. Castaño, "Mapeo de experiencias significativas en prospectiva de países e instituciones referentes en América Latina y el Caribe", monografía, Cali, Universidad del Valle, 2012.

El Brasil se destaca con instituciones como el SENAI, el Centro de Gestión y Estudios Estratégicos y la Universidad de São Paulo, que se encuentran entre las primeras cinco instituciones con mayor número de publicaciones. Igualmente, México y Colombia tienen cada uno una institución dentro de esa clasificación.

Como dato adicional, la institución líder latinoamericana (el Centro de Gestión y Estudios Estratégicos), además de sus publicaciones de los proyectos, lleva ya más de 30 ediciones de su revista *Alianzas Estratégicas*.

Gráfico VI.11
Publicaciones y proyectos

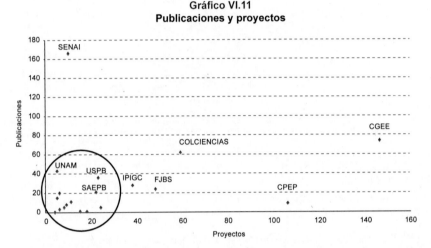

Fuente: S. Becerra y P. Castaño, "Mapeo de experiencias significativas en prospectiva de países e instituciones referentes en América Latina y el Caribe", monografía, Cali, Universidad del Valle, 2012.

En general se refleja en las instituciones latinoamericanas la existencia de producción bibliográfica coherente con el número de proyectos desarrollados. Esto significa que existe un soporte documental de los esfuerzos en materia de prospectiva, lo que demuestra la intención de promover el conocimiento en ese campo.

El CGEE se reafirma como el principal punto de referencia en América Latina por su gran cuantía de proyectos y publicaciones.

En el caso particular del SENAI, aunque solo ha desarrollado diez proyectos, el modelo prospectivo empleado ha generado alrededor de 166 publicaciones (series, periódicos, *Em Tempo* y otras publicaciones) desde su creación en el 2004.

Por otra parte, desde su creación en 2009, el Instituto de Prospectiva, Innovación y Gestión del Conocimiento ha producido en poco tiempo un número importante de publicaciones que respaldan la tendencia global.

Gráfico VI.12
Colaboradores y proyectos

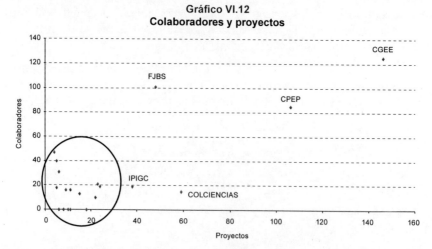

Fuente: S. Becerra y P. Castaño, "Mapeo de experiencias significativas en prospectiva de países e instituciones referentes en América Latina y el Caribe", monografía, Cali, Universidad del Valle, 2012.

En general, la capacidad de recursos humanos en las diferentes instituciones latinoamericanas es proporcional al número de proyectos de prospectiva desarrollados por dichas entidades. También se hace hincapié en la creación de capacidad para llevar a cabo estudios del futuro.

En muchos casos, el personal de planta de las instituciones no es numeroso, pero sí hay muchos investigadores externos que contribuyen a los diferentes proyectos. Por ejemplo, el Instituto de Prospectiva, Innovación y Gestión del Conocimiento tiene 19 colaboradores fijos y el número total de personas que han participado en los diferentes proyectos supera las 250.

Por otro lado, en el Centro de Gestión de Estudios Estratégicos del Brasil, el personal de planta supera las 120 personas y, según su informe anual, en 2010 contó con 459 colaboradores en distintos proyectos.

E. Cooperación y trabajo en red a nivel internacional

Otro rasgo de singular importancia es la creación de lazos de cooperación entre instituciones internacionales, europeas y de América Latina, en ejercicios concretos, desarrollo de capacidades y divulgación de manuales y documentos. Este factor ha sido fundamental para acortar la curva de aprendizaje en materia de prospectiva (véase el cuadro VI.8).

La importancia estratégica radica en el peso de las instituciones latinoamericanas que han empezado a explorar caminos prospectivos

(BID, CAB, CAF, CEPAL-ILPES, FLACSO) y en el peso de las entidades internacionales que han colaborado y abierto sus puertas, tales como la Organización de las Naciones Unidas para el Desarrollo Industrial (ONUDI), la Organización de las Naciones Unidas para la Educación, la Ciencia y la Cultura (UNESCO), el Programa de las Naciones Unidas para el Desarrollo (PNUD), la Universidad de las Naciones Unidas, la Comisión Europea y el Instituto de Prospectiva Tecnológica de la Unión Europea. El Centro de Prospectiva Tecnológica del APEC en Bangkok (Tailandia) también ha colaborado en casos puntuales en el Perú.

Cuadro VI.8
Experiencias significativas de intercambios en prospectiva
de América Latina, 2000-2012

Tipos	Ejemplos
Asociaciones internacionales	• Federación Mundial de Estudios de los Futuros (*World Futures Studies Federation*). Capítulo Iberoamericano. • Sociedad Mundial del Futuro (*World Futures Society*). Capítulos por países. • Club de Roma. Capítulos por países. • Asociación Internacional Futuribles, conferencias en países.
Redes internacionales	• Red Latinoamericana de Prospectiva. • Red Iberoamericana de Prospectiva y Vigilancia Tecnológica del CYTED. • Red Alfa-SELF-RULE de la Unión Europea, liderada por la Universidad de Manchester. • Red Alfa-EULAKS de la Unión Europea, impulsada por la FLACSO-México. • Red Escenarios y Estrategia en América Latina.
Programas y proyectos internacionales	• Programa de Prospectiva Tecnológica de la ONUDI. • Programa de Prospectiva Tecnológica del Convenio Andrés Bello (CAB). • Proyecto del Milenio, Universidad de las Naciones Unidas. • Programa de Apoyo a la Competitividad. Corporación Andina de Fomento (CAF). • Proyecto *Quo Vadis* sobre la innovación de los sistemas de ciencia, tecnología e innovación agraria de América Latina.
Ejercicios internacionales	• América Latina 2030. Proyecto del Milenio (Millenium Project). • Educación superior para la transformación productiva y social con equidad en los países del Convenio Andrés Bello. • Banco Interamericano de Desarrollo (BID). Escenarios Económicos para América Latina. • UNESCO. América Latina. Escenarios Posibles y Políticas Sociales.
Eventos recurrentes	• Prospecta Perú, Prospecta Colombia, Prospecta América Latina. • Seminario Iberoamericano. Videoconferencias 2010-2012.

Fuente: Elaboración propia, sobre la base de R. Popper y J. Medina, "Foresight in Latin America. Case studies: Brazil, Colombia and Venezuela", *The Handbook of Technology Foresight. Concepts and Practices*, L. Georghiou y otros (eds.), Cheltenham, Edward Elgar Publishing, 2008: y World Futures Studies Federation [en línea] http://wfsf-iberoamerica.org/.

Por otra parte, el desarrollo de la prospectiva en el continente ha sido impulsado por instituciones que a su vez son los más importantes puntos de referencia internacionales en la materia. Entre ellas figuran el Proyecto del Milenio, la Federación Mundial de Estudios de los Futuros; el Instituto de Tecnología de Georgia (*Georgia Tech*) y la Universidad George Washington (Estados Unidos), la Universidad de Manchester (Reino Unido), el Laboratorio de Investigación sobre Prospectiva, Estrategia y Organización (Francia), y entidades españolas como OPTI, TRIZ XXI o IALE Tecnología. Esto significa que los más importantes líderes internacionales han interactuado con los encargados de la adopción de decisiones de alto nivel en los países, lo que ha redundado en la formación de una cultura prospectiva y en un mayor interés por el funcionamiento de los sistemas prospectivos internacionales. Un ejemplo importante de organización prospectiva latinoamericano de perfil internacional es el Centro de Gestión de Estudios Estratégicos del Brasil.

Mapa VI.2
Puntos de referencia para América Latina

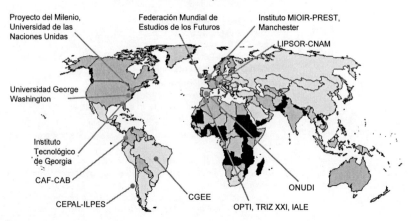

Fuente: J. Medina Vásquez, "La prospectiva en la práctica de América Latina", Conferencia dictada en el Centro de Estudios de Prospectiva, Instituto de Administración Pública del Estado de México, Toluca, 2010.

Cuadro VI.9

Descripción de experiencias significativas de intercambios en prospectiva de América Latina

Tipo de organización	Nombre	Año	País o región	Nivel de complejidad	Objetivo general	Áreas de trabajo	Clase
Asociación internacional	Federación Mundial de Estudios de los Futuros (*World Futures Studies Federation*); capítulo Iberoamericano	2007	México	Complejidad media	La Federación busca un mayor acercamiento a sus miembros y la posibilidad de contribuir de manera más cercana a la formación de redes que atiendan las preocupaciones locales.	• Seguridad humana • Paz • Territorialidad • Ciencia y tecnología	Clásico
	Sociedad Mundial del Futuro (*World Futures Society*), capítulos por países	1966	Estados Unidos	Alta complejidad	Contribuir a que los pensadores, personalidades políticas, científicos y laicos compartan un diálogo informado y serio sobre el futuro.	• Estudios del futuro	Clásico
	Club de Roma, capítulos por países	1968	Francia	Alta complejidad	Identificar los problemas más cruciales que determinarán el futuro de la humanidad por medio del análisis integral y con visión de futuro; evaluar escenarios alternativos para el futuro y los riesgos, opciones y oportunidades; desarrollar y proponer soluciones prácticas a los desafíos identificados; comunicar las nuevas ideas y los conocimientos derivados de este análisis a los encargados de la adopción de decisiones en los sectores público y privado y también al público en general, y estimular el debate público y la acción eficaz a fin de mejorar las perspectivas para el futuro.	• Medio ambiente • Demografía • Desarrollo • Valores • Gobierno • Trabajo relacionado con el futuro • Sociedad de la información • Nuevas tecnologías • Educación • La nueva sociedad global y el orden económico y financiero mundial	Clásico
	Asociación Internacional Futuribles, conferencias por países	1960	Francia	Alta complejidad	• Identificar y analizar las nuevas tendencias y eventos a mediano y largo plazo, las organizaciones ambientales estratégicas y territorios. • Analizar los principales estudios prospectivos realizados en el mundo (base de datos bibliográfica y publicación de un boletín mensual sobre el futuro).	• Dinámicas sociales y estilos de vida • Economía y finanzas • Educación y formación • Medio ambiente • Estudios prospectivos • Instituciones • Política • Población • Investigación, ciencia y tecnología • Relaciones internacionales y geopolítica • Recursos naturales y energía • Sectores y empresas • Territorios y redes • Trabajo y empleo	Clásico
Red internacional	Red Iberoamericana de Prospectiva y Vigilancia Tecnológica del CYTED	2003	Iberoamérica	Complejidad media	• Propiciar el avance del conocimiento y de las capacidades regionales para desarrollar la prospectiva tecnológica como instrumento para la formulación de políticas y estrategias gubernamentales, institucionales y empresariales.	• Prospectiva tecnológica • Innovación tecnológica • Vigilancia tecnológica • Agroalimentación • Salud • Promoción del desarrollo industrial • Desarrollo sostenible, cambio global y ecosistemas • Tecnologías de la información y las comunicaciones • Ciencia y sociedad • Energía	Emergente

Cuadro VI.9 (continuación)

Tipo de organización	Nombre	Año	País o región	Nivel de complejidad	Objetivo general	Áreas de trabajo	Clase
Red internacional	Red Alfa-SELF-RULE de la Unión Europea, liderada por la Universidad de Manchester	2005	Reino Unido	Complejidad media	Fortalecer la cooperación, integración, innovación e intercambio de experiencias en prospectiva entre América Latina y Europa. La red apunta hacia la promoción de un programa de cooperación sostenible, mediante investigación académica, formación y programas de movilidad. Sus tres metas fundamentales son: • Crear capacidades sostenibles de prospectiva en Europa y América Latina • Intercambiar conocimientos, instrumentos y experiencias en prospectiva. • Articular instituciones académicas con otros actores de los sistemas regionales de ciencia, tecnología e innovación.	• Prospectiva técnico-económica • Prospectiva sociocultural • Evaluación de prospectiva	Emergente
	Red Alfa-EULAKS de la Unión Europea, impulsada por FLACSO-México	2007	Unión Europea	Complejidad media	EULAKS promueve un entendimiento común de los retos en la construcción de sociedades del conocimiento en Europa y América Latina mediante el apoyo a las redes y asociaciones entre las comunidades de ciencias sociales de ambas regiones. EULAKS se ha comprometido a hacer realidad el Área de Conocimiento UE-ALC gracias al apoyo de las redes y asociaciones entre comunidades de investigación de ciencias sociales y humanidades con un enfoque en ciencia, tecnología e innovación de políticas.	• Revisión, análisis, recomendación sobre políticas • Valoración y creación de capacidades en investigación para la sociedad del conocimiento • Estudios estratégicos de investigación en ecosistemas digitales de la UE y América Latina y el Caribe • Red de actores interesados para el aprendizaje y el intercambio de conocimiento • Escuela de verano para jóvenes investigadores en ciencias sociales de la Unión Europea y de América Latina y el Caribe • Difusión	Emergente
	Red de Escenarios y Estrategia Prospectiva en América Latina		Argentina	Complejidad media	Liderar, promover y coordinar los procesos de interacción constructiva y creativa entre el plano global, regional y local, e intercambiar experiencias, desafíos y propuestas con miras al mejoramiento de la calidad de vida, a fin de desarrollar los procesos de anticipación basados en la aplicación intensiva de la prospectiva, orientados a fomentar la cooperación y la prevención de conflictos.	• Metodología de investigación de futuros • Preparación • Escenarios de futuro • Planeamiento estratégico • Administración estratégica • Gestión de riesgos y problemas organizacionales	Emergente

Cuadro VI.9 (continuación)

Tipo de organización	Nombre	Año	País o región	Nivel de complejidad	Objetivo general	Áreas de trabajo	Clase
Programa	Programa de Apoyo a la Competitividad. Corporación Andina de Fomento	1999	Región Andina	Complejidad media	Fue creado por la Corporación Andina de Fomento (CAF) con el fin de apoyar iniciativas para mejorar la productividad y competitividad regional. Se enmarca dentro de un esfuerzo coordinado y transversal de diferentes áreas de la institución para contribuir directa e indirectamente a la mejora del entorno de negocios y la capacidad de la región de generar valor de forma sostenible. Apoyó en forma puntual el Programa Colombiano de Prospectiva Tecnológica e Industrial	• Desarrollo de grupos temáticos y de capacidades productivas y comerciales • Promoción de la capacidad emprendedora • Mejoramiento del clima de negocios	Emergente
	Programa de Prospectiva Tecnológica de la ONUDI	1996	Naciones Unidas	Alta complejidad	• Contribuir a incrementar la competitividad industrial y ampliar el potencial comercial • Fomentar la economía y los beneficios medioambientales y sociales, a nivel nacional y regional • Definición de las políticas de promoción de investigación y desarrollo	• Prospectiva tecnológica • Competitividad industrial • Políticas de investigación y desarrollo América Latina • Chile: Identificación de los sectores económicos y tecnológicos estratégicos • Brasil: Cadenas de producción de textiles, plásticos y construcción • Uruguay: Tendencias de los macrosectores: biotecnología de los alimentos, energía, transporte y logística • Venezuela (República Bolivariana de): Uso de los resultados del ejercicio de PT. Estudio de prospectiva para la cadena productiva de la industria pesquera en la región de la costa del Pacífico en América del Sur (Chile, Colombia, Ecuador y Perú). El futuro de los productos del Altiplano y de los Valles Centrales de los Andes (Bolivia (Estado Plurinacional de), Ecuador y Perú).	Clásico
	Programa de Prospectiva Científica y Tecnológica del Convenio Andrés Bello	2005	Países del CAB Colombia: País líder	Complejidad media	Objetivo general: Establecer las posibilidades futuras de desarrollo tecnológico de la región y de los países del CAB, además de determinar las prioridades para la investigación científica y el desarrollo tecnológico en los sectores sociales y económicos estratégicos comunes para los países del CAB. Se pretende generar una dinámica regional institucionalizada para la integración y cohesión de los procesos nacionales de prospectiva científica y tecnológica de los países del Convenio Andrés Bello (CAB), para la indagación sistémica de las opciones estratégicas de desarrollo científico y tecnológico de interés regional, la generación de un marco político común y las bases para un sistema de inteligencia socioeconómica.	• Estudio regional piloto de prospectiva tecnológica para los países del CAB. • Aplicación de la prospectiva científica y tecnológica en las esferas prioritarias de desarrollo científico-tecnológico de los países del CAB. • Diseño, producción y divulgación de material escrito y de soporte lógico que facilite la difusión de la prospectiva científica y tecnológica en los países del Convenio. • Formación del talento humano en la conceptualización y aplicación de la prospectiva científica y tecnológica en los países del CAB • Análisis, evaluación y difusión de mejores prácticas en prospectiva tecnológica en los países del CAB. • Políticas de Estado inspiradas en los análisis prospectivos del comportamiento científico y tecnológico de los países del CAB. • Transferencias de metodologías y mejores prácticas en prospectiva científica y tecnológica entre los países del CAB.	Emergente

Cuadro VI.9 (continuación)

Tipo de organización	Nombre	Año	País o región	Nivel de complejidad	Objetivo general	Áreas de trabajo	Clase
Proyecto	Proyecto del Milenio (*The Millenium Project*), Universidad de las Naciones Unidas	1966	Estados Unidos	Alta complejidad	Mejorar pensando en el futuro y hacer pensar mediante una variedad de medios de retroalimentación para acumular sabiduría sobre el futuro de las mejores decisiones de hoy.	Estudios del futuro	Clásico
	Proyecto *Quo Vadis* sobre la innovación de los sistemas de ciencia, tecnología e innovación agraria de América Latina	2003	América Latina	Complejidad media	En el escenario de transformaciones del sistema alimentario mundial que afecta el desempeño de las organizaciones públicas y privadas de investigación agrícola, el proyecto buscó: • Analizar el sistema alimentario mundial cambiante, identificando factores críticos para su desempeño actual y futuro. • Analizar las organizaciones públicas y privadas de investigación agrícola importantes para la actividad agropecuaria en América Latina (sus respectivos desempeños e interfaces) y las oportunidades y restricciones futuras para su desempeño y sostenibilidad institucional. A partir de una mejor comprensión del desempeño actual y futuro del sistema alimentario mundial y de las organizaciones públicas y privadas de tecnociencia, se definieron diferentes conjuntos de estrategias aplicables a los correspondientes escenarios identificados.	• Sistemas de ciencia, tecnología e innovación agraria de América Latina • Prospectiva tecnológica	Emergente
Ejercicio internacional	América Latina 2030, Proyecto del Milenio. (*The Millenium Project*)	2012	América Latina	Complejidad media	• Ofrecer escenarios útiles al pensamiento y a la acción, volcados a superar los grandes desafíos de la región, en su relación con el mundo en general. • Constituirse en una importante y rica herramienta de trabajo, que permita visualizar los escenarios posibles y plausibles que el futuro depara a la región.	Se diseñaron cuatro escenarios en una matriz de dos ejes principales (un eje vertical técnico-económico y uno horizontal, sociopolítico): • "Mañana" es hoy": éxito latinoamericano. • La tecnología como ideología: creyentes y escépticos. • Región en llamas • La red: muerte y renacimiento.	Emergente
	Educación superior para la transformación productiva y social con equidad en los países del Convenio Andrés Bello	2005	Colombia	Complejidad media	• Formulación, elaboración y difusión del plan prospectivo estratégico de los países signatarios del Convenio Andrés Bello, con marcos de políticas públicas, estrategias, objetivos, metas y acciones priorizadas en educación superior para la transformación productiva y social con equidad en estos países.	• Prospectiva estratégica • Educación • Transformación productiva y social	Emergente
	Banco Interamericano de Desarrollo. Escenarios Económicos para América Latina (*El mundo de los senderos que se bifurcan: América Latina y el Caribe ante los riesgos económicos globales*)	2012	Estados Unidos	Complejidad media	Ofrecer un análisis integral de los riesgos a corto y mediano plazo para la región y una evaluación de sus principales vulnerabilidades y fortalezas macroeconómicas, así como recomendaciones de políticas. El ejercicio detalla las diversas trayectorias que podría tomar la economía mundial y los posibles efectos sobre América Latina y el Caribe. Se elaboran escenarios siguiendo un ejercicio de simulación que captura, entre otros, los vínculos comerciales y financieros que existen entre la región y el resto del mundo.	• Ante los riesgos económicos globales; • Los productos primarios y China; • El auge de las entradas de capital: a buen fin no hay mal principio; • La política fiscal en la reciente crisis: ¿está preparada la región para el próximo episodio?; • La política monetaria: regímenes y retos; • América Latina y su resistencia: un análisis de las hojas de balance, y • La banca europea y América Latina y el Caribe.	Emergente

Cuadro VI.9 (continuación)

Tipo de organización	Nombre	Año	País o región	Nivel de complejidad	Objetivo general	Áreas de trabajo	Clase
Ejercicio internacional	UNESCO. América Latina. *Escenarios posibles y políticas sociales.*	2011	Naciones Unidas	Complejidad media	Ofrecer una aproximación analítica a diferentes dimensiones de los posibles escenarios internacionales en los que habrán de aplicarse las estrategias alternativas de políticas de desarrollo social de los países latinoamericanos y caribeños. Iniciar un esfuerzo por establecer los escenarios posibles durante los próximos años y las opciones de nuevas políticas sociales que se abren a partir de un análisis de los elementos clave de la coyuntura económica, social, política y cultural. Se trata de un esfuerzo interdisciplinario que no busca establecer un camino rígido a seguir, sino un campo teórico y científico que ayudará a conducir las decisiones fundamentales de los gobiernos regionales, siempre pensándolos en una relación dialéctica permanente con sus fuerzas sociales fundamentales.	• La economía mundial y América Latina a inicios del siglo XXI; • La crisis y la necesidad de una nueva arquitectura financiera internacional; • La integración latinoamericana: etapas pasadas y escenarios posibles. • Posneoliberalismo o cambio civilizatorio; • Desigualdad y crisis de incorporación: la caja de herramientas de políticas sociales de la izquierda; • El espíritu de Cochabamba: la reapropiación social de la naturaleza; • Prospectiva tecnológica para América Latina; • La educación superior en el mundo y en América Latina y el Caribe: principales tendencias; • Cambios demográficos y reestructuración económica en América Latina. Perspectivas y desafíos para las políticas sociales; • Centroamérica 2010 y sus escenarios de integración, y • La crisis del imperialismo. América Latina y Panamá enfrentan cambios épicos en sus relaciones con los Estados Unidos.	Emergente
Evento	Prospecta Colombia	2008	Colombia	Baja complejidad	Generar un espacio de construcción colectiva para los futuros escenarios de Colombia, que le permitan convertirse en un polo de desarrollo productivo, competitivo y próspero. Generar un espacio de reflexión académica que contribuya al conocimiento de la prospectiva estratégica, la vigilancia tecnológica y la inteligencia competitiva, sus métodos, instrumentos, usos y aplicaciones en los diferentes contextos. Sistematizar las mejores experiencias nacionales e internacionales de la prospectiva en la educación superior a distancia.	2012: Por la construcción de un futuro equitativo, solidario y responsable para Colombia y el mundo 2011: Retos y desafíos de Colombia frente al futuro de América Latina 2010: Prospectiva estratégica para la ciencia, la tecnología, la innovación y la gestión del conocimiento en el contexto regional 2009: Retos y desafíos de la prospectiva estratégica en el escenario mundial 2008: Por un pensamiento prospectivo: Hacia la megauniversidad del futuro	Emergente
	Prospecta Perú	2003	Perú	Complejidad media	Promover el empleo de la prospectiva como herramienta de planeamiento e identificación de escenarios futuros, la difusión de los estudios de prospectiva que se ejecutan en el Perú y el intercambio de experiencias entre los investigadores, consultores, funcionarios públicos y empresarios de ese país y del exterior.	2011: Prospectiva para el planeamiento estratégico nacional y regional. 2010: Prospectiva para la innovación, el desarrollo sostenible y la integración latinoamericana. 2009: Prospectiva para el diseño de políticas públicas, desarrollo territorial y gestión del patrimonio cultural. 2006: Estrategias que construyen futuro. 2005: Construcción de la competitividad futura de nuestras organizaciones. 2004: Identificar oportunidades para construir el futuro. 2003: Una visión hacia el futuro.	Emergente

Cuadro VI.9 (continuación)

Tipo de organización	Nombre	Año	País o región	Nivel de complejidad	Objetivo general	Áreas de trabajo	Clase
Evento	Prospecta América Latina	2010	Argentina Colombia Perú	Complejidad media	Generar un ámbito de difusión, discusión, debate, reflexión e intercambio que contribuya al conocimiento disciplinar de los estudios de prospectiva, sus métodos, instrumentos, aplicaciones y resultados.	**Argentina 2012: Ejes** • Prospectiva del desarrollo nacional, en el contexto de la crisis global. • Prospectiva territorial y de cadenas productivas. • Prospectiva de la educación superior. • Prospectiva de la ciencia y la tecnología • Prospectiva del ambiente y la energía. **Colombia 2011** **Paneles** • Retos y desafíos políticos, sociales y económicos para la integración de América Latina • Retos y desafíos educativos, culturales y ambientales para la integración de América Latina • Retos y desafíos de la ciencia, la tecnología y la innovación en la integración de América Latina • Retos y desafíos globales para la integración de América Latina • Panel *Quo Vadis* **Conferencias** • Visiones prospectivas de la integración latinoamericana • Retos y desafíos de la integración tecnológica de América Latina • Globalización y futuro de América Latina • Geopolítica mundial y futuros de la integración de América Latina • Globalización y futuro de América Latina: integración o marginalidad • Los escenarios de América Latina 2030 y el Estado del futuro 2011 • Pensar el futuro: América Latina 2030. Estado del futuro 2011 **Perú 2010: Paneles y sesión** • Prospectiva e integración latinoamericana (I) • Prospectiva e integración latinoamericana (II) • Panel: *¿Quo Vadis* América Latina?	Emergente

Cuadro VI.9 (conclusión)

Tipo de organización	Nombre	Año	País o región	Nivel de complejidad	Objetivo general	Áreas de trabajo	Clase
Evento	Seminario Iberoamericano. Videoconferencias 2010-2013.	2010	México	Complejidad media	• Analizar la importancia de los estudios del futuro en la época actual para penetrar en la incertidumbre y la turbulencia, así como generar escenarios que permitan enfrentar las problemáticas. • Identificar los problemas que afrontan los estudios del futuro. • Distinguir las nuevas especializaciones en prospectiva.	• Prospectiva en América Latina; • Futuros personales Centros de estudio del futuro; • Gobernanza anticipatoria • Problemas de las consultorías en estudios del futuros • Visión de largo plazo en comunidades rurales exitosas; • Psicoprospectiva y ludoprospectiva; • Visión crítica sobre los estudios del futuro, • El imperativo espiritual hacia el futuro de una nueva conciencia de la humanidad. • Convergencia tecnológica, redes sociales; • Convergencia de saberes no científicos; • La prospectiva corporativa • Futuros alternativos para la educación superior. • Convergencia prospectiva territorial; • Economías emergentes en el concierto mundial; • Prospectiva tecnológica: innovación y políticas públicas; • Complejidad y aprendizaje: Elementos para la construcción de una sociedad (y una universidad) del conocimiento • Prospectiva social; • Prospectiva y medio ambiente • Seguridad integral; • Enseñanza y aplicación del enfoque prospectivo estratégico en la práctica empresarial; • Inteligencia prospectiva y sostenible.	Emergente

Fuente: Elaboración propia.

Cuadro VI.10

Puntos de referencia para América Latina

Tipo de organización	Nombre	Año	País	Nivel de complejidad	Objetivo general	Áreas de trabajo	Clase
Organismo internacional	Corporación Andina de Fomento (Banco de Desarrollo de América Latina)	1970	Venezuela (Rep. Bol. de)	Alta complejidad	Promover el desarrollo sostenible y la integración regional, mediante una movilización eficiente de recursos para la prestación oportuna de servicios financieros múltiples, de alto valor agregado, a clientes de los sectores público y privado de los países accionistas.	• Infraestructura • Desarrollo social • Medio ambiente • Políticas públicas e investigación • Sector corporativo y financiero	Clásico
	Convenio Andrés Bello (CAB)	1970	Colombia	Alta complejidad	El Convenio Andrés Bello, como organización internacional de carácter intergubernamental, favorece el fortalecimiento de los procesos de integración y la configuración y desarrollo de un espacio cultural común. Busca generar consensos y cursos de acción en cultura, educación, ciencia y tecnología, con el propósito de que sus beneficios contribuyan a un desarrollo equitativo, sostenible y democrático de los países miembros.	• Educación • Cultura • Ciencia y tecnología	Clásico
	Comisión Económica para América Latina y el Caribe (CEPAL)	1948	Chile	Alta complejidad	Contribuir al desarrollo económico y social de América Latina y el Caribe. Coordinar las acciones encaminadas a su promoción y reforzar las relaciones económicas de los países entre sí y con las demás naciones del mundo.	• Desarrollo económico • Desarrollo social • Estadísticas • CELADE-División de Población • Instituto Latinoamericano y del Caribe de Planificación Económica y Social (ILPES) • Desarrollo productivo y empresarial • Desarrollo sostenible y asentamientos humanos • Recursos naturales e infraestructura • Asuntos de género • Planificación de programas y operaciones • Financiamiento para el desarrollo	Clásico
	Instituto Latinoamericano y del Caribe de Planificación Económica y Social (ILPES)	1962	Chile	Alta complejidad	• El ILPES es la entidad del sistema de la CEPAL líder en la investigación, cooperación técnica y formación en planificación, economía y gestión del sector público para el desarrollo de los países de América Latina y el Caribe. • Convoca a la discusión y reflexión sobre los desafíos que enfrenta el Estado en sus estrategias de desarrollo. • Contribuye a los esfuerzos nacionales y subnacionales orientados al mejoramiento de la calidad de las políticas públicas y el fortalecimiento de capacidades institucionales.	• Planificación económica y social • Gestión pública • Desarrollo territorial • Fortalecimiento de capacidades institucionales	Clásico

Cuadro VI.10 (continuación)

Tipo de organización	Nombre	Año	País	Nivel de complejidad	Objetivo general	Áreas de trabajo	Clase
Organismo internacional	Organización de las Naciones Unidas para el Desarrollo Industrial (ONUDI)	1966	Austria	Alta complejidad	La ONUDI aspira a reducir la pobreza mediante el desarrollo industrial sostenible. Considera que todos los países deben tener la oportunidad de desarrollar un floreciente sector productivo, para aumentar su participación en el comercio internacional y proteger su medio ambiente.	Temáticas: • Reducción de la pobreza mediante actividades productivas • Desarrollo de capacidad comercial • Medio ambiente y energía Servicios: • Gobernabilidad industrial y estadísticas • Fomento de la tecnología y la inversión • Competitividad industrial y comercio • Desarrollo del sector privado • Agroindustrias • Energía sostenible y cambio climático • Protocolo de Montreal • Gestión ambiental	Clásico
Instituto o laboratorio universitario	Universidad George Washington	1821	Estados Unidos	Alta complejidad	Su misión es ofrecer un ambiente propicio a la creación y adquisición de conocimientos y donde los esfuerzos creativos enriquezcan las experiencias de la sociedad global. Con diez escuelas y facultades y cerca de 100 centros e institutos de investigación, los estudiantes reciben experiencia práctica al mismo tiempo que exploran cualquier camino de su interés personal. Se dedica a promover el bienestar humano. La universidad valora una dinámica, centrada en la comunidad estudiantil estimulada por la diversidad cultural e intelectual y construida sobre una base de integridad, creatividad y apertura a la exploración de nuevas ideas.	Facultades y escuelas: • Facultad de Artes y Ciencias • Escuela de Ciencias de la Salud y Medicina • Escuela de Leyes • Escuela de Ingeniería y Ciencias Aplicadas • Escuela de Educación y Desarrollo Humano • Escuela de Negocios • Escuela de Asuntos Internacionales • Escuela de Salud Pública y Servicios de Salud • Facultad de Estudios Profesionales • Escuela de Enfermería Esferas de Investigación • Ciencia y tecnología • Salud • Orden público • Seguridad mundial • Artes • Humanidades	Clásico

Cuadro VI.10 (continuación)

Tipo de organización	Nombre	Año	País	Nivel de complejidad	Objetivo general	Áreas de trabajo	Clase
Instituto o laboratorio universitario	Instituto de Tecnología de Georgia (Georgia Tech)	1885	Estados Unidos	Alta complejidad	Toda su comunidad (personal, profesores, alumnos) aplica el lema de "Progreso y servicio" mediante la eficacia y la innovación en la enseñanza y el aprendizaje, los avances de la investigación y el espíritu empresarial en todos los sectores de la sociedad. Aspiran a ser líderes en el mejoramiento de la condición humana en Georgia, en el resto de los Estados Unidos y en todo el mundo.	Facultades • Arquitectura • Informática • Ingeniería • Humanidades • Negocios • Ciencias Esferas de Investigación: • Grandes volúmenes de datos • Bioingeniería y Biociencia • Electrónica y Nanotecnología • Energía e infraestructura sostenible • Manufactura, comercio y logística • Materiales • Seguridad nacional • Ciencia y tecnología del papel • Personas y tecnología • Servicio público, liderazgo y política • Robótica • Sistemas	Clásico
	Instituto de Investigaciones sobre la Innovación de la Universidad de Manchester (Manchester Institute of Innovation Research)	1977	Reino Unido	Alta complejidad	Ofrecer un análisis imparcial y con autoridad e información a los encargados de la adopción de decisiones relacionados con las implicaciones económicas, políticas y sociales de la ciencia y la tecnología. Para ello, se compromete a la investigación y asesoramiento sobre diversos aspectos de política científica y tecnológica y la estrategia, y a ofrecer capacitación en investigación mediante posgrados de alta calificación, grados postexperiencia y cursos cortos orientados a temas específicos.	• Estrategia tecnológica y gestión de la innovación • Innovación y servicios • Ciencia, tecnología e innovación política • Inteligencia estratégica • Sostenibilidad e innovación • Sistemas comparativos de innovación y desarrollo económico • InnoFuturos (prospectiva e innovación)	Clásico
	Laboratorio de Investigación sobre Prospectiva, Estrategia y Organización (LIPSOR)- Conservatorio Nacional de Artes y Oficios (CNAM)	2000	Francia	Alta complejidad	El objetivo del LIPSOR es contribuir a que el hombre utilice una serie de instrumentos y métodos que ha creado a lo largo de su historia y que aún resultan útiles para afrontar la complejidad que significa la construcción del mañana o del futuro, no como un hecho esotérico y nebuloso, sino como un proceso estructurado para la construcción de futuros deseables y realizables.	• Prospectiva, gestión estratégica • Cambio y aprendizaje • Epistemología de la organización y prospectiva estratégica • Prospectiva de los recursos humanos y sociales • Prospectiva y evaluación tecnológica • Desarrollo sostenible • Dinámica de los territorios	Clásico

Cuadro VI.10 (conclusión)

Tipo de organización	Nombre	Año	País	Nivel de complejidad	Objetivo general	Áreas de trabajo	Clase
Centro institucional	Centro de Gestión y Estudios Estratégicos (CGEE)	2001	Brasil	Alta complejidad	• Promover y realizar investigaciones y estudios prospectivos de alto nivel en ciencia y tecnología y su relación con los sectores productivos. • Promover y realizar evaluaciones estratégicas de los impactos económicos y sociales de las políticas, programas y proyectos de ciencia y tecnología. • Difundir información, experiencias y proyectos para la sociedad. • Promover el diálogo, la coordinación y la interacción de los sectores científicos, tecnológicos y productivos. • Desarrollar actividades de apoyo técnico y logístico a las instituciones públicas y privadas, y la prestación de servicios relacionados con su área de especialización.	• Estudios, análisis y evaluaciones • Articulación • Apoyo a la gestión estratégica del Sistema Nacional de Ciencia, Tecnología e Innovación (SNCTI) • Difusión de información sobre Ciencia, tecnología e innovación (CT+I) • Gestión institucional	Clásico
Organización de servicios	Observatorio de Prospectiva Tecnológica Industrial (OPTI)	1997	España	Alta complejidad	El objetivo de la Fundación es generar una base de conocimiento sobre las tendencias tecnológicas más importantes para el futuro desarrollo económico y social, que sirvan a su vez de apoyo a la toma de decisiones de carácter tecnológico, tanto en el ámbito público como en el empresarial.	• Prospectiva tecnológica • Vigilancia tecnológica • Diseño de estrategias de futuro apoyadas en la prospectiva • Seguimiento de evolución tecnológica	Clásico
	TRIZ XXI	1998	España	Alta complejidad	Potenciación de las capacidades y habilidades de innovación de las organizaciones, con un énfasis particular en la propuesta de soluciones que incidan en la productividad de los procesos de innovación.	• Innovación tecnológica • Creatividad empresarial • Vigilancia tecnológica • Organización del conocimiento para la innovación	Clásico
	IALE Tecnología	1998	España	Alta complejidad	Su misión empresarial consiste en ayudar a las organizaciones a tomar las mejores decisiones en materia de innovación y tecnología, proporcionando diversos servicios de consultoría especializada.	• Gestión de la innovación • Vigilancia tecnológica • Inteligencia competitiva • Gestión de la tecnología	Clásico

Fuente: Elaboración propia.

F. Desarrollo académico y difusión

1. Programas de formación

El desarrollo académico está ligado en gran medida a las actividades de las universidades relacionadas con formación avanzada, investigación y proyección social. Los logros en esta materia están vinculados a un proceso de acumulación de experiencias desde los años noventa. Los principales resultados provienen de la obra de pioneros como Francisco Mojica, de la Universidad Externado de Colombia; Zidane Zeraoui, del Instituto Tecnológico de Monterrey; Raúl Balbi, de la Red Escenarios y Estrategia de la Argentina, y Fernando Ortega, en el Perú. Se destaca la puesta en marcha de programas de maestría y especialización en prospectiva en países como la Argentina, Colombia, el Ecuador, México y el Perú. La mayoría de los programas que se enumeran a continuación se encuentran adscritos a facultades de ciencias de la administración.

- Maestría en Prospectiva Estratégica: Instituto Tecnológico de Monterrey (México);

- Maestría en Prospectiva y Estudios Estratégicos: CEDES/ Universidad Autónoma de Chiapas, (México);

- Maestría en Prospectiva: Escuela Latinoamericana de Prospectiva (ELAP);

- Maestría en Pensamiento Estratégico y Prospectiva: Universidad Externado de Colombia;

- Maestría en Inteligencia Estratégica y Prospectiva: ESCICI (Colombia);

- Maestría en Prospectiva y Estrategia para el Desarrollo Nacional: Universidad Nacional Mayor de San Marcos y Universidad Autónoma de Barcelona (UAB);

- Maestría en Inteligencia Estratégica Nacional "Siglo XXI": Universidad Nacional de la Plata (Argentina);

- Especialización en Prospectiva: Escuela Latinoamericana de Prospectiva (ELAP);

- Especialización en Prospectiva Organizacional ESUMER, Medellín (Colombia);

- Especialización en Pensamiento Estratégico y Prospectiva: Bogotá, Universidad Externado de Colombia;

- Especialización en Estrategia Gerencial y Prospectiva: UPB, Medellín (Colombia);

- Especialización en Dirección Prospectiva y Estratégica de las Organizaciones Universitarias, Universidad Nacional a Distancia (UNAD) (Colombia), y

- Especialización en Prospectiva Estratégica: UCES, Buenos Aires.

Gráfico VI.13
Maestrías y especializaciones en prospectiva por país

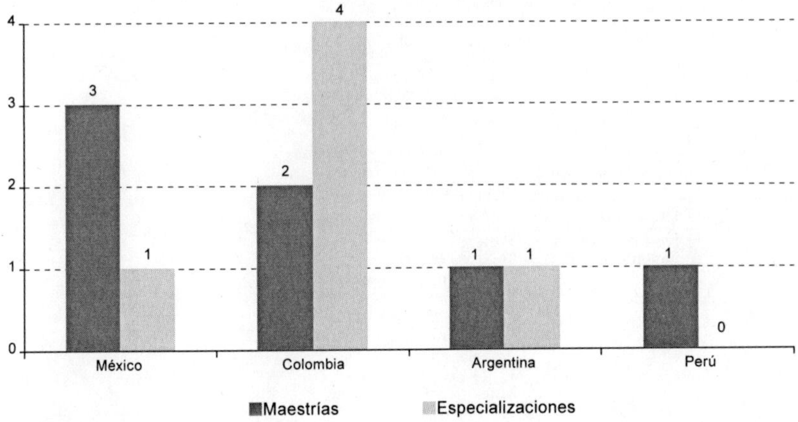

■Maestrías   ■Especializaciones

Fuente: Elaboración propia.

En este mismo sentido se han desarrollado cursos con contenido prospectivo en programas de pregrado y posgrado en las universidades de países como la Argentina, el Brasil, el Ecuador, México y Venezuela (República Bolivariana de), como se puede apreciar en el cuadro VI.11.

En los últimos años se han producido interesantes efectos multiplicadores. Por ejemplo, han surgido cursos de prospectiva vinculados a otros programas asociados a Facultades de Administración y Derecho[6]. Igualmente, los egresados y líderes de los programas han generado iniciativas de participación en la formulación de propuestas de desarrollo. Por ejemplo, el Consejo Nacional del Colegio de Ingenieros del Perú (CIP), auspicia el Plan Estratégico Perú 2040, elaborado en forma independiente por más de 500 profesionales de diferentes especialidades de todo el país.

---

[6] Maestrías en Administración de la Universidad del Rosario (Colombia) y de la Universidad Externado (Colombia). Maestría en Planeación y Dirección Estratégica, American Junior College y ESPE, Quito. Maestría en Formulación y Desarrollo de Estrategias Públicas y Privadas, CEA, Universidad Nacional de Córdoba (Argentina). Maestría en Ciencias de la Legislación, Universidad del Salvador (Argentina); Maestría en Teoría y Práctica de la Legislación, Facultad de Derecho, Universidad de Buenos Aires.

Cuadro VI.11
Cursos con contenido prospectivo

País	Universidad o institución	Curso	Nivel de formación
Argentina	Universidad Nacional de Cuyo	Curso de Prospectiva	Alumnos avanzados, graduados y profesionales de las ciencias sociales.
	Universidad Nacional de la Plata	Maestría en Defensa Estratégica Nacional: • Introducción a la estrategia. • Inteligencia estratégica nacional • Defensa nacional • Planificación 1, 2 y 3 • Análisis de contexto • Origen y evolución de los conceptos políticos contemporáneos • Metodología de análisis • Visión estratégica mundial • La Argentina en el contexto político global	Maestría
Brasil	Pontificia Universidad Católica de São Paulo	*Master in Business Administration*: • Estudios del futuro y el desarrollo social	Maestría
Colombia	Universidad del Valle	Previsión y pensamiento estratégico. Teoría y métodos de los estudios del futuro	Maestría-Doctorado
Ecuador	ESPE	Certificado en Prospectiva Estratégica	Licenciatura
México	Universidad Nacional Autónoma de México	Prospectiva Política Taller de prospectiva social Construcción de escenarios I y II Prospectiva de la dinámica internacional Prospectiva estratégica	Licenciatura
		Laboratorio de estudios del futuro Inteligencia prospectiva Visión de futuro Pensamiento estratégico	Maestría y Doctorado
	Universidad Regiomontana	Tendencias sociales actuales	Licenciatura
Uruguay	Instituto Universitario Centro Latinoamericano de Economía Humana (CLAEH)	Diploma de Prospectiva	Diplomado
Venezuela (República Bolivariana de)	Universidad Central de Venezuela	Maestría en Economía: • Introducción a los métodos de prospectiva	Maestría

Fuente: Elaboración propia, sobre la base de G. Baena, "Sobre futuros incompletos y esperanzas continuas. Líneas para la historia de la prospectiva en México", México, D.F., 2008.

Por otra parte, son fundamentales las actividades de difusión que han impulsado las redes internacionales. En los últimos años ha asumido un papel principal la organización de los eventos Prospecta Perú, Prospecta Colombia, Prospecta Argentina y Prospecta América Latina, así como el Seminario Iberoamericano 2010-2012 por medio de videoconferencias, organizado por Guillermina Baena, de la UNAM. Es de destacar la amplificación que han tenido estos eventos periódicos por Internet, lo mismo que el desarrollo de nuevos cursos virtuales internacionales, tales como el Proyecto de Análisis Político y Escenarios Prospectivos (PAPEP) del PNUD[7].

[7]   La Maestría del Instituto Tecnológico de Monterrey es la más antigua y la más reconocida. Se destaca su inclusión en el Padrón Nacional de Posgrados de Calidad (PNPC) del Consejo Nacional de Ciencia y Tecnología (CONACYT), y como parte de los "Mejores programas de posgrado de México" en la categoría "Innovadoras" de la revista CNN Expansión y en el Concurso Internacional de Estudios del Futuro, organizado por la Asociación de Futuristas Profesionales. Otro aporte es la creación y desarrollo del Método Grumbach de Gestión Estratégica por Raúl Dos Santos Grumbach y Walter Hugo Torres Bustamante (Universidad de Trujillo) y el Método MEYEP de Prospectiva Estratégica General y Específica, ideado por Eduardo Balbi, utilizado en la Universidad de Ciencias Empresariales y Sociales (UCES).

2. Autores y publicaciones reconocidas

La comunidad prospectiva de la región se encuentra en proceso de consolidación. Hay un gran interés por el tema, lo que se traduce en un aumento de la formación de capacidades para llevar a cabo estudios del futuro en América Latina y el Caribe. Tal como se observa en el recuadro VI.5, hay un número representativo de autores destacados que han contribuido al desarrollo de la prospectiva en la región a lo largo de las cinco últimas décadas, mediante la generación de diversos proyectos, publicaciones, actividades de formación y difusión.

Recuadro VI.5
Autores reconocidos de la región

Argentina
Alicia Recalde
Eduardo Balbi Correa
Gilberto Gallopín
Graciela Chichilnisky
Horacio Godoy
Javier Vitale
Jorge Beinstein
Luis Ragno
Manuel Marí
Martín Villanueva
Miguel Ángel Gutiérrez
Osvaldo Carabajal

Bolivia (Estado Plurinacional de)
Édgar Jiménez

Brasil
Amílcar Herrera
Antonio María Gomes De Castro
Arnoldo Hoyos
Cristiano Hugo Cagnin
Dalci dos Santos
Eduardo Marques
Henrique Rattner
Lélio Fellows Filho
Luiz Antonio Cruz
Marilia de Souza
Raúl José dos Santos Grumbach
Renato Dagnino
Ricardo Seidl da Fonseca
Ricardo Sennes
Rosa Alegria
Suzana María Valle Lima

Chile
Frances Wilson
Guillermo Holzmann
Héctor Casanova
Manuel Gallo
Paola Aceituno
Patricio Hernández
Sergio Bitar

Colombia
Carlos William Mera Rodríguez
Diego Gómez
Edgar Ortegón
Francisco José Mojica Sastoque
Francisco Restrepo
Gustavo Pedraza
Hernando González Murillo
Hernando Granados
Javier Medina Vásquez
John Zarta
José Bernardo Escobar Quijano
Lucio Mauricio Henao
Luis Mauricio Cuervo

Recuadro VI.5 (conclusión)

Colombia
Manuel Garzón
Oscar Castellanos
Raúl Trujillo Cabezas
Roberto Zapata
Rodrigo Vélez
Cuba
Fabio Grobart
Francisco López Segrera
Irene Lezcano
Soledad Díaz
Ecuador
David Villacís
Jean Paul Pinto
Milton Escobar
Patricio Garcés
Guatemala
Carlos Sarti
Honduras
Marcial Solís
México
Adip Sabag
Antonio Alonso Concheiro
Arturo Montañana
Axel Didriksson Takayanagui
Concepción Olavarrieta
Edgar Jiménez
Guillermina Baena Paz
Guillermo Gándara Fierro
Jorge Máttar
Joseph Hodara
Julio Millán Bojalil
Leonel Corona
Leonel Guerra
Manuel Cervera
Sergio Montero
Silvestre Méndez
Víctor Batta Fonseca
Víctor Luis Urquidi Bingham
Tomás Miklos
Yuri Serbolov
Panamá
Jorge Arosemena
Perú
Edwin Dextre
Fernando Ortega San Martín
Isaías Quevedo
Juan M. Sheput
Mónica Gross
Omar del Carpio
Ramón Chung
Raúl Jáuregui
Sandro Paz
Walter Torres
Uruguay
Carina Nalerio
Carlos Petrella
Fernando Ramos
Lydia Garrido
Venezuela (República Bolivariana de)
Antonio Leone
Freddy Blanco
Jesús E. Arapé
José Luis Cordeiro
Lourdes Yero
Luis G. Caraballo
Miguel A. Barrera
Misael Medina
Moraima Carvajal
Rafael Popper
Yuli Villarroel

Fuente: Elaboración propia, sobre la base de G. Baena, "Constructores del devenir. Aportaciones para la historia de la prospectiva", *Papers de Prospectiva*, N° 2, México D. F., Universidad Nacional Autónoma de México (UNAM), 2010; y V. L. Henao, *Estado del arte de los estudios de futuros*, Medellín, Proseres Prospectiva Estratégica, 2013, en prensa.

Gráfico VI.14
Cantidad de autores destacados por país

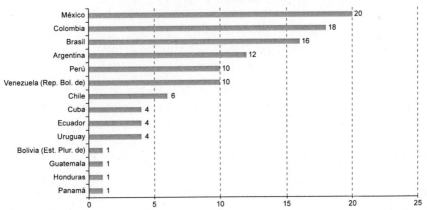

Fuente: Elaboración propia.

Del total de 108 autores representativos de la región, México tiene 20, seguido de Colombia con 18 y el Brasil con 16. La Argentina tiene 12, y Venezuela (República Bolivariana de) y el Perú, 10 cada uno. Les sigue Chile, con seis, mientras que Cuba, el Ecuador y el Uruguay cuentan con cuatro cada uno. Por último, países como Bolivia (Estado Plurinacional de), Guatemala, Honduras y Panamá solo están representados por un autor cada uno.

Todos los autores tienen un destacado perfil académico, con estudios de posgrado (maestría, doctorado y posdoctorado) en prospectiva, estudios del futuro, planificación estratégica y una gran variedad de esferas como las ciencias sociales, económicas y políticas, ingenierías, administración, educación y ciencias básicas.

Todos ellos han tenido una gran participación en estudios prospectivos nacionales y regionales promovidos por organizaciones públicas, privadas y académicas. Desempeñan la función de investigadores o cargos directivos en instituciones prospectivas referentes en la región, a saber: en la Argentina, la Fundación Bariloche, el Centro de Estudios Prospectivos de la Facultad de Ciencias Políticas y Sociales de la Universidad Nacional de Cuyo y el Centro Latinoamericano de Globalización y Prospectiva; en el Brasil, el Departamento de Política Científica y Tecnológica del Instituto de Geociencias de la UNICAMP y el Centro de Gestión y Estudios Estratégicos (CGEE); en Colombia, el Instituto de Prospectiva, Innovación y Gestión del Conocimiento y el Centro de Pensamiento

Estratégico y Prospectiva de la Universidad Externado; en México, el Centro Internacional de Estudios Estratégicos (CIEE) y la Fundación Javier Barros Sierra, y en el Perú, el CONCYTEC. Además, tienen fuertes vínculos con los organismos nacionales de ciencia, tecnología e innovación de sus respectivos países, a los que brindan servicios como investigadores en programas y proyectos prospectivos.

En su mayoría son profesores universitarios que dictan cursos relacionados con el área de la prospectiva y, en algunos casos, son directores de programas académicos prospectivos de universidades de la región. También pueden ser profesores invitados de universidades de Europa, Asia y Oceanía, y conferencistas en temas afines.

Gran parte de los autores son asesores e investigadores de organismos internacionales como la CEPAL, el Banco Mundial, el Banco Interamericano de Desarrollo, las Naciones Unidas, la OEA, la UNESCO, entre otros. Algunos son miembros de organizaciones o redes como la Sociedad Mundial del Futuro (*World Futures Society*), la Federación Mundial de Estudios de los Futuros (*World Future Studies Federation*, WFSF), la Red Iberoamericana de Prospectiva y Vigilancia Tecnológica (RIAP) y la Red de Escenarios y Estrategia Prospectiva en América Latina.

Todos ellos han generado un considerable número de publicaciones alrededor del tema de la prospectiva, algunas de las cuales se enumeran en el cuadro VI.12.

Este breve listado de publicaciones refleja la existencia de una masa crítica de individuos con un interés por generar conocimiento en prospectiva, de tal forma que esto es una evidencia más del esfuerzo por consolidar el desarrollo de la prospectiva en la región y convertirla en un referente a nivel mundial en el tema.

Cuadro VI.12
Algunas publicaciones de autores de la región

Autores	Publicación
Aguilar Camín, H. y J.G. Castañeda	• (2009) *Un futuro para México.*
Alonso Concheiro, A.	• (2010) *Los futuros de la salud en México 2050.* • (1988) *Comunicaciones: Pasado y futuros. Una prospectiva del sector alimentario mexicano y sus implicaciones para la ciencia y la tecnología.* • (1987) *México. Rasgos para una prospectiva.*
Alonso Concheiro, A. y J. Millán	• (2000) *México 2030: Nuevo siglo, nuevo país.*
Arapé, J. y A.M.A. Ruiz	• (2000) *Programa de prospectiva tecnológica para Latinoamérica y el Caribe. Manual de metodologías.*
Baena Paz, G.	• (2012) *Inteligencia prospectiva.* • (2011) *Prospectiva política.* • (2011) *Desarrollo del pensamiento anticipatorio.* (Coordinador). • (2008) *Seguridad humana: posibles soluciones a un conflicto.* • (2006) *Seguridad humana y capital emocional.* (Coordinador). • (2005) *Construcción del pensamiento prospectivo.*
Balbi, E.	• (2003) *Metodología de investigación de futuros. Metodología prospectiva.*
Balbi, E. y M.F. Crespo	• (1997) *Capturando el futuro.*
Barrera Morales, M.F.	• (2002) *Planeación prospectiva y holística.*
Batta Fonseca, V.	• (2012) "México 2012: Tres escenarios frente a la ingobernabilidad" (*Working Papers, N° 13*).
Blanco, F. y otros	• (2008) *Estudio de prospectiva tecnológica en nanotecnología.*
Castro, A. y otros	• (2010) *Complexo agroindustrial de biodiesel no Brasil: Competitividade das cadeias produtivas de matérias primas.* • (2006) *O futuro do melhoramento genético vegetal no Brasil: Impactos da biotecnologia e das Leis de Proteção do Conhecimento.* • (2005) *Projeto Quo Vadis: O Futuro da Pesquisa Agropecuária Brasileira.* • (1998) *Prospecção tecnológica de cadeias produtivas e sistemas naturais.* (Organizadores).
Cervera Medel, M.	• (2008) "FODA: Un enfoque prospectivo" (*Working Papers, N° 9*).
Cordeiro, J.L.	• (2012) *Latinoamérica: Del pasado al futuro. El desafío latinoamericano.*
Corona, L.	• (1989) *Prospectiva científica y tecnológica en América Latina.*
Cruz, L.A.	• (2004) "Modelo SENAI de prospecção: documento metodológico" (*Papeles de la Oficina Técnica, N° 14*).
Dagnino, R.	• (1994) *Las nuevas tecnologías y el futuro de América Latina: Riesgo y oportunidad.* • (1988) *La reorientación del desarrollo de América Latina y el impacto de las nuevas tecnologías.*
Didriksson Takayanagui, A.	• (2000) *La Universidad de la Innovación: Una estrategia de transformación para la construcción de las universidades del futuro.*
Didriksson Takayanagui, A. y A. Herrera	• (2006) *Manual de planeación prospectiva estratégica. Su aplicación a instituciones de educación superior.*
Dos Santos, D.M. y L.F. Filho (org.)	• (2008) *Prospectiva na América Latina. Evolução e desafios.*
Dos Santos Grumbach, R.J.	• (2008) *Prospectiva: a chave para o planejamento estratégico.* (Organizador). • *Cenários prospectivos: Como construir um futuro melhor.*
Gallopín, G.	• (1995) *El futuro ecológico de un continente. Una visión prospectiva de la América Latina.*
Gómez, D.	• (2011) *Prospectiva e innovación tecnológica.*
González, J.L. y A. Siliceo	• (2004) *Pasión por el futuro. Una nueva planeación estratégica fundada en valores.*
Henao, L.M.	• (2011) *Inteligencia de futuro en el territorio. Pensamiento prospectivo para la cohesión social.*

Cuadro VI.12 (conclusión)

Autores	Publicación
Herrera, A. y otros	• (1994) *Las nuevas tecnologías y el futuro de América Latina. Riesgo y oportunidad.* • (1977) *¿Catástrofe o nueva sociedad?* Modelo mundial latinoamericano.
Hodara, J.	• (1984) *Los estudios del futuro: Problemas y métodos.*
López Segrera, F.	• (2006) *Escenarios mundiales de la educación superior.* • (2004) *América Latina y el Caribe en el siglo XXI. Perspectiva y prospectiva de la globalización.*
López Segrera, F. y D. Filmus	• (2000) *América Latina 2020: Escenarios, alternativas y estrategias.*
Mariñee, F.	• (2004) *Análisis político y estrategia de actores. Una visión prospectiva.* (Coordinador).
Martínez I. y otros	• (1987) *Algunas técnicas útiles en la prospectiva.*
Medina Vásquez, J.	• (2000) *Función de pensamiento de largo plazo: acción y redimensionamiento institucional del ILPES.* • (2003) *Visión Compartida de futuro.* • y otros (2009) *Visión Cali 2036.* • y otros (2010) *Proceso metodológico de prospectiva y vigilancia tecnológica del SENA para la respuesta Institucional de formación.*
Medina, J. y Ortegón, E.	• (2006) *Manual de prospectiva y decisión estratégica: Bases teóricas e instrumentos para América Latina y el Caribe.* • (1997) *Prospectiva: Construcción social del futuro.*
Medina, J. y Rincón, G.	• (2006) *La prospectiva tecnológica e industrial: contexto, fundamentos y aplicaciones.*
Medina, J. y Sánchez, J.M.	• (2009) *Sinergia entre la prospectiva y la vigilancia tecnológica e inteligencia competitiva.*
Mera, C.W.	• (2011) *Retos y desafíos de Colombia frente al Futuro de América Latina.* • (2007) *Prospectiva estratégica. El futuro escenario.*
Millán Bojalil, J.	• México 2030: Nuevo siglo, nuevo país.
Miklos, T.	• (2004) *Planeación prospectiva, una estrategia de diseño para el futuro.* • (comp.) (2001) *Criterios básicos de planeación en las decisiones políticas.* • y otros (2008) *Prospectiva, gobernabilidad y análisis de riesgo político.*
Mojica Sastoque, F.J.	• (2007) *Teoría y modelos de la prospectiva.* • (2005) *La construcción del futuro. Manual de prospectiva tecnológica, organizacional y territorial.* • (1991) *La prospectiva, técnicas para visualizar el futuro.*
Montañana Surió, A.	• (2004) *Prospectiva: Política, social y tecnocientífica.* (Coordinador).
Montoya Martín del Campo, A.	• (2004) *México hacia el 2025,* tomos 1 y 2.
Ortega, F.	• (2005) *El estado del arte de la prospectiva en el Perú.* • (2013) Prospectiva Corporativa
Popper, R. y otros	• (2010) *Manual de prospectiva tecnológica. Conceptos y práctica.*
Pinto, J.P.	• (2008) *Las herramientas de la prospectiva estratégica: Usos, abusos y limitaciones.*
Rattner, H.	• (1979) *Estudos Do Futuro: Introdução à antecipação tecnológica e social.*
Rivera Porto, E.	• (1977) *La simulación en la prospectiva.*
Vladimir Sachs y otros	• (1980) *Diseño de un futuro para el futuro.*
Tello, M.E.	• (2004) *Planeación prospectiva. Una estrategia para el diseño del futuro.*
Trujillo Cabezas, R.	• (2008) *El campo de los estudios de futuro: Análisis de foresight y prospectiva.*
Vitale, J.	• (2011) *Prospectiva y estrategia: El caso del Plan Estratégico Vitivinícola 2020 (PEVI).*
Yero, L.	• (1989) *Estudios prospectivos en países desarrollados.* • (1991) *Los estudios del futuro en América Latina.*

Fuente: Elaboración propia, sobre la base de G. Baena, "Fuentes para el estudio de la prospectiva", *Working Papers*, N° 14, México, D. F., Universidad Nacional Autónoma de México (UNAM), 2012; World Futures Studies Federation [en línea] http://wfsf-iberoamerica.org/; y V. L. Henao, *Estado del arte de los estudios de futuros*, Medellín, Proseres Prospectiva Estratégica, 2013, en prensa.

3. Vigilancia científica de la prospectiva en América Latina [8]

El objetivo de esta sección es dar a conocer los países e instituciones líderes en América Latina, a partir del núcleo básico de publicaciones científicas indexadas en las bases de datos especializadas de SCOPUS, SCIENCE DIRECT en enero de 2013, a partir de la metodología de vigilancia científica y tecnológica.

a) Ecuación básica de búsqueda

- (TITLE-ABS-KEY (foresight) OR TITLE-ABS-KEY ("Foresight Technology") OR TITLE-ABS-KEY (prospectiva) OR TITLE-ABS-KEY (prospective) OR TITLE-ABS-KEY (prospecçao))

Esta ecuación permite determinar el entorno global de publicaciones, del que se desprenden los líderes mundiales en publicaciones. En total se identificaron 1.243. Los principales se enumeran en el cuadro VI.13.

Cuadro VI.13
**Número de publicaciones científicas en prospectiva de países
e instituciones líderes a nivel mundial**

Afiliación	Documentos
Universidad de Manchester (University of Manchester)	26
Centro Común de Investigación de la Unión Europea (European Commission Joint Research Centre)	18
Universidad Nacional Chiao Tung de la provincia china de Taiwán (National Chiao Tung University Taiwan)	15
Centro de Investigaciones Técnicas VTT de Finlandia (VTT Technical Research Centre of Finland)	15
Universidad de Tecnología de Swinburne (Swinburne University of Technology)	14
Instituto Fraunhofer de Sistemas e Innovaciones (Fraunhofer Institut für System- und Innovationsforschung, ISI)	14
Universidad Aalto (Aalto University)	14
Politécnico de Silesia en Gliwice (Politechnika Slaska w Gliwicach)	12
Escuela de Negocios de Manchester (Manchester Business School)	12
Laboratorio Nacional Risø (Risø National Laboratory)	10
Politécnico de Milán (Politecnico di Milano)	10
Universidad de Queensland (University of Queensland)	10
Instituto de Tecnología de Austria (Austrian Institute of Technology)	10
Universidad de Sussex (University of Sussex)	9
País	**Documentos**
Estados Unidos	199
Reino Unido	144
Alemania	77
Francia	64
Australia	58
España	52
Finlandia	47
Países Bajos	41
Canadá	39
Japón	38
Polonia	36
China	35
Provincia china de Taiwán	31
Italia	29

Fuente: Elaboración propia, sobre la base de información de las bases de datos especializadas SCOPUS y SCIENCE DIRECT, enero de 2013.

---

[8] Contribución de Felipe Ortiz, Coordinador de la Unidad de Prospectiva e Inteligencia Competitiva del Instituto de Prospectiva, Innovación y Gestión de la Universidad del Valle (Colombia), bajo la dirección de Javier Medina Vásquez.

Los Estados Unidos son por un amplio margen el país líder en publicaciones científicas. Entre los primeros lugares aparecen siete países de Europa, uno de Oceanía (Australia), tres de Asia y uno de América del Norte. El primer país latinoamericano en esta lista es el Brasil, que ocupa el puesto 17 con 25 publicaciones. La institución líder es la Universidad de Manchester del Reino Unido. Además de esta, aparecen en los primeros lugares ocho instituciones europeas, tres asiáticas y una de Oceanía, con lo que se confirma que Europa es el mayor referente en prospectiva y estudios del futuro.

Gráfico VI.15
Dinámica de publicaciones de los países líderes en el mundo en materia de prospectiva

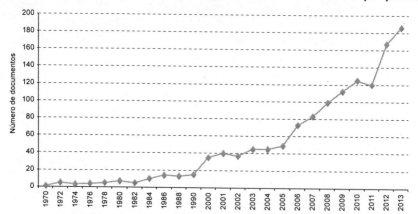

Fuente: Elaboración propia, sobre la base de información de las bases de datos especializadas SCOPUS y SCIENCE DIRECT, enero de 2013.

En los últimos diez años ha habido un incremento sustancial en la generación de publicaciones científicas en materia de prospectiva de países líderes en el tema. De 2004 a 2012 se ha cuadruplicado la producción, siendo 2012 el año con mayor número de publicaciones en las cuatro últimas décadas.

b) Dinámica de publicaciones de los países latinoamericanos

Ecuación básica, con delimitaciones:

• Solo países latinoamericanos

• Solo artículos indexados

• Solo referencias publicadas

Your query: TITLE (foresight) OR TITLE (prospectiva) OR TITLE ("Foresight Technology") OR TITLE (prospective) OR TITLE (prospecçao)

AND LIMIT-TO (AFFILCOUNTRY, "Brazil") OR LIMIT-TO (AFFILCOUNTRY, "Argentina") OR LIMIT-TO (AFFILCOUNTRY, "Mexico") OR LIMIT-TO (AFFILCOUNTRY, "Chile") OR LIMIT-TO (AFFILCOUNTRY, "Colombia") OR LIMIT-TO (AFFILCOUNTRY, "Venezuela") OR LIMIT-TO (AFFILCOUNTRY, "Peru") OR LIMIT-TO (AFFILCOUNTRY, "Puerto Rico") OR LIMIT-TO (AFFILCOUNTRY, "Uruguay") OR LIMIT-TO (AFFILCOUNTRY, "Costa Rica") OR LIMIT-TO (AFFILCOUNTRY, "Ecuador") OR LIMIT-TO (AFFILCOUNTRY, "Cuba") OR LIMIT-TO (AFFILCOUNTRY, "Panama") OR LIMIT-TO (AFFILCOUNTRY, "Paraguay") OR LIMIT-TO (AFFILCOUNTRY, "Bolivia") OR LIMIT-TO (AFFILCOUNTRY, "El Salvador")

De 1970 a enero de 2013 se identificaron 64 publicaciones científicas sobre el tema, con la distribución por año que se indica en el gráfico VI.16.

Gráfico VI.16
Publicaciones científicas en prospectiva de América Latina, 1992-2012

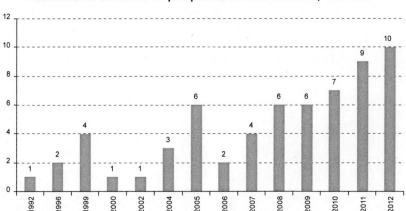

Fuente: Elaboración propia, sobre la base de información de las bases de datos especializadas SCOPUS y SCIENCE DIRECT, enero de 2013.

En comparación con otras regiones del mundo, América Latina está rezagada, pues en los últimos 20 años apenas ha producido la tercera parte que los Estados Unidos. Solo llega a diez publicaciones en 2012, mientras que en los demás años no alcanza cifras de dos dígitos. Dentro de la región, la producción se concentra en el Brasil con 31 publicaciones, seguido de México con poco menos de la mitad (14) y Colombia con casi la cuarta parte de la producción del país líder (7). Entretanto, la Argentina produce cinco publicaciones, superando levemente al Uruguay y Venezuela (República Bolivariana de) (cuatro cada uno), mientras que Chile tiene tres y Cuba y el Perú, una cada uno (véase el gráfico VI.17).

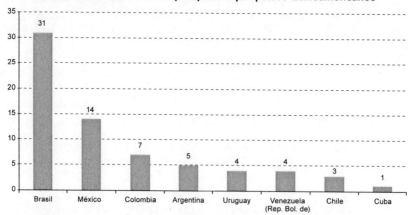

Gráfico VI.17
Publicaciones científicas en prospectiva por países latinoamericanos

Fuente: Elaboración propia, sobre la base de información de las bases de datos especializadas SCOPUS y SCIENCE DIRECT, enero de 2013.

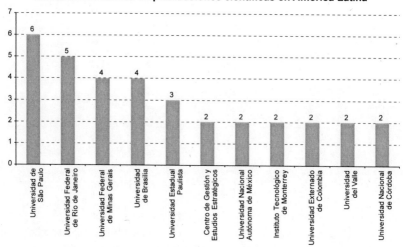

Gráfico VI.18
Instituciones líderes en publicaciones científicas en América Latina

Fuente: Elaboración propia, sobre la base de información de las bases de datos especializadas SCOPUS y SCIENCE DIRECT, enero de 2013.

Entretanto, solo 11 instituciones han realizado publicaciones científicas, de las que lógicamente el 55% son brasileñas, comenzando por la Universidad de São Paulo. Aparecen dos instituciones colombianas, una mexicana y una argentina, cada una con tan solo dos publicaciones. Lo anterior pone de relieve el lugar cimero que el Brasil ocupa en la región en la esfera de la prospectiva, sin dejar de lado la participación de países como la Argentina, Colombia y México.

Cuadro VI.14
Nombres de principales revistas

Fuentes	Publicaciones
Technological Forecasting and Social Change	5
Science and Public Policy	3
Journal of Technology Management and Innovation	2
Conferencia y Exposición de Transmisión y Distribución de IEEE PES 2008 (*2008 IEEE PES Transmission and Distribution Conference and Exposition Latin America*)	1
2012 Proceedings of Portland International Center for Management of Engineering and Technology: Technology Management for Emerging Technologies, PICMET 12	1
Biotechnology Advances	1
Cahiers Agricultures	1
Ciencia y Tecnología de Alimentos	1
Communications in Computer and Information Science	1
Educação e Pesquisa	1
Foresight	1
Gestão e Produção	1
Group Decision and Negotiation	1
Investigación Económica	1
Journal of Mathematical Economics	1
Perfiles Latinoamericanos	1
PICMET 10, Portland International Center for Management of Engineering and Technology Proceedings: Technology Management for Global Economic Growth	1
Revista Árvore	1
Revista Brasileira de Geofísica	1
Revista Chapingo, Serie Ciencias Forestales y del Ambiente	1
Revista de Ciencias Sociales	1
Revista de Economía y Sociología Rural	1
Revista Fitotecnia Mexicana	1
Revista Técnica de la Facultad de Ingeniería de la Universidad del Zulia	1
Revista Virtual de Química	1
Sociologías	1
Tecbahia, Revista Baiana de Tecnologia	1
Technology Analysis and Strategic Management	1
Technovation	1

Fuente: Elaboración propia, sobre la base de información de las bases de datos especializadas SCOPUS y SCIENCE DIRECT, enero de 2013.

G. Conclusiones

Los países de América Latina y el Caribe, por medio de la construcción de las visiones de futuro, reflejan un interés decidido en generar políticas públicas y estrategias de desarrollo a largo plazo orientadas a la consecución de mayores niveles de desarrollo para toda la sociedad, mediante un cambio consciente de rumbo en los próximos diez años, con lo que generarán transformaciones positivas que podrían cerrar paulatinamente las brechas con otros países. Las visiones nacionales formuladas en la región para ese horizonte de tiempo son de carácter sistémico porque los sectores incluidos presentan vínculos y relaciones interdependientes. Además, los países cuentan con un alto nivel de participación de actores y entidades, con gran rigor metodológico.

En las visiones nacionales se observa que el propósito fundamental consiste en mejorar la calidad de vida de toda la sociedad. Esto implica la intención de aumentar los niveles de desarrollo del país en los diferentes sectores, con miras a lograr un crecimiento sostenible de cara al futuro. Temas como la igualdad, la cohesión social, la superación de la pobreza, la competitividad, la infraestructura, la ciencia y la tecnología y la modernización del Estado reflejan el interés de la región en la construcción social del futuro.

En la última década, en términos de capacidad, el Brasil se consolida como el líder de la región, mientras que México y Colombia han incrementado sus esfuerzos. La Argentina, aunque un tanto rezagada en la década anterior, sigue manteniendo su papel activo. Como país emergente aparece el Perú, con esfuerzos claros en prospectiva encabezados por instituciones como el CEPLAN y el CONCYTEC.

Una de las novedades principales en materia de prospectiva en la región durante la última década ha sido la creación de puntos de referencia. A pesar de esto, la generación de la mayoría de los proyectos se concentra en muy pocos países, por un lado porque la mayoría de las instituciones creadas antes del año 2000 no han sido persistentes y, por otro, porque muchos puntos de referencia son muy recientes y se encuentran apenas en sus primeras etapas de crecimiento.

De todas las instituciones representadas, las cinco que se indican a continuación son las referentes principales en América Latina y el Caribe gracias a sus esfuerzos constantes en la realización de proyectos prospectivos: el Centro de Gestión y Estudios Estratégicos del Brasil; el Centro de Pensamiento Estratégico y Prospectiva de la Universidad Externado de Colombia; el Departamento Administrativo de Ciencia, Tecnología e Innovación de Colombia (COLCIENCIAS); la Fundación Javier Barros Sierra de México, y el Instituto de Prospectiva, Innovación y Gestión del Conocimiento de la Universidad del Valle (Colombia).

En términos globales, las instituciones referentes tienen un bajo financiamiento para el desarrollo de los proyectos prospectivos, en comparación con los países desarrollados. Esto ocurre porque algunas cuentan con un presupuesto limitado del gobierno nacional, como sucede con los organismos nacionales de ciencia, tecnología e innovación, o porque cuentan con pocos financiadores que apoyen permanentemente los proyectos prospectivos (por ejemplo, laboratorios o institutos universitarios). La excepción de la regla es el Centro de Gestión y Estudios Estratégicos del Brasil, que quizás sea el único comparable a los mejores del mundo.

A pesar de que se están comenzando a realizar más ejercicios prospectivos en la región, en su gran mayoría son de alcance nacional. Los países latinoamericanos, aunque han aumentado su capacidad de diálogo con pares de la comunidad internacional, no han logrado traducir esto en alta productividad en programas o proyectos formales de largo alcance en materia de prospectiva, con continuidad y sostenibilidad por amplios períodos de tiempo.

En las instituciones latinoamericanas se refleja el aumento de la producción bibliográfica, en forma coherente con el número de ediciones de proyectos desarrollados, con lo que se genera un soporte documental de los esfuerzos hechos en prospectiva. Al mismo tiempo, la región cuenta con una mayor capacidad de recursos humanos en las distintas instituciones, proporcional al número de proyectos en prospectiva desarrollados por estas. En suma, se registra un aumento en la formación de capacidades para llevar a cabo proyectos prospectivos.

En la región hay una creciente comunidad académica en prospectiva y se han ido consolidado diversos autores referentes, quienes han promovido proyectos, publicaciones, programas de formación y eventos de difusión con instituciones públicas, privadas y universitarias a nivel local, nacional y regional. Existen relaciones permanentes con la comunidad internacional, que se reflejan en la participación en grandes eventos internacionales, publicaciones conjuntas y la enseñanza de prospectiva en la educación superior. Al respecto se destacan la Universidad Nacional Autónoma de México, bajo el liderazgo de Guillermina Baena, y los eventos de Prospecta América Latina y Prospecta Perú, bajo el liderazgo de Fernando Ortega.

Aunque en la región existan cientos de publicaciones institucionales y de autores, no son plenamente visibles dentro de la comunidad regional ni internacional, dado que no hay sistematización de dicha producción bibliográfica, ni se monitorean todas las publicaciones que se generan en América Latina y el Caribe. En consecuencia, no existen oficialmente grandes bases de datos donde se pueda acceder fácilmente al conocimiento generado en esta región del mundo. Uno de los factores que generan esa invisibilidad es el hecho que son escasas las publicaciones científicas indexadas en bases de datos especializadas. Existen pocos programas académicos oficiales directamente relacionados con la formación en prospectiva y apenas algunas universidades han incorporado el tema en sus estructuras curriculares, la mayoría se concentra en la Argentina, el Brasil, Colombia y México. Se destacan el Instituto Tecnológico de Monterrey y la Universidad Externado de Colombia.

De conformidad con todo lo indicado anteriormente, sería importante emprender acciones en torno a los aspectos siguientes:

- Realizar más esfuerzos por parte de las instituciones referentes y los organismos internacionales para desarrollar proyectos de alcance internacional. Es fundamental posicionar la prospectiva latinoamericana para que tenga un rol importante en el contexto mundial. En ese sentido, sería conveniente que las redes existentes materializaran sus colaboraciones en programas y proyectos concretos, a fin de potenciar los vínculos que se han ido formando entre las instituciones de la región y la comunidad internacional. Esta sería una vía propicia para producir una mayor generación de conocimiento en el área.

- Incrementar las fuentes de financiamiento de las instituciones para llevar a cabo esfuerzos coherentes en materia de prospectiva. Se requiere asegurar de cara al futuro los recursos necesarios para promover la cooperación por medio de los puntos de referencia en los distintos países a fin de mejorar la gestión del conocimiento en el ámbito de la prospectiva. Esto puede conducir a la formación de bases de datos reconocidas, sitios web y plataformas pedagógicas.

- Monitorear y sistematizar permanentemente las publicaciones desarrolladas por las instituciones y autores referentes en la región, e impulsar la generación de publicaciones científicas de forma que se evidencien los esfuerzos realizados por la región y se obtenga un mayor protagonismo y relevancia en el contexto internacional.

- Promover el desarrollo de más programas académicos de posgrado en la mayoría de los países de América Latina y el Caribe. Una de las prioridades estratégicas debería ser la de aportar capital inicial para conservar y aumentar la comunidad prospectiva. En este contexto, es pertinente incentivar la participación del ámbito académico como formador de los futuros de la región en la materia.

El recorrido por tres períodos históricos desde 1950 hasta la fecha, y la exploración del próximo período, pone de relieve la importancia de la formación de capacidades de pensamiento a largo plazo y prospectiva en América Latina. En particular, se plantea el imperativo de articular la generación de puntos de referencia, redes de conocimiento y comunidades prospectivas con el desarrollo del conocimiento prospectivo a nivel global y latinoamericano, con las expectativas y percepciones de los encargados de la adopción de decisiones en la arena política.

En el cuadro VI.15 se puede ver una síntesis de la trayectoria observada.

Cuadro VI.15
Síntesis prospectiva

	Primera etapa, 1950-1980	Segunda etapa, 1980-2000	Tercera etapa, 2000-2012	Hasta 2030
Necesidad de prospectiva de los actores decisores y cultura política	Pensar en el futuro y orientar el desarrollo a largo plazo.	Énfasis en el corto plazo y en la solución a la crisis de la deuda. Disminución del énfasis en pensamiento a largo plazo.	Aumento del interés en la prospectiva a nivel nacional, territorial y sectorial. Desarrollo de visiones nacionales de largo plazo.	Prospectiva orientada a la innovación, el cambio institucional y la gestión de las transformaciones aceleradas de la sociedad.
Desarrollo de conocimientos en prospectiva	Desarrollo de prospectiva exploratoria y normativa.	La prospectiva coexiste con la planificación estratégica corporativa y situacional. Auge de la prospectiva francesa, aplicaciones territoriales y tecnológicas.	La prospectiva interactúa con la inteligencia competitiva, la gestión del conocimiento y la dinámica de sistemas complejos. Auge de la prospectiva.	Desarrollo de sistemas para el seguimiento dinámico del entorno, plataformas de diálogo social.
Desarrollo de instituciones y puntos de referencia	Surgimiento de instituciones pioneras (Fundación Bariloche, Núcleo de Ciencia y Técnica del Brasil, Fundación Javier Barros Sierra).	Desarrollo de capacidades iniciales en las instituciones referentes.	Multiplicación de las instituciones referentes. Surgimiento de programas de formación y aumento de los intercambios, junto con la revalorización y reinstitucionalización de los organismos nacionales de planificación.	Consolidación de instituciones referentes y establecimiento de proyectos de formación colegiados e integrados multinacionalmente. Profesionalización, surgimiento y desarrollo de estándares de calidad, normas técnicas y éticas.
Redes de conocimiento y comunidad prospectiva	Experiencias pioneras. Desarrollo del Modelo de Bariloche como experiencia demostrativa de alcance mundial.	Construcción de redes y proyectos pioneros mediante el apoyo de organismos internacionales (SELA, ONUDI, UNESCO).	Desarrollo de redes internacionales y proyectos colaborativos. Red CYTED, Proyecto del Milenio, ejercicio de América Latina 2030. Eventos Prospecta, videoconferencias de enlace continental.	Consolidación y articulación de redes internacionales y proyectos colaborativos. Colegio Prospectivo Latinoamericano.

Fuente: Elaboración propia.

Capítulo VII

Desarrollo de las capacidades prospectivas, el aprendizaje colectivo y la respuesta institucional

A. El rol del aprendizaje colectivo en la generación y desarrollo de capacidades prospectivas

1. Cambio y aprendizaje: coordenadas básicas de la reflexión

El entorno contemporáneo se caracteriza por el aumento de los cambios en el tiempo. Hoy existe una sociedad más dinámica, que cambia aceleradamente, que la humanidad nunca antes había conocido. Los dirigentes y planificadores tienen que comprender esos cambios y responder a ellos, pero esto implica ir más allá de observar las tendencias y los factores que están reestructurando el mundo. Para responder a tales transformaciones es vital tener presente el papel del aprendizaje colectivo, porque los países deben adaptarse y actuar al mismo tiempo que siguen ocurriendo los cambios en todas las dimensiones de la esfera de la vida social: en lo político, económico, social, cultural, ambiental, tecnológico e institucional[1].

---

[1] En el presente texto se denomina aprendizaje colectivo al conjunto del aprendizaje social o de la sociedad y al aprendizaje organizacional o de sus instituciones.

Diagrama VII.1
Hipótesis de trabajo: la planificación como proceso permanente
de aprendizaje colectivo (institucional y social)

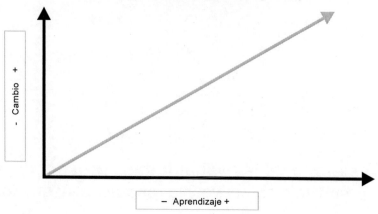

Fuente: J. Medina Vásquez y E. Ortegón, "Manual de prospectiva y decisión estratégica: Bases teóricas e instrumentos para América Latina y el Caribe", *serie Manuales*, N° 51 (LC/L.2503-P), Santiago de Chile, Comisión Económica para América Latina y el Caribe (CEPAL), 2006. Publicación de las Naciones Unidas, N° de venta: S.06.II.G.37.

Actualmente hay dos tipos de sociedades: las que aprenden más rápido y mejor que las demás y marcan el ritmo del cambio, tales como China y la República de Corea en el entorno global, y el Brasil y Chile en América Latina. Estas sociedades adquieren progresivamente mayores capacidades para afrontar el cambio, más allá de los límites del sistema educativo. Se trata de un proceso colectivo donde aprenden las instituciones estatales, la universidad, la empresa, la escuela, las redes sociales y las comunidades. En consecuencia, el aprendizaje colectivo influye positivamente en la adopción de decisiones, y en la capacidad de optar por sendas autónomas de desarrollo, mejorar la calidad de vida de los ciudadanos y preparar a los países para afrontar desafíos estructurales de largo plazo. Se entra así en un círculo virtuoso, mientras que otras sociedades quedan a la zaga debido al ritmo del cambio y no logran aprender al mismo tiempo que suceden las transformaciones. En lugar de mantenerse en la vanguardia, entran en declive.

Actualmente la humanidad realiza una lectura dual de lo que está ocurriendo, lo que los chinos llaman la crisis con *k*, la "krisis" como amenaza y como oportunidad (Almendro, 2009). Algunos analistas consideran que lo que ocurre a nivel mundial son pequeños cambios dentro del modelo de desarrollo vigente. Para ellos, las soluciones a los macroproblemas consisten en ajustar las anomalías dentro de las mismas reglas del juego y los mismos modelos mentales o formas de pensar. Sus propuestas para superar esta "krisis" son unidimensionales, por ejemplo, plantean que el profundo malestar ciudadano en Europa pasará simplemente con el pago de la deuda, o que la falta de gobernabilidad en

México se superará al mejorar la seguridad ciudadana. En esta percepción simple no hay un replanteamiento de fondo del modelo de desarrollo. Esa es una forma de ver el mundo[2].

Sin embargo, hay otra visión diferente y más compleja, que plantea que el mundo de hoy está cambiando estructuralmente de modelo de desarrollo. Que está entrando en una nueva fase, una transición, un cambio de época, debido a la interacción dinámica de los cambios geopolíticos, económicos, sociales, culturales, ambientales, sociales y científico-tecnológicos. Con arreglo a esta segunda óptica, no se pueden visualizar los nuevos macroproblemas con los viejos marcos de referencia. Hay que repensar las reglas de juego y los modelos mentales para resolver con efectividad los nudos críticos que marcan la transición del modelo de desarrollo actual hacia un nuevo modelo en los próximos 20 a 30 años[3].

Diagrama VII.2
Posibilidades de cambio

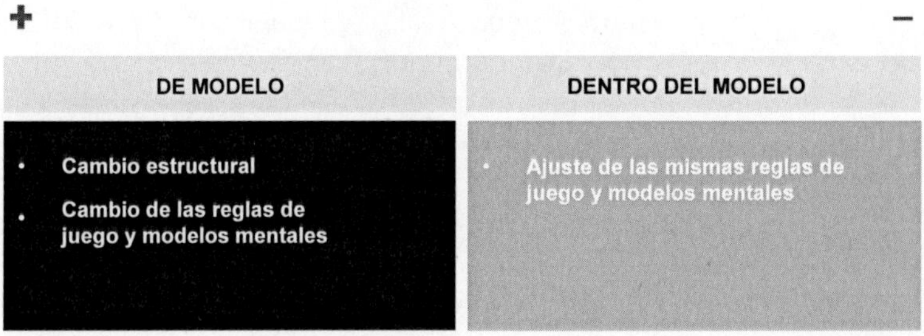

+	**−**
DE MODELO	**DENTRO DEL MODELO**
• **Cambio estructural** • **Cambio de las reglas de juego y modelos mentales**	• Ajuste de las mismas reglas de juego y modelos mentales

Fuente: J. Medina Vásquez, *La prospectiva y la necesidad de un nuevo paradigma de planificación en América Latina*, documento presentado en el curso "Planificación, gobierno y desarrollo", Cartagena de Indias, Instituto Latinoamericano de Planificación Económica y Social (ILPES)/ Agencia Española de Cooperación para el Desarrollo (AECID), 2012.

En ese contexto, es necesario entender la planificación como un proceso de aprendizaje permanente y subrayar el aprendizaje colectivo para navegar con solvencia en entornos inestables, inciertos y altamente conflictivos, como los que depara la transición global actual hacia nuevos modelos de desarrollo. Si un país pretende tomar mejores decisiones en entornos complejos, más que diseñar planes robustos, tiene que formar a la gente para afrontar los cambios y fortalecer las instituciones para que aprendan a lidiar con la incertidumbre y la ambigüedad[4].

---

[2]   Véase una interesante compilación sobre el concepto de "krisis" en la obra de Manuel Almendro (2009).

[3]   El concepto de cambio estructural sigue en general lo planteado por la CEPAL (2012), aunque con una concepción más amplia, de acuerdo con Medina (2012).

[4]   Véase un análisis profundo de la relación entre prospectiva y aprendizaje colectivo en Bootz (2010), y Conway y Stewart (2004a y 2004b).

2.   Las actitudes del Estado frente al cambio

Sin embargo, el debate público contemporáneo sobre el tamaño, complejidad, nivel de actividad y alcance que debe tener el Estado se ha dado en términos muy restringidos. Predomina la discusión sobre si se necesita más o menos Estado, más o menos burocracia, con más o menos costos, y no se ha profundizado en lo que debe hacer el Estado y su pertinencia en los campos de desarrollo en que interactúa. Además, estos debates suelen darse en forma teórica, sin tener en cuenta las capacidades reales y empíricas del Estado para enfrentar el cambio estructural. Dicho de otra manera, si se pretende ampliar el debate, es necesario preguntarse qué necesita aprender el Estado para poder definir sus nuevos campos de acción y determinar los niveles de actividad y el tipo de capacidad que requiere, en función de los diferentes niveles de aprendizaje necesarios. En lugar de una discusión binaria de todo o nada, es importante definir los distintos niveles de complejidad en que actúa el Estado.

De esta manera, en un primer nivel se encuentra un "Estado árbitro", que se caracteriza primordialmente por fijar las reglas del juego. Es un Estado mínimo, que se concentra en crear contratos, hacer cumplir las normas y esperar a que los problemas se resuelvan principalmente mediante el cumplimiento de los contratos y la ejecución del presupuesto público. En un segundo nivel se encuentra el "Estado observador" que, además de las funciones anteriores, elabora informes de situación y se limita a rendir cuentas y velar por la transparencia de la gestión pública. Entre estos dos niveles se mueve habitualmente la visión convencional sobre el Estado, de corte jurídico y económico, con un sesgo claramente economicista. En este caso, la mirada económica, que busca la eficiencia a corto plazo en el uso de los recursos y el control institucional, prevalece sobre otros valores de la sociedad, orientados a un desarrollo integral, más allá de los límites tradicionales. De cualquier modo, estos dos niveles de actividad no agotan el espectro de posibilidades. Existen otros niveles que ponen en evidencia la necesidad de que el Estado asuma un papel más preactivo y proactivo.

Las nuevas voces que reclaman ese papel más activo del Estado suelen surgir fuera del pensamiento económico neoclásico-tradicional, a partir del análisis de muchos fenómenos contemporáneos, como el cambio climático, la convergencia tecnológica, la convivencia multicultural y el control de la delincuencia organizada. Estos fenómenos requieren ser tratados de modo integral, desde una perspectiva teórica transdisciplinaria y una perspectiva práctica basada en alianzas público-privadas y nuevas funciones del Estado, el mercado y la sociedad para poder reaccionar debidamente ante ellos.

Diagrama VII.3
El rol del Estado en función de la complejidad del entorno
y el nivel de aprendizaje organizacional

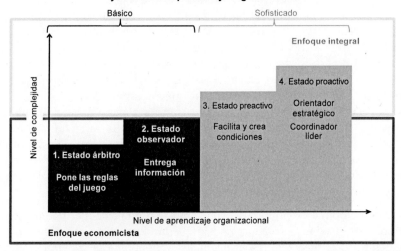

Fuente: J. Medina Vásquez, *La prospectiva y la necesidad de un nuevo paradigma de planificación en América Latina*, documento presentado en el curso "Planificación, gobierno y desarrollo", Cartagena de Indias, Instituto Latinoamericano de Planificación Económica y Social (ILPES)/ Agencia Española de Cooperación para el Desarrollo (AECID), 2012.

Así pues, un Estado preactivo anticipa y actúa antes de que ocurran las cosas, se prepara como un asegurador, pues conoce los riesgos y toma decisiones con antelación. Entretanto, el Estado proactivo promueve y lidera decididamente el cambio, en función de un futuro deseado. El Estado preactivo prevé las tendencias y procura crear condiciones para hacerles frente. Por ejemplo, al comprender el fenómeno del cambio climático, se prepara y crea capacidades en la sociedad para contrarrestar sus efectos potenciales en diferentes horizontes temporales sobre la agricultura, las infraestructuras, la energía, el riesgo para la población, entre otros. De este modo, ante la necesidad de una política pública de conservación y desarrollo de una región natural como la Amazonía, el Estado no debe esperar a que el ser humano arrase con la naturaleza para darse cuenta de que debe intervenir oportunamente. No debe esperar a que ocurra el daño para reaccionar, sino que debe actuar antes, bajo el denominado principio de precaución (CEPAL, 2012a).

Situaciones de esa magnitud muestran que se requiere un Estado creativo, que se prepare efectiva y anticipadamente para enfrentar los cambios previsibles, y sobrepase los límites habituales que lo restringen a actuar después de las crisis[5].

---

[5] Esta realidad ya ha llegado al corazón del capitalismo contemporáneo, suscitando nuevas reflexiones sobre los límites de la perspectiva de los mercados como gerentes de la adopción de

Entretanto, el Estado proactivo debe estimular su interacción virtuosa con la sociedad y el mercado y forjar alianzas con los sectores público y privado y con la sociedad civil. El Estado coordina la gestión pública y facilita la acción colectiva en pro del bienestar general, pero de forma concertada, no hegemónica. No es el único actor, ni adopta unilateralmente todas las decisiones estratégicas. A este efecto, por ejemplo, el Estado puede liderar la creación de visiones compartidas de futuro y proyectos que configuren un futuro deseado y construyan los caminos para alcanzarlo. O puede contribuir a que la sociedad promueva nuevos estilos de vida saludables, pensando en los beneficios a largo plazo para la población. También puede promover la transformación educativa con miras a la restructuración del conocimiento que se deriva de la convergencia tecnológica. De esta forma se podrían crear nuevas carreras multidisciplinarias, en materias hoy en día prácticamente desconocidas para la mayoría de la población y que no responden a una demanda a corto plazo del mercado.

Un enfoque económico convencional se limita a abogar por el Estado árbitro y el Estado observador, y suele quedar superado por las dinámicas socioculturales, tecnológicas, ambientales y geopolíticas contemporáneas. Por consiguiente, para enfrentar el actual cambio estructural global es necesario ampliar tal enfoque restringido, que demanda capacidades muy básicas que reflejan una imagen y un objetivo muy elementales de lo que debe ser y hacer el Estado. Lo ideal sería aplicar un enfoque integral, una visión integrada de desarrollo, una visión sistémica donde se interrelacionen lo jurídico, lo cultural, lo económico, lo social, lo científico y lo tecnológico en igualdad de condiciones. En este sentido es pertinente comprender y subrayar las recomendaciones que se enumeran a continuación, formuladas por Devlin y Moguillansky (2009), sobre el papel de las alianzas público-privadas para forjar una nueva visión estratégica del desarrollo:

- en primer lugar, para tener estrategias inteligentes de transformación productiva debe invertirse más capital en fortalecer el diseño institucional y la gestión de las alianzas público-privadas;

- una inversión en gran escala tendiente a reforzar la capacidad del Estado requiere orientación política y formación de consensos, y

- los gobiernos deberían definir en forma más rigurosa el diseño y administración de las intervenciones, para que contribuyan más eficazmente a mejorar el sector privado y se realicen en un contexto de prudencia que reduzca al mínimo el riesgo de captura del Estado por intereses especiales.

---

decisiones en todas las dimensiones de la vida social. Cuando el huracán Sandy azotó la zona de Nueva York y produjo enormes pérdidas materiales, el reconocido columnista de prensa Moisés Naím se preguntaba: ¿Dónde están los mercados? Quien vino a socorrer a los damnificados en Manhattan y en Nueva Jersey no fue el sector privado, sino el Estado.

Cuadro VII.1
Principios de las alianzas público-privadas para una nueva
visión estratégica del desarrollo

Número	Principio
1°	Estrategias de desarrollo a mediano y largo plazo basadas en políticas industriales proactivas.
2°	La alianza público-privada es clave para la formulación e implementación de estrategias nacionales eficaces.
3°	Asegurar el liderazgo de los ministerios y organismos encargados de actividades y sectores en la economía real.
4°	Promover una cultura de pensamiento estratégico a mediano y largo plazo, teniendo en cuenta los elementos siguientes: • la búsqueda de un alto grado de liderazgo en los ámbitos político y técnico; • la necesidad de coordinación; • los programas e incentivos integrales en el marco de la estrategia o plan nacional de desarrollo, y • la prevención de la captura del Estado: importancia de la transparencia y la evaluación.
5°	Para ejecutar las estrategias es importante que en cada área o actividad prioritaria haya uno o varios organismos dedicados a su ejecución.
6°	Cuanto más estructurada y específica sea la estrategia, mayor será el desafío de coordinación entre ministerios y la exigencia de instrumentos múltiples a ese efecto.
7°	La eficacia de las políticas depende de un servicio civil no politizado y caracterizado por el profesionalismo y la capacidad técnica.
8°	La eficacia de los incentivos debe evaluarse no solo por la forma en que se gestionan individualmente, sino por la forma en que se articulan para lograr un efecto sistémico.
9°	La eficacia de los programas e incentivos está íntimamente vinculada a la forma en que se administran.
10°	Para que las estrategias sean eficaces, es preciso evaluar su aplicación y su impacto en relación con los objetivos.
11°	Las alianzas público-privadas estructuradas pueden minimizar el riesgo de que el gobierno se vea capturado por el sector privado.

Fuente: Elaboración propia, sobre la base de R. Devlin y G. Moguillansky, "Alianzas público-privadas para una nueva visión estratégica del desarrollo" (LC/W.283), Santiago de Chile, Comisión Económica para América Latina y el Caribe (CEPAL), 2009.

3. Aprendizaje organizacional o institucional para avanzar hacia un Estado preactivo y proactivo

Llegado este punto, es importante preguntarse cómo los Estados pueden aprender a ser más preactivos y proactivos, y lo que esto implica desde el punto de vista institucional u organizacional[6].

Gairín (2000) afirma que las organizaciones, por analogía con los seres humanos, aprenden cuando la ejecución de tareas realizadas por sus miembros a nivel individual o colectivo mejora constantemente, ya sea porque los procedimientos internos se mejoran o porque la interrelación entre los objetivos, los recursos y el sistema relacional se hace, a nivel organizativo, menos disfuncional. El autor destaca, sin embargo, que

---

[6]　Gairín (2000) plantea que el mayor problema teórico y práctico es justificar el deber que tienen las organizaciones de aprender y la forma en que deben hacerlo.

el avance en materia de organizaciones que aprenden exige cambios internos y externos, coherentes con los cambios culturales. Añade que, como mínimo, hay una relación directa que se refiere a los procesos de socialización, puesto que la cultura puede ayudar o dificultar el proceso de aprendizaje colectivo. Cita a los autores clásicos Argyris y Schön (1978, citados en Bolívar, 1997, pág. 123), para señalar la manera en que se da el aprendizaje en todos los niveles de la organización:

> "Las organizaciones solo aprenden a través de las personas, pero por sí mismo el aprendizaje individual no garantiza el aprendizaje institucional. Éste no es ni puede ser reducido a una acumulación de aprendizajes individuales; supone la institucionalización en la práctica de nuevas formas de hacer, resultado de procesos colaborativos nuevos. Los individuos aprenden como parte de sus actividades diarias, especialmente cuando interaccionan con otros y con el medio exterior. Los grupos aprenden cuando sus miembros cooperan para conseguir propósitos comunes. El sistema en su totalidad aprende al obtener retroalimentación del ambiente y anticipa cambios posteriores".

Según Godet y Durance (2011), existen cuatro actitudes fundamentales de cara al futuro, que para Ackoff (1994) constituyen cuatro orientaciones básicas con relación a la planificación, a saber:

- reactivista u orientada hacia el pasado;

- inactiva o pasiva, orientada hacia el presente;

- preactiva, orientada hacia la preparación frente a un futuro esperado, y

- proactiva o interactiva, que considera el pasado, el presente y el futuro como aspectos diferentes pero inseparables, de la problemática para la que se planea; y se concentra en todas las orientaciones al mismo tiempo[7].

Cuadro VII.2
Actitudes ante el futuro

Orientaciones	Concepto	Pasado	Presente	Futuro
Reactividad	Actuar con urgencia	+	-	-
Inactividad o pasividad	Sufrir el cambio	-	+	-
Preactividad	Prepararse para los cambios previsibles	-	-	+
Interactividad o proactividad	Actuar para provocar los cambios deseados	+/-	+/-	+/-
	+ = Actitud favorable - = Actitud no favorable			

Fuente: M. Godet y P. Durance, *Prospectiva estratégica para las empresas y los territorios*, París, Organización de las Naciones Unidas para la Educación, la Ciencia y la Cultura (UNESCO)/Dunod, 2011.

---

[7]   Godet cita a Hasan Özbekhan como autor de los conceptos de preactividad y proactividad a finales de los años ochenta. Sin embargo, al parecer el gran difusor de esos conceptos fue Russell Ackoff. En el ámbito latinoamericano, este papel ha correspondido a Tomás Miklos.

A continuación, se exponen las principales características de cada tipo de orientación:

Cuadro VII.3
Cuatro orientaciones básicas de la planificación

Orientación	Componente de actitud	Creencia
Reactividad	Sentir	• Sentido y respeto por la historia. Preserva las tradiciones. • Produce continuidad y evita los cambios abruptos. • Prefiere buscar las respuestas en la experiencia. Tendencia a la nostalgia y a rodear de romanticismo el pasado. • Tiene una visión más clara del pasado que del futuro.
	Pensar	• Ve la tecnología como principal causa del cambio, en sentido negativo. • La metodología busca las causas que originan el problema; se busca reprimirlas o suprimirlas para que el cambio desaparezca y todo "vuelva a la normalidad". • El proceso de planificación reduce la empresa a sus elementos. Trata los problemas separadamente, no sistemáticamente. • Énfasis en el pensamiento cualitativo.
	Actuar	• Prefiere tratar con personas y valores que con hechos y eficiencia. • Sus juicios están enraizados en la moralidad, no en la ciencia. • Asocia el conocimiento, la comprensión y la sabiduría con la edad. • Generalmente se prefieren las jerarquías autoritarias y paternalistas.
Inactividad	Sentir	• Trata de impedir el cambio. • Sus objetivos son la sobrevivencia y la estabilidad. • Considera que la mayoría de cambios son temporales o ilusorios. • No actúa hasta que surge la crisis.
	Pensar	• No busca las causas, solo procura deshacerse de las amenazas. • Obsesión por la compilación de datos, sin implementar acciones oportunas. • Las "conexiones" o "contactos" son más importantes que la capacidad.
	Actuar	• Aprecia más las maneras (convencionalismos, costumbres, reglas, conducta correcta) que la eficiencia. • Aprecia más la conformidad que la creatividad. • Prefiere los medios autocráticos a los fines democráticos.
Preactividad	Pensar	• Busca acelerar el cambio. Cree que la tecnología es la principal causa del cambio, en sentido positivo. • Tendencia al perfeccionismo. • Valora más la inventiva que la conformidad.
	Sentir	• Su principal objetivo es el crecimiento (ser el número uno). • Tendencia a tratar cada nueva técnica o tecnología como una panacea. • Concede muy poca importancia a la experiencia. • Cree en la administración por objetivos. Tiende a ser liberal con los medios, busca la administración descentralizada e informal.
	Actuar	• La planificación consiste en anticipar el futuro y prepararse para él. • Calcula los posibles futuros y su probabilidad de ocurrencia. Usa la planificación contingente, situacional o por escenarios. • Preocupa más perder una oportunidad, que cometer un error. • La planificación se hace de arriba hacia abajo.
Proactividad	Pensar	• Piensa que el futuro está sujeto a la creación y que puede ser influenciado por lo que uno hace y por lo que los demás hacen. • Considera la planificación como el diseño del futuro deseable y de la invención de los medios para llegar a él.
	Sentir	• Evalúa los cambios y la tecnología con consideraciones tanto científicas como humanísticas. • Tiene en cuenta tanto la experiencia como el experimento. • Su objetivo es el desarrollo.
	Actuar	• El aprendizaje y la adaptación se consideran como requerimientos clave. • Prefiere la planificación estratégica a largo plazo. • Realiza la planificación basada en futuros deseables, que requiere la selección explícita de medios, metas, objetivos e ideales a lograr.

Fuente: Elaboración propia, sobre la base de R. Ackoff, *Planificación de la empresa del futuro*, México, D. F., Editorial Limusa, 2001; y *El arte de resolver problemas*, México, D. F., Editorial Limusa, 1994.

4.   Desarrollo de capacidades prospectivas

Pese a que tradicionalmente la orientación científica y tecnológica de la prospectiva ha sido dominante, en los últimos años se ha buscado aplicar un enfoque más amplio, de prospectiva social. Al principio la prospectiva se percibía solo como una herramienta que facilitaría una mejor comprensión del desarrollo futuro de la ciencia y la tecnología y que permitiría a los gobiernos concentrar el gasto en esferas prioritarias. Sin embargo, desde una óptica más amplia, la contribución de la prospectiva tiene un doble propósito: i) proporcionar información estratégica para la toma de decisiones, y ii) producir movilización socioeconómica y cultural para generar conciencia y crear un consenso en torno a áreas estratégicas y formas prometedoras que permitan aprovechar las oportunidades y minimizar los riesgos asociados con las novedades de la ciencia y la tecnología (Comisión Europea, 2002b). Por tanto, en un sentido amplio, la prospectiva constituye un proceso social y participativo, donde la cultura resulta determinante como factor de éxito.

Nelson (2006) cita a Martin e Irvine (1984) cuando advierten que la cultura ha sido una condición previa para que los gobiernos asimilen las "visiones integrales" de largo plazo acerca de sus posibilidades futuras y comprendan la necesidad de contar con un contexto apropiado para la integración efectiva de la prospectiva con la adopción de decisiones. La cultura también es esencial para dar forma a la creación de redes informales y a los procesos de consulta entre los investigadores académicos e industriales, que son cruciales en la elaboración de consejos oportunos, pertinentes e informados sobre las políticas futuras. De ahí que, según Nelson (2006), la capacidad en prospectiva no sea una "cosa" que se pueda desarrollar. Es una capacidad innata de pensamiento humano que todo el mundo tiene, pero las personas deben aplicarla en un contexto social para poder reconocerla. Esta capacidad surge cuando los individuos comienzan a entender los métodos y procesos prospectivos, y a aplicar ese conocimiento a su vida personal y profesional, así como a sus interacciones con la sociedad y la comunidad en que viven y trabajan.

Por otra parte, Slaughter (2006) afirma que, frente a los grandes retos globales y complejos de hoy en día, que a menudo afectan negativamente a la gente, tales como el cambio climático, las enfermedades o las guerras, las sociedades se ven obligadas a crear estructuras de pensamiento igualmente complejas para desarrollar capacidades colectivas que permitan encontrar soluciones viables y sostenibles. En ese orden de ideas, la prospectiva social cobra vital importancia al plantear la necesidad de mantener diálogos estratégicos que constituyen constantes procesos de aprendizaje social hacia la construcción de un futuro deseado. Para Slaughter (2006), la prospectiva, vista como el ejercicio de pensar en el futuro, puede ser común a la vida cotidiana de las personas, pero no resulta natural para las organizaciones. Si bien es una capacidad humana, para que se convierta en capacidad social necesita ser comprendida y mejorada mediante diversas formas de aprendizaje[8]. Según el autor, la prospectiva social expresa una intención que busca aumentar la sensibilización y la capacidad individual e integrarla a un nivel de operaciones sociales conscientes, dentro de determinados contextos sociales[9].

Este proceso de análisis, anticipación y posterior acción es sin duda un aprendizaje que entraña aciertos y desaciertos que surgen de la experiencia. Las sociedades que han reconocido la importancia de este aprendizaje colectivo para su desarrollo real y sostenible tienden a promover la sistematización e institucionalización de este desarrollo de capacidades. Frente a los desaciertos y obstáculos de este proceso, Slaughter (2006) plantea que existen dos caminos:

i)   El primero es para las personas que han desarrollado su conciencia hasta el punto en que pueden percibir las relaciones entre la realidad actual y el futuro potencial y entienden la necesidad de emprender diversas formas de acción para realizar dicho potencial. Los efectos del desarrollo de esa conciencia son sin duda un círculo virtuoso de una nueva forma de motivación, en la medida en que la comprensión de los patrones que generan oportunidades y peligros para la sociedad se va estructurando con tal claridad, que se forman opiniones muy específicas sobre lo que se necesita hacer y por qué hacerlo.

ii) El segundo camino lo describe Slaughter (2004). como "un movimiento dialéctico entre la prospectiva y la experiencia". Ocurre cuando los individuos y las sociedades acumulan experiencias de aprendizaje que ponen de relieve el valor de aplicar la prospectiva y los costos de no emplearla de manera oportuna e inteligente. Estas experiencias de aprendizaje, sin embargo, pueden evidenciarse después de mucho de tiempo.

---

[8]   En este punto es necesario recordar la diferencia existente entre prospectiva (*foresight*) y estudios del futuro (*futures studies*). En general, el término "prospectiva" se ha utilizado para referirse a un enfoque de reflexión estructurada sobre el futuro con el fin de desarrollar políticas, mientras que el término "estudios del futuro" se reserva para describir determinados enfoques, herramientas y métodos utilizados para imaginar el futuro, sin que exista necesariamente la responsabilidad de diseñar política públicas, en un contexto institucional determinado (Conway y Stewart, 2004).

[9]   La prospectiva social, al analizar las causas o acciones del pasado y el presente que pueden configurar el futuro, desarrolla en la sociedad una capacidad de reacción, dada su posibilidad de anticipar inteligentemente el futuro y actuar en función de las amenazas y oportunidades que se identifiquen (Conway y Stewart, 2004).

Por ese motivo, es posible que los daños causados hasta ese punto (por ejemplo, la destrucción del medio ambiente) sean irreversibles o altamente costosos de subsanar. En este sentido, como menciona el autor, lo mejor que puede hacer una sociedad para ampliar sus opciones de futuro es asegurarse de que las nuevas generaciones aprendan a interpretar los futuros posibles, a fin de comprender el mundo que están configurando y su papel y responsabilidad en él.

Como se mencionó anteriormente, este proceso de aprendizaje se reproduce de manera sistemática en la medida en que las personas formadas en prospectiva llevan sus nuevos conocimientos a una amplia gama de contextos organizacionales. A su vez, esto contribuye a la aparición de la prospectiva social, que "se distribuye" a lo largo de la sociedad. En la práctica, los casos analizados en Australia por Slaughter y sus colaboradores (Slaughter y otros, 2005) dan cuenta de las siguientes lecciones aprendidas:

- el conocimiento de la prospectiva y los estudios del futuro ofrecen una base apropiada y en evolución para obtener una formación avanzada que permita el trabajo sobre el terreno;

- la perspectiva integral es útil y duradera; tiene múltiples usos e incluye un cúmulo de conceptos, métodos e instrumentos para los profesionales, cuya formación en prospectiva suele ser escasa;

- la investigación prospectiva seria y responsable requiere profundidad, que se traduce en alta productividad, y

- las soluciones a largo plazo a los dilemas sociales pueden explorarse y solucionarse productivamente en este contexto.

5.   El aprendizaje social para el desarrollo de capacidades en prospectiva y políticas públicas

Fundamentados en la experiencia australiana, Slaughter (2004) y Conway y Stewart (2004) han generado un marco de referencia para el desarrollo de una capacidad de prospectiva en la sociedad o prospectiva social, con miras a la transición de una cultura orientada por el pasado hacia una cultura sensible al futuro.

En este sentido, los autores plantean que la prospectiva surge como capacidad social, con cierto grado de coordinación y pensamiento estratégico en torno a la forma en que se aprovecha para el desarrollo del futuro del país de que se trate. Según Slaughter (2004) y Conway y Stewart (2004), la capacidad de prospectiva social surgirá a medida que un mayor número de organizaciones comiencen a utilizar métodos, procesos y sistemas prospectivos en el desarrollo de su estrategia. Su uso rutinario en las organizaciones indica cómo se considera y sistematiza el pensamiento estratégico acerca del futuro, cómo se integra con el conocimiento del pasado y el presente, y cómo se apoya el desarrollo de estrategias a nivel organizacional.

En el cuadro VII.4, el autor presenta cinco etapas de este proceso, que no puede surgir de un momento a otro, sino que se va construyendo con el paso del tiempo.

Cuadro VII.4
Etapas de desarrollo de la prospectiva social

Niveles de complejidad	Curva de aprendizaje		Indicadores
Nivel 5		Capacidad social para la prospectiva como propiedad emergente.	El pensamiento a largo plazo se convierte en norma social.
Nivel 4		Ideas y conceptos que permiten desarrollar un discurso de los futuros.	La prospectiva rutinaria se aplica en la mayoría de las organizaciones.
Nivel 3	Las metodologías y herramientas de futuro incrementan el poder analítico.		Uso generalizado de los instrumentos y métodos estándar de la prospectiva.
Nivel 2	Los procesos, proyectos y estructuras de futuros se incorporan en diversas aplicaciones.		Los conceptos e ideas de futuro se vuelven influyentes por medio del discurso.
Nivel 1	Capacidades primarias y percepciones del sistema cerebral o mental humano.		Uso irreflexivo de las visiones de futuro en la vida diaria de los individuos.

Fuente: Elaboración propia, sobre la base de M. Conway y C. Stewart, *Creating and Sustaining Social Foresight in Australia: A Review of Government Foresight*, Melbourne, Australian Foresight Institute, 2004; y R. Slaughter, "From individual to social capacity", *Futures*, vol. 28, N° 8, Ámsterdam, Elsevier, 1996.

Ahora bien, es preciso tener en cuenta que no existen prácticas únicas o hegemónicas, sino que suele haber una gran diversidad de organizaciones, profesionales y enfoques en relación con la prospectiva. Entre las distintas organizaciones que practican progresivamente la prospectiva figuran las empresas, el gobierno y el sector sin fines de lucro. Estas entidades varían en tamaño y complejidad, pues van desde pequeñas empresas hasta grandes corporaciones y departamentos gubernamentales.

Así pues, cuando un país comienza a aplicar la prospectiva, como lo evidencia la experiencia australiana, tiene lugar un proceso social (Conway y Stewart, 2004). Al profundizar en la práctica internacional, se observa que los países comienzan por realizar ejercicios de prospectiva, generando capacidades iniciales y apreciaciones acerca de la importancia de reflexionar sobre los futuros posibles y la necesidad de contar con una masa crítica de profesionales en ese ámbito. Pero aún no se alcanza un impacto real y duradero en la vida cotidiana.

Sin embargo, a medida que ese proceso se repite y se van transformando las instituciones, se pasa a un segundo nivel. El concepto de futuro se liga al concepto de desarrollo de la sociedad y la iniciativa de reflexión prospectiva y estratégica no se limita a unos pioneros aislados. Va surgiendo progresivamente una diversidad de visiones de futuro más coherentes y estructuradas. En este segundo nivel hay muchas prácticas en América Latina, que se evidencia en países como la Argentina, el Ecuador, México y el Perú.

En el tercer nivel, los países incentivan el uso generalizado de metodologías e instrumentos prospectivos. Los instrumentos se conocen, se divulgan, se aplican y se trabajan recurrentemente en las políticas públicas. Hay buenas prácticas y surgen estándares de calidad en materia de prospectiva. Algunos países de América Latina, como el Brasil y Colombia, ya se han encaminado hacia ese nivel. Pero, en el caso de Colombia, ese recorrido ha tomado alrededor de 25 años. El proceso de aprendizaje se puede acelerar si el Estado mantiene una férrea voluntad y es coherente en su política pública a lo largo de varios períodos de gobierno.

En el cuarto nivel se encuentran los países líderes de la sociedad y la economía de conocimiento, que estructuran procesos prospectivos recurrentes, sistemáticos, basados en programas y ciclos de actividad. Es el caso de Alemania, el Reino Unido y la República de Corea. Son países que cada cuatro o cinco años renuevan sus visiones de futuro y realizan ejercicios de monitoreo del entorno y seguimiento continuo. La aplicación de la prospectiva es habitual, con lo que soslayan la principal debilidad de América Latina, que consiste en no avanzar sistemáticamente hacia la toma de decisiones estratégicas. En el cuarto nivel hay una capacidad de reflexión y elaboración de pensamiento propio que se evidencia en la publicación de libros originales. Sobre todo, hay instrumentos concretos para la adopción de decisiones.

En el quinto y último nivel se encuentra la frontera de las prácticas prospectivas. La aplicación de la prospectiva a las políticas públicas se convierte en tema corriente en las instancias del gobierno y prevalece una cultura generalizada de prevención, precaución, análisis de riesgo y generación de alternativas. Países como Finlandia, Francia y el Japón tienen esas prácticas interiorizadas en su propia cultura. En China, el largo plazo es consustancial a la forma de pensar. Esta capacidad se distribuye socialmente entre muchas instituciones y territorios, y se incorpora cotidianamente en la adopción de decisiones.

En este sentido, a partir de la observación de la experiencia mundial, puede afirmarse que la práctica sistemática a nivel institucional realmente emerge cuando se utiliza la prospectiva en la vida cotidiana para definir el rumbo de las estrategias y políticas. El desarrollo de capacidades prospectivas depende de una acumulación de conocimientos y experiencias. Una vez que la sociedad emprende la construcción de futuros posibles en diversas esferas de acción y se implementa una cultura de aprendizaje, desarrollo y construcción colectiva, se alcanza el quinto nivel de pensamiento social de largo plazo. Es el nivel donde se extienden e interiorizan actitudes, aptitudes y prácticas de prospectiva que favorecen secuencias de acción institucional de corto, mediano y largo plazo. Llegar a ese punto implica desencadenar un proceso auténtico y gradual de aprendizaje colectivo.

En la práctica, una sociedad compleja puede presentar diferentes niveles en este aprendizaje, dada su profunda heterogeneidad estructural, producto de las diferencias regionales y de la asimetría en niveles y experiencias. Por ejemplo, un país puede avanzar en la generación de cursos de sensibilización, formación de equipos, realización de estudios piloto y la creación de una disciplina colectiva para la ejecución de planes estratégicos, con un horizonte temporal de diez años. Este punto de partida permite acceder a los niveles 1 y 2. No obstante este avance, para que un país llegue a funcionar en los niveles 3, 4 y 5, se requiere difundir el conocimiento pertinente y crear los mecanismos corporativos, las redes y las infraestructuras necesarias para garantizar el dominio de métodos, procesos y sistemas prospectivos, así como su aplicación sistemática y recurrente para el análisis constante de los cambios tecnológicos y sociales, la preparación anticipada de respuestas institucionales y la planificación continua (Medina y Ortegón, 2006).

En síntesis, la creación de capacidades prospectivas engloba el compromiso estratégico de construir una cultura prospectiva, un lenguaje y una práctica de pensamiento estratégico alrededor del futuro, lo que significa cultivar los niveles 1, 2 y 3. Igualmente, implica el compromiso de demostrar cómo se puede usar la prospectiva para tomar decisiones estratégicas de priorización e inversión en forma permanente, o sea, avanzar hacia los niveles 4 y 5.

6. El rol del gobierno: factores de avance y retroceso en el desarrollo de capacidades prospectivas

Así pues, Slaughter (2006) sugiere que el mantenimiento de una prospectiva social requiere una serie de líneas de acción y compromisos, tales como:

- continuar el proceso de desarrollo de disciplinas, instrumentos, prácticas y apoyo profesional;

- integrar la prospectiva en diferentes contextos o ámbitos, por ejemplo, la planificación, la educación, gobierno, las empresas, el tercer sector;

- crear un número importante de nuevos centros de excelencia, en los que se exploren nuevos temas y nuevas redes y relaciones entre actores sociales;

- mantener un contacto permanente con iniciativas similares en el exterior, y

- demostrar constantemente valor por medio de la calidad, la pertinencia y la difusión pública de los resultados producidos.

En una curva de aprendizaje como la antes descrita, el gobierno es el actor llamado a influir para que ocurra dicha coordinación. Slaughter (2004) afirma que, desde una perspectiva nacional, esto permite la integración de una variedad de trabajos y la síntesis de los resultados para informar el pensamiento y la formulación de políticas sobre el futuro del país. La función de coordinación nacional también facilita el desarrollo de vínculos y redes internacionales con otros países que ya están desarrollando una capacidad de prospectiva en ese nivel. El gobierno tiene la gran capacidad y responsabilidad de ser el actor proactivo que genera las condiciones de posibilidad y orienta de manera coordinada y sistémica los ejercicios y prácticas hacia el bienestar de los ciudadanos.

Sin embargo, el desarrollo de capacidades en prospectiva social no se da únicamente por la intervención del gobierno. También es necesario que los líderes de las empresas, las universidades y la sociedad civil den un giro a su manera de operar, centrada principalmente en los asuntos coyunturales del aquí y el ahora, dejando por lo general en segundo plano los temas de largo plazo[10]. De ahí que Slaughter (2004) considere evidente la necesidad imperativa de trabajar mancomunadamente en un cambio de cultura hacia el pensamiento estratégico a largo plazo en todos los niveles del Estado, para de esa manera orientar los procesos de aprendizaje hacia los otros sectores de la

---

[10]   Comprender mejor el futuro es una forma de hacer más claro el proceso de adopción de decisiones en el contexto actual, porque permite establecer un acuerdo coherente con la visión a largo plazo (Slaughter, 2004).

sociedad. Slaughter sugiere que el desarrollo de la capacidad de prospectiva social depende de que el gobierno determine las funciones de prospectiva que no están presentes, tales como: análisis del entorno, análisis de tendencias o eventos críticos, construcción de escenarios, creación de mecanismos de alerta temprana, entre otras. La incorporación de esas funciones prospectivas en la actividad cotidiana o rutinaria aumenta la capacidad del gobierno de desarrollar una visión coherente del futuro del país.

Slaughter (2004) plantea que el gobierno es uno de los tres actores centrales en la generación de ese tipo de prospectiva social y que su papel en su promoción y desarrollo puede basarse en cuatro elementos fundamentales:

- el uso de diversos enfoques prospectivos dentro del gobierno para establecer una capacidad de prospectiva gubernamental que contribuya al desarrollo de políticas públicas;

- el desarrollo de una estructura coherente y permanente de apoyo a la gama existente de trabajos de prospectiva para garantizar la aplicación sistemática de los resultados en todo el país para su óptimo beneficio;

- la identificación, coordinación, enlace y apoyo de individuos y grupos que utilizan enfoques de futuros en el país, para facilitar el intercambio de conocimientos y buenas prácticas y la aplicación de enfoques prospectivos en el desarrollo de una estrategia y una política más generalizada, y

- la creación de redes y relaciones internacionales para contribuir a la aparición de la prospectiva social como capacidad global.

En el recuadro VII.1 pueden apreciarse algunos factores críticos para forjar ese compromiso.

Recuadro VII.1
Factores clave de éxito en un enfoque social de la prospectiva

- La creación de un gobierno corporativo que emplee la prospectiva para el desarrollo de políticas y la adopción de decisiones estratégicas.

- El funcionamiento de redes internas que contribuyan a la promoción y la práctica global de la prospectiva.

- El desarrollo de infraestructura que asegure una aplicación sistemática de la prospectiva en beneficio del país.

- La identificación, coordinación y establecimiento de relaciones con redes sociales externas que empleen la prospectiva, con miras a compartir conocimientos y buenas prácticas.

Fuente: Elaboración propia, sobre la base de M. Conway y C. Stewart, *Creating and Sustaining Social Foresight in Australia: A Review of Government Foresight*, Melbourne, Australian Foresight Institute, 2004.

Por otra parte, Georghiou y otros (2008) plantean que el aprendizaje está implícito en toda actividad de prospectiva, independientemente de su alcance o de la implicación de actores o recursos. De ahí se derivan dos tipos de aprendizaje: por adaptación y por colaboración, como se aprecia en el cuadro VII.5.

Cuadro VII.5
Modalidades de aprendizaje en prospectiva

	Aprendizaje por adaptación	Aprendizaje por colaboración
Quién	Gestores de la prospectiva. Patrocinadores y clientes. Gobierno (nacional y regional). Sector privado. Actores internacionales que producen insumos teóricos, temáticos o metodológicos.	Gestores de la prospectiva. Patrocinadores y clientes. Mayor participación de los actores internacionales. Gobierno (nacional y regional). Sector privado (multinacionales). Sociedad (énfasis en insumos multiculturales).
Por qué	Aprendizaje de vía rápida. Dominio de vanguardia en métodos, procesos y contenido. Buenas prácticas que aseguran la calidad. Perspectiva externa que complementa la visión interna de los países.	Inquietudes comunes. Necesidades de brindar coherencia en enfoques de política pública. Masa crítica y valor agregado. Aprendizaje rápido al conjugar insumos diversos mediante la asignación de tareas en función de las competencias. Combinar una perspectiva europea con una perspectiva global.
Qué	Orientación y enfoques. Herramientas y metodologías. Estructura de implementación. Enfoque temático y contenido.	Enfoques basados en consensos. Herramientas y metodologías creativas. Tareas y responsabilidades compartidas. Temas de interés común.
Cómo	Estudio de informes y resultados finales y previos. Invitación a especialistas extranjeros a paneles y talleres internacionales y actividades de capacitación. Aprendizaje compartido con herramientas cibernéticas.	Estudios conjuntos. Paneles conjuntos. Talleres y actividades conjuntas de capacitación. Plataforma común para aprendizaje por Internet.
Cuándo	Fase de preparación y de ejecución. Evaluación y seguimiento.	A lo largo de todo el proceso.

Fuente: L. Georghiou y otros, *The Handbook of Technology Foresight. Concepts and Practice*, Cheltenham, Edward Elgar Publisher, 2008.

Según Georghiou y otros (2008), cuando varios países emprenden conjuntamente ejercicios prospectivos de aprendizaje por adaptación y por colaboración, el contexto es un factor crucial. Los ejercicios conjuntos se mejoran y dificultan al mismo tiempo, debido al reto de atender simultáneamente contextos sumamente distintos (por ejemplo, una economía avanzada y una economía en transición). De esta manera, el aprendizaje mutuo funciona mejor cuando los países u organizaciones tienen entornos institucionales, recursos y niveles de conocimientos especializados similares, y cuando el instrumento de política seleccionado es claro y de baja especificidad.

Cuadro VII.6
Condiciones que favorecen el aprendizaje mutuo

El marco de la prospectiva	Entorno estructural similar, tal vez derivado de obligaciones comunes a los miembros de Comisión Europea. Compatibilidad con la orientación política. Sentido de insatisfacción con las prácticas en vigor. Similitud de recursos disponibles. Similitud de conocimientos especializados en cuanto a métodos de prospectiva y ámbitos de competencia técnica.
Instrumento de prospectiva	Su especificidad no llega a depender de la idiosincrasia o cultura particular de cada país. Ejercicios bien documentados y evaluados. Compatibilidad y complementariedad respecto a los instrumentos utilizados.

Fuente: L. Georghiou y otros, *The Handbook of Technology Foresight. Concepts and Practice*, Cheltenham, Edward Elgar Publisher, 2008.

Por otra parte, Conway (2006) señala otros factores que restringen el desarrollo de las capacidades prospectivas en los países:

- La participación gubernamental es un elemento clave para la prospectiva individual y social. La naturaleza de la política y el papel de los gobiernos en los proyectos prospectivos es determinante. Estos proyectos no se producen de forma aislada, sino que siempre estarán relacionados con la política desde su origen. Dependen de la gobernabilidad, las maniobras políticas y la continuidad de la administración de turno.

- El funcionamiento, la aplicación de los resultados y la profundidad en la comprensión de la prospectiva depende de los actores políticos que tienen el poder de iniciar y detener los proyectos. Su actitud y respaldo siempre será un factor crítico en la continuación de los proyectos.

- Si bien normalmente se acepta la inevitable influencia de la "política" del gobierno o la variedad organizacional en los proyectos prospectivos, en última instancia las personas son quienes toman las decisiones y participan en los proyectos de prospectiva. Un camino posible para garantizar la continuación de estos proyectos sería que los principales actores políticos vinculados desarrollaran la capacidad prospectiva a nivel individual.

- Es fundamental incluir el ámbito subjetivo (conciencia, pensamientos, valores, motivaciones, ideas e imágenes) en los proyectos de prospectiva. Sin esa óptica, se corre el riesgo de que los proyectos queden supeditados a los imperativos a corto plazo, con poca consideración por los imperativos a largo plazo.

- Los pensamientos, creencias e imágenes del futuro de los individuos son fundamentales para los proyectos prospectivos.

Es necesario asegurar que tales proyectos contribuyan a la comprensión de cómo las visiones del mundo de las personas pueden influir en el proceso de creación de capacidades prospectivas.

- Por todo lo anterior, es necesario que los funcionarios públicos y todos los practicantes de la prospectiva se tomen el tiempo necesario para explorar y reconocer cómo sus cosmovisiones particulares influyen en su práctica de toma de decisiones.

Asimismo, es pertinente sintetizar algunos de los factores en la implementación de ejercicios y procesos prospectivos que se han reconocido como factores limitantes en la práctica internacional, como se puede apreciar en el cuadro VII.7.

Cuadro VII.7
Principales factores que limitan la práctica de la prospectiva
aplicada a las políticas públicas

Función	Errores o fallas frecuentes
Decisoria	• La falta de apoyo de alto nivel. • La falta de interés político (de los políticos y el público) en el futuro a largo plazo. • El cambio de posición o interés de los líderes políticos mientras que los análisis prospectivos están en curso. • Falta de una política favorable y un marco institucional integrados. • Fallas en la aplicación de metodologías prospectivas en el proceso de adopción de decisiones relacionadas con la mejora de los países.
Proyectiva	• Vigencia del pensamiento de corto plazo y el modo de acción reactivo. • Fallas en las estrategias de implementación de los proyectos prospectivos. • Sobrevaloración del énfasis en la adquisición y difusión de tecnología como solución a temas más amplios de carácter socioeconómico, como la salud, la alimentación, la vivienda y la participación del público. Lo anterior proporciona señales políticas que sobreestiman la importancia de la tecnología y la innovación. • Percepción que subvalora el papel de la tecnología y la innovación en la intensidad de competencia en la industria.
Educativa	• Falta de capital humano preparado adecuadamente. • Falta de conocimientos y experiencias para utilizar correctamente los métodos y modelos prospectivos. • Los metodólogos y técnicos no hacen sus trabajos comprensibles o pertinentes. • Falta de promoción de una cultura prospectiva. • Baja aceptabilidad social o ética: incluye las limitaciones culturales y las limitaciones derivadas de la actitud del público en general o los grupos de presión.
Organizativa	• Rigidez burocrática. • Reducción de la cooperación entre departamentos. • Fallas del sistema de vinculación y coordinación de actores e instituciones. • Falta de comunicación entre los usuarios, contratistas y productores de modelos y pronósticos. • Falta de financiación para la adquisición y difusión de la tecnología pertinente a la implementación de procesos prospectivos.
Cognitiva	• Poca interdisciplinariedad y multidisciplinariedad en la comprensión de los problemas sociales. • La compartimentación y especialización, junto con las presiones de tiempo. • Desconexión de la aplicación de las nuevas tecnologías a los problemas socioeconómicos.

Fuente: Elaboración propia, sobre la base de M. Rader y A. Porter, *Fitting Future-oriented Technology Analysis Methods to Study Types, Future-Oriented Technology Analysis-Strategic Intelligence for an Innovative Economy*, C. Cagnin y otros (eds.), Berlín, Springer, 2008; C. Cagnin y M. Keenan, "Positioning future-oriented technology analysis", *Future-Oriented Technology Analysis. Strategic Intelligence for an Innovative Economy*, C. Cagnin y otros (eds.), Berlín, Springer, 2008; y C. Cagnin, D. Loveridge y O. Saritas, "FTA and equity: new approaches to governance", *Futures*, vol. 43, N° 3, Amsterdam, Elsevier, 2011.

Es importante resaltar la importancia del trabajo en red como elemento fundamental para el desarrollo de capacidades de aprendizaje institucional, puesto que no siempre se logra construir líneas de vida recurrentes o vínculos estables y progresivos entre los nodos de una red. Al efecto, Villarroel (2008) explica cómo funcionan las redes institucionales de conocimiento mediante la teoría de contactos y pone de relieve la necesidad de tejer muchas interrelaciones positivas entre los miembros de una red para que esta fructifique.

Recuadro VII.2
Redes institucionales de conocimiento bajo la teoría de contactos

- Red institucional de conocimiento: se alimenta de contactos de líneas de vida de sus miembros, respecto de una misión o área de conocimiento común; inicia su proceso de vida con la formación de nodos en entornos institucionales y evoluciona en un espacio estratificado que contiene dichos nodos. Su dinámica se genera por medio de factores de atracción iniciales y emergentes que introducen tanto condiciones de indeterminismo como de determinismo.

- Cada miembro de una red posee una línea de vida real y tangible y una intangible, relativa a un área de conocimiento, o una misión, definida como la trayectoria física (o virtual, si es intangible) que describe dicho individuo durante el tiempo de dedicación al área o misión. Un grupo de individuos dedicados a una misión dentro de una misma institución genera una línea de vida institucional, producto de la interacción sinérgica de sus propias líneas de vida. Esta interacción se materializa a partir de ciertos órdenes (o niveles) de contacto.

- Los miembros de una red generan trayectorias reales, en función del tiempo, que definen su línea de vida relativa a dicha misión. Dos líneas de vida tienen contacto de orden cero, en un instante t, si coinciden en dicho instante, en relación a una misión o un área de conocimiento, tienen contacto de orden 1 si, además de tener contacto de orden 0, toman decisiones comunes; contacto de orden 2, si realizan acciones conjuntas; contactos de orden 3, si generan productos, y así sucesivamente.

- Toda línea de vida está íntimamente asociada a un multivector de decisión, que define el conjunto de las posibles opciones de decisión de la línea de vida, desde una posición u. Una vez seleccionada una dirección específica del multivector decisional, la línea de vida real es la que desplaza su movimiento en función de las opciones de decisión.

- Cada miembro de una red posee además una línea de vida intangible, que evoluciona de acuerdo a sus decisiones relativas al tránsito intangible de información, conocimiento y toma de decisiones, particular o de la red. Las decisiones pueden ser multidireccionadas, sin que ello represente un factor de incertidumbre. Por ejemplo, la transmisión de información electrónica de datos o la multiplicidad de decisiones que serán ejecutadas por distintas líneas de vidas reales. La estructura de la red estará ligada al tipo de contacto entre las líneas de vida de sus miembros con respecto a la misión de la red.

Fuente: Y. Villarroel, "Redes institucionales de conocimiento visualizada desde la teoría de contactos", *Cuadernos de Administración*, N° 40, Santiago de Cali, Universidad del Valle, 2008.

Por último, es prudente recordar que el desarrollo de capacidades prospectivas en el ámbito gubernamental tropieza con los típicos problemas públicos que requieren una acción coordinada de todos los actores sociales, en la medida en que estos asuntos se hacen cada vez más complejos (Rojas, 2012), a saber:

- la atracción, selección y retención del talento humano altamente especializado;

- la alta rotación de las personas que cuentan con las capacidades de estrategia y aprendizaje;

- la rendición de cuentas como un proceso no solo de transparencia, sino de aprendizaje colectivo;

- la sostenibilidad, ampliación y articulación del financiamiento de nuevas intervenciones del Estado que dan sentido a la prospectiva aplicada a las políticas públicas, en temas tales como desarrollo regional; ciencia, tecnología e innovación; desarrollo empresarial, productividad y competitividad; medio ambiente; protección social y seguridad; profesionalización y elevación de las cualificaciones de los empleados públicos, y

- la inclusión de los actores en los procesos de decisión y el establecimiento de consultas de priorización y de satisfacción como vía para merecer la confianza de la ciudadanía.

La capacidad de aplicar efectivamente el poder regulatorio (capacidad de vigilancia, control y sanción) para velar por la calidad y eficacia de los ejercicios prospectivos.

7. La importancia de las plataformas de aprendizaje

Sin duda alguna, la tarea de promover el pensamiento a largo plazo requiere la coevolución de los instrumentos de planificación y las culturas organizacionales. Hoy en día, para aplicar la prospectiva de manera sistemática y difundir la pedagogía correspondiente, se requieren infraestructuras basadas en las tecnologías de información y comunicación. De este modo, los conceptos y metodologías más novedosos se pueden poner al alcance del gran público, los públicos estratégicos y los funcionarios y expertos.

En el cuadro VII.8 se presentan algunas de las más importantes plataformas a nivel internacional. Resalta la carencia de experiencias similares en América Latina.

Cuadro VII.8
Plataformas y esquemas pedagógicos

Plataformas y esquemas pedagógicos	Descripción
ForSociety ERA-Net	Es una red de entidades y organismos públicos de Europa implicados en el desarrollo de la investigación nacional y los sistemas de innovación. Su objetivo es promover el aprendizaje mutuo sobre la prospectiva a nivel nacional e indicar y analizar cuestiones estratégicas que conduzcan a actividades conjuntas a escala europea.
FOR-LEARN (IPTS-CCI)	El proyecto For-Learn (partícipe de la Plataforma Europea de Intercambio de Conocimientos sobre Prospectiva) apuntó a consolidar y mejorar la accesibilidad a los conocimientos especializados en prospectiva y su promoción en toda Europa. El resultado más importante de este proyecto es la Guía en Línea de Prospectiva, que orienta a los usuarios en los pasos críticos del diseño, ejecución y seguimiento de un proyecto de prospectiva y da una descripción de los principales métodos que se pueden utilizar. Se proporciona una información clara y de fácil acceso, con ejemplos de casos ilustrativos reales. En la actualidad es un recurso único sobre la prospectiva y sus técnicas, utilizado por la comunidad de especialistas en prospectiva y por aquellos que quieren aprender a aplicarla en el desarrollo de políticas.
Red Europea de Monitoreo de Prospectiva (EFMN)	En 2004, la Comisión Europea apoyó la creación de la EFMN, un consorcio internacional de organizaciones dedicadas a la investigación, con el objetivo general de monitorear las actividades de prospectiva en curso y emergentes y difundir información pertinente a los responsables políticos y los profesionales de prospectiva. Para lograr dicha meta, se trazaron seis objetivos específicos: i) Red: crear una red de corresponsales formada por usuarios y practicantes en prospectiva. ii) Recolección de datos: recolectar ejercicios de prospectiva y otras actividades relacionadas, como una biblioteca de información. iii) Representación o mapeo: analizar los rasgos clave y las características de los ejercicios de prospectiva recolectados y describir aspectos destacados acerca de las prácticas de prospectiva en Europa y otras regiones del mundo. iv) Producción de notas informativas: producir informes sobre estudios específicos de prospectiva, con el fin de informar a la comunidad en general. v) Análisis de problemas: analizar los ejercicios de prospectiva recogidos en términos de cuestiones emergentes, y organizar talleres anuales que aborden temas específicos. vi) Difusión: divulgar la nformación recopilada y los análisis por medio de Internet e informes anuales. La EFMN ya ha definido 1.750 iniciativas de prospectiva en muchos países de los cinco continentes.
Organización de las Naciones Unidas para el Desarrollo Industrial (ONUDI)	La iniciativa mundial de la ONUDI sobre prospectiva tecnológica (PT) se basa en las experiencias regionales destinadas a proporcionar instrumentos y metodologías para la aplicación de la prospectiva a la adopción de decisiones estratégicas mientras se establece una red de comunidad abierta para el intercambio de conocimientos y la difusión de experiencias en la materia entre los actores interesados de las regiones. Base de datos de prospectiva tecnológica: Esta particular base de datos sirve como punto de entrada para todas las partes interesadas en el proceso. Ofrece las siguientes posibilidades: • Obtener información acerca del Programa de Prospectiva Tecnológica de la ONUDI. • Descargar el *Manual de prospectiva tecnológica* de la ONUDI, o • Inscribirse en los eventos pertinentes de la ONUDI, incluidos los cursos de capacitación del programa de formación sobre prospectiva tecnológica. Centro Virtual Euroasiático La ONUDI apoya los esfuerzos de los países de Europa central y oriental y los nuevos Estados independientes con miras a definir una visión de desarrollo a mediano y largo plazo para sus economías mediante el establecimiento de una red de instituciones y profesionales que apliquen la prospectiva en los planos nacional y regional. El objetivo declarado del Centro Virtual Euroasiático es proporcionar apoyo metodológico e información sobre prospectiva tecnológica a los responsables de la industria y a los responsables en lo que se refiere a decisiones políticas, con el fin de desarrollar una cultura de prospectiva en la región de la ECO/NEI. Tiene las funciones siguientes: i) coordinar actividades y proporcionar asesoramiento e información sobre las actividades de prospectiva en la región de la ECO/NEI; ii) establecer y coordinar una red de instituciones nacionales en el campo de la prospectiva; iii) realizar estudios y comunicar sus resultados a los encargados de la adopción de decisiones y el público en general; iv) organizar y apoyar ejercicios de prospectiva multinacionales; v) organizar programas de educación y formación, y vi) preparar y organizar cumbres regulares de prospectiva tecnológica.
Prospectiva nacional: Programa de Prospectiva del Reino Unido	Desde su creación en 1994, el Programa de Prospectiva ha ayudado al Gobierno del Reino Unido a pensar sistemáticamente sobre el futuro. En el marco de ese programa se creó el Centro Prospectivo de Análisis de Horizontes (*Foresight Horizon Scanning Centre*) para brindar capacitación, instrumentos y redes a fin de fortalecer la capacidad de pensar en el futuro y compartir las mejores prácticas dentro y fuera del gobierno. En este sentido, el Centro ha desarrollado un conjunto de instrumentos denominados "Explorando el futuro: Herramientas para el pensamiento estratégico". Ofrecen algunas ideas y sugerencias sobre las formas de abordar proyectos futuros, concebidas para que sean informativas y de fácil uso (no pretenden ser prescriptivas ni definitivas). Se trata de 24 técnicas diferentes de análisis de futuros. De ellas, cinco son también herramientas de análisis de escenarios, que son particularmente útiles al interrogar los resultados producidos por estos. El conjunto de instrumentos está dirigido a futuros analistas, responsables políticos, estrategas y personas que gestionan un proceso futuro.

Cuadro VII.8 (conclusión)

Plataformas y esquemas pedagógicos	Descripción
Plataforma de Aprendizaje Mutuo	La Plataforma de Aprendizaje Mutuo (*Mutual Learning Platform,* MLP) para la innovación regional en formulación de políticas se puso en marcha como una iniciativa conjunta de la Comisión Europea, encabezada por la Dirección General de Empresa e Industria y con el apoyo de la Dirección General de Investigación e Innovación, la Dirección General de Política Regional y el Comité de las Regiones en abril de 2005. La dirige una junta creada para coordinar las actividades de la plataforma. La MLP se define como un mecanismo interactivo de aprendizaje para las autoridades regionales y organizaciones públicas y privadas interesadas, en las regiones europeas, en fomentar la cooperación transnacional y transregional para promover la innovación y las políticas de investigación, y ayudar a todas las regiones a desarrollar una economía basada en el conocimiento. La MLP se centra en los tres temas siguientes: la prospectiva regional, la evaluación comparativa regional y los perfiles regionales.
Proyecto FUTURREG	El proyecto FUTURREG (un emprendimiento conjunto del Fondo Europeo de Desarrollo Regional e INTERREG IIIC) fue diseñado para tener importantes impactos a largo plazo en las políticas de desarrollo regional, sobre todo para asegurarse de que las políticas (y las organizaciones regionales de desarrollo) reciban la aportación de instrumentos de alta calidad de futuros y procesos participativos, incluido el análisis ambiental, el análisis de tendencias, los escenarios, la gestión visionaria y la metodología Delphi. Tiene tres objetivos: i) el desarrollo de un conjunto de instrumentos de futuros comunes; ii) el aumento del uso de instrumentos de futuros en relación con otros métodos de prospectiva dentro del sistema regional de elaboración de políticas, y iii) la aplicación de un conjunto de instrumentos de futuros para cuestiones de desarrollo regional.
Práctica de la prospectiva (*Doing Foresight*)	Es un instrumento basado en la web para el uso de los administradores de proyectos que desean hacer evaluaciones antes, durante y después de una actividad de prospectiva, con el fin de diseñar la actividad, adaptarla y aprender de ella. Fue desarrollado por un equipo de trabajo compuesto por Teknologirådet, la Junta Danesa de Tecnología (DBT), El Consejo de Ciencia y Tecnología de Malta (MCST), el Consejo de Investigaciones de Noruega (RCN) y el Consejo de Investigación Científica y Técnica de Turquía (TUBITAK).
Proyecto de prospectiva en las regiones	Sus objetivos son: i) apoyar el desarrollo de la Zona Europea de Investigación y la integración europea; ii) crear alianzas para el aprendizaje; iii) elaborar propuestas concretas de acciones de carácter regional, transregional u horizontal; iv) seguir desarrollando la prospectiva regional para mejorar el diseño y aplicación de políticas, mejorar la competitividad y la cohesión social y avanzar hacia economías basadas en el conocimiento; v) aumentar la capacidad de los miembros del grupo para iniciar acciones e influir en la formulación de políticas.
Guía práctica de prospectiva regional	Esta guía fue preparada en 2001 en el marco de la Red de Prospectiva para el Desarrollo Regional (FOREN), del Programa STRATA de la Dirección General de Investigación de la Comisión Europea, editado en Italia por CCI-IPTS, PREST y CM International. Un objetivo de la guía es ofrecer orientaciones útiles sobre cómo llevar a cabo una actividad de prospectiva regional, señalar dónde se encuentran las ventajas y desventajas, y explicar cuándo sería necesario diferenciar la prospectiva regional de la prospectiva nacional. La intención es ayudar a comprender las consideraciones que se deben tener en cuenta para decidir lo que es mejor según el contexto particular. No es ni un recetario ni un conjunto de instrumentos. No pretende ofrecer todo lo que se necesita saber acerca de la selección y aplicación de métodos particulares de prospectiva, aunque sí indica dónde se puede obtener esa información. Más bien está orientada a informar al lector sobre cómo y por qué se puede utilizar la prospectiva regional, cuáles son sus diferentes enfoques, cuándo o dónde podrían ser apropiados, y cómo la propia situación regional o local tiene que tomarse en cuenta en el diseño de un proceso de prospectiva. Está dirigida específicamente a los profesionales de prospectiva y a los usuarios potenciales. Pretende explicar cómo puede aplicarse la prospectiva con el fin de constituir una valiosa aportación a la estrategia y la planificación de políticas en las regiones, municipios o localidades, además de movilizar acciones estratégicas colectivas.
Base de datos Eurofor	Esta base de datos ha sido el resultado de un estudio piloto para representar una selección de ejercicios de prospectiva y competencias en la Unión Europea. Es de libre acceso en la red y se puede buscar mediante palabras clave y un mapa de rutinas de búsqueda. Ofrece además la posibilidad de un análisis conjunto de datos.
iKnow	Es una plataforma de interconexión del conocimiento, creada por la Comisión Europea en el área de investigación europea del Séptimo Programa Marco) para la identificación temprana de problemas, eventos y novedades (por ejemplo, los eventos emergentes y asociados señales débiles) que configuran el futuro de la ciencia, la tecnología y la innovación en Europa y otras regiones del mundo. Su propósito es interconectar y compartir los conocimientos de las personas interesadas en estos temas.
Colegio Europeo de Prospectiva Regional (*European Regional Foresight College*)	El Colegio Europeo de Prospectiva Regional (*European Regional Foresight College*) fue fundado el 1 de abril de 2004, por iniciativa de la Delegación de Ordenación Territorial y Acción Regional (DATAR) de Francia, cuyo nombre pasó a ser Delegación Interministerial de Planificación y Competitividad Territorial (DIACT) desde el 2 de enero de 2006. Esta institución ha creado una base de datos permanente de los métodos y contenidos de prospectiva con el objetivo de elaborar un glosario multilingüe. También ha analizado las redes a que pertenecen sus miembros y ha reunido una bibliografía sobre estudios fundamentales en materia de prospectiva.

Fuente: Elaboración propia, sobre la base de información de las respectivas instituciones.

B. Desafíos para mejorar la capacidad de respuesta institucional y la articulación entre oferta y demanda de prospectiva en la región

Después de realizar el recorrido histórico anterior, se plantean cinco desafíos que pueden contribuir al avance de la prospectiva en América Latina. Uno de ellos se aprecia desde el ángulo de la demanda. Otros dos, desde la óptica de la oferta y los dos restantes se definen en la articulación entre la demanda y la oferta de prospectiva y planificación a largo plazo (véase el diagrama VII.4).

Diagrama VII.4
Desafíos

Fuente: Elaboración propia.

1. Acelerar y mejorar la sintonía de la oferta y la demanda de prospectiva y pensamiento a largo plazo

De acuerdo con los dos grandes ejes de análisis examinados hasta ahora, la demanda y la oferta de prospectiva se han desenvuelto en tres grandes etapas, pero cada una ha tenido ciclos distintos. En la primera etapa de la planificación, hasta los años ochenta, existió demanda de pensamiento a largo plazo en América Latina pero la oferta apenas estaba surgiendo. En la segunda etapa, en los años noventa, se insinuó un nuevo paradigma de planificación que requería la construcción de futuros, pero la ola neoliberal se interpuso a la oferta prospectiva. En la tercera etapa, a partir del cambio de siglo, se da un momento histórico donde al fin, progresivamente, empieza a coincidir la demanda con la oferta de prospectiva y pensamiento a largo plazo.

Hoy en día se ha abierto un espacio vital para sintonizar la demanda con la oferta. El debate sobre el actual modelo de desarrollo, el papel del Estado, el estatus de la planificación y el nivel de desarrollo institucional plantean claramente la necesidad de visiones estratégicas de largo plazo. Por otra parte, desde el punto de vista de la oferta, existe un avance significativo en materia de redes y comunidades de conocimiento, la situación del conocimiento prospectivo y los puntos de referencia institucionales, con y decisores dispuestos a trabajar en la construcción de futuros.

Es esencial el reconocimiento de esa coincidencia porque el continente ha pagado altos costos por esa falta de sintonía. La segunda generación de la prospectiva en los años ochenta estaba produciendo resultados importantes cuando sobrevino la década de políticas neoliberales que desacreditaron los esfuerzos orientados al pensamiento a largo plazo. Paradójicamente, en esos mismos años resurgían los estudios prospectivos en Europa y el resto del mundo desarrollado (Marí Castelló-Tarrega, 2000). Así, en el mismo momento en que América Latina desmantelaba sus oficinas de planificación y los esfuerzos prospectivos, reafirmando la hegemonía del mercado, los países líderes de la sociedad de conocimiento reinstalaban sus capacidades prospectivas.

No obstante esos cambios institucionales y esa trágica asincronía, se mantuvo el desarrollo de capacidades. Ese factor posibilitó, una década después, el surgimiento de una tercera generación de prospectiva en América Latina, que ha logrado abrir ventanas de oportunidad para una nueva etapa de ejercicios nacionales, regionales y sectoriales.

Hoy se tiene conciencia de la necesidad de integrar la oferta y la demanda de conocimiento prospectivo a nivel regional. Se ha comprendido que se trata de un proceso sistemático y colectivo de exploración, pero también de construcción de futuros. Se ha entendido que lo fundamental es construir alternativas futuras para la sociedad, en convergencia con la planificación estratégica y con otras disciplinas, tales como la gestión del conocimiento, la inteligencia competitiva y, en general, las ciencias sociales y políticas. La prospectiva no es un fin, sino un medio para la gestión del desarrollo.

2. Comprender y gestionar las restricciones institucionales, políticas y culturales inherentes al cambio de paradigmas de la planificación y la gestión estratégica del Estado

Como bien plantea Martínez (2009), la planificación no ha perdido vigencia como proceso integral para la adopción de decisiones estratégicas, porque la lógica de pensar antes de actuar no puede perder vigencia. Lo que cambia son los contextos institucionales, que hacen necesario adaptar los paradigmas y las prácticas de planificación a las nuevas situaciones.

Por esa razón, el avance de la prospectiva tiene una estrecha relación con la compleja y exigente tarea de la reforma del Estado (Matus, 1993a y 1993b). Las principales corrientes contemporáneas de la gestión pública señalan la necesidad de un cambio paradigmático de la cultura institucional como elemento fundamental para producir la modernización del Estado y el consiguiente cambio en los comportamientos colectivos[11].

Según esta visión, desde el punto de vista de la demanda de prospectiva, es necesario superar grandes restricciones que persisten a pesar de haber sido señaladas desde hace décadas por diferentes analistas[12]. Algunas de esas restricciones básicas son:

- la ausencia de un sentido genuino del valor de lo público y del bien común;

- la escasa capacidad de las organizaciones nacionales y regionales de asimilar las transformaciones del entorno;

- la falta de respuesta institucional, marcada por varios factores: la falta de continuidad de las acciones y la gran dificultad para promover procesos duraderos y encaminarlos una misma dirección; el gran peso burocrático, que no solo se manifiesta como una carga financiera en el presupuesto nacional, sino en la lentitud del aparato administrativo y la falta de coherencia y coordinación de las políticas públicas;

- el escaso estímulo al debate público y al diálogo en el marco del pensamiento geopolítico y geoestratégico de alto nivel mundial, con la consecuente dificultad para generar alternativas de desarrollo endógenas;

---

[11]　Esto se basa en los planteamientos del sociólogo francés Michel Croizier, quien ha hecho aportes importantes desde el punto de vista de la comprensión del cambio en la gestión pública, lo que ha servido de punto de partida para varios autores latinoamericanos, como Enrique Cabrero y Teresita Escotto (1992), Carlos Matus (1993a, 1993b, 1994 y 2000), Bernardo Kliksberg (1995) y Paulo Roberto Motta (1994). Este argumento coincide además con las premisas de la nueva economía pública. Se observan temas similares en la concepción que aplica el pensamiento empresarial en el sector público, el planteamiento alternativo que se deriva de la denominada "nueva ciencia" y los autores que desarrollan los conceptos de economía digital y gestión del conocimiento (Choo, 1998).

[12]　Es necesario tener en cuenta que los sistemas organizativos de baja responsabilidad que caracterizan a América Latina desarrollan una gran capacidad de resistencia al cambio y solo pueden reformarse bajo condiciones especiales. Carlos Matus (1993) planteó esta situación hace dos décadas: "Un gobierno no puede ser mejor que su selección de los problemas. La selección de problemas y su procesamiento tecnopolítico no puede ser mejor que el sistema de planificación que la genera y alimenta. El sistema de planificación no puede ser mejor que el permitido por las reglas de responsabilidad y de gobernabilidad del juego organizativo. Por consiguiente, para elevar la capacidad de la gestión de gobierno es necesario reformar y quizá revolucionar las reglas de responsabilidad y gobernabilidad del juego organizativo del aparato público".

- la fuerte influencia de las ideologías y las corrientes de pensamiento dominantes, sean de derecha o de izquierda, y el peso del conflicto entre el pensamiento único de corte neoliberal bajo la influencia del Consenso de Washington y el socialismo y los planteamientos de corte social y popular, y

- los patrones mentales y las costumbres prevalecientes en la cultura y el desarrollo institucional[13].

3. Mejorar la conexión de la prospectiva con los dirigentes y el sistema de toma de decisiones

Según Medina y Ortegón (1997 y 2006) el análisis de casos como la Argentina, el Brasil, Chile, Colombia, México y el Perú, por ejemplo, demuestra que los ejercicios prospectivos no suelen tener las garantías ideales de trabajo intelectual que exige el mundo académico (dinero, tiempo, libertad, tranquilidad). Es imprescindible presuponer que existen factores que influyen sobre los responsables de la toma de decisiones y que condicionan el desarrollo del pensamiento de largo plazo.

En primer lugar deben tomarse en cuenta las presiones políticas. Detrás del intermitente interés de los dirigentes por la prospectiva se constata que su respaldo institucional depende de conveniencias y posibilidades políticas. Además, su énfasis en los resultados inmediatos restringe la inversión en estudios prospectivos que ofrecen resultados a mediano y largo plazo. De ahí que la continuidad de los apoyos a los proyectos prospectivos esté condicionada por la permanencia de los directivos y por el respaldo político que reciben.

En segundo lugar, existen dificultades objetivas en la implantación de procesos prospectivos, y esto es reconocido tanto por los críticos como por los patrocinadores y ejecutores de la prospectiva. Históricamente se ha insistido en que estos esfuerzos son muy sofisticados, complejos y

---

[13] Tal y como señalaron hace dos décadas Hodara (1984) y Miklos y Tello (1991) con respecto a América Latina, aún prevalecen dificultades propias del modo de ser y de las costumbres de la cultura organizacional vigente. Por ejemplo: i) la falta de información confiable o el cierre a su acceso; ii) la inexistencia de una tradición participativa en la adopción de decisiones; iii) la ausencia de una opinión pública informada; iv) los prejuicios y estereotipos que conciben la planificación como una práctica inmediatista relacionada solo con tareas de control administrativo y financiero, y v) la sobreideologización o el énfasis exagerado de las teorías o doctrinas políticas, entre otras cosas. Al considerarse la prospectiva como un instrumento esencial de la planificación, muchas veces se transfieren algunas situaciones características de esta, como: i) la prioridad otorgada a la solución de problemas de orden cuantitativo, econométrico o de programación lineal; ii) la existencia de reacción más que de anticipación; iii) la brecha entre la planificación y la operación; iv) la escasa comunicación entre los actores estratégicos; v) la tendencia a la centralización de las decisiones y los mecanismos de arriba hacia abajo; vi) las estructuras organizacionales poco flexibles, y vii) el desconocimiento o indiferenciación entre el proceso y el producto de la planificación.

costosos en cuanto a tiempo y recursos para el tipo de resultados obtenidos (Yero, 1989). También se ha criticado que el impacto de estos estudios en la sociedad ha sido inferior a lo esperado. Se registra una brecha entre teoría y práctica que preocupa y muchas veces no existe el empalme deseado con los mecanismos de decisión.

Por tanto, es fundamental promover la creación de condiciones institucionales adecuadas. Se requiere fomentar la confianza y la cooperación entre los decisores y los ejecutores de ejercicios prospectivos. Es muy importante la promoción de espacios de pensamiento conjunto y de aclaración de expectativas, negociación y conciliación de diferencias. Es necesario evitar las expectativas desmesuradas y la tendencia al control político[14]. Por otra parte, es importante la adecuación de los procesos prospectivos a las condiciones existentes. Por ejemplo, hacer ejercicios prospectivos más flexibles, menos largos y costosos para que se puedan sortear las restricciones de la práctica institucional.

4. Fortalecer la comunidad prospectiva, promover la profesionalización y el mejoramiento de la calidad de los procesos prospectivos

En América Latina hay una gran heterogeneidad de conocimientos en materia de prospectiva. Es importante valorar la experiencia latinoamericana en su real dimensión y reconocer la existencia de una masa crítica de profesionales en los países que vienen elevando su nivel profesional. Sin embargo, al mismo tiempo, se requiere fortalecer el aprendizaje colectivo y mejorar las capacidades de los países que tienen menor nivel de desarrollo.

Se requiere mayor innovación y formación de parte de la comunidad de productores y usuarios de la prospectiva. Es fundamental promover la formación integral de los responsables y participantes en procesos de prospectiva en aspectos complementarios, tales como la gestión y la vigilancia tecnológica, y las concepciones contemporáneas del desarrollo económico, social y territorial. Sería conveniente aumentar la profundidad de la información y los conocimientos que brindan apoyo profesional al contenido de la prospectiva. Asimismo, se requiere un mayor soporte social en la creación de redes y sintonía de los actores sociales con el proceso de construcción de futuros. Al promover infraestructuras de aprendizaje interactivo, se establece un punto de partida más ventajoso, se reducen los costos y se aprovecha al personal formado en la materia. Se reconocen los logros anteriores y se acumulan conocimientos sobre los aciertos y los errores de cada diseño metodológico.

---

[14] Nada más triste y desalentador que la influencia de los decisores cuando pretenden sesgar los ejercicios prospectivos a favor de sus intereses o ideologías.

La experiencia del Programa Colombiano de Prospectiva Tecnológica e Industrial, expuesta en varios foros internacionales, pone de relieve varias lecciones que pueden ser asimiladas por los países de la región para mejorar en este sentido:

Recuadro VII.3
Lecciones aprendidas en el ejercicio de la prospectiva

Lección 1. Aumentar la calidad de las reflexiones prospectivas, mediante una mayor disponibilidad y confiabilidad de las bases de datos, la conceptualización profunda en prospectiva, la utilización de métodos robustos y la necesidad de evitar el planteamiento de generalidades.

Lección 2. Agregar valor real al conocimiento previamente existente, por medio de una mayor comprensión sobre nuevos problemas y nuevos paradigmas y la búsqueda de mayor novedad en las conclusiones de los estudios prospectivos.

Lección 3. Aumentar la pertinencia y flexibilidad de los diseños metodológicos, para que sea más eficaz la respuesta de los procesos prospectivos a las necesidades percibidas de la sociedad.

Lección 4. Ganar en sentido práctico. En lugar de utilizar métodos prospectivos muy sofisticados para problemas específicos, se pueden hacer adaptaciones culturales, simplificaciones e innovaciones metodológicas para responder a problemas locales. La prospectiva también sirve para producir soluciones concretas y definidas.

Lección 5. Aumentar la participación social, dada por la gestión de las restricciones de logística, convocatoria, comunicación o aislamiento de los grupos responsables.

Lección 6. Lograr mayor productividad de los ejercicios prospectivos. Disminuir costos y tiempos y producir mayores beneficios institucionales.

Lección 7. Mejorar la capacidad de diálogo con los actores concernientes y la sociedad civil. Aprender a fluir en tiempo real para conocer su comportamiento, adaptarse a los contextos institucionales y sortear las restricciones que surgen en el transcurso de los proyectos.

Fuente: J. Medina Vásquez y E. Ortegón, "Manual de prospectiva y decisión estratégica: Bases teóricas e instrumentos para América Latina y el Caribe", serie Manuales, N° 51 (LC/L.2503-P), Santiago de Chile, Comisión Económica para América Latina y el Caribe (CEPAL), 2006. Publicación de las Naciones Unidas, N° de venta: S.06.II.G.37; y R. Popper y otros, Evaluating Foresight: Fully-Fledged Evaluation of Colombian Technological Foresight Programme (CTFP), 2010.

5. Aprovechar el potencial pedagógico de la prospectiva para la formación de ciudadanía y de una nueva generación de administradores públicos

Como plantea Costa Filho (2011), un plan a largo plazo puede ser un instrumento singular de pedagogía social para fortalecer la ciudadanía futura. Las nuevas generaciones son las más favorecidas con una adecuada educación para el futuro. Los ejercicios prospectivos son procesos de aprendizaje colectivo que promueven la formación de equipos de alto nivel, generan escuela y dejan improntas culturales. Se requiere promover la retroalimentación con la ciudadanía, la difusión de resultados y la generación de espacios de intercambio de conocimiento y experiencias.

Asimismo, es importante mejorar los procesos de apropiación social del conocimiento prospectivo, para que los empresarios apliquen instrumentos prospectivos en sus campos de acción y para que sectores más amplios de la población participen con efectividad en procesos de adopción de decisiones con impactos a largo plazo.

Un nuevo paradigma de gestión estratégica del Estado que valore el largo plazo exige replanteamientos serios en la formación que imparten las escuelas de administración, tanto públicas como privadas. Como principio esencial, se requiere una mayor calidad del pensamiento estratégico, para reducir la incertidumbre, gestionar los riesgos, aprovechar al máximo las oportunidades y resolver problemas complejos. Con este fin se plantea la necesidad de enfrentar arduos procesos de cambio a nivel de las instituciones y las personas. Costa Filho (2011) señala grandes dificultades que deben tenerse en cuenta en la planificación a largo plazo para poder elaborar estrategias adecuadas a un mundo cada vez más complejo e interdependiente (véase el cuadro VII.9).

Cuadro VII.9
Dificultades en la planificación de largo plazo

A nivel de las instituciones	• La legitimidad de largo plazo implica que la sociedad civil sea consciente de las opciones reales que comportan los planes. • La planificación es una responsabilidad del Estado-nación; lo que trasciende los fines inmediatos de las instancias de gobierno (ejecutiva o legislativa), que se renuevan según los calendarios electorales. • Los partidos políticos estables y con programas definidos viabilizan mejor una planificación nacional de largo plazo. • Décadas de desconsideración de los estudios de largo plazo redujeron las capacidades de los organismos nacionales de planificación para elaborarlos.
A nivel de las personas	• El pensamiento táctico de corto plazo es demasiado distinto del pensamiento estratégico de largo plazo. • Se requieren personalidades distintas para operar una u otra de estas racionalidades. • Clima de reflexión no autoritario, facilitador del pensamiento lógico y creativo. • Apertura y tolerancia a la incertidumbre. • Visión integral y sentido de la totalidad para guiarse por prioridades efectivamente esenciales. • Síntesis más que análisis, renuncia al agotamiento de todas las alternativas y a poder abarcarlo todo.

Fuente: A. Costa Filho, "Desarrollo futuro y planificación de largo plazo", Curso Internacional Planificación, Gobierno y Desarrollo, Montevideo, Agencia Española de Cooperación Internacional para el Desarrollo/Instituto Latinoamericano y del Caribe de Planificación Económica y Social (AECID/ILPES), agosto de 2011.

C. Fronteras del conocimiento y nuevos caminos en el entorno internacional de la prospectiva

1. Coordenadas básicas de reflexión

Con ocasión de la Conferencia Internacional sobre Análisis Tecnológico Orientado al Futuro (Comisión Europea, 2011b; For-Learn, 2006), un evento de referencia de la Comisión Europea llevado a cabo en Sevilla (España), se hizo un importante balance del estado actual y los horizontes de la prospectiva. Entre otros temas, se debatió sobre la orientación de los sistemas internacionales de innovación en su respuesta frente a los grandes desafíos globales y el papel que puede desempeñar la prospectiva en la creación de capacidades para abordar y gestionar las transformaciones sistémicas, y las premisas y prácticas para combinar métodos prospectivos cuantitativos y cualitativos. En ese importante seminario se encontraron varias conclusiones y tendencias significativas.

En general se constata que la prospectiva es muy útil para la elaboración de visiones a largo plazo y la evaluación del impacto de las políticas. En este sentido, las funciones de la prospectiva son pertinentes en múltiples niveles, como se indica a continuación:

- explorar horizontes y retos del futuro, un elemento esencial en el nivel de establecimiento de prioridades;
- proporcionar orientación y guía estratégica, una vez que se definan los grandes retos o desafíos;
- explorar y comprobar el uso de escenarios futuros alternativos y modelos;
- proporcionar enfoques adaptables y flexibles para definir estrategias y establecer prioridades, siendo el enfoque vigente la utilización de hojas de ruta;
- determinar y evaluar opciones de política, y
- apoyar la acción coordinada para asumir los grandes retos, tanto a nivel de la coordinación horizontal y vertical, como a nivel de la coordinación de múltiples actores interesados.

Sin embargo, la prospectiva necesita prestar un mejor apoyo a la política de innovación, orientada a resolver tareas concretas en torno a los grandes desafíos del cambio estructural. En particular, la prospectiva tradicional orientada a la anticipación afronta dificultades en un contexto de rápido e imprevisto cambio global. Esto se debe a que usualmente se realizan ejercicios de carácter nacional, en tanto ahora se requiere afrontar grandes desafíos transnacionales y transversales, que exigen una amplia multidisciplinariedad y una rápida capacidad de aprendizaje y retroalimentación.

Para hacer frente a los grandes desafíos se requieren programas de acción a muy largo plazo y de adaptación continua a condiciones cambiantes. También se necesita repensar el papel de la política y construir una base legítima para la intervención. Por consiguiente, las mejoras tendientes a fortalecer la sinergia entre la prospectiva y la innovación deben encaminarse hacia:

- introducir funciones de análisis permanente del entorno, ampliar el análisis de horizontes y crear conocimientos para apoyar procesos transparentes de selección de políticas;

- incorporar un pensamiento estratégico más adaptativo para el establecimiento de prioridades, y

- complementar la prospectiva con fundamentos de política pública y estrategias de intervención. Aprovechar mejor la relación entre la prospectiva y la función de coordinación de políticas, a fin de movilizar a muchos actores concernientes diferentes, de una manera coherente[15].

En ese contexto, con miras a la generación de un nuevo modelo de prospectiva que integre una amplia y eficaz coordinación interinstitucional y se enfoque en la innovación, se deberían articular al menos cinco grandes dimensiones de trabajo (véase el diagrama VII.5).

Diagrama VII.5
Dimensiones de una prospectiva orientada hacia la innovación

Fuente: Elaboración propia, sobre la base de Comisión Europea, "Minutes of the EFP Review Meeting, Seville, 11 May 2011", European Foresight Platform, 2011 [en línea] http://www.foresight-platform.eu/briefs-resources/; y For-Learn, "The Concept of Adaptive Foresight", 2006 [en línea] http://forlearn.jrc.ec.europa.eu/guide/2_scoping/meth_adaptive-foresight.htm.

---

[15]   En particular se requiere trabajar en la actitud y la posición de los actores sociales, dado que su comportamiento usualmente varía frente a los grandes desafíos y las grandes rupturas globales, de modo que las instituciones asumen una actitud defensiva frente al cambio, las empresas aprovechan la oportunidad del cambio y las universidades generalmente no están preparadas frente al cambio.

2.   Tendencias principales

En primer lugar, según la relatoría final de la Conferencia Internacional sobre Análisis Tecnológico Orientado al Futuro (Comisión Europea, 2011b; For-Learn, 2006), es fundamental comprender las nuevas formas que asume la innovación, pues este concepto se encuentra a su vez en plena transformación. De hecho, está ocurriendo una transición de un enfoque basado en la política de ciencia y tecnología hacia una visión de política más horizontal, fundamentada en un concepto de tecnología de amplio alcance, ligado a la prospectiva social. Asimismo, se amplía el significado de "tecnología" (al incluir servicios y modelos de negocio y organizativos), adicionando un sentido profundo de la responsabilidad social corporativa[16]. Esto exige:

- una prospectiva muy orientada a la comprensión y mapeo de los grandes desafíos estructurales, la detección de lo realmente nuevo, la ruptura de las grandes tendencias y la selección de expertos capaces de poner en duda sus propios preceptos;

- la coevolución de los instrumentos de análisis orientados hacia el futuro con el cambio continuo de las políticas de innovación. Se busca identificar y gestionar la incertidumbre más que acomodarse a ella;

- la capacidad de desempeñar múltiples funciones en articulación con la gestión del conocimiento y la orquestación de múltiples políticas públicas, y

- la incorporación de nuevos instrumentos en línea, nuevos modelos de negocios y la web 2.0. Los instrumentos de análisis orientados hacia el futuro cambian rápidamente y configuran un amplio rango de aplicaciones, nuevas expectativas de utilidad pública y nuevas formas de anticipación de innovaciones y rupturas.

Ahora bien, la comunidad que practica la prospectiva requiere condiciones para su subsistencia posterior, capacidad y autonomía para generar conocimiento y proveer análisis prospectivo de alta calidad. A este efecto se requiere trabajar en varios frentes:

- proveer contenido, demostrar capacidad para enfrentar la complejidad, producir novedades metodológicas efectivas y diseñar principios de acción colectiva;

---

[16]   Esta visión no está exenta de grandes desafíos, como el de considerar enfoques cada vez más participativos que involucren a un amplio grupo de partes interesadas. Se plantea además la necesidad de contemplar en forma equilibrada los impactos positivos y negativos y examinar armónicamente las perspectivas económicas, sociales, medioambientales y éticas, las visiones del lado de la oferta y la demanda, y una perspectiva amplia de las cadenas de valor, incluidos los usuarios finales. Véase Eerola y Miles (2008).

- cultivar el diálogo con la sociedad para desarrollar capacidades narrativas que pongan en contexto los riesgos y oportunidades frente al futuro, promover la inteligencia colectiva para la comprensión de las transformaciones sociales, el aumento de la capacidad de aprendizaje y la comprensión de nuevos marcos de referencia teóricos, conceptuales y metodológicos;

- avanzar en la creación de instrumentos que aporten nuevas perspectivas acerca de la interdependencia, aceleración e imprevisibilidad de los cambios y sus posibles impactos sobre la sociedad, y

- distinguir las diferentes clases de incertidumbre, construir sistemas de información y anticipación, y agregar valor y conocimiento a las instituciones, con sentido de oportunidad.

También se requieren nuevos modelos organizacionales capaces de:

- pasar de programas discretos hacia el surgimiento de unidades dedicadas al análisis continuo del entorno y el desarrollo de capacidades institucionales;

- generar una cultura de la anticipación organizada en forma de unidades de inteligencia tecnológica y competitiva;

- comunicar mejor los resultados de los ejercicios prospectivos;

- proveer enfoques holísticos, en convergencia con marcos de referencia estratégicos de análisis de horizontes;

- usar narrativas centradas en lo plausible;

- desarrollar temas o grupos de temas no usuales;

- formar capacidades analíticas para percibir interconexiones (minería y análisis de textos, dinámica de sistemas, modelación y simulación de fenómenos complejos);

- trabajar de manera conjunta y articulada con el sector privado y utilizar enfoques de prospectiva corporativa, y

- movilizar a los actores sociales.

Esto lleva a la combinación de los métodos. Algunos elementos sobresalientes son los siguientes:

- Evitar la división epistemológica entre los enfoques y los métodos cuantitativos y cualitativos. Explotar ambos enfoques para la formación de consensos.

- Forjar una cultura común para el uso combinado de los métodos.

- Eliminar los obstáculos epistemológicos, desarrollar habilidades de combinación de instrumentos y aumentar confianza entre los equipos interdisciplinarios. Por ejemplo, aún no hay una distinción clara entre lo cualitativo, lo subjetivo y lo intersubjetivo.

- Utilizar la elaboración de escenarios como instrumento capaz de promover la articulación de métodos.

- Trabajar con conocimientos certificados en la gestión de los métodos e instrumentos prospectivos.

Por último, es fundamental aprovechar el desarrollo creciente de una disciplina de la evaluación. Esto es importante para la identificación y evaluación de los impactos de las políticas públicas. A continuación se enumeran algunos aspectos significativos:

- tener en cuenta las diferentes necesidades y contextos en que surgen los ejercicios prospectivos;

- dar cabida a la naturaleza interdisciplinaria de la evaluación y de la prospectiva;

- aumentar la comprensión de los conceptos y mecanismos de gobernanza y formación de consensos políticos, y

- brindar atención específica a las necesidades particulares de los clientes institucionales.

D.   Aprendizaje y respuesta institucional

1.   Bases para acelerar el desarrollo de capacidades prospectivas

Para acelerar el desarrollo de las capacidades prospectivas en América Latina se plantea el doble desafío de dar continuidad a los esfuerzos institucionales enunciados en el capítulo III y de lograr mayor escala y organización. De este modo podrían configurarse programas que cuenten con una red de apoyo de puntos de referencia internacionales en la materia, que se pueda proyectar como un núcleo de formación de capacidades, asistencia técnica, investigación y divulgación de prospectiva en América Latina.

Cuadro VII.10
Factores clave de implementación

Componentes de una propuesta	Factores clave	Descripción
Desarrollo de capacidades institucionales	• Consolidación del equipo y la red de apoyo interinstitucional. • Diseño de metodologías y formas de intervención con sello de calidad.	Se pretende contar con personas e instituciones capaces de responder a múltiples demandas institucionales. Se busca contar con instrumentos y conceptos de alto nivel para apoyar a los gobiernos de la región.
Aprender haciendo por medio de experiencias piloto	• Productos de capacitación y asistencia técnica.	Se trata de generar experiencias de aprendizaje que permitan ofrecer servicios a la medida de las necesidades de los gobiernos.
Visión de futuro mediante cambios institucionales permanentes	• Monitoreo de brechas del desarrollo. • Laboratorio de futuro.	Se procura crear mecanismos para el seguimiento de los elementos estratégicos del futuro del continente y espacios de desarrollo del pensamiento prospectivo latinoamericano.

Fuente: Elaboración propia, sobre la base de J. Medina Vásquez, "La prospectiva en la práctica de América Latina", Conferencia dictada en el Centro de Estudios de Prospectiva, Instituto de Administración Pública del Estado de México, Toluca, 2010.

2. Opciones para mejorar la capacidad de respuesta institucional y la articulación entre oferta y demanda de prospectiva en América Latina y el Caribe

En el cuadro VII.11 se presentan los componentes de un programa conjunto de prospectiva internacional, bajo el enfoque del aprendizaje colectivo y el diálogo estratégico institucional.

Cuadro VII.11
Opciones para mejorar la capacidad de respuesta institucional y la articulación entre la oferta y la demanda de prospectiva en América Latina y el Caribe

Público o servicios estratégicos	Formación	Asistencia técnica	Investigación y difusión
Altos niveles de gobierno	• Diseño de cursos demostrativos de prospectiva y políticas públicas para equipos de altos niveles de gobierno. • Cursos cortos y específicos de planificación, prospectiva, pensamiento estratégico y políticas públicas para decisores de alto nivel.	• Creación de metodologías para el acompañamiento técnico al diseño e implementación de visiones de futuro y estrategias de largo plazo a nivel nacional y subnacional. • Diseño e implementación de laboratorios sobre gabinete estratégico, competencias aplicadas para la alta dirección pública y procesos de formación de decisiones.	• Realización de un análisis institucional permanente para el monitoreo de las brechas del desarrollo y el análisis de la percepción de expertos, actores sociales y dirigentes sobre el diseño e implementación de las políticas públicas orientadas al cierre de las brechas.
Funcionarios de nivel intermedio	• Diseño e implementación de un curso internacional de un año sobre planificación, prospectiva y políticas públicas para el desarrollo en conjunto con instituciones académicas de primer nivel en la región. • Diseño e implementación de cursos de capacitación a la medida sobre prospectiva y política pública para el desarrollo en América Latina y el Caribe para funcionarios y organismos nacionales y regionales de planificación.	• Creación de módulos especializados en sectores estratégicos que requieren pensamiento de largo plazo (infraestructura, medio ambiente, energía, educación, ciencia y tecnología, competitividad regional, entre otros).	
Nueva generación de funcionarios y administradores públicos	• Diseño e implementación de cursos virtuales de capacitación aprovechando el acceso a bases de datos y servicios internacionales en línea sobre prospectiva.		• Constitución de una plataforma de intercambio de conocimiento en prospectiva y políticas públicas para el desarrollo.

Cuadro VII.11 (conclusión)

Público o servicios estratégicos	Formación	Asistencia técnica	Investigación y difusión
Redes académicas y de la sociedad civil de prospectiva y políticas públicas para el desarrollo	• Diseño e implementación de una maestría sobre planificación, prospectiva y política pública para el desarrollo con universidades regionales de primer nivel.		• Difusión por Internet y publicación de una serie sobre prospectiva y gestión pública. • Financiamiento de investigaciones sobre casos y experiencias significativas de prospectiva y política pública para el desarrollo. • Identificación y sistematización de las mejores prácticas de prospectiva y política pública para el desarrollo en América Latina y el Caribe. • Diseño e implementación de base de datos sobre mejores prácticas en prospectiva y política pública para el desarrollo en América Latina y el Caribe. • Diseño e implementación de una norma de calidad y una carta deontológica sobre prospectiva y política pública para el desarrollo.

Fuente: J. Medina Vásquez, *La prospectiva y la necesidad de un nuevo paradigma de planificación en América Latina,* documento presentado en el curso "Planificación, gobierno y desarrollo", Cartagena de Indias, Instituto Latinoamericano de Planificación Económica y Social (ILPES)/Agencia Española de Cooperación para el Desarrollo (AECID), 2012; G. Campero, "Desarrollo y planificación", documento interno, Santiago de Chile, Comisión Económica para América Latina y el Caribe (CEPAL), 2012; "Metodología de gabinete estratégico", documento interno, Santiago de Chile, Comisión Económica para América Latina y el Caribe (CEPAL), 2012; "Procesos de formación de decisiones", documento interno, Santiago de Chile, Comisión Económica para América Latina y el Caribe (CEPAL), 2012; y "Programa de formación en competencias aplicadas para la alta dirección pública", documento interno, Santiago de Chile, Comisión Económica para América Latina y el Caribe (CEPAL), 2012.

E.   Conclusiones

Si la planificación se concibe como un proceso permanente de aprendizaje, para comprender los cambios sociales y producir respuestas efectivas de las instituciones a la dinámica transformación de la sociedad, entonces la prospectiva es un instrumento extremadamente valioso para la planificación para el desarrollo.

En la medida en que el mundo avanza en la transición hacia un nuevo modelo de desarrollo sostenible caracterizado por la innovación permanente, la prospectiva es útil para comprender el cambio estructural y el cambio de reglas de juego y modelos mentales que requieren los nuevos paradigmas de planificación.

En este sentido, el Estado debe prepararse para asumir una actitud activa, actuar con eficacia e incrementar su nivel de aprendizaje organizacional en función de la complejidad del entorno. Esto implica pasar de un papel de Estado pasivo, en tanto árbitro y observador, hacia un Estado preactivo y proactivo; forjar capacidades a fin de crear las condiciones para prepararse frente a cambios esperados y orientar estratégicamente la acción colectiva, en asociación con el mercado y la sociedad. Para todo lo anterior se requiere un Estado capaz de coordinar políticas públicas en múltiples niveles y sentidos, y ejercer liderazgo en el pensamiento estratégico y la anticipación de las nuevas realidades por venir. Dicha preparación conlleva generar y acelerar una curva de aprendizaje para avanzar seriamente hacia un Estado preactivo y proactivo, dejando actitudes y comportamientos de reactividad (el Estado bombero o apaga-incendios) e inactividad o pasividad (el Estado avestruz, que esconde el rostro frente a los macroproblemas).

La experiencia internacional demuestra que es factible forjar y acumular capacidades prospectivas en las personas, instituciones y sociedades. Como lo plantean Conway y Stewart (2004) y Slaughter (2006), existen cinco niveles para que el pensamiento de largo plazo se convierta en una norma social y se incorpore en la vida cotidiana como una forma de preparación para la adopción de decisiones estratégicas, es decir, las que conllevan altos costos, altos impactos y efectos irreversibles para la sociedad. Ese proceso depende de múltiples factores de avance y retroceso que tienen que ver con las modalidades de aprendizaje en prospectiva, las condiciones preexistentes, los recursos y capacidades disponibles, la gestión de los errores y factores limitantes, la continuidad o línea de vida de los contactos que garantizan la prolongación de las trayectorias de los equipos e instituciones prospectivas, y la existencia de plataformas de aprendizaje.

En América Latina y el Caribe se plantean al menos cinco grandes desafíos para mejorar la capacidad de respuesta institucional en sentido prospectivo. En un momento histórico en que finalmente coinciden la necesidad de prospectiva por parte de los gobiernos y la existencia de capacidades prospectivas en la academia y las organizaciones consultoras, se requiere una visión estratégica que facilite la sintonía entre las instituciones que necesitan servicios de prospectiva y la comunidad que presta esos servicios. Igualmente, se deben comprender y gestionar mejor las restricciones institucionales, políticas y culturales de los decisores y de las organizaciones que demandan esos servicios, así como las dificultades cognitivas que produce el cambio de paradigmas de planificación. En ese contexto, es necesario mejorar la conexión de los prospectivistas con los dirigentes y el sistema de adopción de decisiones, además de fortalecer la propia comunidad de prospectivistas, al promover su formación profesional. Por último, resulta indispensable aprovechar el potencial pedagógico de la prospectiva para la formación de ciudadanía y la capacitación de una nueva generación de administradores públicos que entiendan la utilidad de la prospectiva para la toma de decisiones y el monitoreo de los cambios del entorno.

Todo esto puede ser viable, en la medida en que se comprenda bien la propia frontera del conocimiento prospectivo, que está íntimamente ligada al conocimiento de los factores determinantes de la innovación, la gerencia profesional de múltiples formas de organización prospectiva, la combinación de métodos cuantitativos y cualitativos, la relación entre prospectiva y evaluación, y la formación de una nueva generación de prospectivistas, con mentalidad global, pero capaces de actuar a nivel local. Para ello es indispensable promover el desarrollo de capacidades institucionales, fomentar el aprender haciendo, por medio de experiencias piloto y la construcción de visiones de futuro mediante cambios institucionales permanentes. Esta formación puede orientarse hacia públicos estratégicos, por ejemplo, a los altos niveles de gobierno, a los funcionarios de nivel intermedio, a nuevas generaciones de administradores públicos y a redes académicas y de la sociedad civil interesadas en las políticas públicas para el desarrollo. Se trata de una labor compleja y difícil de comunicación y cultura, cuyos resultados tangibles suelen verse a largo plazo, pero por ese mismo motivo debe emprenderse cuanto antes. Si se espera cosechar un cambio estructural en América Latina, es necesario y oportuno sembrar en el presente la semilla de un cambio de paradigmas de planificación, donde la prospectiva sea un pilar fundamental.

Capítulo VIII

Conclusiones y recomendaciones generales para el desarrollo de capacidades en prospectiva y gestión pública en América Latina

A. Hacia una prospectiva de cuarta generación

Para poner en marcha la propuesta de CEPAL de una visión integrada del desarrollo para el cambio estructural de América Latina y el Caribe, es necesario contar con capacidades más sofisticadas de planificación que permitan integrar los actores de nuevas maneras y promover el aprendizaje de nuevos criterios para poder tomar decisiones estratégicas realmente efectivas. Ahí es donde se pone de relieve el valor de la prospectiva.

La prospectiva es un proceso de anticipación, de exploración de la opinión experta de la comunidad y de la sociedad civil, procedente de redes de personas, instituciones, gobiernos, empresas y la sociedad civil, que en forma estructurada, interactiva, participativa, coordinada y sinérgica crean visiones de futuro (Georghiou y otros, 2008). En este sentido, la prospectiva no especula libremente sobre el futuro porque su reflexión se fundamenta en métodos, procesos y sistemas para construir un diálogo social permanente de una manera organizada, en que las visiones de futuro orientan las respuestas de la sociedad frente a las transformaciones que ocurren en el mundo contemporáneo. De este modo, la prospectiva afronta temas como el cambio tecnológico y su impacto en la sociedad, así como la orientación de las decisiones estratégicas para conducir al desarrollo y la competitividad de un país, un territorio, un sector económico, una empresa, una institución pública, entre otros[1].

La prospectiva tiene una función cognitiva esencial que busca comprender las transformaciones sociales y los factores de cambio que influyen en el presente, que muchas veces no logramos entender mediante nuestro sentido común. También tiene otras funciones: i) la función decisoria, consistente en preparar insumos para la toma de decisiones; ii) la función proyectiva, para ayudar a imaginar alternativas futuras frente a la realidad actual; iii) la función organizativa, de apoyo a la concertación de los actores sociales para tomar mejores decisiones; iv) la función educativa, con miras a preparar a la sociedad para asumir la responsabilidad en la decisiones de un país, de una región o de una comunidad (Masini, 2000b), y v) la función democratizadora, que busca abrir espacios para dar sentido a la acción colectiva, promover la participación social y ampliar el debate público a nuevas voces y perspectivas ciudadanas (Baena, 2007).

Los inicios formales de la prospectiva se remontan a la década de 1940. Desde entonces ha evolucionado y hoy está surgiendo una prospectiva de cuarta generación, orientada a dar respuesta a las nuevas realidades que trae consigo el nuevo modelo de desarrollo en el mundo contemporáneo (Medina, 2012).

En líneas generales, se trata de que la prospectiva contribuya a que la sociedad aprenda más y mejor para enfrentar las transformaciones actuales, pero no solamente en el sentido de anticipar los cambios sino, y sobre todo, de actuar con efectividad. También puede contribuir a la formulación de nuevas visiones, valores y capacidades inherentes a la resolución de los problemas que van surgiendo[2].

La comunidad internacional tiene hoy una gran preocupación por las consecuencias futuras de algunos problemas globales cuya solución parece estar fuera de su alcance. Ante esta situación, se requieren nuevas maneras de hacer las cosas y de mirar hacia adelante. De ahí que la cuarta generación de prospectiva busque en primer lugar la innovación social, cultural y cognitiva, no solamente la innovación tecnológica. El énfasis

---

[1] Para comprender el sentido original y clásico de la prospectiva orientado a la anticipación, véanse Berger (1957 y 1964) y De Jouvenel (2004). Se observa un sentido contemporáneo en Godet (2004), y Godet y Durance (2011). El concepto de prospectiva o foresight se aborda ampliamente en Georghiou, Cassingena Harper, Keenan, Miles y Popper (2008), Johnston (2008), Martin (2010) y Miles (2008 y 2010), Porter, Alan y otros (2004), Porter (2010) y Rader y Porter (2008). El concepto de estudios del futuro es evidente en Bestuzhev-Lada (1994) y Masini (2000).

[2] Por ejemplo, a Europa le preocupan otros grandes fenómenos, como la globalización y la mundialización de los intercambios, la emergencia de nuevas potencias económicas, la transición ecológica, la revolución biológica y la revolución digital (Moreau y otros, 2012).

en la innovación social es fundamental porque entraña la producción de nuevas mentalidades, comportamientos y estructuras. Esto es vital, por ejemplo, en macroproblemas como el calentamiento global o el cambio climático, que no se pueden solucionar con los mismos comportamientos que los generaron.

La segunda gran preocupación clave es la sostenibilidad del planeta (por razones obvias), pues está en juego el legado que se dejará a las generaciones futuras. En este sentido, el mundo requiere nuevos incentivos y nuevos comportamientos colectivos y formas de pensar para actuar antes de que sea demasiado tarde y sean irreversibles los daños a la naturaleza y la perdurabilidad de la especie humana.

En tercer lugar está el fenómeno de la convergencia tecnológica, que preocupa a todo el mundo porque no se sabe exactamente cómo influirá a largo plazo en la transformación de la estructura económica internacional y en las posibilidades de América Latina. Por ejemplo, no se sabe cómo incidirán en la agricultura los avances de la biotecnología, al cambiar la estructura de las ventajas comparativas. Asimismo, ¿qué sería de Chile si hay una sustitución tecnológica del cobre, como en su momento ocurrió con la Argentina cuando el nailon sustituyó a la lana en la primera mitad del siglo XX? ¿Cuál sería el rumbo de la economía de los países latinoamericanos a partir del momento en que sean remplazadas las materias primas que la sustentan[3]?

Hay otros grandes asuntos estratégicos aparte de los tres mencionados, como la preocupación por la igualdad, la equidad, el bienestar y el desarrollo humano, la convivencia multicultural, las implicaciones futuras de la emancipación de la mujer y la igualdad de género, entre otros.

Por último, la prospectiva afirma que no basta con observar los cambios sociales, sino que es necesario desarrollar capacidades para gestionar esos cambios. Entre todas, la principal es la de construir un diálogo social permanente. Desde el punto de vista de la oferta, es decir, de quienes hacen prospectiva en forma profesional, esto significa que su labor debería ser cada vez mejor. Desde el punto de vista de la demanda, o sea, de quienes necesitan tomar decisiones sobre la base de la prospectiva, significa que deberían analizar muy bien las implicaciones de adoptar decisiones más adecuadas para la sociedad[4].

---

[3]   Véase en Silveira (1996) un análisis del interesante caso del efecto de esta dinámica tecnoeconómica en el desarrollo de la meseta nordpatagónica de la República Argentina, la Región Sur y la provincia de Río Negro.

[4]   Véase un mapa global de las experiencias prospectivas contemporáneas en Comisión Europea (2009a, 2009b y 2009c). Popper, Keenan, Miles, Butter y Sainz (2007). Se pueden apreciar elementos innovadores de la prospectiva de frontera en Cagnin y Keenan (2008), y Cagnin, Amanatidou y Keenan (2011).

Cuadro VIII.1
Prospectiva de cuarta generación

Prospectiva de cuarta generación	
Período	2010 en adelante
Conceptos principales	Innovación, convergencia tecnológica, sostenibilidad, igualdad y desarrollo humano
Énfasis en el desarrollo de la disciplina	Desarrollo de capacidades de gestión del cambio
Desarrollo institucional de la prospectiva	Profesionalización
	Mayor conexión con la toma de decisiones

Fuente: J. Medina Vásquez, *La prospectiva y la necesidad de un nuevo paradigma de planificación en América Latina*, documento presentado en el curso "Planificación, gobierno y desarrollo", Cartagena de Indias, Instituto Latinoamericano de Planificación Económica y Social (ILPES)/ Agencia Española de Cooperación para el Desarrollo (AECID), 2012.

El mundo está en plena transición hacia esa cuarta generación. Por eso en América Latina y el Caribe es necesario responder en forma solvente a varios desafíos:

- reconocer la trayectoria iniciada hace más de seis décadas por los pioneros de los estudios del futuro, una tradición compuesta por un conjunto de escuelas y perspectivas complementarias, sin pretender empezar cada vez de cero;

- adquirir una buena formación, con rigor y claridad conceptual y metodológica.

- asumir una práctica profesional efectiva, con ética y resultados tangibles, pertinencia, relevancia y calidad;

- trabajar con asociatividad y madurez, con el propósito de consolidar una comunidad latinoamericana de prospectivistas que se caracterice por su alcance global, respeto a los encargados de la adopción de decisiones, reputación profesional y sólida base institucional, y

- contribuir con originalidad y pertinencia a la solución de problemas latinoamericanos, con una perspectiva creativa y visión de futuro acerca de la integración regional.

B.   El papel de la prospectiva en un diálogo social permanente

¿Cómo se puede mejorar el diálogo social permanente mediante la prospectiva? El punto de apoyo principal de esta disciplina tiene que ver con la posibilidad de enriquecer las visiones de futuro mediante la reflexión sobre los valores y la capacidad no solamente de imaginar ese futuro, sino de hacerlo realidad. Esto es, para anticipar y construir socialmente el futuro.

Este aporte se puede expresar en varios sentidos[5]. En primer lugar, implica pensar en el futuro, es decir, anticipar y explorar los futuros posibles o las alternativas de futuro, lo que podría llegar a ocurrir. Esta ha sido la concepción clásica de la prospectiva, vigente desde su nacimiento en las décadas de 1940 y 1950.

En segundo lugar, desde los años ochenta hasta el presente, se ha puesto de relieve la importancia de debatir sobre el futuro. Esta deliberación debe basarse en un proceso educativo y participativo de apropiación social del futuro, mediante el que las comunidades hacen suyos los contenidos que sustentan el debate público. Debatir sobre el futuro no implica un enfrentamiento entre puntos de vista opuestos sobre el tema, sino una discusión informada, organizada y sistemática sobre lo que está en juego en la sociedad. Una sociedad aprende a actuar a tiempo si es capaz de reconocer los problemas con antelación. Por ejemplo, frente a temas polémicos como el impacto ambiental de la minería, no se puede esperar a que se destruyan los ecosistemas para introducir legislaciones y medidas correctivas pertinentes. El debate público debe contribuir a hacer más oportuna la acción colectiva y la acción gubernamental.

En tercer lugar, la prospectiva remite a modelar el futuro, a establecer una conexión real entre el futuro deseado y la acción concreta que traza las rutas para alcanzarlo. Dar forma al futuro implica llegar a la acción material; es decir, aprender a elaborar programas y proyectos concretos que liguen la anticipación con la acción. En última instancia, también es importante la vigilancia sobre el presente, la identificación constante de aquellos hechos que están ocurriendo en la actualidad y que portan elementos fundamentales para el futuro de la sociedad, el análisis en tiempo real sobre las decisiones que están en juego hoy y que se pueden tomar en forma correcta o dejar al azar o la inercia social. El aporte de la prospectiva al diálogo social permanente implica anticipar, apropiar, actuar y aprender. La anticipación es la cuota inicial de la construcción social del futuro, de un proceso de cambio continuo, un ciclo permanente de análisis y acción sobre la realidad (véase el diagrama VIII.1).

---

[5] Véase un análisis profundo de la visión de la prospectiva como pensar, debatir y modelar el futuro, en Comisión Europea (2010a) y Comisión Europea (2011a y 2012b). En cuanto a sus aplicaciones contemporáneas a las políticas públicas, véanse Weber, Cassingena Harper, Könnölä y Carabias (2011) y Weber (2006).

Diagrama VIII.1
La prospectiva como una actividad de ciclo continuo y diálogo social permanente

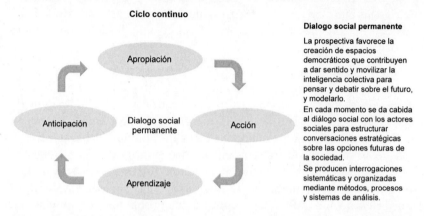

Ciclo continuo

Dialogo social permanente

La prospectiva favorece la creación de espacios democráticos que contribuyen a dar sentido y movilizar la inteligencia colectiva para pensar y debatir sobre el futuro, y modelarlo.

En cada momento se da cabida al diálogo social con los actores sociales para estructurar conversaciones estratégicas sobre las opciones futuras de la sociedad.

Se producen interrogaciones sistemáticas y organizadas mediante métodos, procesos y sistemas de análisis.

Fuente: Elaboración propia, sobre la base de E. Wiesner, L. Garnier y J. Medina, "Función de pensamiento de largo plazo: Acción y redimensionamiento institucional del ILPES", *Cuadernos del ILPES*, N° 46 (LC/IP/G.126-P), Santiago de Chile, Instituto Latinoamericano y del Caribe de Planificación Económica y Social (ILPES), 2000. Publicación de las Naciones Unidas, N° de venta: S.00.III.F.2.

Esta labor implicará en el futuro un mayor intercambio recíproco entre las distintas escuelas de estudios del futuro, y entre estas, la planificación estratégica, el diseño de políticas públicas, la vigilancia tecnológica, la inteligencia competitiva y muchas otras vertientes académicas y de gestión que puedan contribuir a mejorar el proceso de adopción de decisiones estratégicas en el continente. Se destaca en especial la sinergia entre la prospectiva y la dinámica de sistemas, la modelación y simulación de fenómenos complejos, con el fin de crear una mayor capacidad de respuesta dinámica en la identificación y gestión de asuntos emergentes, y en la comprensión de asuntos radicalmente nuevos que inciden en la sociedad.

Hoy en día América Latina está abocada al diálogo y la transformación de sí misma. No se trata de un diálogo de sordos, donde un actor habla y el otro no lo escucha, sino de un diálogo real donde debe haber una construcción dialéctica de tesis, antítesis y síntesis. No se trata de un conflicto recurrente e irresoluble entre tesis eternamente contrapuestas entre sí, sino de una dinámica caracterizada por el respeto y enriquecimiento mutuo. La prospectiva puede fortalecer este diálogo social permanente mediante la apertura de espacios democráticos para construir sentido acerca del futuro común y movilizar la inteligencia colectiva, que es la capacidad distribuida en toda la sociedad para pensar, debatir y modelar el futuro. En el marco de la prospectiva, se considera posible y necesario que la sociedad civil se prepare en forma anticipada para la adopción de decisiones estratégicas. Esta realidad es cada vez más patente en todo el mundo. Hoy en día existe una ciudadanía activa que incide en la toma de decisiones y eso implica realizar interrogaciones sistemáticas y organizadas acerca del futuro; ahí es donde entra en juego la prospectiva[6].

C. La preparación prospectiva y estratégica para la gestión de futuras crisis mundiales

Según la OCDE (2011), muchos países tienden a ver el lado positivo de la integración económica mundial, pero a su vez hacen a un lado las nuevas amenazas que resultan de este proceso. Los sistemas complejos contienen varias vulnerabilidades a las crisis que pueden dar lugar a efectos negativos rápidos y generalizados. Esa amplia exposición exige una preparación estratégica y de cooperación internacional para apoyar la prevención y vigilancia de los fenómenos conocidos o desconocidos que puedan producir conmociones mundiales. Los elementos clave de la estrategia incluyen el fortalecimiento de las capacidades de gobierno por medio de instituciones y normas internacionales, y la consolidación de la resiliencia social. Cada uno de estos elementos implica varios componentes, tales como la mejora de la gobernanza mediante el uso de las asociaciones público-privadas, la adaptación de la comunicación de riesgos para la sociedad moderna, el uso de las nuevas tecnologías y el aumento de la capacidad de la industria de seguros para permitir una rápida recuperación.

La literatura sobre gestión estratégica de los riesgos afirma que es necesario intensificar la formación de capacidades mediante la mejora de la cooperación internacional. La gobernanza requiere normas para regular el comportamiento que crean externalidades negativas, e instituciones para vigilar y desarrollar la capacidad de adherirse a tales normas. A pesar del creciente reconocimiento de que las crisis mundiales seguirán ocurriendo, los responsables de la gestión estratégica del riesgo no han avanzado en respuestas institucionales que enfrenten efectivamente el ritmo y la magnitud de sus posibles consecuencias.

La crisis financiera de 2008 demostró las deficiencias de los componentes específicos de la gobernanza en el sistema financiero internacional, como por ejemplo, los consejos de administración, los reguladores y los organismos de calificación crediticia, pero también

---

[6] Antes se hablaba de los centros de estudio (*think tanks*), hoy se realzan los centros de pensamiento y acción. Este es un concepto neurálgico para comprender el soporte institucional del diálogo social permanente.

puso de relieve la necesidad de respuestas de política internacional coordinadas ante el riesgo sistémico en los mercados financieros. Este es solo un ejemplo de las brechas que se presentan entre las respuestas institucionales y las normas que rigen las posibles fuentes de perturbaciones globales. Está claro que los gobiernos juegan un papel clave en la prevención y respuesta a las crisis globales. Entre sus responsabilidades se destaca la importancia de la formación de capacidades mediante la cooperación internacional y la necesidad de coordinar esfuerzos conjuntos para el futuro. Se subraya la importancia creciente de vincular con este propósito a los actores no estatales, que son cada vez más necesarios para complementar a los Estados en la superación de las brechas de gobernabilidad[7].

Recuadro VIII.1
Los diez riesgos mundiales de mayor preocupación en 2014

1. Crisis fiscal en las principales economías.

2. Alto desempleo o subempleo estructural.

3. Crisis del agua.

4. Grave disparidad de ingresos.

5. Fallo de la mitigación del cambio climático y la adaptación.

6. Mayor incidencia de fenómenos meteorológicos extremos (por ejemplo, inundaciones, tormentas e incendios).

7. Fracaso de la gobernanza global.

8. Crisis alimentaria.

9. Falta de un mecanismo o institución financiera importante.

10. Profunda inestabilidad política y social.

Fuente: Elaboración propia, sobre la base de datos de la Encuesta de percepción de riesgos mundiales 2013-2014.

---

[7]   Véase con especial atención el informe *Future Global Shocks, Improving Risk Governance. Reviews of Risk Management Policies* (OCDE, 2011).

Bibliografía

Achebe, C. y otros (2000), *Predicciones. 31 grandes figuras pronostican el futuro*, Madrid, Grupo Santillana.

Ackoff, R. (2001), *Planificación de la empresa del futuro*, México, D. F., Editorial Limusa.

___(1994), *El arte de resolver problemas*, México, D. F., Editorial Limusa.

Afuah, A. (1999), *La dinámica de la innovación organizacional*, México, D. F., Oxford University Press.

Aktouf, O. (2001), "La metodología y el modelo clásico", *La metodología de las ciencias sociales y el enfoque cualitativo en las organizaciones*, O. Aktouf, Cali, Universidad del Valle.

Almendro, M. (2009), *Crisis*, Barcelona, Editorial La Llave.

Alonso Concheiro, A. (2014), "Comunicación personal".

___(2012), "Comunicación personal".

___(2007), "La prospectiva en Iberoamérica", ponencia presentada en el Encuentro Internacional de Prospectivistas Iberoamericanos "Desafíos futuros de Iberoamérica", organizado por la Federación Mundial de Estudios de los Futuros, Red E y E (Escenarios y Estrategia) en América Latina y Universidad Autónoma del Carmen, Ciudad del Carmen, Campeche, México, 5 a 7 de noviembre.

Amara, R. (1981), "The futures field: searching for definitions and boundaries", *The Futurist*, World Future Society, febrero.

Angulo, A. y otros (2000), Verso una società multiculturale: possibili scenari in Italia e in Colombia, Roma, Pontificia Universidad Gregoriana.

Antoine, S. (2008), *Semeur d'avenirs. Repères et engagements*, París, Association Serge Antoine.

Antunes, A. y otros (2009), "Prospección tecnológica - gestión del conocimiento e inteligencia competitiva: Modelos de gestión para la toma de decisiones y construcción de futuro", *Sinergia entre la prospectiva tecnológica y la vigilancia tecnológica e inteligencia competitiva*, J. Medina y J. Sánchez (eds.), Bogotá, COLCIENCIAS.

Argyris, C. y D. Schön (1978), *Organizational Learning: A Theory of Action Perspective*, Reading, Addison-Wesley.

Asher, W. (1993), "Esquema general de análisis de técnicas de previsión política y económica", Primer curso internacional de alta dirección del Estado, Bogotá.

Aubert, J.-É. y otros (2010), *Prospective d'un monde en mutation*, París, L'Harmattan.

Baena Paz, G. (2012), "Fuentes para el estudio de la prospectiva", *Working Papers*, N° 14, México, D. F., Universidad Nacional Autónoma de México (UNAM).

___(2010), "Constructores del devenir. Aportaciones para la historia de la prospectiva", *Papers de Prospectiva*, N° 2, México D. F., Universidad Nacional Autónoma de México (UNAM).

___(2008), "Sobre futuros incompletos y esperanzas continuas. Líneas para la historia de la prospectiva en México", México, D. F.

___(2007), *Aplicaciones de la prospectiva a la política*, Bogotá, Convenio Andrés Bello.

___(2004), *Prospectiva política, guía para su comprensión y práctica*, México, D.F., Universidad Nacional Autónoma de México.

Baena Paz, G. y S. Razo Carrasco (2008), "¿Quién dijo que no había prospectiva en la Academia? Los cursos del 2008", *Working Paper*, N° 7, México, D.F., Universidad Nacional Autónoma de México (UNAM).

Banco Mundial/Instituto Latinoamericano y del Caribe de Planificación Económica y Social (ILPES)/Instituto para el Desarrollo en Economía y Administración (IDEA) (2005), *Las visiones de país importan: Lecciones de experiencias exitosas de desarrollo*, San José.

Banco Mundial/Research Development Center of the State Council (2012), *China 2030. Building a Modern, Harmonious, and Creative Society*, Washington, D.C.

Bárcena, A. (2012), "Gobernanza de los recursos naturales en América Latina y el Caribe", presentación en el Seminario "Gobernanza de los recursos naturales en América Latina y el Caribe", Santiago de Chile, abril.

Bárcena, A. y E. Iglesias (2011), "Prólogo", *Espacios iberoamericanos. Hacia una nueva arquitectura del Estado para el desarrollo* (LC/G.2507), Santiago de Chile, Comisión Económica para América Latina y el Caribe (CEPAL)/Secretaría General Iberoamericana.

Bas, E. (2002), *Prospectiva: Cómo usar el pensamiento sobre el futuro*, Barcelona, Editorial Ariel.

___(1999), *Prospectiva: Herramientas para la gestión estratégica del cambio*, Barcelona, Editorial Ariel.

Bas, E. y M. Guilló (eds.) (2012), *Prospectiva e innovación*, vol. 1, Murcia, Los Papeles del Sitio.

BASD (Banco Asiático de Desarrollo) (2011), *Asia 2050. Realizing the Asian Century*, Mandaluyong.

Bassi, A. (2009), "Analyzing the role of integrated, dynamic, national development planning models to support policy formulation and evaluation", Millennium Institute.

Becerra, S. y P. Castaño (2012), "Mapeo de experiencias significativas en prospectiva de países e instituciones referentes en América Latina y el Caribe", monografía, Cali, Universidad del Valle.

Bedard, R. (2003), "Los fundamentos del pensamiento y las prácticas administrativas. 1- El rombo y las cuatro dimensiones filosóficas", *Revista Ad-Minister*, N° 3, Medellín, Universidad EAFIT, junio – diciembre.

____(1998), "La administración municipal vuelta a ver a partir de cuatro modos de pensar y de la trifuncionalidad", *Competitividad y desarrollo social: Retos y perspectivas*, J. Medina (comp.), Santiago de Cali, Facultad de Ciencias de la Administración, Universidad del Valle.

Bell, W. (1996), *Foundations of Futures Studies*, Londres, Transaction Publishers.

Berger, G. (2010), *Les conditions de l´intelligibilité et le problème de la contigence*, París, L'Harmattan.

____(1964), *Phénomenologie du temps et prospective*, París, Presses Universitaires de France.

____(1957), "Sciences humaines et prevision", *Revue des deux mondes*, París, fevrier.

Berger, P. y T. Luckmann (1968), *La construcción social de la realidad*, Buenos Aires, Amorrotu Editores.

Bervejillo, F. (1996), "Territorios en la globalización, cambio global y estrategias de desarrollo territorial", *Serie Ensayos*, Santiago de Chile, Instituto Latinoamericano y del Caribe de Planificación Económica y Social (ILPES).

Bestuzhev-Lada, I. (1994), "La lunga, lunga strada degli studi sul futuro", *Futuribili*, vol. 1, N° 1, Associazione ESSPER.

Bitar, S. (2014), "Las tendencias mundiales y el futuro de América Latina", *Serie Gestión Pública*, N° 78 (LC/L.3681), Santiago de Chile.

____(2012), *La elección presidencial 2013 y la visión de Chile*, Santiago de Chile, Infolatam.

Boden, M. y otros (2010a), "Facing the future: time for the EU to meet global challenges", Sevilla, Centro Común de Investigación, Comisión Europea.

Boelens, L. (2010), "Theorizing practice and practising theory: outlines for an actor-relational-approach in planning", *Planning Theory*, vol. 9, N° 1, SAGE.

Boisier, S. (2012), *Reflexiones sobre los procesos territoriales en el siglo XXI. Huellas en el territorio y trazos en el mapa*, Santiago de Chile, IGD.

____(1998), *El desarrollo territorial a partir de la construcción de capital sinergético*, Santiago de Chile, Instituto Latinoamericano y del Caribe de Planificación Económica y Social (ILPES).

____(1995), "La modernización del Estado: Una mirada desde las regiones, revoluciones, reformas, objetivos nacionales y el papel del territorio", *Revista de Estudios Regionales*, N° 41.

Bolívar, J. (1997), *El culto del poder en la sociedad global*, Buenos Aires, Editorial Catálogos.

Boorstin, D. (1996), *Ensayo sobre lo inesperado*, Barcelona, Crítica.

Bootz, J.P. (2010), "Strategic foresight and organizational learning: a survey and critical analysis", *Technological Forecasting & Social Change*, vol. 77, N° 9, Amsterdam, Elsevier.

Brand, R. y F. Gaffikin (2007), "Collaborative planning in an uncollaborative world", *Planning Theory*, vol. 6, N° 3, SAGE.

Bunge, M. (2004), *La investigación científica*, Barcelona, Siglo XXI Editores.

Butter, M. y otros (ed.) (2008), "Editors' introduction to the European Foresight Monitoring Network", *Foresight. The Journal of Future Studies, Strategic Thinking and Policy*, vol. 10, N° 6, Emerald.

Cabrero, E. y T. Escotto (1992), *Evolución reciente de los procesos de reforma de la administración pública y su efecto en los modelos organizacionales*, México, D.F., Centro de Investigación y Docencia Económicas (CIDE).

CAF (Corporación Andina de Fomento) (2010), *Visión para América Latina 2040*.

Cagnin, C., E. Amanatidou y M. Keenan (2011), "Orienting innovation systems towards grand challenges and the roles that FTA can play", documento presentado en la Cuarta Conferencia Internacional de Sevilla en Análisis de Tecnología Orientada al Futuro (FTA), Sevilla, 12 y 13 de mayo.

Cagnin, C. y M. Keenan (2008), "Positioning future-oriented technology analysis", *Future-Oriented Technology Analysis. Strategic Intelligence for an Innovative Economy*, C. Cagnin y otros (eds.), Berlín, Springer.

Cagnin, C., D. Loveridge y O. Saritas (2011), "FTA and equity: new approaches to governance", *Futures*, vol. 43, N° 3, Amsterdam, Elsevier.

Cahen, P. (2011), *Signaux faibles, mode d'emploi. Déceler les tendances, anticiper les ruptures*, París, Groupe Eyrolles.

Campero, G. (2012a), "Desarrollo y planificación", documento interno, Santiago de Chile, Comisión Económica para América Latina y el Caribe (CEPAL).

____(2012b), "Metodología de gabinete estratégico", documento interno, Santiago de Chile, Comisión Económica para América Latina y el Caribe (CEPAL).

____(2012c), "Procesos de formación de decisiones", documento interno, Santiago de Chile, Comisión Económica para América Latina y el Caribe (CEPAL).

____(2012d), "Programa de formación en competencias aplicadas para la alta dirección pública", documento interno, Santiago de Chile, Comisión Económica para América Latina y el Caribe (CEPAL).

Caraça, J. (1990), "Prospectiva, complexidade e mudança na Europa de hoje", *Pensamiento Iberoamericano*, N° 18, Madrid, julio-diciembre.Carlana da Silva, R. y D. Lima Balaguer (2006), "Hacia un método para prospectiva tecnológica en mercados altamente regulados: Algunos aportes conceptuales de los estudios de ciencia y tecnología y la teoría de decisión", Segundo Seminario Internacional FTA, Sevilla, Instituto de Prospectiva Tecnológica (IPTS).Casti, J. L. (2010), *Mood Matters: From Rising Skirt Lengths to the Collapse of World Powers*, Nueva York, Copernicus.

Cazes, B, (1997), "Sur les origines du mot prospective", *Futuribles*, N° 226, diciembre.

____(1991), "Les reflexions prospectives. Un essai de typologie", *Futuribles*, N° 157, septiembre.

Centennial Group (2010), *India 2039: An Affluent Society in One Generation*, Sage Publications.

Centennial Group y otros (2012), *A New Vision for México 2042: Achieving Prosperity for All*.

CEPAL (Comisión Económica para América Latina y el Caribe) (2013), *Prospectiva y desarrollo: El clima de la igualdad en América Latina y el Caribe a 2020* (LC/G.2579), Santiago de Chile.

____(2012a), *Cambio estructural para la igualdad. Una visión integrada del desarrollo* (LC/G.2524(SES.34/3)), Santiago de Chile.

____(2012b), *Población, territorio y desarrollo sostenible* (LC/L.3474(CEP.2/3)), Santiago de Chile.

____(2012c), "Políticas estructuralistas para el desarrollo", Santiago de Chile.

____(2011), *Panorama social de América Latina* 2010 (LC/G.2481-P), Santiago de Chile. Publicación de las Naciones Unidas, N° de venta: Número de venta: S.11.II.G.6.

____(2010), *La hora de la igualdad: Brechas por cerrar, caminos por abrir* (LC/G.2432(SES.33/3)), Santiago de Chile.

____(2008), *La transformación productiva 20 años después: Viejos problemas, nuevas oportunidades* (LC/G.2367(SES.32/3)), Santiago de Chile.

CEPAL/SEGIB (Comisión Económica para América Latina y el Caribe/Secretaría General Iberoamericana) (2011), *Espacios iberoamericanos: Hacia una nueva arquitectura del Estado para el desarrollo* (LC/G.2507), Santiago de Chile.

Chettiparamb, A. (2006), "Metaphors in complexity theory and planning", *Planning Theory*, vol. 5, N° 1, SAGE.

Choo, C.W. (1999), *La organización inteligente*, México, D. F., Oxford University Press.

Chunzheng, W. (2000), "Tratar bien la relación entre planificación y mercado, profundizando sin cesar la reforma del sistema de planificación", exposición en el Seminario de Alto Nivel sobre Funciones Básicas de la Planificación (La Habana, 16 y 17 de noviembre).

Coates, J. (2004), "The need for new and improved forecasting tools", documento presentado en el EU-US Seminar: New Technology Foresight, Forecasting & Assessment Methods, Sevilla.

____(1997), "Acerca de los errores de la previsión. A propósito del libro de David Walter Today Then", *Prospectiva: Construcción social del futuro*, J. Medina Vásquez y E. Ortegón (eds.), Santiago de Cali, Universidad del Valle.

Coelho, G. M. (2003), "Prospeccão tecnológica: metodologías e experiencias nacionais e internacionais", *Nota Técnica*, N° 14, Río de Janeiro, Instituto Nacional de Tecnología (INT).

COLCIENCIAS (Departamento Administrativo de Ciencia, Tecnología e Innovación) (2004), *Agenda prospectiva regional de ciencia y tecnología para el departamento de Boyacá*, Tunja, Editorial Jotamar Ltda.

COLCIENCIAS/CAF (Departamento Administrativo de Ciencia, Tecnología e Innovación/ Corporación Andina de Fomento) (2006), *La prospectiva tecnológica e industrial. Contexto, fundamentos y aplicaciones*, Bogotá,

Cole, S. (1998), "I modelli globali oltre l'eredità de'l limiti", *Futuribili*, 3 de septiembre.

Colegio Europeo de Prospectiva Territorial-Datar (2010), *Palabras clave de la prospectiva territorial*, Diputación Foral de Gipuzkoa, Oficina Estratégica, junio [en línea] http://www.foresight-college.eu/IMG/pdf/folleto_erdera.pdf.Comisión Europea (2011a), *European Forward Looking Activities. EU Research in Foresight and Forecast. Socio-economic Sciences and Humanities*, Bruselas, Dirección General de Investigación.

____(2011b), "Minutes of the EFP Review Meeting, Seville, 11 May 2011", European Foresight Platform [en línea] http://www.foresight-platform.eu/briefs-resources/.

____(2010a), *Facing the Future: Time for the EU to Meet Global Challenges*, Sevilla, Centro Común de Investigación.

____(2010b), *Envisioning Digital Europe 2030: Scenarios for ICT in Future Governance and Policy Modelling*, Sevilla, Centro Común de Investigación.

____(2009a), *Mapping Foresight. Revealing How Europe and Other World Regions Navigate into the Future*, Bruselas.

____(2009b), *Final Report. Monitoring Foresight Activities in Europe and the Rest of the World*, Bruselas.

____(2009c), *The European Foresight Monitoring Network*, Bruselas.

____(2002a), *Corporate Foresight in Europe: A First Overview*, Bruselas.

____(2002b), "Strengthening the dimension of foresight in the European research area", *Working Document*, julio.

Consejo Nacional de Inteligencia (2012), *Global Trends 2030. Alternative Worlds*, Washington, D.C.

Convenio Andrés Bello (2004), "Políticas, estrategias y consensos de acción y tecnología de los países del Convenio Andrés Bello (2003-2010). Tomo 1", *Ciencia y Tecnología*, N° 128, Bogotá.

Conway, M. (2006), "Applying an integral framework to government foresight projects", *Journal of Futures Studies*, vol. 11, N° 1.

___(2004), *An Overview of Foresight Methodologies*, Melbourne, Thinking Futures, Australian Foresight Institute.

Conway, M. y C. Stewart (2004), *Creating and Sustaining Social Foresight in Australia: A Review of Government Foresight*, Melbourne, Australian Foresight Institute.

Cornish, E. (2004), *Futuring: The Exploration of the Future*, Bethesda, World Future Society.

Corona Herrera, L. (1991), "Los enfoques en la prospectiva", *Perfiles Educativos*, N° 51-52, México, D. F., Universidad Nacional Autónoma de México.

Cortés, C. y otros (comps.) (2012), *Construyendo visiones de país por medio del Diálogo Social*, San José, Instituto Latinoamericano y del Caribe de Planificación Económica y Social (ILPES)/IDEA Internacional/Fundación para la Paz y la Democracia.

Cosgrove, C. E. y W. J. Cosgrove (2012), *The Dynamics of Global Water Futures Driving Forces 2011–2050*, París, Organización de las Naciones Unidas para la Educación, la Ciencia y la Cultura (UNESCO).

Cosgrove, W. J. y F. R. Rijsberman (2000), *Visión mundial del agua. Que el agua sea asunto de todos*, Londres, Earthscan Publications Ltd.

Costa Filho, A. (2011), "Desarrollo futuro y planificación de largo plazo", Curso Internacional Planificación, Gobierno y Desarrollo, Montevideo, Agencia Española de Cooperación Internacional para el Desarrollo/Instituto Latinoamericano y del Caribe de Planificación Económica y Social (AECID/ILPES), agosto.

___(2010), "Estado-nação e construção do futuro", *Textos para Discussão CEPAL-IPEA*, N° 2 (LC/BRS/R.223), Brasilia, oficina de la CEPAL en Brasilia/Instituto de Investigación Económica Aplicada (IPEA).

___(2005), "Educación superior y transformación productiva", documento presentado en el Foro Permanente en Prospectiva Tecnológica y Tecnológica, Bogotá, Convenio Andrés Bello.

___(1997), "Inflexiones recientes en el análisis prospectivo", *Prospectiva: Construcción social del futuro*, J. Medina Vásquez y E. Ortegón (eds.), Santiago de Cali, Universidad del Valle.

___(1991), "Prospectiva e interdependencia. Nuevos desafíos para la planeación", ponencia presentada en el Coloquio Internacional sobre prospectiva de la economía mundial y sus efectos sobre las economías de América Latina y el Caribe, Santiago de Chile, Instituto Latinoamericano y del Caribe de Planificación Económica y Social (ILPES)/Instituto Internacional de Administración Pública de Francia.

___(1990), "Planificación y futuro: Una relación mal vista", *Pensamiento Iberoamericano*, N° 18.

___(1988), *Planificación y construcción de futuro*, Santiago de Chile, Instituto Latinoamericano y del Caribe de Planificación Económica y Social (ILPES).

Courtney, H. (2002), *Pre–Visión 20/20: Estrategias para el manejo de la incertidumbre en la administración de negocios*, Bogotá, Editorial Norma.

Courtney, H., J. Kirkland y P. Vigüerie (2000), "Estrategia en tiempos de incertidumbre", *Harvard Business Review*, Bilbao, Ediciones Deusto.

Cristo, C. (2003), *Programa Brasileiro de Prospectiva Tecnológica Industrial*, Brasilia, Secretaría de Tecnología Industrial, Ministerio para el Desarrollo, la Industria y el Comercio Exterior.

Cruz Caruso, L.A. y P. Bastos Tigre (coords.), (2004), "Modelo SENAI de prospecção: documento metodológico" *Papeles de la Oficina Técnica*, N° 14, Montevideo, Organización Internacional del Trabajo (OIT)/Centro Interamericano para el Desarrollo del Conocimiento en la Formación Profesional (CINTERFOR).

Cuervo, L.M. (2012a), "Prospectiva económica: Una primera aproximación al estado del arte", *serie Gestión Pública*, N° 76 (LC/L.3485), Santiago de Chile, Comisión Económica para América Latina y el Caribe (CEPAL).

___(2012b), "El clima de la igualdad, un ejercicio de pre-prospectiva", presentación ante el Grupo de los Jueves, Santiago de Chile, Comisión Económica para América Latina y el Caribe (CEPAL).

Cunha, M.P. y otros (2004), "Eyes on the road, hands upon the wheel. Wild cards in the civil aircraft and asset-management industries", julio.

CYTED (Programa Iberoamericano de Ciencia y Tecnología para el Desarrollo) (2003), *Discusión Final I Jornada Iberoamericana de Vigilancia y Prospectiva Tecnológica*, Santa Cruz de la Sierra, 31 de marzo a 4 de abril.

Da Costa, O. y otros (2004), *The Impact of Foresight on Policy-making: Insights from the FORLEARN Mutual Learning Process*, Sevilla, Centro Común de Investigación, Comisión Europea.

Dagnino, R. (1997), "El aporte de la prospectiva al desarrollo social (entrevista)", *Prospectiva: Construcción social del futuro*, J. Medina Vásquez y E. Ortegón (eds.), Santiago de Cali, Universidad del Valle.

___(1995), "Herrera: Un intelectual latinoamericano", *Redes*, vol. 2, N° 5, diciembre, Universidad Nacional de Quilmes.

Daheim, C. (2009), "Corporate foresight. How to organize, run and manage a corporate foresight exercise. Examples and experiences", Technology Foresight Training Programme 2008/9, Bratislava, octubre.

___(2007), "Corporate foresight in Europe - Experiences, examples, evidence", Z_punkt The Foresight Company.

Dator, J. (1998), "Sei responsabile della tua rosa", *Futuribili*, N° 3.

De Courson, J. (2005), *L'appétit du futur. Voyage au cœur de la prospective*, París, Éditions Charles Léopold Mayer.

De Jouvenel, H. (2004), *Invitation á la prospective*, París, Futuribles.

___(1967), *L'arte della congeturra*, Florencia, Vallecchi Editore.

Delaney, K. y L. Osborne (2013), "Public sector horizon scanning – stocktake of the Australasian Joint Agencies Scanning Network", *Journal of Futures Studies*, vol. 17, N° 4, junio.

De Mattos, C. (1987), "Estado, procesos de decisión y planificación en América Latina", *Revista de la CEPAL*, N° 31 (LC/L.1452), Santiago de Chile, Comisión Económica para América Latina y el Caribe (CEPAL).

Del Olmo, E. (1984), *Métodos prospectivos*, Caracas, Centro de Estudios del Desarrollo (CENDES).

Deschamps, C. y N. Moinet (2011), *La boîte à utils de l' intelligence économique*, París, Dunod.

Devlin, R y G. Moguillansky (2009), "Alianzas público-privadas para una nueva visión estratégica del desarrollo" (LC/W.283), Santiago de Chile, Comisión Económica para América Latina y el Caribe (CEPAL).

Díaz, P. (1994), *Métodos de análisis prospectivo: Reseña y su utilidad para proyectos de inversión*, Santiago de Chile, Instituto Latinoamericano y del Caribe de Planificación Económica y Social (ILPES).

Dos Santos, T. (ed.) (2011), *América Latina y el Caribe: Escenarios posibles y políticas sociales* vol. 3, Montevideo, Oficina Regional de Ciencia de la UNESCO para América Latina y el Caribe/Facultad Latinoamericana de Ciencias Sociales (FLACSO).

Dos Santos, D. M. (2005), "Uma visão das atividades prospectivas no CGEE", Brasilia, Centro de Gestión y Estudios Estratégicos (CGEE).

Dos Santos, D. M. y L. Fellows Filho (2009), *Prospectiva na América Latina. Evolução e desafíos*, Bauru, Canal 6 editora.

Dror, Y. (1994), *La capacidad de gobernar: Informe al Club de Roma*, México, D.F., Fondo de Cultura Económica.

___(1993), "Memo para dirigentes reformadores de sistemas", Primer Curso Internacional de Alta Dirección del Estado, Bogotá.

___(1990), *Enfrentando el futuro*, México, D. F., Fondo de Cultura Económica.

___(1988), "Uncertainty: coping with it and with political feasibility", *Handbook of System Analysis: Craft Issues and Procedural Choices*, H.J. Miser y E.S. Quade (eds.), Nueva York, John Wiley & Sons.

Durance, P. y S. Cordobes (2007), *Attitudes prospectives. Éléments d´une histoire de la prospective en France après 1945*, París, L'Harmattan.

Eerola, A. e I. Miles (2008), "Methods and tools contributing to FTA", documento presentado en la Tercera Conferencia Internacional de Sevilla en Análisis de Tecnología Orientada al Futuro (FTA), Sevilla, Centro Común de Investigación, Comisión Europea.

Escorsa, P. y R. Maspons (2001), *De la vigilancia tecnológica a la inteligencia competitiva*, Madrid, Prentice Hall.

European Foresight Monitoring Network Mapping (2005), *Cómo los gobiernos usan la prospectiva (patrocinantes, audiencia, resultados & métodos)*, Informe preparado por R. Popper, M. Keenan y M. Butter, Manchester, Instituto Prest, Universidad de Manchester.

Falcao Viera, M.M. y D. Moraes Zouain (2006), *Pesquisa qualitativa em administração*, Río de Janeiro, Editora FGV.

Fernández Diaz, A. (2000), *Dinámica caótica en economía*, Madrid, McGraw Hill.

Ferrando, P.M. (1997), "L'incertezza e l'ambiguita", *Manuale di Organizzazione Aziendale*, Giovanni Costa y Raoul Nacamulli, Turín, Etas Libri.

Flores, F. (1994), *Creando organizaciones para el futuro*, Santiago de Chile, Dolmen Ediciones.

For-Learn (2006), "The Concept of Adaptive Foresight" [en línea] http://forlearn. jrc.ec.europa.eu/guide/2_scoping/meth_adaptive-foresight.htm.

Foro Económico Mundial (2014), *Global Risks 2014*, Ginebra.

Fragoso, S., R. Recuero y A. Amaral (2011), *Métodos de pesquisa para Internet*, Porto Alegre, Editora Sulina.

Fundación OPTI (2010), *Oportunidades tecnológicas e industriales para el desarrollo de la economía española*, Madrid.

Gabilliet, P. (2008), *Les conduites d´anticipation. Des modèles aux applications*, París, L'Harmattan.

Gairín, J. (2000), *Cambio de cultura y organizaciones que aprenden*, Barcelona, Universidad Autónoma de Barcelona.

Gallopín, G.C. (2012), *Global Water Futures 2050. Five Stylized Scenarios*, París, Organización de las Naciones Unidas para la Educación, la Ciencia y la Cultura (UNESCO).

___(2004), "La sostenibilidad ambiental del desarrollo en Argentina: Tres futuros", *serie Medio Ambiente y Desarrollo*, N° 91 (LC/L.2197-P), Santiago de Chile, Comisión Económica para América Latina y el Caribe (CEPAL). Publicación de las Naciones Unidas, N° de venta: S.04.II.G.123.

___(comp.) (1995), *El futuro ecológico de un continente: Una visión prospectiva de la América Latina*, México, D. F., Editorial de la Universidad de las Naciones Unidas/Fondo de Cultura Económica.

Gallopín, G. y otros (1997), *Branch Points: Global Scenarios and Human Choice*, Estocolmo, Instituto del Medio Ambiente de Estocolmo.

Gaudin, T. (2005), *Que sais-je? La Prospective*, París, Universitaires de France.

Gavigan, J. (2001), "Panorama de la prospectiva en Europa. Principios y visión general por países", *Economía Industrial*, N° 342, Madrid.

Gavigan, J., K. Ducatel y F. Scapolo (2002), *The Role of Foresight in the Selection of Research Policy Priorities. Conference Proceedings*, Sevilla, Comisión Europea.

Georghiou, L. y otros (2011), *Manual de prospectiva tecnológica*, México, D.F., Facultad Latinoamericana de Ciencias Sociales (FLACSO).

___(2008), *The Handbook of Technology Foresight. Concepts and Practice*, Cheltenham, Edward Elgar Publisher.

Georghiou, L. y M. Keenan (2008), "Evaluation and the impact of foresight", *The Handbook on Technology Foresight. Concepts and Practice*, L. Georghiou y otros, Cheltenham, Edward Elgar Publisher.

Ghemawat, P. (2000), *La estrategia en el panorama del negocio*, México, D.F., Pearson-Addison Wesley.

Giddens, A. (2000), *Il mondo che cambia. Come la globalizzazione ridisegna la nostra vita*, Bolonia, Il Mulino.

Godet, M. (2004), *Creating Futures: Scenario Planning as Strategic Management Tool*, Londres, Economica.

___(1997), *Manuel de prospective stratégique*, vols. 1 y 2, París, Dunod.

___(1994), *De la anticipación a la acción. Manual de prospectiva estratégica*, Barcelona, Editorial Marcombo.

Godet, M. y P. Durance (2011), *Prospectiva estratégica para las empresas y los territorios*, París, Organización de las Naciones Unidas para la Educación, la Ciencia y la Cultura (UNESCO)/Dunod.

Gomes de Castro, A. M. y otros (2005), *Proyecto Quo Vadis: El futuro de la investigación agrícola y la innovación institucional en América Latina y el Caribe*, Quito, Red Nuevo Paradigma.

___(2001), *La dimensión de futuro en la construcción de la sostenibilidad institucional*, San José, Proyecto ISNAR "Nuevo Paradigma".

Gomes de Castro, A. M. y S. M. Valle Lima (2009), "Escenarios de la cadena productiva de semillas en Brasil y estrategia tecnológica", *Sinergia entre la prospectiva tecnológica y la vigilancia tecnológica e inteligencia competitiva*, J. Medina Vásquez y J. M. Sánchez, (eds.), Bogotá, Departamento Administrativo de Ciencia, Tecnología e Innovación (COLCIENCIAS).

Gómez Hernández, D. y otros (2011), *Prospectiva e innovación tecnológica*, México, D.F., Siglo XXI.

Gómez V., David y H. Bernal (2004), *Plan de Acción Conjunta en Ciencia y Tecnología de los países del Convenio Andrés Bello* (Comisiones Técnicas), Bogotá, Convenio Andrés Bello.

Goux-Baudiment, F. (2008), *Une nouvelle etape du developpement de la prospective: a prospective operationnelle*, Roma, Pontificia Università Gregoriana, Facultad de Ciencias Sociales.

___(2006), "Las apuestas de la prospectiva territorial en Europa", *La previsión tecnológica e industrial: Fundamentos y aplicaciones*, J. Medina y G. Rincón (eds.), Bogotá, Departamento Administrativo de Ciencia, Tecnología e Innovación/ Corporación Andina de Fomento (COLCIENCIAS/CAF).

Goux-Baudiment, F., G, Soulet y J. de Courson (s/f.), *Quiz pour conduire un excercice de prospective territoriale*, Lyon, Certu.

Gracht, H. V. D. (2007), *Corporate Foresight and Innovation Management: a Portfolio-Approach in Evaluating Organizational Development*, Londres, European Business School.

Guesnier, B. y C. Lemaignan (2013), *Futurs des territoires. Hommage à Guy Loinger*, París, L'Harmattan.

Guimarães, R.P. (2001), "Fundamentos territoriales y biorregionales de la planificación", *serie Medio Ambiente y Desarrollo*, N° 39 (LC/L.1562-P), Santiago de Chile, Comisión Económica para América Latina y el Caribe (CEPAL). Publicación de las Naciones Unidas, N° de venta: S.01.II.G.108.

Hatem, F. (1993), *La prospective: pratiques et méthodes*, París, Economica.

Havas A. (2005), "Terminology and methodology for benchmarking foresight programmes" , documento preparado para el proyecto ForSociety.

Henao V. L. (2013), *Estado del arte de los estudios de futuros*, Medellín, Proseres Prospectiva Estratégica, en prensa.

Hernández, R. A. (2012a), "Teoría y práctica de la planificación en América Latina", *Construyendo visiones de país por medio del diálogo social*. C. Cortés y otros (comps.), San José, Instituto Latinoamericano y del Caribe de Planificación Económica y Social (ILPES)/IDEA Internacional/Fundación para la Paz y la Democracia.

___(2012b), "Comentarios personales".

Herrera, A. (1994), *Las nuevas tecnologías y el futuro de América Latina, riesgo y oportunidad*, México, D. F., Editorial Siglo XXI.

Herrera, A. y otros (1977), *Catástrofe o nueva sociedad. Modelo mundial latinoamericano*. Bogotá, Centro Internacional de Investigaciones para el Desarrollo (CIID).

Hodara, J. (1984), *Los estudios del futuro: Problemas y métodos*, México, D. F., Instituto de Banca y Finanzas.

Hopenhayn, M. (1994), *Ni apocalípticos ni integrados*, México, D. F., Fondo de Cultura Económica.

IDEA Internacional/Fundación para la Paz y la Democracia (FUNPADEM)/ Comisión Económica para América Latina y el Caribe (CEPAL) (2011), "Conclusiones seminario visiones de país", San José, Centro Internacional de Investigaciones para el Desarrollo.

Ikonicoff, M. (1973), "Las etapas de la prospectiva", *Desarrollo Económico*, vol. 12, N° 48, Buenos Aires, Instituto de Desarrollo Económico y Social, enero–marzo.

ILPES (Instituto Latinoamericano y del Caribe de Panificación Económica y Social) (2013a) *Informe de actividades del ILPES, 2008-2013. Fortalecimiento de las capacidades en la gestión pública y la planificación para el desarrollo con igualdad en América Latina y el Caribe* (LC/L. 3688(CRP.14/3)), Brasilia.

____(2013b), "Planificación para el desarrollo en América Latina y el Caribe: Regreso al futuro. Informe de los Diálogos Ministeriales de Planificación. Síntesis (DDR/1), Brasilia.

____(2011), "Panorama de la gestión pública en América Latina. En la hora de la igualdad", Santiago de Chile.

____(2001), "Seminario de alto nivel sobre las funciones básicas de la planificación. Compendio de experiencias exitosas", serie *Seminarios y Conferencias*, N° 8 (LC/L.1544-P), Santiago de Chile, Comisión Económica para América Latina y el Caribe. Publicación de las Naciones Unidas, N° de venta: S.01.II.G.85.

____(1987), "Coloquio internacional sobre nuevas orientaciones para la planificación en Economías de mercado", *Revista de la CEPAL*, N° 31 (LC/G.1452), Santiago de Chile.

____(1973), "Evolución y perspectivas de los procesos de planificación en América Latina", ponencia presentada en la Conferencia Iberoamericana de Ministros de Planificación y Desarrollo (Madrid, 21 a 25 de mayo de 1973), Santiago de Chile.

Infante, R. (ed.) (2011), *El desarrollo inclusivo en América Latina y el Caribe. Ensayos sobre políticas de convergencia productiva para la igualdad*, Libros de la CEPAL, N° 112 (LC/G.2500-P), Santiago de Chile, Comisión Económica para América Latina y el Caribe (CEPAL). Publicación de las Naciones Unidas, N° de venta: S.11.II.G.56.

Instituto de Estudios de Seguridad (2012), *Global Trends 2030: Citizens in an Interconnected and Polycentric World*, París.

Johnston, R. (2010), "Methods and tools for breaking mindsets and bringing new perspectives to the table", *Foresight International Seminar: From Theory to Practice*, Brasilia, Centro de Gestión y Estudios Estratégicos (CGEE).

____(2008), "Historical review of the development of future-oriented technology analysis", *Future-Oriented Technology Analysis. Strategic Intelligence for an Innovative Economy*. C. Cagnin y otros (eds.), Berlín, Springer.

Keenan, M. (2006), "An introduction to technology foresight as a policy instrument", UNIDO Technology Foresight Training Seminar, Universidad de Manchester.

____(2001), *Planning and Elaborating a Technology Foresight Exercise*, Viena, Organización de las Naciones Unidas para el Desarrollo Industrial (ONUDI).

Keenan, M. y R. Popper (2008), "Comparing foresight 'style' in six world regions", *Foresight*, vol. 10, N° 6.

Kliksberg, B. (1995), "El pensamiento gerencial en la década de los noventa", *El pensamiento organizativo*, Buenos Aires, Editorial Norma.

Klinger, B. (2007), "Uncertainty in the search for new exports", *CID Graduate Student and Postdoctoral Fellow Working Paper*, N° 16, Boston, Universidad de Harvard.

Kuhlmann, S. (2011), *Foresight and Governance*, Universidad de Twente.

Kuosa, T. (2011), "Practising strategic foresight in government. The cases of Finland, Singapore and the European Union", *RSIS Monograph*, N° 19, Singapur, S. Rajaratnam School of International Studies, Nanyang Technology University.

____(2009), *Towards the Dynamic Paradigm of Futures Research - How to Grasp a Complex Futures Problem with Multiple Phases and Multiple Methods*, Turku, Turku School of Economics.

Lagomarsino, R. (2012), "La estrategia de la cucaracha", *Portafolio*, Bogotá [en línea] http://www.portafolio.co/opinion/la-estrategia-la-cucaracha.

Lagos, R. y O. Landerretche (eds.) (2011), *El Chile que se viene. Ideas, miradas, perspectivas y sueños para el 2030*, Santiago de Chile, Editorial Catalonia.

Leiva Lavalle, J. (2012), "Pensamiento y práctica de la planificación en América Latina", *serie Gestión Pública*, N° 75 (LC/L.3465), Santiago de Chile, Comisión Económica para América Latina y el Caribe (CEPAL).

____(2010), "Instituciones e instrumentos para el planeamiento gubernamental en América Latina", *Textos para Discussão CEPAL-IPEA*, N° 5 (LC/BRS/R.237), Brasilia, Comisión Económica para América Latina y el Caribe (CEPAL)/ Instituto de Investigación Económica Aplicada (IPEA).

Lira, L. (2006), "Revalorización de la planificación del desarrollo", *serie Gestión Pública*, N° 59 (LC/L.2568-P), Santiago de Chile, Comisión Económica para América Latina y el Caribe (CEPAL). Publicación de las Naciones Unidas, N° de venta: S.06.II.G.97.

Marí Castelló-Tarrega, M. (2008), "Prospectiva y prospectiva tecnológica en Argentina", *Prospectiva na América Latina: evolução e desafios*, D. M. dos Santos y L. Fellows Filho (eds.), Brasilia.

____(2000), "Prospectiva tecnológica. Algunas reflexiones sobre la experiencia argentina", *Documento de Trabajo*, N° 3, Buenos Aires, Secretaria para la Tecnología, la Ciencia y la Innovación Productiva, Dirección Nacional de Planificación y Evaluación, Buenos Aires.

Martin, B. R. (2010), "The origins of the concept of foresight in science and technology: an insider's perspective", *Technological Forecasting & Social Change*, vol. 77, N° 9, Amsterdam, Elsevier.

____(2001), *Technology foresight in a rapidly globalizing economy*, documento presentado en la Conferencia regional sobre previsión tecnológica, Viena, Organización de las Naciones Unidas sobre el Desarrollo Industrial (ONUDI).

Martín, J. (2005), "Funciones básicas de la planificación económica y social", *serie Gestión Pública*, N° 51 (LC/L.2363-P), Santiago de Chile, Comisión Económica para América Latina y el Caribe (CEPAL). Publicación de las Naciones Unidas, N° de venta: S.05.II.G.102.

Martin, B. y J. Irvine (1984), *Research Foresight. Priority Setting in Science*, Londres, Pinter Publishers.

Martin, B. y R. Johnston (1999), "Technology foresight for wiring up the national innovation system: experiences in Britain, Australia and New Zealand", *Technological Forecasting and Social Change*, vol. 60, N° 1, Amsterdam, Elsevier.

Martínez, L. (2009), "La planificación. Concepto, evolución y funciones", Santiago de Chile, Comisión Económica para América Latina y el Caribe (CEPAL).

Martner, R. y J. Máttar (comps.) (2012), "Los fundamentos de la planificación del desarrollo en América Latina y el Caribe. Textos seleccionados del ILPES (1962-1972)", *Libros de la CEPAL*, N° 116 (LC/G.2552-P), Santiago de Chile, Comisión Económica para América Latina y el Caribe (CEPAL). Publicación de las Naciones Unidas, N° de venta: S.12.II.G.19.

Masini, E. (2013), "Estudios sobre el futuro: Métodos y prospectiva", *Eleonora Barbieri Masini. Alma de los estudios de los futuros*, A. Alonso Concheiro y J. Medina Vásquez (eds.), México, D. F., Fundación Javier Barros Sierra.

____(2000a), "Prospective et action", *Les clés du XXIe siècle*, Jerome Bindé, París, Seuil Editions.

____(2000b), *Penser le futur*, París, Dunod.

____(1994), "Prefácio", *Construindo o futuro. O impacto global do novo paradigma*, Paulo C. Moura, Río de Janeiro, Mauad Editora.

___(1993a), *La previsión humana y social: Estudios sobre los futuros*, México, D.F., Fondo de Cultura Económica.

___(1993b), *The Futures of Cultures*, París, Unesco Publishing.

___(1992), *Why Futures Studies?*, Londres, Grey Seal Books.

Masini, E. y J. Medina (2000), "Scenarios as seen from a human and social perspective", *Technological Forecasting and Social Change*, vol. 65, N° 1, Amsterdam, Elsevier.

Máttar, J. (2012a), "Construyendo la agenda de desarrollo en la hora de la igualdad", *Construyendo visiones de país por medio del diálogo social*, C. Cortés y otros (eds.), San José, *Fundación para la Paz y la Democracia*/Instituto Latinoamericano y del Caribe de Planificación Económica y Social (ILPES)/IDEA Internacional.

___(2012b), "El ILPES cumple 50 años formando y desarrollando capacidades en América Latina y el Caribe", Santiago de Chile.

___(2012c), *Panorama de la gestión pública en América Latin. En la hora de la igualdad*, Santiago de Chile, Instituto Latinoamericano y del Caribe de Planificación Económica y Social (ILPES).

___(2011), "Tiempos de cambio", Santiago de Chile.

Matus, C. (2000), *Los cuatro cinturones de gobierno*, Caracas, Fundación ALTADIR.

___(1994), "Sobre teoría de las macroorganizaciones", *Gobernabilidad y reforma del Estado*. J.H. Cárdenas y W. Zambrano (eds.), Bogotá, Consejería Presidencial para la Modernización del Estado.

___(1993a), "Planeación estratégica situacional. Guía de análisis teórico", documento presentado en el primer Curso Internacional de Alta Dirección del Estado, Bogotá

___(1993b), *Política planificación y gobierno*, Caracas, Instituto Latinoamericano y del Caribe de Planificación Económica y Social (ILPES)/Organización Panamericana de la Salud.

Mayol, A. (2012), *No al lucro. De la crisis del modelo a la nueva era política*, Santiago de Chile, Random Hause Mondadori Editorial.

Mayor, F. (1998), *Imaginar y construir el siglo XXI*, París, Editorial del Correo de la UNESCO.

McHale, J. y C. M. Magda Cordell (1975), *Futures Studies: An International Survey*, Nueva York, Instituto de las Naciones Unidas para la Formación Profesional y la Investigación.

Medina Vásquez, J. (2012), *La prospectiva y la necesidad de un nuevo paradigma de planificación en América Latina*, documento presentado en el curso "Planificación, gobierno y desarrollo", Cartagena de Indias, Instituto Latinoamericano de Planificación Económica y Social (ILPES)/Agencia Española de Cooperación para el Desarrollo (AECID).

___(2011a), "La prospectiva: Conceptos fundamentales y aplicaciones contemporáneas", presentación en el Seminario sobre prospectiva y América Latina, Santiago de Chile, Instituto Latinoamericano y del Caribe de Planificación Económica y Social (ILPES).

___(2011b), "Prospectiva para la construcción de visión de país", presentación en el Curso Internacional Planificación, Gobierno y Desarrollo, Montevideo, Instituto Latinoamericano y del Caribe de Planificación Económica y Social (ILPES).

___(2010), "La prospectiva en la práctica de América Latina", Conferencia dictada en el Centro de Estudios de Prospectiva, Instituto de Administración Pública del Estado de México, Toluca.

_____(2009a), "Bases para una teoría de la decisión", Curso Planificación y Gestión Estratégica de las Políticas Públicas, Santa Cruz de la Sierra, Instituto Latinoamericano y del Caribe de Planificación Económica y Social (ILPES).

_____(2009b), "¿Hacia dónde va la educación superior? Reflexiones acerca de los nuevos objetivos de política pública y el papel de la investigación", *Posiciones*, N° 3, Universidad del Valle.

_____(2007), "Procesos y sistemas prospectivos: Nuevas tendencias", Tercer Seminario-Taller Internacional sobre Prospectiva Científica y Tecnológica, Decisión Estratégica y Política Pública, Santiago de Cali, Convenio Andrés Bello/Departamento Administrativo de Ciencia, Tecnología e Innovación (COLCIENCIAS).

_____(2006), "Map of the complexity levels and indetermination for the foresight studies", documento presentado en el Segundo Seminario Internacional sobre Análisis de Tecnologías Orientadas al Futuro, Sevilla, Instituto de Prospectiva Tecnológica (ITPS).

_____(2003), *Visión compartida de futuro*, Cali, Universidad del Valle.

_____(2001), "Experiencias significativas en pensamiento a largo plazo a nivel mundial", documento presentado en el Seminario de alto nivel sobre las funciones básicas de la planificación y experiencias nacionales exitosas, Santiago de Chile, Instituto Latinoamericano y del Caribe de Planificación Económica y Social (ILPES).

_____(1996), "Los estudios del futuro y la prospectiva: Claves para la construcción social de las regiones", Santiago de Chile, Santiago de Chile, Instituto Latinoamericano y del Caribe de Planificación Económica y Social (ILPES).

Medina Vásquez, J. y A. Aguilera Alvear (2008), *Prospectiva corporativa: Concepto, organización y utilidad*, Santiago de Cali, Universidad del Valle/Departamento Administrativo de Ciencia, Tecnología e Innovación (COLCIENCIAS).

Medina Vásquez, J. C. Aranzazú Osorio y F. Ortiz, (2014), "La prospectiva y las organizaciones prospectivas", *Modelo de un sistema de gestión de calidad para organizaciones intensivas en conocimiento: Caso el Instituto de Prospectiva, Innovación y Gestión del Conocimiento*", J. Medina Vásquez y otros (eds.), Cali, Editorial Universidad del Valle, 2014, en prensa.

Medina Vásquez, J. y C. Aranzazú Osorio (2013), "Aprendizaje colectivo y desarrollo de capacidades en prospectiva. Un aporte para América Latina y el Caribe", *Cuadernos de Pensamiento Prospectivo Iberoamericano*, N° 6, México, D.F., Universidad Nacional Autónoma de México.

Medina Vásquez, J. y E. Ortegón (2006), "Manual de prospectiva y decisión estratégica: Bases teóricas e instrumentos para América Latina y el Caribe", *serie Manuales*, N° 51 (LC/L.2503-P), Santiago de Chile, Comisión Económica para América Latina y el Caribe (CEPAL). Publicación de las Naciones Unidas, N° de venta: S.06.II.G.37.

_____(1997), *Prospectiva: Construcción social del futuro*, Universidad del Valle.

Medina Vásquez, J. y G. Rincón (eds.) (2006), *La prospectiva tecnológica e industrial: Contexto, fundamentos y aplicaciones*, Bogotá, Departamento Administrativo de Ciencia, Tecnología e Innovación (COLCIENCIAS)/Corporación Andina de Fomento.

Medina Vásquez, J. y J. M. Sánchez (eds.) (2009), *Sinergia entre la prospectiva tecnológica y la vigilancia tecnológica e inteligencia competitiva*, Bogotá, Departamento Administrativo de Ciencia, Tecnología e Innovación (COLCIENCIAS).Mercadante, A. (2006), *Brasil: primeiro tempo. Análise comparativa do governo Lula*, São Paulo, Planeta.

MIDEPLAN (Ministerio de Planificación y Cooperación) (1994), Métodos y técnicas de planificación regional, Santiago de Chile.

Miklos, T., E. Jiménez y M. Arroyo (2008), *Prospectiva, gobernabilidad y riesgo político. Instrumentos para la acción*, México, D.F., Limusa.

Miklos, T. y M. E. Tello (1991), *Planificación prospectiva: Una estrategia para el diseño del futuro*, México, D. F., Fondo de Cultura Económica.

Miles, I. (2010), "The development of technology foresight: a review", *Technological Forecasting & Social Change*, vol. 77, N° 9, Amsterdam, Elsevier.

____(2008), "From futures to foresight: origins of contemporary technology foresight", *The Handbook on Technology Foresight. Concepts and Practice*, L. Georghiou y otros (eds.), Cheltenham, Edward Elgar Publishing.

Miles, I. (2005), "Prospectiva en contexto", Curso avanzado en prospectiva tecnológica, Programa Colombiano de Prospectiva Tecnológica e Industrial, Bogotá, Instituto Prest, Universidad de Manchester.

Miles, I. y otros (2008), "The many faces of foresight", *The Handbook of Technology Foresight. Concepts and Practice*, L. Georghiou y otros, Cheltenham, Edward Elgar Publisher.

Miles, I. y M. Keenan (2004), *Overview of Methods used in Foresight PREST*, Manchester, Institute of Innovation Research (IoIR), Universidad de Manchester.

Millennium Institute (2013), "T21 Starting Framework" [en línea] http://www. millennium-institute.org/integrated_planning/tools/t21/t21_sf.html.

____(2009), "Threshold 21 Model" [en línea] http://www.millennium-institute.org/ integrated_planning/tools/T21/.

Mojica, F. (2005), *La construcción del futuro*, Bogotá, Secretaría Ejecutiva del Convenio Andrés Bello.

Morace, F. (2013), *Che cos'è il futuro*, Milán, Mind Edizione.

Moreau, Y. y otros (2012), *Pour un Commissariat général à la stratégie et à la prospective*, París, La Documentation Française, diciembre.

Morin, E. (1999), *Les sept saviors nécessaires à l'éducation du futur*, París, Seuil.

Motta, P.R. (1994), *La ciencia y el arte de ser dirigente*, Bogotá, Tercer Mundo Editores.

Moura, P. (1994), *Construindo o futuro. O impacto global do novo paradigma*, Río de Janeiro, Mauad Editora Ltda.

Nalerio, C. (2014), "La prospectiva del discurso y del método", inédito.

____(2007), "La ville au futur. Montevideo: prospective et enjeux stratégiques", tesis de doctorado, París, diciembre.

Neef, A. (2005), *The Future of Corporate Innovation. Will There Be an Outsourcing Endgame?*, Z_punkt The Foresight Company.

Nelson, R. (2006), "Implications for our practice of FTA of the 20th century revolution in ontology and epistemology", documento presentado en el Segundo Seminario Internacional sobre Análisis de Tecnologías Orientadas al Futuro, Sevilla, Instituto de Prospectiva Tecnológica (ITPS).

Nonaka, I. y H. Takeuchi (1999), *La organización creadora de conocimiento*, México, D.F., Oxford University Press.

Nováky, E. y G. Tyukodi (2010), "The responsibility of futurists in strategic foresight. Hungarian examples", *Technological Forecasting & Social Change*, vol. 77, N° 9, Amsterdam, Elsevier.

Nudler, O. (1995), "Amílcar Herrera: una evocación personal", *Redes*, vol. 2, N° 5, Universidad Nacional de Quilmes.

Ocampo, J. A. (2013), *The History and Challenges of Latin American Development* (LC/L.3546), Santiago de Chile, Comisión Económica para América Latina y el Caribe (CEPAL).

____(2012), "Discurso de apertura", Seminario conmemorativo del quincuagésimo aniversario del Instituto Latinoamericano y del Caribe de Planificación Económica y Social (ILPES), Santiago de Chile.

____(2004), *Reconstruir el futuro. Globalización, desarrollo y democracia en América Latina*, Bogotá, Comisión Económica para América Latina y el Caribe (CEPAL)/Alfaomega.

____(1998), "Más allá del consenso de Washington: Una visión desde la CEPAL", *Revista de la CEPAL*, N° 66 (LC/G.2049-P), Santiago de Chile, Comisión Económica para América Latina y el Caribe (CEPAL).

OCDE (Organización de Cooperación y Desarrollo Económicos) (2011), *Future Global Shocks. Improving Risk Governance*, París.

Okuwada, K. (2006), *Japanese Foresight Programme*, Tokio, Instituto Nacional de Política Científica y Tecnológica (NISTEP).

Olivares, S. M. (2013), "Sociedad mundial 2050: Una visión prospectiva para su gestión. Una vía para crear un mejor mañana", Tesis doctoral, México, D. F., Facultad de Ciencias Políticas y Sociales, Universidad Nacional Autónoma de México.

ONUDI (Organización de las Naciones Unidas para el Desarrollo Industrial) (2007), "Materiales del foro global sobre el futuro del programa de prospectiva tecnológica", Viena, inédito.

ONUDI (Organización de las Naciones Unidas para el Desarrollo Industrial)/ Centro Internacional de Ciencia y Tecnología (2000), "Prospectiva tecnológica en Latinoamérica y el Caribe. Presentaciones Seminario Regional", Montevideo.

____(1999), "Technology Foresight: A UNIDO-ICS Initiative for Latin America and the Caribbean. Workshop Proceedings", Trieste.

Oppliger, M. y E. Guzmán (2012), *El malestar de Chile. ¿Teoría o diagnóstico?*, Santiago de Chile, Ril Editores.

Ortega San Martín, F. (2013), *Prospectiva empresarial. Manual de corporate foresight para América Latina*, Lima, Universidad de Lima.

Ortegón, E. (2011), *Fundamentos de planificación y política pública*, Alcalá, Instituto de Estudios Latinoamericanos, Universidad de Alcalá/Centro Guaman Poma de Ayala.

____(2008), *Guía sobre diseño y gestión de la política pública*, Bogotá, Convenio Andrés Bello/Universidad de Alcalá/Departamento Administrativo de Ciencia, Tecnología e Innovación (COLCIENCIAS).

Ortegón, E. y J. F. Pacheco (2005), "Los sistemas nacionales de inversión pública en Argentina, Brasil, México Venezuela y España como caso de referencia (cuadros comparativos)", *serie Manuales*, N° 40 (LC/L.2277-P), Santiago de Chile, Comisión Económica para América Latina y el Caribe (CEPAL). Publicación de las Naciones Unidas, N° de venta: S.05.II.G.53.

Ottone, E. (2011), *Gobernar la globalización*, Santiago de Chile, Ediciones Diego Portales.

Pacheco, J. F. (2012), *Marco conceptual para el diseño de estructuras desde el enfoque sistémico*, Santiago de Chile, Instituto Latinoamericano y del Caribe de Planificación Económica y Social (ILPES).

Park, B. (2006), "Korean Technology Foresight for Science and Technology Policy Making", documento presentado en el Segundo Seminario Internacional sobre Análisis de Tecnologías Orientadas al Futuro, Sevilla, Instituto de Prospectiva Tecnológica (ITPS).

Patrouilleau, R.D. (2012), *Prospectiva del desarrollo nacional 2015. Las fuerzas que impulsan los futuros de la Argentina*, Buenos Aires, Instituto Nacional de Tecnología Agropecuaria (INTA)

Petrella, R, (1997), *El bien común*, Madrid, Editorial Debates.

Popper, R. (2012), *I Know*, Foresight project.

___(2011), "New horizon scanning concepts, practices and systems supporting science, technology and innovation policy making", Shrivenham, Reino Unido.

___(2009), *Mapping Foresight. Revealing How Europe and Other World Regions Navigate into the Future*, Bruselas, Comisión Europea.

___(2008a), "Foresight methodology", *The Handbook of Technology Foresight. Concepts and Practice*, L. Georghiou y otros, Cheltenham, Edward Elgar Publisher.

___(2008b) "¿How are foresight methods selected?", *Foresight*, vol. 10, N° 6, Emerald.

Popper, R. y J. Medina (2008), "Foresight in Latin America. Case studies: Brazil, Colombia and Venezuela", *The Handbook of Technology Foresight. Concepts and Practices*, L. Georghiou y otros (eds.), Cheltenham, Edward Elgar Publishing.

Popper, R. y otros (2010), *Evaluating Foresight: Fully-Fledged Evaluation of Colombian Technological Foresight Programme (CTFP)*, Cali, Universidad del Valle.

___(2007), *Global Foresight Outlook 2007: Mapping Foresight in Europe and the Rest of the World*, Manchester, European Foresight Monitoring Network (EFMN).

Porter, A. (2010), "Technology foresight: types and methods", *International Journal of Foresight and Innovation Policy*, vol. 6, N° 1/2/3, Inderscience Publishers.

___(2006), *Future–oriented Technology Analyses: Established Methods, Georgia Tech & Search Technology*, Curso de alto nivel sobre tecnologías de análisis de futuro, inteligencia competitiva y evaluación de políticas en ciencia, tecnología e innovación. Bogotá, Departamento Administrativo de Ciencia, Tecnología e Innovación (COLCIENCIAS), Programa Nacional de Prospectiva Tecnológica e Industrial.

___(2004), "¿Next steps? New drivers and directions in FTA", EU-US Scientific Seminar: New Technology Foresight, Forecasting & Assessment Methods, Sevilla, Instituto de Prospectiva Tecnológica.

Porter, A. L. y otros (2004), "Technology futures analysis: toward integration of the field and new methods", *Technological Forecasting and Social Change*, vol. 71, N° 3, Amsterdam, Elsevier.

Porter, A. y S. Cunningham (2005), *Tech Mining: Exploiting New Technologies for Competitive Advantage*, Nueva York, Wiley.

Porter, A. y otros (2005), "QTIP: Quick technology intelligence processes", *Technological Forecasting & Social Change*, vol. 72, N° 9, Ámsterdam, Elsevier.

Powell, A. (coord) (2012), *El mundo de los senderos que se bifurcan: América Latina y el Caribe ante los riesgos económicos globales*, Washington, D.C., Banco Interamericano de Desarrollo.

Prado, A. (2012), "La planificación del desarrollo está de vuelta, con renovada fuerza y complejos desafíos", *Comunicado de prensa*, Seminario conmemorativo del quincuagésimo aniversario del Instituto Latinoamericano y del Caribe de Planificación Económica y Social (ILPES), Santiago de Chile.

Prigogine, I. (1997), *El fin de las certidumbres*, Madrid, Taurus.

Rader, M. y A. Porter (2008), *Fitting Future-oriented Technology Analysis Methods to Study Types, Future-Oriented Technology Analysis-Strategic Intelligence for an Innovative Economy*, C. Cagnin y otros (eds.), Berlín, Springer.

Ramírez, J. C. (2008), "La planificación en América Latina. Institucionalidad y perspectivas", documento interno, Santiago de Chile, Instituto Latinoamericano y del Caribe de Planificación Económica y Social (ILPES).

____(2003), "Quien teme al porvenir y se refugia en el pasado y el presente, pierde el derecho a la felicidad", Entrevista con el doctor Antonio Alonso Concheiro, *Dossier Futuro y Prospectiva*, N° 26, Universidad de Guadalajara.

Ramírez, J. C. y L. M. Martínez (2009), "La institucionalidad de la planificación en América Latina", documento interno, Santiago de Chile, Instituto Latinoamericano y del Caribe de Planificación Económica y Social (ILPES).

Raskin, P. y otros (2002), *Great Transition. The Promise and Lure of the Times Ahead*, Boston, Instituto del Medio Ambiente de Estocolmo.

____(1998), *Bending the Curve: Toward Global Sustainability*, Boston, Instituto del Medio Ambiente de Estocolmo.

Ravetz, J., R. Popper e I. Miles (2011), *ERA Toolkit: Applications of Wild Cards and Weak Signals to the Grand Challenges & Thematic Priorities of the European Research Area*, Manchester, Manchester Institute of Innovation Research.

Rey de Marulanda, N. y F. Tancredi (2010), "From social innovation to public policy. Success stories in Latin América and the Caribbean" (LC/W.351), Santiago de Chile, Comisión Económica para América Latina y el Caribe (CEPAL).

Ringland, R. (2010), "The role of scenarios in strategic foresight", *Technological Forecasting & Social Change*, vol. 77, N° 9, Ámsterdam, Elsevier.

Rodríguez, A. y H. Alvarado (2008), *Claves de la innovación social en América Latina y el Caribe* (LC/G.2394-P), Santiago de Chile, Comisión Económica para América Latina y el Caribe (CEPAL). Publicación de las Naciones Unidas, N° de venta: S.08.II.G.57.

Rojas, F. (2012), "Intervención en el Congreso Internacional de Investigación en Gestión Pública", Cali, noviembre.

Rojas, J. (2012), *La sociedad bloqueada*, Santiago de Chile, Ril Editores.

Ruff, F. (2007), *Current and Future Applications of Foresight in Industrial Enterprises: Implications for UNIDO*, Viena, DaimlerChrysler AG, Research, Development Society and Technology Research Group.

____(2006), Corporate foresight: integrating the future business environment into innovation and strategy, *International Journal of Technology Management*, vol. 34, N° 3-4, Inderscience.

Sánchez, J.M. y F. Palop (2002), *Herramientas de software para la práctica de la inteligencia competitiva en la empresa*, Madrid, Ed. Triz XXI.

Sandoval, C. (2009), "Materiales de prospectiva del Seminario sobre desarrollo territorial", Bogotá, Instituto Latinoamericano y del Caribe de Planificación Económica y Social (ILPES).

Saritas, O. (2006), "Systems thinking for foresight", tesis, Manchester, Universidad de Manchester.

Scapolo, F. (2011), *Foresight as an Instrument for Research Priorities Identification*, Viena, Centro Común de Investigación, junio.

Scapolo, F. y A. L. Porter (2008), "New methodological developments in FTA", *Future-Oriented Technology Analysis: Strategic Intelligence for an Innovative Economy*, C Cagnin y otros (eds.), Berlín, Springer Verlag.

Schmidt, N. y otros (2010), *La utilización de estudios prospectivos en la elaboración del plan estratégico en una institución científica tecnológica brasileña*, Brasilia, Empresa Brasileña de Investigación Agropecuaria (EMBRAPA).

Schwartz, P. y K. Van der Heijden (1996), "Culture d'entreprise et planification par scénarios: une relation de coévolution", *La prospective stratégique d'entreprise*, J. Lesourne y Ch. Stoffaës (eds.), París, Intereditions.

Secretaría de Asuntos Estratégicos (2010), *Brasil 2022*, Brasilia, Presidencia de la República.

Shack Yalta, N. (2010), "Gestión pública orientada a resultados. Presupuesto por resultados", Diplomado Gestión Pública Orientada a Resultados, Cusco, Centro Guaman Poma/S & S, Proyectistas y Consultores Asociados.

Slaughter, R. (2006), "Pathways and impediments to social foresight", *Monograph Series 2003-2006*, N° 10, Melbourne, Strategic Foresight Program, Swinburne University.

___(2004), *Futuro más allá de Dystopia. Creación de prospectiva social*, Londres, Routledge.

___(1996), "From individual to social capacity", *Futures*, vol. 28, N° 8, Ámsterdam, Elsevier.

Slaughter, R. y otros (eds.) (2005), *La base de conocimientos de estudios del futuro*, Brisbane, Foresight International [en línea] www.foresightinternational.com.au.

Smits, R. y S. Kuhlmann (2004), "The rise of systemic instruments in innovation policy", *Foresight and Innovation Policy*, vol. 1., N° 1-2, Inderscience.

Stafford, J. y B. Sarrasin (2000), *La prévision–prospective en gestión: tourisme, loisir, culture*, Quebec, Presses de l'Université du Québec.

Sunkel, O. (2011), *El presente como historia*, Santiago de Chile, Ediciones Catalonia.

Sunkel, O. y R. Infante (2009), *Hacia un desarrollo inclusivo. El caso de Chile* (LC/L.3126), Santiago de Chile.

Tarapanoff, K. (2006), *Inteligencia, informação e conhecimento*, Brasilia, Organización de las Naciones Unidas para la Educación, la Ciencia y la Cultura (UNESCO)/ Instituto Brasileño de Información en Ciencia y Tecnología (IBICIT).

The Millennium Project (2011), *Escenarios de Latinoamérica 2030*, José Luis Cordeiro (ed.), Washington, D.C.

___(2009a), *Futures Research Methodology. Version 3.0*, Jerome C. Glenn y Theodore J. Gordon (eds.), Washington, D.C.

(2009b), 2009 *State of the Future*, Jerome C. Glenn, Theodore J. Gordon y Elizabeth Florescu, Washington, D.C.

Urashima, K., Y. Yokoo y H. Nagano (2012), "S&T policy and foresight investigation – impacts in Japan", *Foresight*, vol. 14, N° 1, Emerald.

Van Assche, K. y G. Verschraegen (2008), "The limits of planning: Niklas Luhmann's systems theory and the analysis of planning and planning ambitions", *Planning Theory*, vol. 7, N° 3, SAGE.

Van der Heijden, K. (2009), *Planejamento por cenários: a arte da conversação estratégica*, Porto Alegre, Bookman.

Vecchiato, R. y C. Roveda (2010), "Strategic foresight in corporate organizations: Handling the effect and response uncertainty of technology and social drivers of change", *Technological Forecasting & Social Change*, vol. 77, N° 9, Ámsterdam, Elsevier.

Vélez, I. (2003), *Decisiones empresariales bajo riesgo e incertidumbre*, Bogotá, Grupo Editorial Norma.

Villarroel, Y. (2008), "Redes institucionales de conocimiento visualizada desde la teoría de contactos", *Cuadernos de Administración*, No 40, Santiago de Cali, Universidad del Valle.

Wack, P. (1985a), "Scenarios: shooting the rapids", *Harvard Business Review*, noviembre-diciembre.

___(1985b), "Scenarios: uncharted waters ahead", *Harvard Business Review*, septiembre-octubre.

Warrant, F. (2007), *Scope and Focus of Foresight Exercises*, Gebze, Turquía, The Destree Institute.

Weber, M. (2006), "Foresight and adaptive planning as complementary elements in anticipatory policy-making: a conceptual and methodological approach", J.P. Voss, D. Bauknecht y R. Kemp (eds.), *Reflexive Governance for Sustainable Development*, Edward Elgar Publishing

Weber, Matthias y otros (2011), "Building FTA capacities for systemic and structural transformations: new FTA systems for anticipatory action in a fast-changing world", documento presentado en la Cuarta Conferencia Internacional de Sevilla en Análisis de Tecnología Orientada al Futuro (FTA)

Wiesner, E., L. Garnier y J. Medina (2000), "Función de pensamiento de largo plazo: Acción y redimensionamiento institucional del ILPES", *Cuadernos del ILPES*, N° 46 (LC/IP/G.126-P), Santiago de Chile, Instituto Latinoamericano y del Caribe de Planificación Económica y Social (ILPES). Publicación de las Naciones Unidas, N° de venta: S.00.III.F.2.

Williner, A. y otros (2012), "Redes y pactos sociales territoriales en América Latina y el Caribe: Sugerencias metodológicas para su construcción", *Desarrollo territorial*, N° 11 (LC/L.3510), Santiago de Chile, Comisión Económica para América Latina y el Caribe (CEPAL).

Yero, L. (1997), "Los estudios del futuro en América Latina", *Prospectiva: Construcción social del futuro*, J. Medina Vásquez y E. Ortegón (eds.), Santiago de Cali, Universidad del Valle.

___(1991), "Los estudios del futuro en América Latina", *Planificación, prospectiva y cambio social*, vol. 1, Centro de Estudios del Desarrollo (CENDES).

___(1989), *Estudios prospectivos en países desarrollados*, Caracas, Centro de Estudios del Desarrollo (CENDES).

Yeung, A. y otros (1999), *Las capacidades de aprendizaje en la organización*, México, D.F., Oxford UniversityPress.

Zander, B. y R. Stone Zander (2004), *El arte de lo posible*, Buenos Aires, Paidós.

Bibliografía por países

Argentina, Centro de Estudios Prospectivos (CEP)/Universidad Nacional de Cuyo en Argentina (2010), *Informe de gestión 2010-2009*, Mendoza.

Argentina, Ministerio de Ciencia, Tecnología e Innovación Productiva (2012), *Argentina Innovadora 2020. Plan Nacional de Ciencia, Tecnología e Innovación. Lineamientos estratégicos 2012-2015*, Buenos Aires.

Argentina, Ministerio de Industria/Presidencia de la Nación (2011), *Plan estratégico industrial 2020*, Buenos Aires.

Argentina, Secretaria de Ciencia, Tecnología e Innovación Productiva/Ministerio de Educación, Ciencia y Tecnología (2006), *Plan estratégico nacional de ciencia, tecnología e innovación "Bicentenario" (2006-2010)*, Buenos Aires.

Brasil, Centro de Gestión y Estudios Estratégicos (CGEE) (2011), *Relatório de gestão 2011*, Brasilia.

___(2010), *Relatório de gestão 2010*, Brasilia.

___(2009), *Relatório de gestão 2009*, Brasilia.

___(2008), *Relatório de gestão 2008*, Brasilia.

___(2007), *Relatório de gestão 2007*, Brasilia.

___(2006), *Relatório de gestão 2006*, Brasilia.

___(2005), *Relatório de gestão 2005*, Brasilia.

___(2004), *Relatório de gestão 2004*, Brasilia.

___(2003), *Relatório de gestão 2003*, Brasilia.

___(2002), *Relatório de gestão 2002*, Brasilia.

Brasil, Secretaría de Planificación y Estrategia de Inversión/Ministerio de Planeación, Presupuesto y Gestión (2004), *Visión estratégica Brasil 2022*, Brasilia.

Chile, Ministerio de Economía, Fomento y Reconstrucción (2006), *Visualizando el futuro. La experiencia chilena en estudios de prospectiva*, Santiago de Chile, Editora Maval Ltda.

Chile, Ministerio de Hacienda (2010), *Chile país desarrollado: Más oportunidades y mejores empleos*, Santiago de Chile.

Chile, Ministerio de Planificación y Cooperación de Chile/Programa de las Naciones Unidas para el Desarrollo (PNUD) (1994), *Métodos y técnicas de planificación regional*, Santiago de Chile.

Colombia, Departamento Nacional de Planeación (2007a), *La educación en cifras*, Bogotá.

___(2007b), *Indicadores sociales departamentales*, Bogotá.

___(200k7c), *Visión Colombia II Centenario. Aprovechar el territorio marino-costero en forma eficiente y sostenible*, Bogotá.

___(2007d), *Visión Colombia II Centenario. Aprovechar las potencialidades del campo*, Bogotá.

___(2007e), *Visión Colombia II Centenario. Avanzar hacia una sociedad mejor informada*, Bogotá.

___(2007f), *Visión Colombia II Centenario. Consolidar un Estado eficiente y transparente y un modelo óptimo de intervención económica*, Bogotá.

___(2007g), *Visión Colombia II Centenario. Consolidar una gestión ambiental que promueva el desarrollo sostenible*, Bogotá.

___(2007h), *Visión Colombia II Centenario. Fomentar la cultura ciudadana*, Bogotá.

___(2007i), *Visión Colombia II Centenario. Forjar una cultura para la convivencia*, Bogotá.

___(2007j), *Visión Colombia II Centenario. Fortalecer la descentralización y adecuar el ordenamiento territorial*, Bogotá.

___(2007k), *Visión Colombia II Centenario. Garantizar una justicia eficiente*, Bogotá.

___(2006a), *Visión Colombia II Centenario. Construir ciudades amables*, Bogotá.

___(2006b), *Visión Colombia II Centenario. Diseñar una política exterior acorde con un mundo en transformación*, Bogotá.

___(2006c), *Visión Colombia II Centenario. Generar una infraestructura adecuada para el desarrollo*, Bogotá.

___(2005), *Visión Colombia II Centenario 2019*, Bogotá, Editorial Planeta.

Costa Rica, Ministerio de Planificación Nacional y Política Económica (MIDEPLAN) (2012), *Costa Rica Visión a Largo Plazo*, San José.

___(2010), *Plan Nacional de Desarrollo de Costa Rica 2011-2014*, San José.

Guatemala, Secretaria de Planificación y Programación de la Presidencia (SEGEPLAN) (2013), *K´atun Nuestra Guatemala 2032. Construcción del Plan de Desarrollo*, Ciudad de Guatemala.

Guatemala, Unidad Nacional de la Esperanza (2008), *Plan de la esperanza 2008-2032*, Ciudad de Guatemala, Insights, S.A.

Honduras, Secretaría Técnica de Planificación y Cooperación Externa (2010), *Visión de País 2010-2038 y Plan de Nación 2010-2022*, Tegucigalpa.

Jamaica, Instituto de Planificación de Jamaica (PIOJ) (2009), *Vision 2030 Jamaica: National Development Plan*, Kingston, Pear Tree Press.

México, Presidencia de la República (2007), *Visión 2030. El México que queremos*, México, D.F.

Paraguay, Secretaría Técnica de Planificación (2008), *Lineamientos estratégicos de la política nacional de desarrollo, Paraguay 2015*, Asunción.

Perú, Centro Nacional de Planeamiento Estratégico (CEPLAN) (2011), *Plan Bicentenario. El Perú Hacia el 2021*, Lima.

República Dominicana, Ministerio de Economía, Planificación y Desarrollo/Consejo Nacional de Reforma del Estado (2010), *Un viaje de transformación hacia un mejor país. Propuesta de estrategia nacional de desarrollo 2010-2030*, Santo Domingo.

Uruguay, Oficina Internacional del Trabajo CINTENFOR. (2008), *La formación profesional y la productividad*, Montevideo.

Uruguay, Oficina de Planeamiento y Presupuesto Presidencia de la República (2009), *Estrategia Uruguay III Siglo. Aspectos productivos*, Montevideo.

Sitios web consultados

Asociación Internacional Futuribles, http://www.futuribles.com/

Banco de Desarrollo de América Latina (CAF), http://www.caf.com

Centre for Scenario Planning and Future Studies (CSPFS), http://www.strath.ac.uk/management/cspfs/

Centro Común de Investigación (CCI-JRC), http://ec.europa.eu/dgs/jrc/

Centro de Estudios Prospectivos de la Universidad Nacional de Cuyo, http://www.fcp.uncu.edu.ar/paginas/index/centro-de-estudios-prospectivos-cep

Centro de Estudios sobre los Futuros de Hawaii (Hawaii Research Center of Futures Studies), http://www.futures.hawaii.edu/

Centro de Gestión de Estudios Estratégicos, http://www.cgee.org.br/

Centro de Pensamiento Estratégico y Prospectiva. Universidad Externado de Colombia, www.uexternado.edu.co

Centro de Prospectiva Tecnológica (*Center for Technology Foresight*) del APEC, http://www.apecforesight.org/

Centro Latinoamericano de Globalización y Prospectiva, http://celgyp.org

Centro Nacional de Planeamiento Estratégico (CEPLAN), http://www.ceplan.gob.pe/

Club de Roma, http://www.clubofrome.org/

Comisión Económica para América Latina y el Caribe (CEPAL), http://www.eclac.org/

Consejo Nacional de Ciencia, Tecnología e Innovación (CONCYTEC), http://portal.concytec.gob.pe/

Conservatorio Nacional de Artes y Oficios (CNAM), http://www.cnam.fr/

Context Institute, http://www.context.org/

Convenio Andrés Bello (CAB), http://www.convenioandresbello.org

Corporación RAND, http://www.rand.org/

Departamento Administrativo de Ciencia, Tecnología e Innovación (COLCIENCIAS), http://www.colciencias.gov.co/

Departamento Nacional de Planeación (DNP), www.dnp.org

Doing Foresight, www.doingforesight.org

Empresa Brasileña de Investigación Agropecuaria (EMBRAPA), http://www.embrapa.br/

Eurasian Virtual Centre on Technology Foresight, http://www.imu.tc.cz/

Evaluación Tecnológica Parlamentaria Europea (*European Parliamentary Technology Assessment*), http://eptanetwork.org/about.php

Federación Mundial de Estudios de los Futuros (*World Futures Studies Federation*), WFSF Iberoamérica, http://wfsf-iberoamerica.org/

For-Learn, http://forlearn.jrc.ec.europa.eu/index.htm

ForSociety Partners, http://www.eranet-forsociety.net/

Foro para el Futuro, http://www.forumforthefuture.org/

Fundación Javier Barros Sierra de México, http://www.fundacionbarrossierra.org.mx/fjbs/

Fundación Internacional del Club de Budapest, http://www.clubofbudapest.org/

Global Futures and Foresight (GFF), http://www.thegff.com/

IALE Tecnología, http://www.ialetecnologia.com

iKnow interconnecting Knowledge, http://community.iknowfutures.eu/

Instituto Asiático de Prospectiva (Asian Foresight Institute), http://www.asianforesightinstitute.org/index.php/eng/AFI.

Instituto de Altos Estudios del Futuro (Universidad Tamkang), http://future.tku.edu.tw/en/1-4.htm

Instituto de Estudios del Futuro, http://www.iffs.se/eng/

Instituto de Estudios del Futuro de Copenhague, http://www.cifs.dk/en/

Instituto de Geociencias del Brasil, http://www.ige.unicamp.br/

Instituto de Investigaciones sobre la Innovación de la Universidad de Manchester (MIOIR), https://research.mbs.ac.uk/innovation/

Instituto de Investigación sobre los Futuros (*Institute for Futures Research*), http://www.ifr.sun.ac.za/Home

Instituto del Futuro (*Institute of the Future*, IFTF), http://www.iftf.org/home/

Instituto de Planificación de Jamaica, http://www.pioj.gov.jm/

Instituto de Prospectiva Estratégica, http://www.prospecti.es/ipeframe.htm

Instituto de Prospectiva, Innovación y Gestión del Conocimiento de la Universidad del Valle, http://www.institutoprospectiva.org/

Instituto de Prospectiva Tecnológica (IPTS), http://ipts.jrc.ec.europa.eu/

Instituto de Tecnología de Georgia (*Georgia Tech*), http://www.gatech.edu

Instituto Hudson, http://www.hudson.org/

Instituto Latinoamericano y del Caribe de Planificación Económica y Social (ILPES), http://www.eclac.org/ilpes/

Instituto Tecnológico de Monterrey, México, http://www.itesm.edu/wps/portal?wcm_global_context=

Ministerio de Ciencia y Tecnología e Innovación Productiva de la Argentina, http://www.mincyt.gov.ar/

Ministerio de Economía, Fomento y Turismo de Chile, http://www.economia.gob.cl/

Ministerio de Economía, Planificación y Desarrollo, http://www.stp.gov.do/eweb/

Ministerio de Hacienda de Chile, http://www.hacienda.cl/

Ministerio de Industria de la Argentina, http://www.industria.gob.ar/

Ministerio de Planeación, Presupuesto y Gestión del Brasil, http://www.planejamento.gov.br/

Ministerio de Planificación Nacional y Política Económica de Costa Rica, http://www.mideplan.go.cr

Ministerio del Poder Popular para Ciencia, Tecnología e Industrias Intermedias (MCTI), http://www.mcti.gob.ve/

Observatorio de Prospectiva Tecnológica Industrial, http://www.opti.org

Oficina de Planeamiento y Presupuesto, Presidencia de la República del Uruguay, http://www2.opp.gub.uy/principal.php

Organización de las Naciones Unidas para el Desarrollo Industrial (ONUDI), http://www.unido.org/index.php?id=5891

Presidencia de la República, Gobierno de la República de Honduras, http://www.presidencia.gob.hn/

Presidencia de la República, México, http://www.presidencia.gob.mx/

Programa de Apoyo a la Competitividad, http://pac.caf.com/interna.asp?pg=11

Programa Foresight del Reino Unido, http://www.bis.gov.uk/foresight

Programa Iberoamericano de Ciencia y Tecnología para el Desarrollo (CYTED), http://www.cyted.org/

Programa Internacional de Futuros (International Futures Programme) de la OCDE, http://www.oecd.org/futures/

Prospecta América Latina, http://www.uncu.edu.ar/prospectaargentina/

Prospecta Colombia, http://web.unad.edu.co/prospecta/programa.html

Prospecta Perú 2012, http://www.concytec.gob.pe/prospecta2012/

Proyecto del Milenio (The Millennium Project), http://www.millennium-project.org/

Red Alfa-EULAKS, http://www.eulaks.eu/index.html

Red Europea de Monitoreo de Prospectiva (EFMN), http://www.foresight-platform.eu/

Red EYE en América Latina, http://www.esyes.com.ar

Science Direct, www.sciencedirect.com/

SCOPUS, http://www.scopus.com/home.url

Secretaría de Asuntos Estratégicos de la Presidencia de Brasil, http://www.sae.gov.br/site/

Secretaria Técnica de Planificación de Desarrollo Económico y Social, http://www.stp.gov.py/

Seminario Iberoamericano, Videoconferencias, http://ciid.politicas.unam.mx/semprospectiva/ponencias.php

Servicio de Información Comunitario sobre Investigación y Desarrollo (CORDIS/Foresight), http://cordis.europa.eu/foresight/

Servicio Nacional de Aprendizaje Industrial del Brasil (SENAI), http://www.senai.br

Sociedad Mundial del Futuro (World Futures Society), http://www.wfs.org/

TRIZ XXI, http://www.triz.es/

Universidad de Houston, http://www.uh.edu/

Universidad de São Paulo, http://www5.usp.br/

Universidad George Washington, http://www.gwu.edu/

Universidad Nacional Autónoma de México (UNAM), http://www.unam.mx/

Publicaciones recientes de la CEPAL
ECLAC recent publications

www.cepal.org/publicaciones

Informes periódicos institucionales / *Annual reports*
También disponibles para años anteriores / *Issues for previous years also available*

- Anuario Estadístico de América Latina y el Caribe 2013 / *Statistical Yearbook for Latin America and the Caribbean 2013, 226 p.*
- Balance Preliminar de las Economías de América Latina y el Caribe 2013, 92 p.
  Preliminary Overview of the Economies of Latin America and the Caribbean 2013, 92 p.
- Panorama Social de América Latina, 2013, 226 p.
  Social Panorama of Latin America, 2013, 220 p.
- Panorama de la Inserción Internacional de América Latina y el Caribe 2013, 128 p.
  Latin America and the Caribbean in the World Economy 2013, 122 p.
- Estudio Económico de América Latina y el Caribe 2013, 220 p.
  Economic Survey of Latin America and the Caribbean 2013, 210 p.
- La Inversión Extranjera Directa en América Latina y el Caribe 2012, 152 p.
  Foreign Direct Investment in Latin America and the Caribbean 2012, 142 p.

Libros y documentos institucionales
Institutional books and documents

- Pactos para la igualdad: hacia un futuro sostenible, 2014, 340 p.
  Covenants for Equality: Towards a sustainable future, 2014, 330 p.
- Integración regional: hacia una estrategia de cadenas de valor inclusivas, 2014, 226 p.
  Regional Integration: Towards an inclusive value chain strategy, 2014, 218 p.
  Integração regional: por uma estratégia de cadeias de valor inclusivas, 2014, 226 p.
- Prospectiva y desarrollo: el clima de la igualdad en América Latina y el Caribe a 2020, 2013, 72 p.
- Comercio internacional y desarrollo inclusivo: construyendo sinergias, 2013, 210 p.
- Cambio estructural para la igualdad: una visión integrada del desarrollo, 2012, 330 p.
  Structural Change for Equality: an integrated approach to development, 2012, 308 p.
- La hora de la igualdad: brechas por cerrar, caminos por abrir, 2010, 290 p.
  Time for Equality: closing gaps, opening trails, 2010, 270 p.
  A Hora da Igualdade: Brechas por fechar, caminhos por abrir, 2010, 268 p.

Libros de la CEPAL / *ECLAC books*

126 Planificación, prospectiva y gestión pública: reflexiones para la agenda del desarrollo, Jorge Máttar, Daniel E. Perrotti (eds.), 2014, 250 p.

125 La crisis latinoamericana de la deuda desde la perspectiva histórica, José Antonio Ocampo, Barbara Stallings, Inés Bustillo, Helvia Velloso, Roberto Frenkel, 2014, 174 p.

124 La integración de las tecnologías digitales en las escuelas de América Latina y el Caribe: una mirada multidimensional, Guillermo Sunkel, Daniela Trucco, Andrés Espejo, 2014, 170 p.

123 Fortalecimiento de las cadenas de valor como instrumento de la política industrial: metodología y experiencia de la CEPAL en Centroamérica, Ramón Padilla Pérez (ed.), 2014, 390 p.

122 Cambio estructural y crecimiento en Centroamérica y la República Dominicana: un balance de dos décadas, 1990-2011, Hugo E. Beteta y Juan Carlos Moreno-Brid, 2014, 398 p.

Copublicaciones / *Co-publications*

- *Decentralization and Reform in Latin America: Improving Intergovernmental Relations, Giorgio Brosio and Juan Pablo Jiménez (eds.), ECLAC / Edward Elgar Publishing, United Kingdom, 2012, 450 p.*

- Sentido de pertenencia en sociedades fragmentadas: América Latina desde una perspectiva global, Martín Hopenhayn y Ana Sojo (comps.), CEPAL / Siglo Veintiuno, Argentina, 2011, 350 p.

- Las clases medias en América Latina: retrospectiva y nuevas tendencias, Rolando Franco, Martín Hopenhayn y Arturo León (eds.), CEPAL / Siglo XXI, México, 2010, 412 p.

- *Innovation and Economic Development: The Impact of Information and Communication Technologies in Latin America, Mario Cimoli, André Hofman and Nanno Mulder, ECLAC / Edward Elgar Publishing, United Kingdom, 2010, 472 p.*

Coediciones / *Co-editions*

- Perspectivas de la agricultura y del desarrollo rural en las Américas: una mirada hacia América Latina y el Caribe 2014, CEPAL / FAO / IICA, 2013, 220 p.

- Perspectivas económicas de América Latina 2014: logística y competitividad para el desarrollo, CEPAL/OCDE, 2013, 170 p.
  Latin American Economic Outlook 2014: Logistics and Competitiveness for Development, ECLAC/ OECD, 2013, 164 p.

- Juventud y bono demográfico en Iberoamérica, Paulo Saad, Tim Miller, Ciro Martínez y Mauricio Holz, CEPAL/OIJ/UNFPA, 2012, 96 p.

- Perspectivas económicas de América Latina 2013: políticas de pymes para el cambio estructural, OCDE/ CEPAL, 2012, 192 p.
  Latin American Economic Outlook 2013: SME Policies For Structural Change, OECD / ECLAC, 2012, 186 p.

Cuadernos de la CEPAL

101 Redistribuir el cuidado: el desafío de las políticas, Coral Calderón Magaña (coord.), 2013, 460 p.
101 Redistributing care: the policy challenge, Coral Calderón Magaña (coord.), 2013, 420 p.

100 Construyendo autonomía: compromiso e indicadores de género, Karina Batthyáni Dighiero, 2012, 338 p.

99 Si no se cuenta, no cuenta, Diane Alméras y Coral Calderón Magaña (coordinadoras), 2012, 394 p.

98 Macroeconomic cooperation for uncertain times: The REDIMA experience, Rodrigo Cárcamo-Díaz, 2012,164 p.

97 El financiamiento de la infraestructura: propuestas para el desarrollo sostenible de una política sectorial, Patricio Rozas Balbontín, José Luis Bonifaz y Gustavo Guerra-García, 2012, 414 p.

Documentos de proyecto / *Project documents*

- La economía del cambio climático en la Argentina: primera aproximación, 2014, 240 p.

- La economía del cambio climático en el Ecuador 2012, 2012, 206 p.

- Economía digital para el cambio estructural y la igualdad, 2013, 130 p
  The digital economy for structural change and equality, 2014, 128 p.
- Estrategias de desarrollo bajo en carbono en megaciudades de América Latina, Joseluis Samaniego y Ricardo Jordán (comps.), María Teresa Ruiz-Tagle (ed.), 2013, 184 p.
- La cooperación entre América Latina y la Unión Europea: una asociación para el desarrollo, José E. Durán Lima, Ricardo Herrera, Pierre Lebret y Myriam Echeverría, 2013, 157 p.

Cuadernos estadísticos de la CEPAL

41 Los cuadros de oferta y utilización, las matrices de insumo-producto y las matrices de empleo. Solo disponible en CD, 2013.

40 América Latina y el Caribe: Índices de precios al consumidor. Serie enero de 1995 a junio de 2012. Solo disponible en CD, 2012.

Series de la CEPAL / *ECLAC Series*

Asuntos de Género / Comercio Internacional / Desarrollo Productivo / Desarrollo Territorial / Estudios Estadísticos / Estudios y Perspectivas (Bogotá, Brasilia, Buenos Aires, México, Montevideo) / *Studies and Perspectives* (The Caribbean, Washington) / Financiamiento del Desarrollo / Gestión Pública / Informes y Estudios Especiales / Macroeconomía del Desarrollo / Manuales / Medio Ambiente y Desarrollo / Población y Desarrollo / Política Fiscal / Políticas Sociales / Recursos Naturales e Infraestructura / Reformas Económicas / Seminarios y Conferencias.

Revista CEPAL / *CEPAL Review*

La Revista se inició en 1976, con el propósito de contribuir al examen de los problemas del desarrollo socioeconómico de la región. La *Revista CEPAL* se publica en español e inglés tres veces por año.

CEPAL Review first appeared in 1976, its aim being to make a contribution to the study of the economic and social development problems of the region. CEPAL Review is published in Spanish and English versions three times a year.

Observatorio demográfico / *Demographic Observatory*

Edición bilingüe (español e inglés) que proporciona información estadística actualizada, referente a estimaciones y proyecciones de población de los países de América Latina y el Caribe. Desde 2013 el Observatorio aparece una vez al año.

Bilingual publication (Spanish and English) proving up-to-date estimates and projections of the populations of the Latin American and Caribbean countries. Since 2013, the Observatory appears once a year.

Notas de población

Revista especializada que publica artículos e informes acerca de las investigaciones más recientes sobre la dinámica demográfica en la región. También incluye información sobre actividades científicas y profesionales en el campo de población.
La revista se publica desde 1973 y aparece dos veces al año, en junio y diciembre.

Specialized journal which publishes articles and reports on recent studies of demographic dynamics in the region. Also includes information on scientific and professional activities in the field of population.
Published since 1973, the journal appears twice a year in June and December.

Las publicaciones de la CEPAL están disponibles en:
ECLAC Publications are available in:

www.cepal.org/publicaciones

También se pueden adquirir a través de:
They can also be ordered through:

www.un.org/publications

United Nations Publications
PO Box 960
Herndon, VA 20172
USA

Tel. (1-888)254-4286
Fax (1-800)338-4550
Contacto / *Contact*: publications@un.org
Pedidos / *Orders*: order@un.org